Sagen der Rumäniendeutschen

Sagen der Rumäniendeutschen

Gesammelt und herausgegeben
von Claus Stephani

Diederichs

Die Deutsche Bibliothek – CIP-Einheitsaufnahme
Sagen der Rumäniendeutschen / ges. und hrsg. von Claus
Stephani. – München: Diederichs, 1994
    ISBN 3-424-01224-6
NE: Stephani, Claus [Hrsg.]

Umschlaggestaltung: Zembsch' Werkstatt, München
Produktion: Tillmann Roeder, München
Satz und Repro: Uhl+Massopust, Aalen
Druck und Bindung: Spiegel Buch, Ulm-Jungingen

Printed in Germany

ISBN 3-424-01224-6

Inhalt

Vorbemerkung 7

SIEBENBÜRGEN 9
Burzenland 9
Repser Ländchen 23
Weinland 31
Altland 42
Zekescher Land 51
Reener Ländchen 85
Nösnerland 92

MARMATIEN 121
Wischauer Land 121
Wassertal 128

BUKOWINA 147
Moldautal und Tal der Goldenen Bistritz 147
Radautzer Ländchen 157

GRENZWALD 189

OASCHER LAND 202

SATHMARLAND 209
Trestenburger Ländchen 231

BANAT 235
Heide 235
Bergland 245

DOBRUDSCHA 271

ANHANG 277
Nachwort 277
Literatur 283
Quellennachweis und Anmerkungen 293
Worterklärungen 305
Geographisches Verzeichnis 308

Vorbemerkung

Diesen Band widme ich jenen Menschen aus dem Osten, die, aus Gründen, die selten sie allein bestimmt haben – Krieg, Umsiedlung, Vertreibung, Deportation, Flucht, Aussiedlung –, ihre Landschaft, ihre Heimat oder einfach ihr Zuhause verlassen und somit aufgeben mußten; viele von ihnen blieben, bewußt oder unbewußt, über Jahre hinweg »in der Erinnerung beheimatet«.

»Wir brachten ja sonst nichts mit«, schrieb Will-Erich Peuckert in seinem schlesischen Sagenband. »Selbst unsere Hemden, unsere Schuhe blieben hinten; unsere Gabeln, unsere Löffel blieben hinten, unsere Gräber blieben hinten – aber vielleicht, als wir die Sagen mitnahmen, nahmen wir doch das beste, was wir hatten, mit.«

Diese Sagen aber sind nur kleine Teile jener oft schmerzlichen Erinnerung, die uns, unser Denken, unsere Identität mitgeprägt hat, Teile jenes Wissens, das man, als geistiges Gepäck, über Grenzen hinweg – auf Bahnhöfen, in Arbeitslagern, Durchgangslagern, Wohnlagern, bei Fußmärschen und Kontrollen, an schikanösen Zöllnern vorbei – mitnehmen konnte.

Erinnern, als kulturwissenschaftliches Thema und fern von Vertriebenennostalgie, kann aber nicht solitär aufgefaßt werden, denn es schließt – hier anhand von rumäniendeutschen Sagen – immer auch Vergessen ein. Doch jeder Mensch bestimmt letzten Endes selbst, was aus seinem Gedächtnis – im Überlieferungsprozeß – verdrängt und vergessen und was als Erinnerung über Jahre hinweg oder ein Leben lang bewahrt werden soll; Erinnerungsbereitschaft wird von individuellen und situationsbedingten Bedürfnissen gelenkt.

Doch neben Erinnerung steht auch Heimat, das verwundete Wort, von Politikern und Vertriebenenfunktionären oft bis zur Glanzlosigkeit strapaziert – dürfen wir es heute noch unbeschwert aussprechen? Im retrospektiven Erzählen wird hier ein Heimatbild konturiert, in dem die Erinnerung an Tataren, Kaschgarier, Tschangos, Rumänen, Türken, Tscherkessen, Juden, Ukrainer,

Gagausen, Zigeuner und an andere Völker immer noch lebendig ist; Heimat, das war ein Vielvölkerland. Und die Erzähltradition, als kommunikatives Bedürfnis, wurde hier, Jahrhunderte hindurch, als Folge interethnischer, multikultureller Beziehungen und vielseitiger Einflüsse eigenartig und farbig geprägt.

So verschieden wie Herkunft und Mundart und so vielfältig wie Tracht, Brauchtum und Volksglauben ist auch das Sagengut dieser Deutschen am Rande Osteuropas. Neben einigen gängigen Sagentypen, die auch in anderen Sammlungen wiederkehren und zum Beispiel sogar einen Bezug zum Hamelner Rattenfänger herstellen, stehen sagenhafte Geschichten, die ein eigenes lokales Gepräge haben – Erinnerungen an verwegene Taten von rumänischen, ukrainischen, jüdischen oder deutschen Heiducken, edlen Räubern aus den dunklen Wäldern der Karpaten, Erzählungen von Riesen und seltsamen phantastischen Wesen, deren einstige Existenz durch Flurnamen und andere Wahrzeichen erkennbar wird.

Es war nicht einfach, aus einem Archiv von über 2000 Sagen und sagenhaften Erzählungen, die ich in den letzten 25 Jahren in verschiedenen Landschaften Rumäniens aufgezeichnet habe, das auszuwählen, was charakteristisch sein könnte. Was ist für die Forschung wichtig, und was für den Leser? Sind die Hinweise auf verschwundene deutsche Ortschaften bedeutsamer, weil ihre Namen kaum jemand noch kennt und niemand mehr nennt? Oder sind jene Erzählungen gewichtiger, die von besonderen Ereignissen aus der Geschichte der Deutschen im Karpatenraum berichten?

Ausgewählt wurden Texte, die – mit Quellenangaben und vergleichenden Anmerkungen für die Erzählforschung – eine alte Kulturlandschaft sichtbar machen wollen, eine geistige Landschaft, die uns heute vielleicht noch vertraut und dann doch manchmal schon etwas fremd erscheint; deren vertraute Fremdheit aber wieder eine Brücke sein könnte – zu den Völkern im Osten.

Reitberg, 19. März 1994 · *Claus Stephani*

SIEBENBÜRGEN

Burzenland

Rosenau

Als die ersten sächsischen Einwanderer ins Burzenland kamen, ritten einige Männer am Weidenbach entlang, bis sie etwa an die Stelle gelangten, wo einst die römische Siedlung Cumidava gestanden hatte. Hier hielten sie an, und einer stieg auf den Berg, um die Gegend zu betrachten. Damals gab es noch keine Landkarten, und die Siedler wußten nicht, wie das Land entlang der Wälder aussah.

Als der Mann auf dem Berg stand und gegen Süden blickte, bot sich ihm ein seltenes Bild: das ganze Tal – der heutige Burggrund – war mit wilden Rosen bedeckt, die gerade in voller Blüte waren.

Rosenau im Burzenland, »Neue Illustrirte Zeitung«, Wien 1891

Wenn wir hier bleiben, sagte er dann seinen Begleitern, soll unser Dorf *Rosen-Au* (»villa Rosarum«) heißen – zur Erinnerung an diese vielen wilden Rosen.

Deshalb sind im alten Wappen drei Rosen zu sehen. (1)

Vorsicht und Gastfreundschaft

Als sich die Sachsen und die Tschangos im Burzenland niederließen und die Hattertgrenzen ihrer Dörfer abstecken sollten, faßten sie folgenden Beschluß: Um den Boden gerecht aufzuteilen, sollte man sich an einem bestimmten Tag, in der frühen Morgendämmerung, mit selbstgekochter Speise auf den Weg machen; dort, wo man einander begegnen werde, dort solle dann die Hattertgrenze sein.

Die Sachsen machten sich mit rasch aufgekochtem Hirsebrei und die Tschangos mit gebratenen und langwierig zubereiteten Gänsen auf den Weg. So kam es, daß sie einander kurz vor den Siebendörfern – zwischen Batschendorf und Langendorf – begegneten. Sie stellten die Grenzzeichen auf und begannen zu schmausen. Da erhob sich der Anführer der Sachsen und sprach:

»Ihr Tschangos seid gute Menschen, wir haben euch gern, und darum haben wir Hirse gekocht, damit wir rascher aufbrechen können und ihr nicht so weit gehen müßt.«

Darauf erwiderte der Anführer der Tschangos:

»Wir aber haben darum Gänse gebraten, damit wir euch, ihr lieben Sachsen, auf madjarische Art bestens bewirten können.«

Da erhoben die Sachsen ihre Gläser und riefen: »Es lebe die Vorsicht!« Und die Tschangos erwiderten: »Es lebe die Gastfreundschaft!« (2)

Schlangendorf

Nach mündlicher Überlieferung soll um das Jahr 1300 im Wald *Auf dem Zangeln* (»Af dem Zangeln«) eine Riesenschlange gehaust haben. Die kroch oft hinunter ins Dorf und fraß Kälber, Ziegen und manchmal sogar auch ein Kind. So lebten die Bauern in ständiger Furcht.

Eines Tages zog ein Handwerksbursche namens Zäjmen (sächsische Form von Simon) durch Kreuzdorf – wie Schirkanyen damals noch hieß –, und als er vom Kummer der Menschen hörte, trug er sich an, die Riesenschlange zu töten, doch sollten ihm dabei vier mutige Männer helfen.

Zäjmen nahm die Haut eines jungen Kalbs und füllte sie mit ungelöschtem Kalk. Dann trugen die vier Kreuzdorfer das ausgestopfte Tier an eine Stelle am Großen Bach, unterhalb des Zangelnbergs, und stellten es hier so auf, als würde es friedlich grasen. Nun stiegen die Männer auf Bäume, versteckten sich im Geäst und brüllten so, daß man meinen konnte, es wäre eine ganze Rinderherde unterwegs.

Angelockt vom Lärm erschien plötzlich die Riesenschlange und stürzte sich aufs Kalb. Als sie das Tier verschlungen hatte, soff sie sich mit Wasser voll und verschwand im nahen Wald.

Es verging keine Viertelstunde, da hörte man ein furchtbares Krachen: es schien, als würde die Welt untergehen. Nun wußten die Männer, daß der Kalk gut gewirkt hatte...

Damals änderten die Bewohner den Namen ihres Dorfes und nannten es *Schlangendorf,* rumänisch Şerpeni. Der heutige Name, Schirkanyen-Şercaia, wurde viel später vom madjarischen Wort *Sárkány* abgeleitet.

Im alten Wappen der Gemeinde sind seither zwei Schlangen dargestellt.

In einer anderen Überlieferung heißt es, daß Schirkanyen seinen alten Namen von einem adligen Geistlichen, Gerlach von Schlangendorf, etwa zu Beginn des 13. Jahrhunderts erhalten hätte. Gerlach führte in seinem Wappen eine gekrönte Schlange und beherrschte damals, zusammen mit Hermann von Gellert, Gottfried von Warmbach und Konrad von Venezien das Gebiet am Alt bis zum heutigen Dorf Hoghiz, das damals Warmbach hieß. (3)

Das Schloß auf dem Buchenberg

Als sich die Sachsen unten in der Ebene ansiedelten, wohnten oben in den Bergen noch Riesen. In der Nähe der heutigen Gemeinde Kreuzburg, auf dem Buchenberg, stand damals ein Schloß, auf dem der Herrscher aller Burzenländer Riesen seinen Sitz hatte.

Einmal brachte ein Diener ein Menschenkind, das er unten auf der Wiese gefunden hatte, ins Schloß und zeigte es seinem Herrn. Diesem gefiel das schöne Kind, er beschenkte es mit Schmucksachen und goldenem Spielzeug und ließ es dann wieder hinunter auf die Wiese tragen.

Eines Tages mußten die Riesen die Gegend verlassen. Damals vergrub ihr Anführer – an der Stelle, wo später die Burg errichtet wurde – ein großes goldenes Kreuz.

Oft haben Bauern im Burghof danach gesucht, doch blieben bis heute alle Bemühungen erfolglos. Man sagt: Das Kreuz liegt zwölf Klafter tief in der Erde. (4)

Hiltwin

Nach der Einwanderung der deutschen Aussiedler legten einige Männer – angeleitet vom Grafen Hiltwin – *Am Hohen Scheid* einen Graben an, der das viele Sumpfwasser durch den Geister Wald ableitete. So entstanden weite Flächen fruchtbaren Ackerlandes.

Hiltwin errichtete auch eine Burg, die man nach ihm Hiltwinsburg und später Heldenburg nannte.

Zur Erinnerung an Hiltwin ist im alten Wappen von Heldsdorf – 1378 »villa Hiltwin« – ein Mann mit einem Streitkolben (»Haldebotschi«) dargestellt. (5)

Das Kronstädter Wappen

Einst führte König Solomon mit den Kumanen Krieg. Im Tal, wo heute Kronstadt liegt, kam es zur Schlacht. Um nicht erkannt zu werden, nahm Solomon seine Krone ab und legte sie auf einen Baumstumpf.

Heldsdorf im Burzenland, Zeichnung 1727

Dort blieb sie viele Jahre, bis eines Tages die sächsischen Ansiedler sie fanden. An jener Stelle errichteten sie das Rathaus, und seither ist im Stadtwappen die Krone auf dem Baumstumpf zu sehen. Es heißt, daß die Wurzeln des Baumstumpfs die dreizehn Burzenländer Gemeinden versinnbildlichen. (6)

Der Drache auf der Zinne

Bald nach der Gründung Kronstadts bereitete den Einwohnern ein Drache viel Furcht und Kummer. Er hauste im Nonnenloch, einer Höhle unterhalb der Spitze des Kapellenbergs (Zinne), und wenn er Hunger verspürte, flog er ins Tal und verschlang Menschen und Tiere.

Eines Tages begab sich ein Student, der Sohn des damaligen Stadtrichters, in den Zinnenwald, um hier in Ruhe zu lernen. In seinem Eifer sagte er die Predigt so laut vor, daß ihn der Drache hörte. Der Student konnte nicht mehr fliehen und wurde verschlungen.

Der Kummer in der Stadt war groß, und die Eltern konnten den Schmerz kaum ertragen.

Da kam eines Tages ein Fremder zum Stadtrichter und bot sich an, den Drachen mit List zu töten, weil jede Gewalt aussichtslos war. Der Stadtrichter versprach ihm dafür einen hohen Lohn.

Der Fremde füllte ein Kalbfell mit ungebranntem Kalk, stellte das ausgestopfte Tier auf einen freien Rasen unterhalb der Stadtmauern und blökte dann wie ein Kalb. Der Drache hörte es, kam herangeflogen, sah das Kalb und verschlang es heißhungrig. Dann flog er zum Graftbach und wollte seinen Durst löschen. Plötzlich fing der Kalk an zu kochen, und auf einmal krachte es furchtbar, und der Drache zerplatzte.

Der Student aber war noch am Leben, er eilte rasch zu seinen Eltern, die den fremden klugen Mann reichlich belohnten. (7)

Orlenburg

Dort, wo man heute noch zwischen Rosenau und Wolkendorf, auf freiem Feld, die Grundmauern der Erdenburg sehen kann, soll im 13. Jahrhundert ein sächsisches Dörfchen – Orlenburg – gestanden haben, das aber – so, wie auch Hopfenseifen bei Zeichen – während der Tatareneinfälle vernichtet wurde.

Im Rosenauer Kirchen-Repertorium vom Jahr 1630 findet sich auf der Innenseite des Buchdeckels eine Eintragung des Pfarrers Georgius Deidricius (Dietrich), wo vermerkt wird, daß das an der Burzen gelegene Dörfchen Orlenburg, seit seiner Zerstörung durch die Tataren (1345/49), erst zur Hälfte wieder aufgebaut werden konnte. Die Felder der Orlenburger reichten, an der Burzen entlang, bis zum Weidenbächer Hattert und kamen später an Rosenau, da sich die letzten Einwohner in Rosenau ansiedelten und die Burg dann abgetragen wurde. (8)

Bei den Tischen

In der Zeit, als die Wolkendorfer sich noch mit Weinbau befaßten, kam einmal König Siegmund durchs Burzenland und schlug sein Lager auf der Hohen Koppe auf, einem Berg, der zum Königstein gehört. Nachdem es nun im Land wieder einmal an Lebensmitteln und ganz besonders an Wein mangelte, ließ Siegmund durch seine Boten den Wolkendorfern sagen: Wer ihm vierzig Eimer Wein auf den Berg bringen werde, den wolle er reich belohnen.

Die Pfarrerstochter aber hatte zwei Fässer vom besten Wein vergraben, der war schon dreizehn Jahre gelegen, und diese Fässer grub man nun aus – eines war verfault, das andere aber war noch unversehrt.

Dann bestellten die Wolkendorfer ein Faß von vierzig Eimern; nachdem es fertig war, füllte der Faßbinder es zuerst mit Wasser an, und als er sah, daß es nicht rann, nahm er es wieder auseinander. Die Bauern packten die Dauben auf Pferde und brachten so das zerlegte Faß auf die Hohe Koppe, wo es dann rasch wieder zusammengestellt wurde.

Inzwischen war auch der Wein – in fünf großen Tonkannen – eingetroffen, und den füllte man nun ins Faß.

Aus Dankbarkeit schenkte Siegmund den Wolkendorfern die Hohe Koppe. Die Stelle, wo der König gespeist und Wein getrunken hatte, heißt auch heute noch *Bei den Tischen* (»Bei den Daeschen«, rumänisch *La Masa Craiului). (9)

Die Weidenbächerin

Als vor etwa vierhundert Jahren die Türken ins Burzenland einfielen, schleppten sie aus Weidenbach auch eine schwangere Frau fort. Sie wurde zusammen mit anderen Sklaven von einem reichen Türken gekauft und erfreute sich seiner Gnade und menschlichen Behandlung. Nach einiger Zeit kam sie dann mit Zwillingen – zwei Jungen – nieder, die der Türke wie seine eigenen Kinder großzog.

Die Frau jedoch sehnte sich, trotz ihres guten Lebens, nach ihrer Heimat, und eines Tages, als der Türke verreist war, ging sie zu ihren gefangenen Landsleuten und befreite sie von den Ketten. Mit einem Sack voll Kostbarkeiten machten sie sich auf die Flucht, nachdem sich die Weidenbächerin schweren Herzens von ihren Kindern verabschiedet hatte (die Kinder mußte sie zurücklassen).

Sie waren noch nicht weit unterwegs, als einer der Flüchtenden ihr den Sack stahl, und dann verließen sie bald auch die anderen Landsleute, so daß sie den weiten Weg allein zurücklegen mußte. Sie wanderte nur bei Nacht und verbarg sich am Tag. Der Türke aber war ihr mit Spürhunden nachgeritten, und als er sich einmal in ihrer Nähe befand, verbarg sie sich unter einer Brücke und wurde nicht entdeckt.

So gelangte sie nach Weidenbach, wo sie sogleich zu ihrem Haus ging. Hier traf sie eine fremde Frau an, denn ihr Mann hatte wieder geheiratet. Sie grüßte rumänisch und setzte sich an den Herd. In ihrer türkischen Kleidung schien sie der Bäuerin etwas sonderbar, sie bot der Fremden dies und jenes an, damit sie weiterziehe, doch die machte keine Anstalten, sich zu erheben. Nun rief die Bäuerin den Mann herbei, der gerade auf der Tenne beschäftigt war.

Kaum sah er die Fremde, hatte er schon seine ehemalige Frau erkannt, er umarmte sie und freute sich, denn er hatte nicht mehr gehofft, seine Frau jemals wiederzusehen. Die neue Wirtin aber mußte nun das Haus wieder räumen, und Mann und Frau lebten nachher noch viele Jahre glücklich zusammen. (10)

Die Bockelnadel

Einst waren die Türken wieder einmal ins Burzenland eingebrochen und hatten auch die Gemeinde Petersberg verwüstet.

Die Einwohner aber befanden sich in der Kirchenburg und verteidigten sich, so gut sie konnten – bis ihnen die Munition ausging. Als die Türken das merkten, kamen sie unbekümmert näher, brachten aus den Scheunen der Petersberger lange Leitern und rüsteten sich zum letzten Angriff.

Da nahm eine Sächsin die größte silberne Bockelnadel aus ihrem Schleiertuch und lud eine Flinte damit. Sie zielte sorgfältig, schoß und traf den ahnungslos auf einer Bank sitzenden und rauchenden türkischen Pascha so, daß er auf der Stelle tot zu Boden sank.

Die Türken sahen darin ein böses Zeichen und zogen mit der Leiche ihres Anführers ab. (11)

Ein kluger Zeidner

Als der grausame Fürst Gabriel Báthory einst Kronstadt vernichten wollte, kam er über Fogarasch durch den Geister Wald zuerst nach Zeiden.

Die Zeidner hatten sich jedoch in ihre Kirchenburg zurückgezogen und dachten nicht daran, sich zu ergeben. Zwei Tage lang beschoß Báthory die Kirchenburg; dabei zerstörte er die große Glocke auf dem Burgturm.

Am dritten Tag bot er den Zeidnern Frieden an und ließ ihnen sagen: Wenn sie ihm die Burg freiwillig übergeben wollten, werde er Leben und Eigentum der Bewohner sowie der Kronstädter Krieger, die sich in der Burg befanden, schonen.

Obwohl die Kronstädter ihnen von dieser Abmachung abrieten (Báthory hatte sein Wort schon oft gebrochen), gingen die Zeidner darauf ein.

Die Kronstädter verließen nun die Burg, ritten davon und wurden jedoch beim Weidenbach von Báthorys Soldaten gefangen genommen und bald nachher auf dem Weg nach Rosenau auf grausame Weise gespießt.

Die Besatzung der Burg aber trieb es nun arg, nichts war vor ihren bösen Späßen sicher.

Da dachte sich ein kluger Zeidner, namens Göbbel, eine List aus. Er ging mit zwei großen vollen Weinkannen am Burgtor vorbei. Die Wächter hielten ihn an und nahmen ihm den Wein weg. Wütend ging Göbbel davon und kam nach einiger Zeit wieder mit zwei Kannen – diesmal stellte er sich so, als wolle er unbemerkt vorbeischleichen. Natürlich sahen ihn die Wächter, und lachend nahmen sie ihm wieder den Wein ab.

Göbbel hatte jedoch diesmal in den Wein ein Schlafpulver getan, und kaum hatten die Wächter davon getrunken, begannen sie auch schon zu schnarchen.

Nun drangen die Zeidner unbemerkt in die Burg ein – die fremden Soldaten aber, die sich wehrten, wurden rasch überwältigt.

Göbbel aber wurde zur Belohnung für seine Tat für immer von den Steuern befreit. (12)

Die Honigberger Kolatschen

Die Honigberger Frauen hatten früher das Vorrecht, freitags auf dem Kronstädter Markt gedrehte Kolatschen zu verkaufen.

Als nämlich Fürst Gabriel Báthory 1612 Honigberg belagerte und die Eingeschlossenen großen Hunger litten, erfanden die Frauen eine List, um ihre Not nicht zu zeigen und die Belagerer loszuwerden.

Sie buken aus dem wenigen Mehl, das sie noch hatten, herrliche Kolatschen und warfen sie über die Burgmauern, wo sich die hungrigen Feinde draufstürzten.

Als Báthory dies sah, ließ er sich täuschen und gab den Befehl zum Aufbruch.

Die Gegend bei den Gärten zwischen dem Krötengäßchen und der Gräfengasse heißt auch heute noch »Taber«; hier hatte Báthory sein Lager aufgeschlagen. (13)

Der Stadtrichter Weiß

Im Oktober 1612 führte der mutige Kronstädter Stadtrichter Michael Weiß seine Krieger zum Kampf gegen die Anhänger des Fürsten Gabriel Báthory. Unter Weiß' Soldaten befanden sich auch vierzig Studenten des Honterus-Gymnasiums, die nun die Schulbücher mit den Waffen getauscht hatten.

Am 16. Oktober kam es bei Marienburg zur entscheidenden Schlacht; doch schon beim ersten Ansturm flohen die walachischen Reiter, die Weiß zu Hilfe gekommen waren, und ließen die Kronstädter Sachsen einfach im Stich.

Als Weiß' Soldaten sahen, daß ihre Sache verloren war, wandten sie sich ebenfalls zur Flucht. Als letzter ritt der Stadtrichter durch die Burzen, die gerade damals sehr hoch kam, sein Pferd stolperte, und er wurde von seinen Verfolgern gefaßt und getötet. Sie hieben ihm den Kopf ab und schickten ihn dem Fürsten nach Hermannstadt, wo er – »zur Schmach« – am Pranger ausgestellt wurde.

Man erzählt, daß eine treue Magd, die früher bei Weiß gedient hatte, eines Nachts den Kopf vom Pranger stahl und ihn unter großen Gefahren nach Kronstadt brachte. Hier wurde er feierlich vor dem Altar der Schwarzen Kirche bestattet. (14)

Der »Ochsenrücken«

Ein Berg zwischen Neustadt und Rosenau heißt – seiner merkwürdigen Form wegen – »Ochsenrücken«. Der »Ochsenrücken« gab in frühen Zeiten oft Anlaß zu Streit: die Rosenauer und die Neustädter konnten sich nicht einigen, zu welchem Hattert der Berg gehöre. (Es heißt aber, daß die Ansprüche der Neustädter berechtigt waren.)

Während des Prozesses begab man sich zum »Ochsenrücken«, um den Streit auf gerechte Weise zu schlichten. Weil die Rosenauer aber schwören konnten, daß sie auf »Rosenauer Boden« stehen, wurde ihnen der Berg zugesprochen. Viel später erfuhr man dann vom großen Schwindel: In den Stiefeln der Rosenauer war Erde vom eigenen Feld gewesen, und so konnten sie auch seelenruhig schwören: »Wir stehen auf Rosenauer Boden.« (15)

Der Stein am Lempesch

In alten Zeiten wohnte in Brenndorf, in einer ärmlichen Hütte, ein Mann namens Hannes, der war, seiner Stärke wegen, über die Grenzen des Burzenlandes bekannt.

Dieser Hannes besaß einen sehr gefährlichen »zänkischen Kokesch«, der oft sogar den Menschen ins Gesicht sprang und sie arg verletzte. Darum beschloß er eines Tages, den Hahn zu schlachten.

Als Hannes sich ihm, mit dem Messer in der Hand, näherte, war das böse Tier jedoch flinker: Es sprang ihn an und hackte ihm die Augen aus.

Geblendet und heulend vor Schmerz irrte nun Hannes durch die Gegend, bis er zum Lempesch-Berg kam. Hier hockte er sich ins Gras und rührte sich nicht mehr von der Stelle.

So wurde er in einen Stein verwandelt. Und man sagt: Wenn im Dorf zu Mitternacht ein Hahn kräht, dreht sich »der Hannes« einmal um. (16)

Furth beim Birnbaum

Zu Beginn des 18. Jahrhunderts wanderten viele Schirkanyer sächsische Familien nach Muntenien aus und hofften, hier ein friedlicheres Leben führen zu können.

Im September 1704 hatten Kurutzen die Gemeinde geplündert und die meisten Einwohner – darunter auch Frauen und Kinder – erschlagen oder verjagt, das ganze Vieh hatten sie weggetrieben und den sächsischen Pfarrer – Georgius Sutorius, genannt Christiani – »zum Spott derart beraubt, daß sie ihm auch die Kleider vom Leibe auszogen« und »ihn nur in der Leibwäsche bleiben ließen. Die vorräthigen Früchte raubten sie den Leuten alle weg, so daß diese armen ganz brothlos blieben . . .«

Damals zogen zwölf sächsische Familien in die Gegend von Ploieşti und siedelten sich am Krikow, auf einem Grundstück des Klosters Snagow, an. Sie gründeten hier ein Dörfchen und nannten es *Furth beim Birnbaum,* rumänisch *Vadu Părului* (heute – zusammen mit *Nişcov* – ein Teil der Gemeinde *Albeşti).*

In den ersten drei Jahren wurden den Ansiedlern sieben Kinder geboren und vom dortigen Pfarrer Fabri getauft. (17)

Das sächsische Mütterchen

Als Kaiser Josef II. einst durch Siebenbürgen reiste, kam er auch durch Schirkanyen. Es war Herbst, und die Bauern waren überall mit den letzten Erntearbeiten beschäftigt. Auf einem Feld nahe am Weg arbeitete auch ein altes sächsisches Mütterchen. Als nun Josef hier vorbeifuhr, rief es: »Herr Kaiser, Herr Kaiser, haltet ein wenig an!«

Der Kaiser gebot zu halten.

Das Mütterchen sagte: »Guten Tag, Herr Kaiser, wie geht's Euch noch?«

»Danke gut, Mütterchen, ich könnte mich nicht beklagen.«

»Nun, das freut mich aber, und Ihr seht auch recht gut aus. Was macht aber noch Eure Frau Mutter?«

»Danke der Nachfrage, sie sah ganz gut aus, als ich von Wien wegfuhr.«

»Nun, das freut mich. Sagt, Herr Kaiser, ist dort der Hanf auch so gut geraten wie hier, und hat die Frau Mutter was zum Spinnen? Ich würde ihr so gern einen guten Buschen mitschicken. Wollt Ihr ihn mitnehmen? Ich bringe ihn rasch. Ihr braucht deshalb nicht lang zu warten.«

Der Kaiser wartete, nahm dann den Hanf, legte ihn hinter den Wagensitz und fuhr lachend weiter: »Meine Mutter wird sich darüber sicher sehr freuen...« (18)

Das gefährliche Flötenspiel

Ein reicher Rosenauer Bauer hatte einst einen Hirten aus Törzburg in seinen Dienst genommen.

Nach einiger Zeit merkte der Bauer, daß seine Schafe, trotz der guten Weideplätze, immer schwächer wurden und sich abends kaum noch auf den Beinen halten konnten.

Darum beobachtete er eines Tages den Hirten, als dieser mit den Schafen unterwegs war. Da sah er zu seinem maßlosen Staunen, daß der Hirte auf der Flöte spielte und die Schafe dazu wie toll tanzten.

Nun wußte der Bauer, daß dieser Hirte einen Pakt mit dem Teufel geschlossen hatte, und er übergab ihn dem Henker.

Als der Hirte unter dem Galgen stand, gewährte ihm der Richter ahnungslos noch eine letzte Bitte: Da holte der Hirte rasch seine Flöte hervor und spielte eine lustige Weise.

Plötzlich faßte der Henker den Richter beim Arm, und beide begannen zu tanzen, und der Pfarrer tanzte mit dem Gefängniswärter, und alle Zuschauer tanzten – es sah ganz toll aus.

Auf der Flöte spielend entfernte sich der Hirte langsam und verschwand im Wald.

Man sagt, daß er später in einen Stein verwandelt wurde: Oben im Tal *Beim Müller* (rumänisch *La Morar)* sieht man ihn nun stehen und ins Land hinabschauen. Auf seinem Haupt wächst schon Moos und Gesträuch, doch die Gestalt ist noch deutlich zu erkennen. (19)

Eine eindeutige Geste

Als die Türken – vor etwa zweihundert Jahren – wieder einmal Tartlau belagerten, wurden in der Burg die Lebensmittel knapp.

Da dachten sich die Frauen eine List aus: Die schönste und dickste von ihnen stieg in die Ringmauer und hielt ein großes weißes Hausbrot hoch – seht her, wir haben noch genug zu essen!

Die Türken aber pfiffen und fluchten und drohten mit den Säbeln. Das ärgerte nun die gute Frau, und kurz entschlossen hob sie hinten den Rock hoch und klopfte sich mit der flachen Hand auf den Hintern. Diese eindeutige Geste verstanden auch die Türken.

»Mit diesen Leuten möchte ich nichts mehr zu tun haben«, soll damals der türkische Pascha gesagt haben, bevor er mit seinen Soldaten abzog. (20)

Die steinernen Blumen

Im vorigen Jahrhundert soll es am Hatterbach zwischen Rothbach und Nußbach mehrere merkwürdige Steine gegeben haben; man nannte sie – ihrer Form wegen – steinerne Blumen (»Stienblomen«).

Einmal im Jahr, im Juni, an einem bestimmten Tag – an den sich jedoch heute niemand mehr genau erinnern kann – »blühten« die steinernen Blumen. Sie wurden – innerhalb einer Stunde – langsam rot, während aus einer Erdspalte weißer Rauch aufstieg.

Manch ein Bauer sah aus weiter Ferne diesem seltsamen Schauspiel zu. Doch niemand wagte sich in die Nähe, um nach der Ursache dieser Erscheinung zu forschen.

Man sagte damals: Die steinernen Blumen sind noch aus der Zeit, als die Welt erschaffen wurde.

Eines Tages waren sie plötzlich verschwunden, und auch die Erdspalte hatte sich geschlossen.

Auch steinerne Blumen blühen nicht ewig, einmal ist auch ihre Zeit vorbei – so ungefähr sprachen nachher die alten Bauern. (21)

Repser Ländchen

Hünen und Menschen

In der Nähe von Schweischer, *Im Hintersten Feld* (»Af de halwer Moirk«), wohnten in alten Zeiten Hünen.

Wenn sie nun spazieren gingen und bei den menschlichen Siedlungen vorbeikamen, so riefen die Hünenkinder: »Saet, doirt kunn de Júmezen en wall'n es äus âser Hîmet verdreiwen!«

Manchmal aber steckten sie auch – so zum Spaß – einen Bauern samt Pferd und Pflug in die Rocktasche und trugen ihn davon. (22)

Das Hünenhemd

Ein Berg in der Nähe von Keisd heißt »Hënjeschburg« (Hünenburg); oben im Wald kann man noch die Spuren einer mächtigen Erdburg und einen gemauerten Brunnen sehen. Die Sage erzählt, daß hier einst Hünen gehaust haben.

Als die Sachsen ins Land kamen, gab es mit den Hünen oft Streit: die Einwanderer waren Bauern und bestellten ihre Felder, die Hünen aber waren Jäger; und wenn sie auf die Jagd gingen, dann zertraten sie oft Saat und Ernte.

Eines Tages, nachdem die Feindseligkeiten kein Ende mehr nehmen wollten, zogen die Hünen fort. Zurück blieb nur ein alter Hüne, der schon krank war und nicht mehr gehen konnte.

Als er eines Tages starb, wurde er im Hof der Hünenburg begraben. Sein Hemd aber – es war so groß, daß drei Männer gleichzeitig hineinschlüpfen konnten – wurde noch lange Zeit in einer Kammer der Keisder Burg aufbewahrt und den Ortsfremden als Kuriosum gezeigt. (23)

Reps, Lithographie von L. Schuller, 19. Jahrhundert

Die Rauhe Kuppe

Östlich von Schweischer steht ein Berg, »Rea Kôp« (Rauhe Kuppe), der höher ist als die meisten Berge im Repser Ländchen.

Auf der Rauhen Kuppe ist ein ebener Platz: hier gab es einst mächtige Eichen, und damals wohnten hier Hünen. Der Weg, der hinauf führt, heißt heute noch *Hünensteg.*

Zu jener Zeit kam es oft vor, daß die Hünenfrauen in ihren Schürzen manchmal auch fünfzig Menschen samt Vieh und Pflug vom Feld wegnahmen und zu ihren Hütten trugen – als Spielzeug für die Kinder.

Vom Weg zur Rauhen Kuppe machte einst ein Hüne einen mächtigen Schritt bis auf den »Kriurêg« (Krähenberg) und von da einen zweiten Schritt bis auf die Kleine Kuppe am Hattert von Deutsch-Weißkirch. (Ein Mensch würde mehr als eine Stunde brauchen, um diese Strecke zu gehen.)

So sagen nun die Leute: »Der Hattert von Schweischer ist nur zwei Hünenschritte breit.« (24)

24

Die Wasserfrau und ihre Söhne

An der Straße, die von Mehburg nach Reps führt, stand früher ein schöner Wald; in diesem Wald gab es einen See, und in dem See wohnte eine Wasserfrau. Tausend Jahre lang war sie mit keinem Mann zusammen gekommen; und als das dann einmal geschah, gebar sie zwei Söhne: Isian und Isgau.

Als die beiden groß waren, sagte sie zu ihnen: »Zweierlei ist euch bestimmt: einer von euch beiden wird ein großer Krieger werden, ein Land unterwerfen, König sein, aber von seinen Untertanen gehaßt und schließlich abgesetzt werden; der andere wird keine so glänzenden Taten verrichten, am Ende jedoch ebenfalls König werden und glücklich sein. Wählet!«

Isian wählte das erste Los, Isgau blieb keine Wahl mehr, er nahm das zweite.

Bald hatte nun Isian ein mächtiges Heer und zog aus Siebenbürgen fort, eroberte ein großes Land, baute eine Hauptstadt und regierte – da er nicht sterblich war – viele hundert Jahre lang. Als er aber begann, ein lasterhaftes Leben zu führen, das Volk peinigte und zu den Menschen ungerecht war, jagte man ihn eines Tages davon. So zog er durch die Welt, wünschte sich den Tod, konnte aber nicht sterben. Schließlich gelangte er eines Tages zu seiner Mutter an den See zwischen Reps und Mehburg, und sie erbarmte sich seiner, nahm eine Rute, berührte ihn – und da sank er zu Boden und war tot.

Isgau, der andere Sohn, war nicht fortgezogen und am See, in der Nähe der Mutter, geblieben. Er half den Menschen, wo er konnte: er reparierte die Wägen, wenn im Wald eine Achse brach, trieb das Vieh zurück, wenn es sich verlaufen hatte oder schützte die Wandernden vor Räubern; so war er überall beliebt.

Als eines Tages der alte König starb, wählte ihn das Volk zum Nachfolger, weil es keinen besseren und würdigeren König finden konnte. Isgau zog nun auf die Königsburg und regierte weise und gerecht, und alle Menschen verehrten ihn.

So vergingen viele Jahre, und eines Tages kamen die ersten Sachsen ins Land, und einige von ihnen ließen sich am See nieder. Isgau vertrug sich gut mit den Einwanderern. Als jedoch immer mehr ins Land zogen und sich am See ansiedelten, den Wald ringsum rodeten und das Wasser ableiteten, da trocknete der See allmählich aus.

So waren auch die Tage Isgaus und seiner Mutter, der Wasserfrau, gezählt: ihr Leben »verlosch, so langsam und schön, wie eine Lampe, wenn ihr das Öl ausgeht«, heißt es in der Sage. (25)

Das Draaser Schwert

Als die ersten deutschen Einwanderer in Südsiebenbürgen ankamen – das war vor über achthundert Jahren –, zogen zwei Anführer die Schwerter und steckten sie gekreuzt in die Erde; an dieser Stelle – etwa dort, wo heute Hermannstadt liegt – leisteten sie einen Treueschwur dem König. Das Land aber, das sie in Besitz genommen hatten, reichte von Broos bis Boralth.

Das eine Schwert brachte man nachher nach Broos, das andere nach Draas, um es für spätere Zeiten aufzubewahren. Jenes in der Draaser Kirche konnte man vor einiger Zeit noch sehen: es war so hoch wie ein erwachsener Mann, und man brauchte viel Kraft, um es zu heben und zu schwingen.

Die ersten Sachsen, erzählt die Sage, ließen sich zuerst nördlich und weiter östlich von Draas nieder: sie gründeten die Gemeinden Dersch (»Dârsch«), Eisdorf, Diesendorf, Sankt Peter und Sankt Martin. Von Dersch aus besiedelten sie das Hamrudener Tal, denn die Vorfahren der Hamrudener stammen, so heißt es, aus Dersch und Draas. (26)

Die alte Glocke

Die alte Draaser Glocke hatte einst den schönsten Klang im Repser Ländchen. Wenn sie läutete, konnte man sie sogar bis nach Reps hören. Aus diesem Grund waren die Repser neidisch und wollten gern die Glocke haben.

Weil die Draaser befürchteten, daß man ihnen eines Tages die Glocke wegnehmen würde, läuteten sie so lang, bis sie sprang.

Nun will sie niemand haben, und seither läutet sie auch nicht mehr. (27)

Das Dorf, das ohne Männer blieb

In alten Zeiten, als Sommerburg noch ein sächsisches Dörfchen war, kamen einst die Türken ins Land und verwüsteten die Gegend um Reps.

Eines Tages standen sie auch vor der Sommerburg, wohin sich die Einwohner geflüchtet hatten. Eine Woche konnten die Sachsen die Angriffe abwehren; schließlich gelang es den Türken, die in großer Überzahl waren, die Burg einzunehmen. Die Männer wurden erschlagen oder in die Sklaverei verschleppt; die Frauen aber ließ man am Leben. So kam es, daß das Dorf ohne Männer blieb und die Frauen allein die schwere Feldarbeit verrichten mußten. Mit der Zeit heirateten sie ungarische Männer aus der Tschieker Gegend, und seither gibt es die Ungarn in Sommerburg. (28)

Eine mutige Sächsin

Einst zogen die aufständischen Kurutzen von Fogarasch über Deutsch-Tekes nach Reps; so kamen sie auch bei Stein vorbei.

Als sie sich dem Dorf näherten, wurden sie von einer Sächsin bemerkt, die gerade *Am Berg* beim Hanfpflücken war. Rasch zog sie ihren Rock aus, legte ihn um einige Hanfreisten, setzte ihren Hut drauf, so daß man glauben mußte, sie stehe noch »im Hanf«.

Nun schlich sie sich durchs Hanffeld und lief, was sie konnte, ins Dorf zum Turm und begann Sturm zu läuten. Die Bauern hörten das, flüchteten in die Burg und verbargen sich auf dem Feld.

Als nun die Kurutzen nach Stein kamen, fanden sie nur verschlossene Häuser vor; bei der Burg aber wurden sie derart empfangen, daß sie sofort die Flucht ergriffen und das Dorf nicht mehr plünderten.

Das aber hatten die Steiner jener mutigen Frau zu verdanken. (29)

In dem Ziperin

Früher erzählte man sich, daß *In dem Ziperin,* einem Feld bei Schweischer, eine Truhe mit Goldstücken vergraben sei: es sind die Schätze aus den Kirchen im Seklerland, die einst von den Türken geraubt wurden.

Über diese Truhe wacht ein weißer Büffel; wenn man an jener Stelle gräbt, so erscheint er schnaubend vor Wut und wehe dem, der nicht rasch genug davonlaufen kann.

Ein Zigeuner aus Königsdorf (»Kenengdref«), dem der weiße Büffel erschien, verlor beim Laufen einen Opanken, stolperte und der Büffel trat ihn mit dem einen Fuß so heftig ins Kreuz, daß der Arme nachher monatelang das Bett hüten mußte.

Als er wieder sehen konnte, sagte er: »Lieber esse ich mein Leben lang Maisbrei, als daß ich noch einmal nach Schätzen grabe.« (30)

Im Hüllenberg

In der Nähe von Keisd, im Hüllenberg, soll es viele Schätze geben: etwa ein Dutzend Fässer mit Gold und kostbaren Rüstungen von einem ganzen türkischen Heer.

An einem bestimmten Tag im Frühjahr hört man ein starkes Rauschen und Donnern, das aus der Erde kommt: an jener Stelle, tief unten, befinden sich die Schätze, die nun der Berggeist reinigt und ordnet.

Der Berggeist im Hüllenberg sitzt auf einem mächtigen Eisenthron, und in seinem Wappen ist ein Galgen zu sehen.

Einmal wollten drei Burschen den Schatz heben. Sie machten sich am Abend, ausgerüstet mit Haken und Schaufeln, auf und begannen munter zu graben.

Plötzlich donnerte es, der Berggeist erschien und streckte seinen langen Arm aus, um die Schatzgräber zu fassen. Die ließen alles liegen und liefen um ihr Leben.

Seither hat aber auch niemand mehr versucht, am Hüllenberg zu graben. (31)

Der »Rote Königsrichter«

In nordwestlicher Richtung von Reps, auf dem Basaltberg, stehen die mächtigen Mauerreste der Burg. Hier befanden sich 1812 noch die schweren türkischen Fußeisen des »Roten Königsrichters« (so nannte man ihn wegen seines roten Bartes).

Die Sage erzählt, daß dieser Königsrichter – als Siebenbürgen unter türkische Herrschaft kam – die Steuergelder nicht eintreiben konnte, weil die Bauern zu sehr verarmt waren.

So wurde er eines Tages, zusammen mit seinem Diener Menenges, festgenommen und nach Konstantinopel gebracht. Hier warf man beide in einen Kerker und verurteilte den Königsrichter zum Tode.

Bevor er hingerichtet werden sollte, kam am Abend Menenges zu ihm, breitete seinen Mantel aus und sagte: »Setzt Euch drauf, aber redet kein Wort.«

Kaum saß der Königsrichter auf dem Mantel, flogen beide durch das Schlüsselloch hinaus, und fort ging es nach Siebenbürgen. (Menenges verstand sich nämlich auf allerhand Zauberei, und so hatte er seinen Herrn aus dem Kerker befreien können.)

Als sie sich am Morgen etwas über der Steiner Höhe befanden, rief der Königsrichter seinem Diener zu: »Halt ein bißchen an, ich habe meinen Hut verloren!« So landete Menenges an dieser Stelle, und weil gerade ein Mädchen hier zwei Pferde weidete, kehrten sie hoch zu Roß nach Reps zurück.

Für seine Hilfe erhielt Menenges einen goldenen Becher; und die Fußeisen, die der Königsrichter in der Gefangenschaft hatte tragen müssen, nahm ihm der Dorfschmied ab und schaffte sie hinauf in die Burg. (32)

Die »andere Welt«

In Katzendorf lebte einst ein reicher Bauer, der hatte verfügt, daß sein Grab tiefer sein soll als der tiefste Brunnen im Dorf.

Als er nun eines Tages starb, ging man zum tiefsten Brunnen, nahm die Kette ab und begann das Grab zu schaufeln; von Zeit zu

Zeit aber ließ man die Kette hinunter, um zu sehen, ob das Grab schon tief genug sei.

Erst nach zwei Tagen hatten der Totengräber und sein Sohn die gewünschte Tiefe erreicht, und bevor man sie an der Kette wieder hinaufziehen sollte, rasteten sie ein bißchen.

Unten im Grab war es ganz still, und auf einmal hörten sie »von der anderen Welt« die Hähne krähen und vernahmen ganz deutlich, wie ein Mann zu seiner Frau auf sächsisch etwas sagte.

»Zieht uns hinauf!« riefen sie nun, und sahen, daß sie rasch wieder ans Tageslicht kamen. Sie hatten die Geister »von der anderen Welt« reden gehört, und davon sprach man noch lange im Dorf. (33)

Weinland

Die Hünen an der Kokel

Bevor die Sachsen sich an der Kleinen Kokel ansiedelten, lebten hier Hünen: Puschendorf, Mikluden, Petersdorf, Klosdorf, Kapellendorf und Deutschenbach waren einst Hünensiedlungen, und bei Füssen stand eine Hünenburg.

Ein Berg bei Bendendorf, sagte man früher, sei so entstanden: einst wechselte hier ein Hüne seine Fußlappen; die alten ließ er liegen, darauf wuchs später Gras und Gesträuch, und so entstand der Bienenberg.

Auf dem Fuchsberg an der Kokel soll einst ein Hüne mit seiner Tochter gewohnt haben. Eines Tages ging das Mädchen hinunter zum Intschdorfer Hattert und sah da einen Bauern, der das Feld pflügte. Rasch nahm es Bauern, Pflug und Ochsen in die Schürze und trug sie nach Hause.

Der alte Riese aber sagte: »Damit sollst du nicht spielen, mein Kind, diese kleinen Lebewesen werden einmal das ganze Kokelland beherrschen.« Daraufhin trug das Mädchen den Bauern wieder zurück aufs Feld.

Als die Riesen eines Tages starben, begrub man sie alle neben Treukirch, einem Dorf in der Nähe von Kokelburg, wo der Fluß einen großen Bogen macht. An dieser Stelle hat man früher oft ungewöhnlich große Knochen und Tonscherben von mächtigen Kannen und Gefäßen gefunden. (34)

Die Hünenburg

In der Nähe von Tutendorf, in Richtung Langenthal, soll einst eine Hünenburg gestanden haben.

Bis vor einigen Jahren noch gruben die Tutendorfer an jener Stelle große Steine aus und schafften sie in die umliegenden Dörfer, wo sie als Baumaterial verwendet wurden.

Aus solchen Steinen soll auch die Bulkescher sächsische Kirche und das Schloß in Klosdorf gebaut worden sein. Es heißt aber auch, daß sich an der Stelle, wo heute das Schloß steht, einst eine Hünenburg befunden hat; man kann auch heute noch die klafterdicken Grundmauern sehen.

Im Schloßhof gab es früher einen Brunnen, den noch die Hünen gegraben hatten; der war so tief, daß er bis unter das Flußbett der Kokel, die unterhalb des Berges vorbeifließt, reichte. Der Eimer aber hing an einer goldenen Kette.

Als der Brunnen eines Tages einstürzte, schütteten ihn die Bauern zu. Man erzählt sich, daß die goldene Brunnenkette unten in der Erde liege, und darum haben schon viele Bauern versucht, danach zu graben; allerdings ohne jeden Erfolg. (35)

Die Hilfe des Riesen

Als die Sachsen ins Land kamen, da lebten in einigen Gegenden an der Kokel noch Riesen.

Nun geschah es, daß ein Bauer aus Krotschendorf beim Pflügen auf einen mächtigen Tontopf stieß, der mit Goldmünzen angefüllt war.

Vergeblich versuchte er, den Topf aus der Erde zu heben – er schaffte es nicht.

Während er sich noch mühte, kam ein Riese des Wegs; zuerst erschrak der Bauer, faßte aber dann Mut und sagte:

»Hilf mir den Schatz heben, ich will mit dir teilen.«

Der Riese erwiderte: »Ich nehme zwei Teile und du bekommst einen Teil, wenn es dir recht ist; anders werden wir nicht einig.«

Der Bauer nahm diesen Gegenvorschlag an, denn er befürchtete, daß der Riese ihm alles wegnehmen könnte.

Nun hob der Riese den mächtigen Tontopf aus der Erde und trug ihn bis zum Hof des Bauern. Dort leerte er ihn auf ein großes Laken im Hof und nahm sich seinen Teil.

Es heißt, daß der Bauer die Goldmünzen schon am nächsten Morgen, in Begleitung mehrerer Männer, nach Kokelburg gebracht und dort in Geld umgetauscht hat.

Mit dem vielen Gold im Haus hätte er keine ruhigen Stunden gehabt. Davon kaufte er Vieh und Grund und wurde ein reicher Mann. (36)

Die Glocke vom Hünenberg

Zwischen Irmesch und Kleinalisch gibt es einen Hügel, den man »Henjekirch« (Hünenkirche) nennt. Hier soll einst eine Kirche gestanden haben, die von den Hünen errichtet worden ist. Es heißt aber auch, daß in alten Zeiten hier ein Zwergvolk lebte, das einst die ganze Gegend beherrschte: bis hinunter nach Ehrgang und Reußdorf und bis hinauf an die Kleine Kokel, nach Bachnen und Bladenmarkt. Diese Zwerge, die Zenken, sollen die Erbauer der Kirche auf dem Hünen- oder Zenkenberg gewesen sein.

Eines Tages, als ein Maldorfer Hirte mit den Schweinen unterwegs war, wühlte eine Sau an einem Abhang des Hünenbergs eine riesige Glocke aus. Sie wurde nach Maldorf gebracht, und von hier konnte man bis weit hin ihren schönen Klang hören.

Oft wollte man schon, in Kriegszeiten, die herrliche Glocke einschmelzen, aber auch heute noch kann man ihr Läuten bis nach Halvelagen und Elisabethstadt hören. (37)

Wie Seiden entstanden ist

Um das Jahr 1300 zogen einst siebzig deutsche Familien am Mieresch aufwärts und dann an der Kokel entlang, bis sie in die Nähe des Bulkescher Waldes kamen; dort ließen sie sich nieder und gründeten ein Dörfchen, das sie Seiden nannten.

Hier gab es genügend Holz, um Häuser und Ställe zu bauen, doch es fehlte an Wasser. So gaben sie die Siedlung bald wieder auf und wanderten etwa zwei Kilometer weiter bis an jene Stelle, wo zwei Quellen sich zu einem Bach vereinen. *In der Wiese* gründeten sie wieder ein Dörfchen und nannten es ebenfalls Seiden. Auch heute noch kann man die Stelle erkennen, wo einst diese beiden Siedlungen gestanden haben.

Es vergingen dreihundert Jahre, und da beschlossen die Seidner, wieder »zu wandern«; damals hatte das Dorf etwa sechshundert Einwohner.

Nun zogen sie bis nahe an die Kleine Kokel – das war um das Jahr 1700 – und gründeten hier die heutige Gemeinde. Zuerst errichteten sie die Kirche und später den Turm. (38)

Zinken und Morgen

In einem Tal südlich von Rode stand in alten Zeiten ein schönes sächsisches Dorf. Während einer Pestepidemie kamen jedoch fast alle Einwohner um, am Leben blieben nur zwei Kinder, die Zinken und Morgen hießen.

Nun begannen die Einwohner von Rode und von Maldorf miteinander zu streiten, wer die Vormundschaft über diese beiden Kinder übernehmen werde. Schließlich einigte man sich so, daß Zinken nach Rode und Morgen nach Maldorf kommen soll. Damit fiel auch der untere Teil des Tales, in dem das sächsische Dorf gestanden hatte, als Zinkens Erbe an Rode und hieß von nun an *Zinkental,* während Morgens Erbe unter der Bezeichnung *Morgental* an Maldorf kam.

Im Zinkental, so erzählt eine Sage, soll übrigens die älteste Maldorfer Glocke entdeckt worden sein: eine Sau hatte sie aus dem Schlamm gewühlt und ihre Jungen drin geworfen.

Es heißt auch, daß dieses die Glocke des untergegangenen sächsischen Dorfes gewesen sei. (39)

Von den Tränen

Früher, erzählt man sich, hatte das Wasser der Kleinen und der Großen Kokel einen salzigen Geschmack. Wenn die Rinder an den Füßen Verletzungen oder Wunden hatten, so trieben die Hirten sie in den Fluß, damit das Wasser sie heile.

Damals hieß es, daß das Salz der Kokeln von den vielen Tränen der hörigen Bauern komme. (40)

An den Dornen

Früher gehörten die Wiesen an der *Schönen Au* und der Kleinen Kokel den Adligen von Klosdorf. Hier weideten im Sommer die Rinderherden, und während des Winters hielt man hier in großen Hürden die Schafe.

Die Sage erzählt, daß einst ein rumänischer Hirte aus Weiherdorf über die Berge kam und sich hier an einer Hetschenpetschhecke *Auf der Schönen Au* eine Lehmhütte errichtete. Später nahm ihn der Grundherr von Klosdorf in Dienst; der Hirte heiratete bald darauf eine Magd aus Tutendorf, und nach vielen Jahren, als die zahlreichen Kinder erwachsen waren, bauten auch sie ihre Hütten *An den Dornen,* und so soll das Dörfchen *Spini* (rumänisch *Lunca Tîrnavei,* deutsch *Bleschdorf*) entstanden sein.

Der Gründer von Spini aber, jener Hirte aus Weiherdorf, wurde über hundert Jahre alt. Als er starb, begrub man ihn *Auf der Schönen Au* und pflanzte auf sein Grab einen kleinen Hetschenpetschstrauch. Jene Stelle konnte man vor einigen Jahren noch sehen. (41)

Die rettenden Bienen

Als einmal die Türken im Land waren, kamen sie auch nach Schönau. Die Einwohner flüchteten in die Burg, und jeder nahm in der Eile das mit, was ihm am wichtigsten und wertvollsten schien.

Ein Bauer, der weder Frau noch Kind hatte, rettete seine Bienenkörbe, und darüber machten sich die anderen lustig:

»He, Misch, du hättest lieber einen Sack Mehl mitnehmen sollen!«

Als die Türken zum Angriff schritten und ganz nahe an die Mauer herankamen, warf der Mann seine Bienenstöcke auf die Feinde hinunter.

Die Bienen flogen aus und die Türken konnten sich ihrer nicht mehr erwehren; so gaben sie den Kampf auf und liefen davon.

Schönau war gerettet. (42)

Der Pfeilschuß

Einst gab es zwischen Großprobstdorf und anderen Gemeinden an der Großen Kokel – Frauendorf, Wurmloch, Kleinkopisch und Eibesdorf – einen Hatterstreit; und man konnte sich nicht einigen, wie weit das Großprobstdorfer Gebiet über den Fluß reichen dürfe.

So beschloß man, nach altem deutschen Brauch einen Vergleich »durch Pfeilschuß« vorzunehmen: wie weit die Großprobstdorfer von ihrem Gemeindetenor aus in Flußrichtung schießen könnten, so weit sollte sich ihr Hattert erstrecken.

Die Probstdorfer gingen nun in den Wald und fällten eine junge biegsame Buche; daraus machten sie einen mächtigen Bogen. Dann schnitten sie aus einer anderen Buche einen Pfeil.

So ausgerüstet fanden sie sich am Tag des Vergleichs vor ihrem Gemeindetor ein, stellten den Riesenbogen auf, legten den Pfeil an und schossen – vor zahlreichen Zuschauern – hinüber zum Kokelufer.

Der Pfeil aber flog und flog und fiel schließlich weit jenseits des linken Ufers ins Gras.

Seither dürfen nun die Großprobstdorfer ihre Herden auf dem linken Kokelufer weiden, weil auch dieses Gebiet ihnen gehört. (43)

Die Fâteskirche

In alten Zeiten wohnte in der Obergasse in Hetzeldorf, *Unter dem Walde im Winkel,* eine etwas einfältige Magd namens Änn Valten. Gern hätte sie einen Knecht ihres Vaters geheiratet; weil sie jedoch so einfältig war, wollte sie niemand zur Frau nehmen.

Als sie einmal *Am Meschener Berg,* in den Weingärten *Bei der Hällerätsch* schneiden war, merkte sie am Abend, daß sie ihre Hippe liegen gelassen hatte. Änn meinte, sie wisse noch genau, bei welchem Weinstock ihre Hippe liegengeblieben war. Sie wolle zurücklaufen und selbst im Dunkeln die Hippe finden.

Nun sagte der Knecht: »Wenn du das kannst, so werde ich dich heiraten.« Sofort machte sich Änn auf, ging in den Weingarten, fand auch tatsächlich die Hippe und kehrte rasch wieder zurück.

Unterwegs, *Vor dem Ongest,* erblickte sie beim Brünnchen ein Feuer, daneben war aber kein Mensch zu sehen. Neben dem Feuer lag ein Kästchen mit Golddukaten.

Rasch nahm Änn das Kästchen an sich und lief nach Hause. Plötzlich hörte sie Pferdegetrappel hinter sich und merkte, daß sie verfolgt wurde.

Sie lief nun hinter die Gärten *In den Steg* und erreichte so das Grundstück ihres Vaters. Als sie über den Zaun springen wollte, verfing sich ihr Rock an einem Pfahl, da hatte sie aber schon der Verfolger erreicht und hieb mit dem Säbel nach ihr. Zum Glück traf er zuerst den Rock und befreite so die Änn vom Zaun.

Nun rannte sie ins Haus, zeigte die Hippe und das viele Geld, das vermutlich von den Räubern stammte, die damals in der »Räuberburg« im Buchenwald hausten.

Der Knecht, davon beeindruckt, heiratete nun die Änn, und von dem vielen Geld bauten sie *Auf dem Kelterreg* die Fâteskirche. (44)

Das scheintote Mädchen

In Schäßburg starb einst ein Mädchen, dessen Eltern sehr reich waren. Da beschlossen die beiden Totengräber, in der Nacht die Leiche zu bestehlen.

Sie stiegen in die Gruft und nahmen ihr den kostbaren Schmuck ab; als sich aber ein Ringlein nicht löste, wollten sie den Finger einfach samt Ring abschneiden. Da erwachte das Mädchen, das nur scheintot war, und die beiden Räuber liefen entsetzt davon.

Das Mädchen nahm nun die Laterne, die zurückgeblieben war, stieg auf der Leiter aus der Gruft und ging zum Hause der Eltern.

»Vater, Mutter, öffnet das Tor!« rief es, weil das Gassentürchen verschlossen war.

»Wer ist draußen?« fragte der Vater, dem die Stimme bekannt vorkam.

»Eure Tochter«, antwortete das Mädchen.

Die erschrockenen Eltern meinten nun, der Geist ihrer Tochter stehe draußen und wollten nicht öffnen. Schließlich riefen sie die Magd herbei und befahlen ihr, das Gassentürchen zu öffnen.

Entsetzt floh diese ins Haus zurück, als plötzlich das Mädchen im Totenhemd vor ihr stand.

Nun erfuhren die Eltern, was geschehen war, und anstatt die Totengräber zu bestrafen, wurden sie reichlich belohnt.

Das Mädchen aber lebte nachher noch viele Jahre. (45)

Der Kaiser auf dem Strohbett

Als Kaiser Josef II. einmal, als gewöhnlicher Bürger gekleidet, von Neumarkt nach Schäßburg wanderte, traf er, während es schon dämmerte, in Rode ein.

Hier hatten sich jedoch die Bauern schon schlafen gelegt, und nur in einem kleinen Häuschen am Dorfrand brannte noch ein Kerzenlicht.

Der Kaiser klopfte an und bat um Unterkunft, ohne jedoch zu sagen, wer er ist.

Man ließ ihn ein, und gemeinsam mit den Gastgebern aß er »Palukes« mit Milch – ein Gericht, das ihm vortrefflich schmeckte.

Bis zum nächsten Morgen hatte er sich auf dem Strohbett gut ausgeruht, dankte und verabschiedete sich.

Wie groß war jedoch die Überraschung der Bäuerin, als sie unter dem Polster einige Silbermünzen und einen Zettel fand, auf dem geschrieben stand: »Hier schlief Josef II., Kaiser von Österreich«. (46)

Das Türmchen auf der Steinlei

Als die Türken einmal in großer Zahl vor Schäßburg erschienen, verteidigten sich die Bürger von den Türmen und Mauern tapfer mit Hakenbüchsen und »Schweinsfüßen« (Wallbüchsen).

Oben auf der Steinlei, einer Anhöhe in der Nähe der Stadt, saß ein Pascha auf einem weißen Elefanten und gab den Angreifern seine Befehle.

Da zielte vom Goldschmiedeturm ein Meister so genau, daß er, trotz der großen Entfernung, den Pascha tödlich traf. Nun wagten die Sachsen einen Ausfall, verjagten die Türken und zurück blieb der tote Pascha.

Sie begruben den Pascha auf seinem Elefanten sitzend auf der Steinlei, wo er gefallen war. Über seinem Grab aber errichteten sie jenes Türmchen, das man auch heute noch sehen kann. (47)

Der rettende Schlag

In Halvelagen lebte einst ein schönes Mädchen, das – nach dem Willen der Eltern – einen reichen Mann heiraten mußte, obwohl es einen armen Burschen liebte.

Bald nach der Hochzeit blieb der jungen Frau eine Speckschwarte im Hals stecken, so daß sie jämmerlich ersticken mußte.

Nach der Beerdigung öffneten zwei Totengräber die Gruft, um die Leiche zu bestehlen. Sie setzten sie auf, um sie besser auskleiden zu können. Als sie jedoch immer umkippte, gab ihr der eine Räuber einen Schlag in den Rücken und fluchte:

»Stungd, dat dich det Wädder huet!«

Durch den Schlag aber sprang der Scheintoten die Schwarte aus der Kehle, und sie erwachte.

Die beiden Totengräber liefen nun entsetzt davon, und die Frau stieg aus der Gruft und ging nach Hause.

Als sie nun am Fenster klopfte und ihren Mann bat, er möge ihr öffnen, rührte er sich nicht. Er dachte vielleicht, der Geist der Toten sei erschienen, und obwohl sie flehte und bat, öffnete er ihr nicht.

Inzwischen begann die arme Frau zu frieren, denn es war im Winter, und da ging sie einfach zu ihrem früheren Geliebten, der nicht geheiratet hatte.

Sie klopfte auch hier ans Fenster, und er ließ sie sofort hinein in die warme Stube, setzte ihr Speise und Trank vor und beide feierten ein fröhliches Wiedersehen.

So beschloß die Frau nun hier zu bleiben. Sie ließ sich von ihrem früheren Mann scheiden, heiratete den, der sie aufgenommen hatte, und lebte mit ihm noch viele Jahre glücklich und zufrieden. (48)

Die alte Eiche

Am Weg zwischen Bulkesch und Seiden steht eine alte Eiche; an jener Stelle wurde einst ein Mädchen vom Blitz erschlagen.

Da lebte in Seiden ein schönes Mädchen, in das sich zwei Burschen aus Bulkesch verliebt hatten; der eine war arm, und der andere war reich.

Eines Tages nun sollte der Arme nach Blasendorf ziehen, um seinen Militärdienst zu leisten. Nachdem das Mädchen ihn heiraten wollte und nicht den Reichen, besprachen sie vor seiner Abreise, daß die Hochzeit stattfinden solle, wenn er wieder da sein wird.

Es verging ein Monat, und das Mädchen sah sich immer öfter mit dem reichen Burschen, der in Bulkesch zurückgeblieben war. Sie trafen sich am Abend unter der alten Eiche, die in der Mitte des Weges zwischen den beiden sächsischen Gemeinden steht.

Als sie nun eines Abends beschlossen zu heiraten, ging ein schweres Gewitter nieder. Nachdem es in der Nähe keinen Unterschlupf gab, blieben sie unter dem Baum. Das war aber nicht ungefährlich, denn auch im Volksmund heißt es: »Eichen sollst du weichen, Buchen sollst du suchen«.

Plötzlich schlug der Blitz in die alte Eiche ein, und das Mädchen war auf der Stelle tot.

Damals meinten die Bauern: das war die Strafe, weil sie sich zuerst dem einen versprochen hatte und dann den anderen heiraten wollte.

Ob das wirklich so ist, kann man heute nicht mehr so sicher sagen, denn in zuviele Eichen müßte der Blitz fahren, und dann hätte er wohl kaum noch Zeit zu donnern. (49)

Die beiden Brüder

Einst lebten in einem sächsischen Dorf zwei Brüder, die hatten von ihren Eltern nichts anders geerbt als eine Kuh. Nun begannen sie zu streiten, wem die Kuh gehören solle. Schließlich einigten sie sich, daß die Kuh jenem gehöre, in dessen Stall sie hineingehen werde.

Der eine baute nun einen schönen geräumigen Stall aus Ziegeln, der andere aber eine einfache Hütte aus Ästen und grünem Laubwerk. Natürlich ging die Kuh in die Laubhütte, wo sie sich auch gleich die frischen Blätter schmecken ließ.

Der kluge Mann hatte nun die Kuh gewonnen, er konnte jedoch mit ihr nichts anfangen, und so schlachtete er sie eines Tages und lud das ganze Dorf zu einem Schmaus ein.

Dafür wurde er ein Jahr lang reihum im Dorf zum Essen eingeladen und lebte ganz gut. Dann aber zog er fort.

Nach langer Zeit kehrte er mit einer großen Schafherde zurück, und da waren die Bauern sehr verwundert und fragten ihn: »Woher hast du denn die vielen Schafe?«

»Kommt«, sagte er, »ich werde euch zeigen, woher die Schafe sind.« Daraufhin trieb er die Herde an das Kokelufer und zeigte zum Wasser, wo sich die Schafe spiegelten: »Seht, von da unten!«

Nun sprangen die Männer in den Fluß, um auch für sich Schafe zu holen und ertranken dabei jämmerlich. Zurück blieben viele Witwen, und seither heißt das Dorf Frauendorf. (50)

Ein mutiges Mädchen

Einmal waren wieder die Türken im Land und zogen von Mediasch in Richtung Karlsburg; sie verwüsteten Kleinkopisch, Frauendorf und Feigendorf. Erst vor Abstdorf machten sie Halt.

Die Einwohner hatten sich schon in die Kirchenburg geflüchtet und für die Verteidigung gerüstet. Da fiel plötzlich einer Frau ein, daß sie ihr Kind zu Hause vergessen hatte. Sie weinte und klagte, doch niemand wollte es wagen, das Kind zu retten.

Da meldete sich ein Mädchen – die Tochter eines armen Mannes, der zwölf Kinder hatte –, stieg auf das schnellste Pferd und sprengte aus der Burg hinaus, hinunter zum Dorf.

Die Türken waren zuerst so verwundert, daß sie keine Anstalten machten, die Reiterin zu verfolgen. Erst als sie mit dem Kind im Arm wieder zur Burg zurückgaloppierte, vergaßen sie das Staunen und versuchten, das Mädchen einzufangen.

Mit knapper Not entkam es den Verfolgern, die Türken aber holten sich, als sie an der Burgmauer waren, blutige Köpfe. (51)

Altland

Die Hünen von Stolzenburg

In alten Zeiten wohnten in der mächtigen Stolzenburg Hünen, die das Land bis zum Harbachtal beherrschten. Sie machten so große Schritte, daß sie nicht durch die Gassen gehen konnten: mit einem Schritt überquerten sie die Kirchgasse, die Oberste Gasse und das Angerlen; sechs Schritte machten sie bis nach Reußen und zehn Schritte nach Stenea.

Einmal war eine Hünenfrau am Burgberger Bach und hatte dort Wäsche gewaschen. Als sie nun heimkehrte, hatte sich an ihren Schuhen so viel Morast gesammelt, daß sie auf dem »Geredte Rieg« oberhalb der Weingartenhalde anhielt, um sich die Schuhe zu säubern. So entstanden die beiden kleinen Hügel »Riesechel äm Geredt«.

Ein anderes Mal kam ein Hüne, der am Alt fischen war, nach Hause. In der Nähe des Rabenbergs (»Reuvekeupen«) hielt er an, weil ihm die Läuse am Kopf so furchtbar zu schaffen machten: er hockte sich ins Gras und kratzte sich so lange am Kopf, bis alle Läuse weg waren; und so entstand das Läusebächlein (»Leisebächel«). (52)

Die ersten Deutschen am Rande der Karpaten

Der Weg der deutschen Einwanderer, die im 12. Jahrhundert aus linksrheinischen Gebieten ins Land kamen, führte an der Donau entlang nach Pannonien – dann über die Theiß und den Mieresch oder am Somesch entlang; durch das Somesch-Tal gelangten die Kolonisten ins Sathmarland und nach Marmatien.

Es heißt, daß die ersten Deutschen schon zu Beginn des 11. Jahrhunderts eingewandert sind und die Siedlungen Sathmar und Deutschendorf (ungarisch *Szatmár-Németi*) gegründet haben. Von hier aus zogen sie weiter in südliche und südöstliche Richtung und

Michelsberg in Siebenbürgen, Kupferstich von L. Rohbock, 19. Jahrhundert

gründeten Trestenburg, Sienerburg (Sienerln), Medwesch, Eisenmarkt – hier ließen sich die Steirer nieder – und andere Ortschaften
im Norden des Landes.

Die Einwohner der ältesten Dörfer Südsiebenbürgens – Krakau,
Krapundorf und Rumes, schon 1206 in einer Urkunde des Königs
Andreas II. erwähnt – werden als »Saxones« und »primi hospites
regni« bezeichnet.

Nach der Gegend um Weißenburg (Karlsburg) wurde die Hermannstädter Provinz – bis etwa um 1200 – und dann das Reener
Ländchen, das Nösnerland und das Burzenland besiedelt.

Als im Frühjahr 1241 die Tataren ins Land einfielen, zerstörten
sie die deutschen Siedlungen und vernichteten oder verschleppten
die Einwohner. Ein Tatarenheer kam von der Moldau durch den
Burgaupaß nach Nordsiebenbürgen: am 31. März wurde die deutsche Bergwerksstadt Rodenau (Altrodna) zerstört, dann, im April,
Klausenburg, Großwardein und alle anderen Siedlungen, die am
Weg nach Ungarn lagen.

Ein anderes Heer drang durch den Ojtus-Paß – nachdem das Milkower Bistum zerstört worden war – nach Südsiebenbürgen ein: am 31. März fiel Kronstadt, am 11. April Hermannstadt, dann Weißenburg, Mühlbach, Großwardein, Arad und alle Siedlungen, die sich in der Umgebung dieser Ortschaften befanden.

Als die Eindringlinge 1242 beutebeladen den Rückweg antraten, zog das Heer Bantus wieder durch Siebenbürgen und vernichtete nun das, was im Vorjahr stehengeblieben war.

Über die katastrophalen Zustände in Siebenbürgen nach dem Mongoleneinfall berichtet ausführlich der Mönch Rogerius in seinem berühmtem Klagelied »Miserabile carmen super destructione regni Ungariae per Tartaros facta«:

»Lauch, Zwiebeln und was sonst in den Gärten der Bauern übriggeblieben war und gefunden werden konnte, wurde mir als größter Leckerbissen gebracht; die übrigen genossen Kräuter und Wurzeln. Damit wurde der hungrige Magen gefüllt und der belebende Geist in dem fast leblosen Körper wieder angefacht. Die Ermüdeten aber erquickte keine Ruhe, da wir ohne Dach und schützende Decke die Nächte zubrachten.

Am achten Tag endlich, seit wir den Wald verlassen hatten, kamen wir zur Stadt Weißenburg, in der wir nichts fanden als die Gebeine und Köpfe der Getöteten und die Mauern der zerstörten Paläste und Kirchen, die noch von Blut gerötet waren (...)

Ungefähr zehn Meilen von hier war neben dem Wald ein Dorf, das in der Sprache des Volkes Frata heißt. Etwa vier Meilen entfernt erhebt sich im Wald ein gewaltiger Berg, auf dem sich ein steiler Felsgipfel befindet. Dorthin hatte sich eine große Menge von Männern und Frauen geflüchtet, die uns mit Freudentränen begrüßten und sich nach unserem Schicksal erkundigten. Sie gaben uns schwarzes Brot, das aus Mehl und gemahlener Eichenrinde gebacken war. Uns schmeckte es besser, als uns Semmeln jemals geschmeckt haben.«

Obwohl nun bald neue deutsche Kolonistengruppen nach Siebenbürgen kamen, die zahlreiche Ortschaften gründeten, wurden viele Siedlungen nie wieder aufgebaut und blieben Wüstungen...

Im 13. Jahrhundert ließen sich deutsche Handwerker und Kaufleute auch in rumänischen Ortschaften südlich und östlich der

Karpaten nieder, so in Langenau (Cîmpulung Muscel), Terwescht (Tîrgovişte), Moldenmarkt (Baia), Sereth (Siret), Rommesmarkt (Roman), Seutsch (Suceava), Kotnersberg (Cotnari) u. a.

Später siedelten sich auch zahlreiche Deutsche im Siebenbürgischen Erzgebirge – in Altenburg, Steinseiffen, Offenburg, Schlatten, Banitz und in anderen Ortschaften – an und begründeten von neuem den Bergbau. (53)

Die Gründung von Hermannstadt

Als der ungarische König Stephan I. sich mit Gisela, der Schwester des deutschen Königs Heinrich II., vermählte, kam in ihrem Gefolge auch ein armer Freiherr, Hermann von Nürnberg, mit seiner Familie nach Ungarn. Hermann errichtete zusammen mit anderen Einwanderern den Ort *Hermannsdorf* (»villa Hermanni«), aus dem sich später das schöne Hermannstadt entwickelte.

Die erste Ansiedlung im Altland – in den Kapiteln Hermannstadt, Leschkirch und Schenk – soll schon vor 1200 stattgefunden haben; Hermann war damals, erzählt die Sage, hundertfünfzig Jahre alt und Stammvater eines berühmten Geschlechts.

Als die Sachsen nach Siebenbürgen kamen, heißt es in einer anderen Sage, trat einmal ein Bauer namens Hermann vor ihre Anführer und bat um soviel Land, wieviel er mit einer Büffelhaut umspannen könne. Sein Wunsch wurde bewilligt.

Nun schnitt er die Haut in ganz schmale Fäden und umspannte damit das Gebiet, auf dem das alte Hermannstadt liegt.

Als die Anführer hinritten, um zu sehen, wieviel Land der Bauer in Besitz nehmen wolle, bewunderten sie den Scharfsinn des Mannes und bestätigten seine Ausmessung.

Bald darauf umgab Hermann den Teil der Stadt, der auf einem Hügel liegt, mit hohen Mauern, und nun zogen Zuwanderer aus Talmesch und anderen sächsischen Ortschaften hinzu und gründeten so die neue Siedlung, die nach dem klugen Gründer *Hermannsdorf* und später *Hermannstadt* genannt wurde. (54)

Eine nicht einfache Kraftprobe

Als der Freiherr Hermann von Nürnberg nach Siebenbürgen zog und Hermannsdorf am Zibin gründete, kam auch Michael von Nürnberg ins Land.

Michael errichtete zusammen mit sechsundzwanzig Rittern auf einem Berg am Ende des Heltauer Tales eine Burg, die Michaelsburg. Bald darauf jedoch starb er, und die Burg kam an die sächsischen Ansiedler im Tal, die hier das Dörfchen Michelsberg gegründet hatten.

Die Sachsen beschlossen nun, daß jeder junge Mann, wenn er heiraten wolle, zuerst einen runden Sandstein aus dem Bach hinauf zur Burg rollen müsse. Auf diese Weise wurde oben im Burghof wertvolle Munition gesammelt: kamen Feinde ins Tal, so konnten die Steine im Falle eines Angriffs hinabgerollt werden.

Dieser Brauch hat sich lange Zeit erhalten, und nur nach dieser sicher nicht einfachen Kraftprobe durfte in Michelsberg geheiratet werden. (55)

Agnetha, Rosalia und Maria

Westlich von Schönberg, *Im Eichenwald,* kann man auch heute noch die Spuren einer alten Erdburg sehen; die äußere Verschanzung hat einen Durchmesser von achtundfünfzig Schritt. Etwa durch die Mitte des »Burghofs« verläuft die Hattertgrenze zwischen Schönberg und Agnetheln.

Es heißt, daß in alten Zeiten in der »Burg« drei Schwestern – Agnetha, Rosalia und Maria – gelebt haben. Eines Tages stritten sie miteinander, und nachdem sie sich nicht mehr versöhnen konnten, zog jede in eine andere Richtung davon: Agnetha wanderte mit ihren Leuten hinunter an den Harbach und gründete den schönen Marktflecken Agnetheln; Rosalie zog nach Norden und gründete Roseln, während Maria nach Süden wanderte und mit ihren zahlreichen Dienern Mergeln errichtete.

So haben diese drei sächsischen Gemeinden ihre Namen nach jenen drei Schwestern erhalten. (56)

Die Holzmandl

Vor vielen hundert Jahren wohnte in Holzmengen ein kleines Männchen, das an jedem Wochenmarkt eine Fuhre Holz nach Hermannstadt brachte und dort verkaufte; deshalb nannte man es »das Holzmandl«; denn sein eigentlicher Name war niemandem bekannt.

Nach einiger Zeit zogen mehrere sächsische Familien in die Gegend zwischen Härwesdorf und Leschkirch und gründeten am Harbach ein Dörfchen. Nachdem es hier viel Holz gab, begannen auch sie damit zu handeln. Als sie nun ihr Holz auf den Hermannstädter Wochenmarkt brachten, nannte man sie – nach dem kleinen Männchen, das man schon lange nicht mehr gesehen hatte – »die Holzmandl«.

Später übertrug sich der Name auf das Dorf – Holzmengen, »Hûlzmängden« –, das sie am Harbach gegründet hatten. (57)

Die Fleppesburg

Auf einer Bergspitze zwischen Marpod und Hochfeld kann man auch heute noch die Stelle erkennen, wo einst die mächtige Fleppesburg gestanden hat.

Die Sage erzählt, daß die Burg einst von den Türken zerstört worden ist und daß die Marpoder von hier Steine und anderes Baumaterial für ihre Kirche genommen haben.

Im vorigen Jahrhundert sah man es oft *Im Hof* der Fleppesburg »blühen«, und auch auf der Nonnenkuppe »tanzten« nachts die »Lichtlein«. Die Bauern meinten damals, daß hier Schätze vergraben seien.

Öfters wurde versucht, an verschiedenen Stellen zu graben, doch jedesmal kam »das wilde Heer« hoch durch die Lüfte gezogen und trug die Schatzgräber fort. Am nächsten Morgen erwachten sie drüben in Sachsenhausen, in Konradsdorf oder sogar in Köln am Alt; so mußten sie den weiten Weg wieder zurück gehen. (58)

Die Schatzhöhle

Zwischen Alzen und Bägendorf gibt es eine Höhle, deren Eingang seit vielen Jahren zugewachsen ist.

Früher, erzählt man, öffnete sich die Höhle einmal im Jahr: in der St.-Georgius-Nacht zwischen zwölf und ein Uhr. Wer dann hin ging, konnte sich die Taschen mit Goldmünzen füllen, er mußte jedoch die Höhle vor ein Uhr wieder verlassen; verspätete er sich, war es um ihn geschehen.

Eines Nachts gingen auch zwei Burschen hin: der eine hatte einen kleinen, der andere einen großen Sack mitgenommen. Rasch begannen sie ihre Säcke anzufüllen. Als der mit dem kleinen Sack fertig war, sagte er zu seinem Freund: »Ich glaube, du solltest dich nun mit dem begnügen, was du hast, denn bald schlägt es eins.«

»Laß mich zufrieden, ich muß noch mehr Gold einfüllen«, erwiderte der und blieb zurück.

Kaum hatte der andere die Höhle verlassen, schlug es am Alzner Kirchturm ein Uhr. Den Burschen, der zurückgeblieben war, hat man nie wieder gesehen.

Seit damals hat sich aber auch die Höhle nicht mehr geöffnet.
(59)

Der Tabak

Einst kam ein Bauer aus Schellenberg an einem Feld vorbei, auf dem eine Pflanzenart wuchs, die er vorher noch nie gesehen hatte. Nachdem der Besitzer des Feldes gerade in der Nähe stand, fragte ihn der Bauer: »Was ist das für eine Pflanze, die hier wächst?«

»Wenn du das in drei Tagen erraten kannst, so soll das Feld dir gehören, wenn nicht, gehörst du mir!« erwiderte der Mann, und nun wußte der arme Bauer, daß er an den Teufel geraten war. Betrübt ging er nach Hause und klagte sein Mißgeschick seiner Frau, die aber tröstete ihn und sagte: »Laß nur mich machen, ich bekomme das schon heraus.«

Am nächsten Tag zerschnitt sie einen Federpolster, schmierte sich mit Honig ein und wälzte sich dann in den Federn. Die Federn klebten an ihrem Körper fest, so daß sie einem großen Vogel ähnelte.

Nun ging sie auf das Feld zum Teufel.

Als er den komischen Vogel sah, der sich unbekümmert seinen Pflanzen näherte, rief er: »Hesch, hesch, verschwinde, zertritt mir nicht meinen schönen Tabak!«

Der »Vogel« ging nun seiner Wege und verschwand.

Am nächsten Tag sagte der Bauer zu dem Teufel, der sich schon auf eine neue Seele freute: »Tabak heißt die Pflanze.«

Zornig fuhr der Teufel zur Hölle und verfluchte das Tabakkraut, das seit damals den Menschen nur Schaden bringt. (60)

Der Apfelbaum

Zwischen Großscheuern und Hahnbach stand früher ein riesiger wilder Apfelbaum; man sagte damals, daß dieses der Baum sei, von dem einst Adam eine Frucht gegessen habe. Aus diesem Grund wollte niemand den Baum anrühren. Auch hieß es, daß er verhext sei und die Äpfel giftig wären.

Eines Abends kam ein fremder Wanderer des Weges, der ahnungslos einen Apfel pflückte, sich ins Gras setzte und es sich schmecken ließ. Wie groß war jedoch seine Verwunderung, als plötzlich eine schöne Fee vor ihm stand. Er wollte sich erheben, doch die Fee sagte: »Bleib sitzen und höre mir zu. Geh den kürzesten Weg nach Stolzenburg, und wenn du die ersten Bauernhöfe siehst, bleib stehen, setz dich auf den Boden und warte. Sprich mit niemandem, bis es Tag wird. Dann gehört alles, was um dich ist, dir.«

Der Mann bedankte sich und ging in Richtung Stolzenburg. Er tat, wie ihn die schöne Fee geheißen hatte.

Er setzte sich ins Gras und wartete: so vergingen die Stunden, und schließlich schlief er, müde vom weiten Weg, ein. Beim ersten Hahnenschrei erwachte er inmitten eines großen Bauernhofs – mit Schweinen, Hühnern, Kühen und rassigen Pferden.

Erstaunt erhob er sich, und da kamen schon die Knechte und fragten, was sie zu tun hätten. Nun wußte der arme Wanderer, daß er plötzlich ein reicher Mann geworden war.

Rasch fand er sich in der neuen Lage zurecht, er gab Anweisungen und legte selbst Hand an; so mehrte sich sein Reichtum, und er lebte – nachdem er ein schönes Mädchen geheiratet hatte – glücklich und zufrieden, denn es ist schon angenehmer, reich und glücklich zu sein als arm und vergrämt. (61)

Der Prikulitsch

Früher hat man viel vom Prikulitsch erzählt und hat gesagt, das sei ein Mann, der sich nachts – manchmal aber auch am Tag – in einen schwarzen Hund verwandelt. Als solcher läuft er stundenlang unruhig durch die Gegend. Wenn er dann von einem Menschen so verwundet wird, daß Blut fließt, ist er vom Fluch erlöst. Wird aber ein Mensch von einem Prikulitsch gebissen, so verwandelt sich dieser auch in einen Prikulitsch.

Einst lebten in Petersdorf ein Mann und eine Frau, und die gingen eines Tags ins Heu. Nach einiger Zeit sagte der Mann: »Ich muß in den Wald, ich komme aber gleich wieder!« Und damit war er verschwunden. Die Frau aber arbeitete ahnungslos weiter.

Plötzlich erschien ein großer schwarzer Hund und begann an ihrer Krechintza zu zerren. Die Frau wehrte sich, so gut sie konnte, doch ihre Krechintza wurde arg zerrissen. Schließlich gab der Hund nach und trollte sich davon.

Nach kurzer Zeit war auch ihr Mann wieder da, und sie fragte ihn: »Wo warst du so lange gewesen? Schau, es war ein großer Hund hier, und der hat mich so gequält, und meine schöne Krechintza hat er ganz zerrissen! Ich hatte solche Angst!« Der Mann aber erwiderte darauf nichts, nahm die Heugabel und machte sich an die Arbeit.

Da bemerkte die Frau, daß er zwischen den Zähnen lauter Fäden von ihrer Krechintza hatte. Und nun wußte sie: Ihr Mann war der Hund gewesen, und ihr Mann war der Prikulitsch. Daraufhin ließ sie sich scheiden.

Seit damals sagt man in Petersdorf, wenn jemandem Fleischreste zwischen den Zähnen bleiben: »Der hat Krechintza zwischen den Zähnen!« (62)

Zekescher Land

Von den Hünen

In der Mulde (sächsisch »*An der Mauld*«), zwischen Gergeschdorf und Rothkirch, haben in alten Zeiten Hünen (»de Hennen«) gewohnt; die waren so groß, daß sie nur einen Schritt machen mußten – bis hinunter nach Rothkirch oder bis hinüber nach Thörnen. Auch jetzt noch findet man manchmal auf dem Feld *In der Mulde* große Tonscherben – von Gefäßen, die sicher nicht von Menschenhand geformt wurden.

Man sagt, daß zwei Hünengräber noch »*Auf der Pradijerpläsch*«, »*Beim Pradijerbasch*« (Predigerwald) zu sehen sind: zwei Erdhügel, wo je ein Hüne sitzend begraben worden ist.

In alten Zeiten war *In der Mulde* gutes Weideland; hier grasten damals die Kühe der Hünen. Abends aber, bevor man sie in die Ställe trieb, rieben sie sich an den umliegenden Hügeln: darum sind diese »so abgewetzt«.

Im vorigen Jahrhundert konnte man *In der Mulde* noch große runde Vertiefungen sehen, in denen sich das Regenwasser sammelte: das waren die Spuren von den Hufen.

Bevor die Hünen fortzogen, schlachteten sie alle Kühe und brieten das Fleisch auf offenem Feuer; manchmal gaben sie auch den Bauern davon. Von einem halben Rindsrücken konnte ein ganzes Dorf drei Tage lang essen. (63)

Der Hüne vom Bratt

Auf den Bergen zwischen Henningsdorf und Mettersbach gab es einst Hünen, die hatten mitten auf der Stirn ein einziges Auge. Wenn sie aber einen Menschen ansahen, so war er auf der Stelle tot. Darum hielten sie auch tagsüber das Auge oft geschlossen.

Wenn sie jedoch *Zwischen die Zekeschen* kamen, so gingen sie oft mit offenem Auge umher. Die Menschen verbargen sich dann in ihren Hütten und krochen in Heuschober.

Jahrhunderte vergingen und zuletzt gab es nur noch einen einzigen einäugigen Hünen, der auf dem Bratt wohnte.

Eines Tages, als der Hüne schlief, schlich sich ein sächsischer Bursche, mit einer Heugabel bewaffnet, ganz nahe an ihn heran und rief, so laut er konnte: »Hej!«

Erschrocken öffnete der Hüne das Auge und der Bursche stach geschwind hinein. Nun war die Kraft des Hünen gebrochen, und er mußte elend zugrunde gehen. (64)

Eisenhand

Nördlich von Heidendorf am Zekesch, *Auf dem Zälesch,* gibt es ein kahles Bergplateau; hier pflegte früher an schönen Sommertagen der Riese Eisenhand zu sitzen. Er ließ sich von der Sonne bescheinen und blickte den ziehenden Wolken nach.

Wenn er sich aber dabei langweilte, nahm er einen großen Stein und zerrieb ihn langsam zwischen den Fingern: So entstand der viele feine Sand am Zekesch und *In der Mulde* bei Gergeschdorf.

Am Riesenstuhl (rumänisch *Scaunu Uriaşului*) wächst auch heute noch kein Gras. Durch das Sitzen ist der Boden so hart geworden, daß kein Samenkorn mehr eindringen kann.

Ein anderer Zeitvertreib des Riesen Eisenhand war das »Bäumeknicken«: Er pflegte dann im Schergieder Wald junge Buchen auszureißen und sie in meterlange Stücke zu knicken – so wie das manche Menschen aus lauter Langeweile mit Streichhölzern tun. Hatte er dann einige Buchen geknickt, legte er sich schlafen. Dabei schnarchte er so laut, daß man im Tal meinte, ein Gewitter sei im Anzug.

Die Bauern aber waren mit Eisenhands Zeitvertreib ganz zufrieden: Wenn er weg war, schafften sie das Holz rasch nach Hause. (65)

Die Eisennasen

Im Land *Zwischen den Zekeschen* lebte in alter Zeit ein Hünenvolk mit eisernen Nasen, weswegen man es auch die Eisennasen nannte.

Nur die Neugeborenen hatten wie die Menschen Nasen aus Fleisch und Blut; doch bald begannen sich auch ihre Nasen zu verändern: Erst wurden sie grün, dann braun und schließlich, bei den dreijährigen Jungen und Mädchen, wurden sie schwarz und waren ganz aus Eisen.

Die Hünenkinder saßen oft oben auf den Hillen und sahen den Menschen bei der Feldarbeit zu. Manchmal aber faßten sie einen Bauern samt Pferd und Pflug und trugen ihn als lebendiges Spielzeug fort.

Wenn die armen Menschen dann wieder frei waren, brauchten sie oft viele Tage, bis sie in ihr Dorf zurückfanden. Sonstigen Ärger hatten die Bauern mit den Eisennasen nicht. Es waren eben friedliche Hünen. (66)

Der Hünenbiß

Die große Glocke im Bußder Turm ist über dreihundert Jahre alt. An ihrem Klöpfel kann man eine seltsame Vertiefung sehen: es sind Spuren, die von einem Biß herrühren.

In alten Zeiten wohnte oben auf dem »Hönnekiepchen« oder »Henjekiepchen«, einem kleinen Berg in der Nähe des Dorfes, ein »Henje«.

Eines Nachts, als alle Menschen schliefen, schlich sich der »Henje« zum Turm und schnappte nach der schönen großen Glocke, um sie aufzufressen. Doch schon am Klöpfel brach er sich drei Zähne aus, und so schlich er jammernd davon.

Am nächsten Morgen fand der Küster die drei Zähne, und auch ein bißchen Blut war dabei, das der Henje hatte ausspucken müssen.

Seither kann man den Hünenbiß am Klöpfel sehen. (67)

Die Sonnenpferde

In alten Zeiten – das dürfte vor tausend Jahren oder mehr gewesen sein – lebten nicht so viele Menschen wie heute im Zekescher Land; damals gab es noch keine Dörfer, keine Kirchen und Burgen. Jeder Einwohner baute sein Haus dort, wo es ihm gefiel, am liebsten in einem geschützten Tal, in der Nähe einer kühlen Quelle; man rodete den Boden rings um das Anwesen, pflügte, säte und erntete und war sein eigener Herr.

In jener friedlichen Zeit gab es viele Sonnenpferde, und wenn die Sonne abends unterging, hörte man oft fernes Getrappel, das rasch näher kam, und plötzlich war es ein wildes Wiehern und Schnaufen, das wie ein Sturm vorbeifegte und Wiesen und Felder in eine Staubwolke hüllte.

Die Sonnenpferde gehörten einst den Göttern und Teufeln, die die Welt beherrschten und deren Wagen sie über den Himmel oder hinab in die Hölle fahren mußten. Eines Tages aber, gerade als ein Jahrtausend um war, hatten die Sonnenpferde ausgedient; da ließen sie Götter und Teufel einfach sitzen und liefen davon.

Nun waren die Sonnenpferde frei wie alle anderen Tiere in Flur und Wald, und so jagten sie jeden Abend in wildem Galopp über die weiten Wiesen an den beiden Zekeschen entlang, manchmal auch durch das Bußder Tal oder über die Weiherdorfer Niederung. Doch wehe, wenn ihnen dabei ein Mensch begegnete: ohne Erbarmen wurde er niedergetrampelt und war auf der Stelle tot.

Zu Beginn dieses Jahrhunderts hat es noch Sonnenpferde gegeben; einige ältere Bauern, die damals schon lebten, haben sie selbst gesehen: die Sonnenpferde liefen immer vom »*Rietkircher Rech*« am Zekesch entlang in die Richtung, wo Michelsdorf an der Kokel liegt. *Bei der Flußau* verschwanden sie dann im Abendrot.

*

In einer anderen Sage heißt es, daß die Sonnenpferde noch aus der Zeit stammten, als Menschen und Tiere in Eintracht miteinander lebten: damals rissen die Wölfe keine Schafe und die Füchse stahlen keine Gänse; die Menschen bestellten die Felder und waren zufrieden mit dem, was sie hatten.

Auf den Sonnenpferden aber, die ganz weiß waren und goldene Mähnen hatten, ritten die Götter durchs Land und sahen überall nach dem Rechten: nach der Aussaat schickten sie gleich Regen, damit die Körner auch aufgehen können; waren die Bauern dann bei der Ernte, so sorgten sie für schönes Wetter, damit die Arbeit gut voranging.

Als es dann eines Tages keine Götter mehr gab, verlief auch das Leben der Bauern nicht mehr so ruhig und geordnet wie bisher. Es gab plötzlich Streit und Mißgunst unter den Menschen, und es kam nun oft Regen, wenn man ihn nicht brauchte, oder es gab heiße Tage, wenn man gern ein bißchen Kühle gehabt hätte.

Die Sonnenpferde aber liefen herrenlos durchs Land und wenn sie einem Menschen begegneten, so trampelten sie ihn einfach nieder: weil die Menschen so schlecht waren, sagten die alten Bauern, und da war es auch um den einen oder anderen vielleicht gar nicht schade . . .

Irgendwann verschwanden dann auch die Sonnenpferde, und man hat sie seither nie wieder gesehen; in der Erinnerung der Menschen aber leben sie noch fort. (68)

Die Drachenpfoten

In alten Zeiten, als die deutschen Einwanderer das Land zwischen den beiden Zekeschen besiedelten, hauste in einem Erdloch bei Thorstadt ein Drache.

Wenn die Bauern auf dem Feld waren, schlich er sich ins Dorf und fraß die kleinen Kinder auf, die man im Hof zurückgelassen hatte.

Nun, da war der Kummer groß; immer mußten mehrere Männer im Dorf zurückbleiben, um die vielen Kinder zu beschützen, und so ging die Feldarbeit nicht gut voran.

Eines Tages beschloß ein Bursche, den Drachen zu töten. Man versteckte sämtliche Kinder in eine Scheune und stellte eine Wiege in den Hof. Hinein legte man aber eine Puppe.

55

Der Bursche verbarg sich hinter dem Misthaufen und begann wie ein kleines Kind zu plärren. Plötzlich hörte man schlurfende Schritte, und der Drache schlich sich durch den Gemüsegarten heran. Als er vor der Wiege stand, schlug ihm der Bursche mit der Axt den Kopf ab. Dabei hatte er aber den Schwanz vergessen, und als die Bauern ins Dorf zurückkamen, war der Schwanz verschwunden.

Genau nach einem Monat hatte der Drache wieder einen Kopf, der aus dem Schwanz nachgewachsen war, und nun machte er den Bauern das Leben wieder schwer.

Als der Bursche nun dem Drachen den Kopf zum zweitenmal abschlug, schnitt er vom Schwanz auch zwei Pfoten ab (Drachenpfoten wachsen nicht mehr nach), und so war das Untier nun wirklich ganz tot. (69)

Die Wetterdrachen

Früher, erzählten die Bauern am Zekesch, gab es Wetterdrachen; die hatten drei Köpfe und saßen auf den grauen schweren Gewitterwolken.

Sie flogen bei Wind und Sturm durch das Land und spuckten aus ihren großen Mäulern Feuer auf Scheunen und Häuser, die dann lichterloh brannten. Damals sagte man: »Der Teufel reitet auf den Wetterdrachen«, denn es kam oft vor, daß sie auf ihren Flügen auch ein Kirchendach in Brand steckten.

Wehe, wenn sich aber ein Bauer zufällig auf offener Flur befand: Ihn traf das Feuer des Wetterdrachen, und er war auf der Stelle tot.

*

In Weingartskirchen sagen die alten Bauern auch heute noch, wenn ein Gewitter im Anzug ist: »De Schläng kit« oder, rumänisch: »Vine balauru«.

Damit meinen sie den Wetterdrachen, der aus den Wolken steigt und auf riesigen Entenfüßen über die Felder schreitet. Er hinterläßt

große Spuren, denn wohin er tritt, werden die Halme niederge-
drückt und erheben sich nicht wieder.

Erst wenn es zu regnen beginnt, beruhigt sich der Wetterdrachen
und fliegt wieder hinauf in die Wolken.

*

Die Wetterdrachen, erzählte man in Hohenwarte, hausen in einer
Höhle im Mühlbächer Gebirge. Von hier aus unternehmen sie ihre
verheerenden Flüge hinunter zu den menschlichen Siedlungen.

Die Wetterdrachen haben drei Köpfe, und wenn sie durch die
Lüfte fliegen, pfeifen sie in drei verschiedenen Tonlagen.

Manchmal raufen sie miteinander: dann blitzt und donnert es.
Wenn sie sich ausgetobt haben, werden sie still und traurig, denn
nun müssen sie wieder zurück in ihre Höhle, vorher aber weinen
sie noch ein bißchen, und die Menschen sagen dann: »Es regnet.«
(70)

Die Winddrachen

Die Winddrachen, hieß es früher in Blutroth, haben drei Köpfe
und wohnen in einem weißen Schloß über den Wolken, wo immer
die Sonne scheint.

Manchmal aber, wenn es ihnen bei so viel schönem Wetter
langweilig wird, fliegen sie aus: Dann kommen sie herunter ins
Land der Menschen, rütteln an Türen und Toren, reißen Schindeln
vom Dachfirst und jagen den Menschen Furcht und Schrecken ein.

So treiben die Winddrachen ihr »Spiel« und finden es sehr lustig,
wenn sie sich dann ausgetobt haben, steigen sie wieder hoch in die
Lüfte zu ihrem Schloß über den Wolken. (71)

Gemsenstein

In der Nähe von Zellen stand einst eine mächtige Burg: Gemsenstein. Im vorigen Jahrhundert konnte man noch auf der Gemarkung der Gemeinde Krakau (bei Karlsburg) Mauerreste sehen, und
wenn man da grub, stieß man auf Menschenknochen.

Die Sage erzählt, daß die Burg Gemsenstein vor der Einwanderung der deutschen Siedler errichtet worden war und daß damals hier Hünen wohnten. Die Gemeinden Krapundorf, Untergald, Dreikirchen und Emrichsdorf waren damals Jobagendörfer der Hünen und mußten Abgaben in Mehl, Fleisch und Wein an die Burgherren leisten. Eines Tages bewaffneten sich die sächsischen Bauern dieser Ortschaften mit Äxten und Heugabeln und zogen zur Burg Gemsenstein, um die Hünen zu vertreiben. Drei Tage lang kämpften sie, und am vierten Tag liefen die Hünen davon ins Erzgebirge, wo sie sich in den tiefen Wäldern versteckten.

Die Bauern waren nun guter Dinge und begannen, die Burgmauern abzutragen und mit den Steinen ihre eigenen Wehranlagen zu verstärken. Die Freude sollte jedoch nicht lange dauern: Eines Tages erschienen die Hünen unerwartet wieder. Als die Bauern von der Feldarbeit heimkehrten, waren Häuser und Höfe und alles, was drin stand, vernichtet worden.

Seither hat man die Hünen in dieser Gegend nicht mehr gesehen; aber viele sächsische Bauern, heißt es, verließen damals die Gegend und zogen weiter östlich, in die geschützten Täler zwischen den Zekeschen. So entstanden um Gergeschdorf viele kleine Siedlungen: »An der Mauld«, »Am Kajerech«, »Am Wießken« und »Am Mällenräjn« haben einst solche kleine Weiler gestanden. Inzwischen sind sie wieder aufgelassen worden, und die Siedler sind vermutlich nach Gergeschdorf und Rothkirch gezogen. (72)

Rothkirch

Als einmal die Tataren ins Land einfielen – das war etwa hundert Jahre nach der Ansiedlung der Sachsen –, zogen sie von Herbordsdorf (»villa Herbordi«, Blasendorf) ins Tal und gelangten nach Rothkirch, das damals »Rîtkirch« (»Ruffa ecclesia«) hieß und schon ein stattliches Dorf war.

Die Sachsen wurden vom Überfall so überrascht, daß sie sich weder wehren noch in den Wald fliehen konnten. Die Tataren töteten Männer, Frauen und Kinder und steckten die Häuser, die damals noch aus Holz und strohgedeckt waren, in Brand.

Ein kleiner Teil der Einwohner hatte sich in die Kirche geflüchtet und hoffte, mit dem Leben davonzukommen. Doch die Tataren rammten mit einem Baumstamm die Tür ein und trieben die armen Menschen hinaus. An der Südwand der Kirche wurden sie hingerichtet, und es floß soviel Blut, daß die Mauern rot wurden. Seither heißt das Dorf Rothkirch, rumänisch Roşia. (73)

Vier goldene Ochsen

Wenn man von Gergeschdorf nach Rothkirch fährt, kommt man an einem Berg vorbei, der sich links neben der Landstraße erhebt: auf dem Berg stand in alten Zeiten – bevor sich die Sachsen im Tal niederließen – eine mächtige Erdburg.

Auch heute noch kann man die Einfahrt in den »Burghof« erkennen, denn in der Nähe des »Tors« befindet sich ein kleiner steingefaßter Brunnen; das klare kühle Wasser kann man trinken.

Der letzte Burgherr, so erzählt die Sage, habe vor seinem Tod alle Münzen und Goldgegenstände einschmelzen und daraus, von einem geschickten Meister, vier goldene Ochsen und einen Pflug anfertigen lassen. Dieser kostbare Schatz aber wurde in einer Ecke des »Burghofs« versenkt.

Wer das glaubt, der soll nur an jener Stelle graben. (74)

Der Riesenvogel

In alten Zeiten, erzählt man sich in Bußd, hatten auch die Zekescher Zigeuner einen Gott: das war ein riesiger Vogel, der oben im Mühlbächer Gebirge hauste und immer dann herangeflogen kam, wenn die Zigeuner ihn um Hilfe anriefen.

Der Riesenvogel war ganz schwarz und hatte einen roten Schnabel. Zu jener Zeit ging es den Zigeunern gut, niemand wagte es, sich mit ihnen in einen Streit einzulassen, denn jeder fürchtete die Rache des Vogels. Eines Tages starb der Vogel, und da hob ein großes Klagen und Jammern an, denn nun hatten die Zigeuner keinen Beschützer mehr.

Seit damals müssen sie niedrige Arbeiten verrichten und werden überall nur noch geduldet, wenn sie sich mit ganz wenig zufrieden geben.

So war es jedenfalls bis vor einiger Zeit. (75)

Der Opfertisch

Bevor die Sachsen ins Land kamen, lebten hier wilde heidnische Völker. Sie ritten auf flinken kleinen Pferden durch die Gegend und waren gute Jäger. Man nannte sie Bissenen.

Auf dem Runden Berg bei Troschen, dessen Spitze abgeflacht ist, soll einst ein Altar jener Heiden gestanden haben. Hier opferten sie ihren Göttern Ziegen und Hühner, doch niemals Pferde, denn die waren bei ihnen heilige Tiere.

Als es dann keine Heiden mehr gab und die Sachsen die Gegend besiedelten, schafften sie den Opfertisch hinunter ins Tal. Zwei Ochsen zogen den mächtigen Stein auf runden Baumstämmen, die man immer wieder darunterschob, bis in die Dorfmitte. Hier wurde er beim Bau der alten Kirche als Türschwelle verwendet. (76)

Das Dorf bei dem Quell

Als die Sachsen in »das Land unter dem Wald« kamen, hielten einige Siedler etwa dort an, wo von der Mühlbächer Straße der Weg nach Zekeschdorf abzweigt. Von hier zogen sie hinüber zum Zekesch, an dessen Ufern es damals viele Sümpfe gab.

Als sie den Bach an einer seichten Stelle überquert hatten, wanderten sie weiter, bis sie auf eine große Wiese kamen. Bald gelangten sie an einen Quell, der mit großen Flußsteinen eingefaßt war, und da sagte ihr Anführer: »Hier wollen wir bleiben; unser Dorf soll nach diesem Quell *Spring* heißen«. (Spring, sächsisch »Gespräng«, bedeutet in der »alten Sprache« Quelle.)

Tatsächlich soll sich hier wie auch bei anderen Siedlungen der Ortsname von einem Quell herleiten lassen. (77)

Die ersten Hütten

Die Sage erzählt, daß die ältesten Siedlungen im Zekescher Land Weißkirch (bei Reußmarkt) und Ringelskirchen waren. Später erst gründeten die deutschen Einwanderer Thörnen und Bußd, Weingartskirchen, Troschen und Spring. Die Vorfahren der Gergeschdorfer sollen aus Spring stammen: Während eines Türkeneinfalls wurde dieses Dörfchen völlig verwüstet; jene Einwohner, die rechtzeitig fliehen konnten, versteckten sich einige Wochen in den nahen Wäldern.

Nachdem die Feinde abgezogen waren, kehrten sie jedoch nicht mehr zurück, sondern wandten sich in nördliche Richtung, bis sie zu einem geschützten Tal kamen, durch das ein klares Bächlein floß. Hier, inmitten des Waldes, ließen sie sich nieder.

Die ersten Hütten der Springer Ansiedler sollen auf dem Kuhberg gestanden haben. Von hier breitete sich das Dorf schließlich bis zur Rothkircher Straße aus, wo heute das Anwesen der Familie Knuff steht. (78)

Flurnamen

Oft sind es alte Flurnamen, die von ehemaligen deutschen Ortschaften berichten: So gibt es westlich von Reußmarkt eine Stelle, die *Bei der Weißkircher Brücke* heißt, und ein Feld in der Nähe von Urwegen nennen die Sachsen *Bei Weißkirch;* der *Weißkircher Wald* aber erstreckte sich früher vom Hügel bei Bad Reußmarkt bis zur Straße, die Rätsch mit Kelling verbindet. In der Nähe von Käppelsbach liegt ein Feld, das – zur Erinnerung an die untergegangene Siedlung Weißkirch, die hier in der Nähe gestanden haben soll – rumänisch *La Albele* heißt. Ebenso erinnert der *Drumul Albelor (Weißkircher Weg),* der von Käppelsbach und Gärb zur Mühlbacher Straße führt, an jene verschwundene Siedlung.

Und in der Kirche des ehemaligen deutschen Dörfchens Liebfrauen im Hatzeger Land gibt es eine lateinische Inschrift, die folgendes besagt: »Hic fuit Martinus frater Johannis de Alba ecclesia« (Hier war Martin, Bruder des Johannes von Weißkirch).

Im 14. Jahrhundert ist Weißkirch während eines Türkeneinfalls vernichtet worden. Die Überlebenden siedelten sich später in Konz, Troschen und Spring an. Auch heute noch heißt ein Hügel an dieser Stelle *Weißkircher-Rech* (rumänisch *Ghialu Albelor*). Der Name dürfte von dem stark salzhaltigen Boden herrühren: Wenn es längere Zeit nicht regnet, ist die ganze Gegend weiß.

Es heißt aber auch, daß die Weißkircher, als ihr Dorf von den Mongolen zerstört worden war, in die geschützten Täler des Zekescher Landes gezogen sind und sich in Ringelskirchen und in Spring niedergelassen haben. Von Spring sollen ehemalige Weißkircher Familien, hundert Jahre später, nach Gergeschdorf gewandert sein, denn auch dieser Ort war vollkommen zerstört und entvölkert worden.

Mit der Zeit wurde Weißkirch eine Wüstung, und bald konnte niemand mehr sagen, wo einst dieses sächsische Dorf gelegen hatte.

*

In alten Zeiten gab es in der Nähe der heutigen Gemeinde Haschagen noch mehrere kleine sächsische Siedlungen; auch in Kradendorf, Weiherdorf, Thorstadt, Sachsenhausen und Rothkirch lebten damals sächsische Bauern. Während eines Türkeneinfalls, vor etwa dreihundert Jahren, wurde die Gegend zwischen Haschagen und Rothkirch verwüstet und die Bewohner wurden in die Gefangenschaft geschleppt.

Es heißt, daß die Vorfahren des Grafen Teleki, die noch nicht adlig waren, ihren Grundbesitz bei Schorsten und Mildenburg durch »Fürstengunst« erhalten oder Bauern einfach weggenommen hatten. So verarmten die Gemeinden am Zekesch immer mehr.

Im vorigen Jahrhundert konnte man noch *Auf der Au am Bach,* in der Nähe der Hutweide des Dörfchens Sedinken – das damals auch zu den Teleki'schen Besitzungen gehörte –, die Grundmauern einer Burg sehen: Da hat einmal ein kleines sächsisches Dörfchen gestanden. In einem alten Brunnen in der Nähe – einst in der Mitte

Volkstrachten in Siebenbürgen, 19. Jahrhundert

des Angers – sollen die Glocken dieser Siedlung versenkt worden sein.

*

In der Nähe von Kleinpold soll es einst eine sächsische Siedlung, Firstendorf, gegeben haben, die im 14. Jahrhundert dem Grafen Matthias von Kleinenyetten gehört hat.

Während einer Pestepidemie starben sämtliche Einwohner, und lange Zeit lag der Ort leer. Um 1384 verkaufte Matthias, der damals in Kleinpold lebte, den Firstendorfer Hattert einem ungarischen Adligen. Später erinnerte an Firstendorf nur noch die steinerne Thomaskirche, die, so heißt es, einsam auf freiem Feld stand.

*

Auch in der Nähe von Schaard bei Weißenburg soll einst ein sächsisches Dörfchen gestanden haben: Sankt Martin (»villa Sancti-Martini«).

Als die Mongolen 1241 durch Südsiebenbürgen zogen und weite Landesteile verwüsteten, wurde auch Sankt Martin zerstört. Die wenigen Einwohner, die sich retten konnten, wanderten das Ampoitza-Tal hinauf bis zum Schwarzenberg; hier trafen sie auf andere Flüchtlinge, die aus Kleindörfel, Krapundorf, Zellen und Krakau gekommen waren.

Bis zum Spätherbst lebten die Leute im Wald, gingen auf die Jagd und ernährten sich von Pilzen und Beeren. Erst als der Winter sich ankündigte und der erste Schnee fiel, zogen sie hinunter zum Miersch und von dort weiter in die entvölkerten Täler des Zekescher Landes.

Die Einwohner aus dem verschwundenen Ort Sankt Martin, heißt es in der mündlichen Überlieferung, sollen sich in der Gegend zwischen Härpen und Blutroth angesiedelt haben.

*

Unterwardein, ein Dörfchen bei Karlsburg, war einst – so erzählt man in Blutroth – eine sächsische Siedlung.

Um das Jahr 1300 soll in der Nähe des Ortes eine große Steinkirche gestanden haben, die der »Heiligen Dreifaltigkeit« geweiht war.

Doch schon hundert Jahre später war Unterwardein durch Türkeneinfälle, Pest und Cholera so entvölkert worden, daß der ganze Ostteil des Dorfes, nun wüst und unbewohnt, immer mehr verfiel.

In diese Teilwüstung zogen rumänische Bauern, errichteten hier Häuser und ein Kirchlein, und so wurde die Siedlung wieder aufgebaut.

*

Vor etwa sechshundert Jahren lag zwischen Kradendorf (»Krodendref«) und Kerschdorf eine sächsische Ortschaft: Christiansdorf, die dem Adligen Kerretschnik gehörte. Es heißt aber auch, daß Christiansdorf zwischen Thorstadt und Kleinenyetten gelegen haben soll.

Als einmal vor langer Zeit die Türken ins Land kamen, zogen sie den Zekesch entlang, bis sie nach Neudorf kamen, das sie völlig zerstörten. Heute erinnert noch der *Neudorfer Weg (»Noajdierfer Wijech«)* an jene Ortschaft. Von hier war es dann nicht mehr weit bis Christiansdorf, das sie ebenfalls niederbrannten. Wer fliehen konnte, verbarg sich in den Wäldern bei Kerschdorf, die damals noch bis nahe ans Dorf reichten. Wen die Türken jedoch fingen, den führten sie als Sklaven fort.

*

Neben Hohenwarte soll einst eine kleine sächsische Siedlung gelegen haben, deren Name aber heute nicht mehr bekannt ist; jene Stelle nannte man früher *Beim Tränengrund* oder *Sírntelke (sírni* bedeutet auf ungarisch heulen, stark weinen).

Das Dörfchen, das angeblich im 13. Jahrhundert gegründet wurde, soll schon hundert Jahre später, während eines Türkeneinfalls, völlig vernichtet worden sein. Drei junge Frauen, die sich damals gerade in Weißenburg aufhielten, waren die einzigen Überlebenden. Die Dorfstelle wurde später von Bauern aus Hohenwarte umgepflügt und in Feld verwandelt; zur Erinnerung an die vielen Tränen der drei trauernden Frauen aber nannte man den Flurteil *Beim Tränengrund.*

*

In der Nähe von Thorstadt gibt es ein Tal, das rumänisch *Valea Ringhili* heißt.

Die Sage erzählt, daß hier einst das Dorf *Ringelskirchen* oder *Ringelkirch* gelegen hat. Zu jener Zeit hieß übrigens Thorstadt noch *»villa Pauli«* (Paulsdorf), und in der Nähe dieses Ortes soll es noch die Siedlung Langendorf gegeben haben.

Ringelskirchen – 1295 unter dem Namen »Ringylkirch« urkundlich erwähnt – ist wohl im 17. Jahrhundert von den Türken vernichtet worden. 1578 wird noch ein Richter von »Ringelkirch-Lengyelkék«, Michael Bart, urkundlich erwähnt.

Es heißt, daß die alte Thorstädter Glocke aus Ringelskirchen stammte, doch außer einigen Flurnamen erinnert heute nichts mehr an das einstige sächsische Dorf »Ronjelskirchen«.

*

Östlich von Thorstadt und Kerschdorf heißt auch heute noch eine Furt bei einem Bächlein *Ringelsbrücke* (rumänisch *Podu Satului*). An dieser Stelle lag einst ein Dorf – Ringelskirchen *(»Ronjelskirchen«)* –, das vor etwa fünfhundert Jahren, während einer Pestepidemie, völlig entvölkert wurde. Angeblich überlebten nur zwei Menschen die furchtbare Seuche. Mit der Zeit verfiel die Siedlung (die Bauernhäuser waren damals aus Lehmziegeln gebaut und mit Stroh gedeckt), und heute erinnert nur noch die alte Brücke an Ringelskirchen.

An jener Stelle wurde oft gegraben, man fand Menschenknochen, Tonscherben, Geräte und einmal auch einen Silberbecher, auf dem eine alte Inschrift war.

*

Jenseits des Mühlbergs (»Mällenräjn«) bei Gergerschdorf, in Richtung Thörnen, liegt ein Tal, durch das früher ein Bächlein floß. Hier, am Jakobsbach, soll einst ein Dörfchen gestanden haben.

Zu Beginn des 14. Jahrhunderts wurde Jakobsbach während einer Choleraepidemie völlig entvölkert, so daß – wie es in der mündlichen Überlieferung heißt – nur noch eine Familie am Leben blieb, die nach Thörnen übersiedelte.

Im Jahre 1324 wurde die Wüstung »terra Jacobpathaka«, der Hattert Jakobsbach, zwischen Gergeschdorf und Thörnen aufgeteilt.

*

Zwischen Gergeschdorf und Rothkirch gibt es ein Tal, das heißt bei den Sachsen *An der Mauld – In der Mulde.* Vor etwa fünfzig Jahren, erzählte der Thummes-Honz (Johann Knuff), haben Bauern beim Pflügen Mauerreste gefunden, dann große Tonscherben und Steingewichte. Hier, so sagen die Alten, hat einmal eine Burg gestanden – aber noch in der Zeit, bevor Gergeschdorf gegründet worden ist.

Oben auf dem Berg kann man noch die Stelle sehen, wo der Burghof war. Und da gibt es auch einen alten Brunnen, aus dem die Bauern, wenn sie »im Heu« sind, auch heute noch gern trinken. Der Brunnen ist genau an jener Stelle, wo »die Mauld« beginnt. Dort ist der Eingang zum Burghof gewesen.

*

Jenseits des Berges, den man »Mällenräjn« heißt, das ist, wenn man mit dem Rücken zum »Kajerech«, zum Kuhberg, steht, genau gegenüber, ist ein kleines Tal: »An dǎ Wießkaren« oder »Am Wießken«. Dort, sagt man, hat einst ein kleines Dorf gestanden. Die Alten haben früher noch vom »Dierf Am Wießken« gesprochen, so als hätte das jemand auch noch gesehen.

»Aber das Dörfchen ist zugrund gegangen vielleicht vor fünfhundert Jahren oder auch mehr. Das kann gewesen sein, als Ringelskirchen verschwunden ist. Denn damals waren die Tataren im Land, und da waren sie vielleicht auch ›Am Wießken‹ gewesen, das nicht weit ist von der Stelle, wo Ringelskirchen gestanden hat«, heißt es in der Erzählung von Maria Gokesch.

*

Man sagt, daß die älteste Siedlung *Auf dem Kajeberg* (sächsisch *Af dem Kajerech*) gestanden hat – das ist, wenn man von Spring kommt, links neben der Straße. Als man dann hier eine Kirche errichten wollte, geschah es, daß die Mauern immer wieder auseinanderbröckelten und die Steine den Berg hinunterrollten – bis »An der Boch«. So zogen dann die Menschen ins Tal und bauten die Kirche an der Stelle, wo sie auch heute noch steht.

*

In alter Zeit, vor etwa fünfhundert Jahren, stand drüben im Tal, an der Stelle, die man »*Madjeroa*« nennt (rumänisch *Măgherat*), ein kleines Dorf: »Noajdierf« oder Neudorf.

Als einmal die Tataren durch das Land zogen, kamen sie vom »Wairdorf« herüber ins Tal und brannten die Siedlung nieder. Die Einwohner aber wurden alle getötet.

Man sagt, der »Boch«, der unten fließt, war drei Tage lang rot vom vielen Blut. (79)

»Am Schirfejld«

An der Landstraße, die von Blutroth nach Birnbaum führt, liegt rechter Hand ein Hattertteil, der »*Am Schirfejld*« heißt.

Früher, als in dieser Gegend noch Hünen lebten, soll hier einst ein großer Friedhof gewesen sein; *sírni* bedeutet auf ungarisch weinen, und daher kommt auch der Name: *Feld des Weinens*.

Noch im vorigen Jahrhundert stießen die Bauern beim Pflügen immer wieder auf riesige Knochen und Tonscherben: das waren Reste vom ehemaligen Hünenfriedhof, denn damals gab man den Toten immer einen Tontopf mit Korn und Dörrpflaumen als »Wegzehrung« mit.

In einer anderen sächsischen Sage heißt es, daß an dieser Stelle jene Siedler begraben wurden, die 1241, während des großen Tatareneinfalls, getötet worden sind.

Damals wurden die Ortschaften bei Mühlbach – Langendorf, Petersdorf, Unterbrodsdorf, Ballendorf, Winzendorf – und die bei Weißenburg – Krapundorf, Schaard, Krakau, Heurimusdorf, Kleinschlatten und Fülesch – vollkommen zerstört. Es sah im Land aus, »als wär' das Jüngste Gericht dagewesen«, sagten die alten Bauern.

Einige Blutrother Sachsen waren *In den Unterwald* geflohen; sie konnten sich dort einen Monat lang verbergen und überlebten so die Schreckenszeit. Als sie dann wieder nach Blutroth kamen, begruben sie die vielen Toten »*Am Schirfejld*«.

Der Ort behielt bis heute seinen Namen, obwohl hier längst kein Friedhof mehr ist. (80)

Ein Berg bei Troschen

Es heißt, daß der kegelförmige Runde Berg links neben der Straße, wenn man von Troschen nach Zekeschdorf fährt, einst von den Jobagen des Grafen Teleki errichtet worden ist. Teleki hatte hier große Güter erworben, und das Land zwischen Kockt, Dallendorf und Spring gehörte damals zu seinen Besitzungen.

Jahrelang schafften die rumänischen und sächsischen Bauern in schwerer Fron auf Pferdewagen Erde herbei und führten so den Berg auf. Dann kamen Handwerker aus Mühlbach und bauten oben ein Lustschlößchen. Einige Tage im Jahr pflegte der Graf sich hier aufzuhalten.

Während des Ersten Weltkriegs wurde das Schloß von Troschen und die Anlage oben auf dem Berg von rumänischen Soldaten zerstört.

An einer Stelle *Am Runden Berg* hat man früher bei Mondlicht oft »Flämmchen tanzen« gesehen. Doch wenn man sich dem Ort näherte, wo vermutlich ein Schatz vergraben war, hob plötzlich ein höllischer Lärm an, so daß jeder sich die Ohren zuhalten und rasch davonlaufen mußte. Immer wieder versuchten Bauernburschen, die sich die Ohren mit Wachs zustopften, zu den »Flämmchen« zu kommen, doch niemandem soll das gelungen sein.

Eine andere Sage erzählt, daß der Runde Berg aus frühesten Zeiten stammt, als das Zekescher Land noch nicht von Menschen bewohnt war. Damals lebten im Bußder Tal Hünen, und selbst das untergegangene Dorf Ringelskirchen soll einst von Hünen gegründet worden sein.

Diese Hünen vertrieben sich gern die Zeit beim Würfelspiel. Bevor sie dann eines Tages die Gegend verließen, stellte ein Hüne zur Erinnerung einen Würfelbecher aufs Feld.

Es vergingen viele Jahre, bald wuchs Gras und Gesträuch auf dem Becher und so entstand schließlich der kegelförmige Berg bei Troschen. (81)

»Blautrijd«

An jener Stelle, wo heute die sächsische Gemeinde Blutroth liegt, soll einst eine Schlacht zwischen Sachsen und Türken stattgefunden haben: die Feinde waren jedoch so zahlreich, daß die sächsischen Bauern »bis auf den letzten Mann« getötet wurden. Der Ort aber, der Kirchdorf geheißen haben soll – der Name »Terra episcopii« erinnert noch daran –, soll ebenfalls vollkommen zerstört worden sein.

Die Sage erzählt, daß das Blut auf der Wiese den Pferden bis über die Hufen reichte. Deshalb nannte man nachher jene Stelle »Blautrijd«, das heißt Blut-Ried.

Als die Sachsen nun hier eine neue Siedlung errichteten, nannten sie das Dorf zuerst »Blâtrît« (Blutried), woraus dann später der Name Blutroth entstanden ist. (82)

Die Glocke von Thörnen

Die Thörner besaßen einst eine große und schöne Glocke, die ein Meister aus der Zips gegossen haben soll. Ihr Läuten konnte man bis weit ins Zekescher Land hören.

Als einmal Feinde nahten, wollte man die Glocke verstecken. Vier kräftige Männer hoben sie aus dem Stuhl und stellten sie auf einen Ochsenwagen. Vorsichtig führte man sie den Berg hinunter.

Damals gab es jedoch unter dem Kirchberg einen kleinen Weiher, und als der Wagen hier vorbeifuhr, kippte er um, und die Glocke rutschte ins Wasser.

Die Thörner versuchten, die Glocke wieder herauszuziehen,

doch sie steckte so tief im Schlamm, daß jede Mühe vergeblich war.

Seither läutet sie einmal in hundert Jahren, um die Thörner daran zu erinnern, daß sie herausgezogen werden soll. Das wird man vielleicht auch eines Tages tun. (83)

Der Gäßübel

Der Gäßübel, ein kleiner Hügel bei Mühlbach, soll einst der mächtigen und reichen sächsischen Gräfenfamilie Henning gehört haben (nach ihr heißt auch heute noch ein ehemaliges Jobagendorf rumänisch *Henning* oder *Henig*).

Als einmal die Türken in Siebenbürgen einfielen und sich Mühlbach näherten, errichtete man vor der Stadt ein Lager, um die Feinde »zu empfangen«. Damals lebte in Petersdorf – Hauptsitz der Gräfen – eine Tochter des Henning, die in den Kommandanten des Lagers verliebt war.

Eines Nachts ritt sie von zu Hause fort, kam nach Mühlbach und heiratete den Kommandanten. Der sächsische Königsrichter nahm sie gastfreundlich in seinem Haus auf, und zum Dank schenkte sie den Mühlbächern den Gäßübel.

Auf dem Hügel soll sich einst auch das Grab des Kommandanten und der Tochter Hennings befunden haben. (84)

Versunkene Glocken

Zur Grundherrschaft von Weingartskirchen gehörten im 16. Jahrhundert auch die Ortschaften Schwarzwasser und Schardörfel.

Ende des 13. Jahrhunderts, heißt es in mündlicher Überlieferung, als nach dem großen Tatareneinfall (1241) weite Teile des Landes verwüstet worden waren, zogen Bauern aus Weingartskirchen in östlicher Richtung und gründeten die Siedlungen Schwarzwasser, Schardörfel und Tetscheln. So gab es in diesen Ortschaften bis vor zweihundert Jahren noch sächsische Familien. Schwarzwasser (»Nigra aqua«) wurde später in Weißwasser umbenannt.

Die Glocken von Schwarzwasser, Schardörfel und Tetscheln aber sollen in einem Moor, das man rumänisch *La Groapa (Bei der Grube)* nennt, versenkt worden sein. Jene, die die Stelle kannten, wurden von den Türken verschleppt, und so konnte man die versunkenen Glocken nie wieder heben. (85)

Die Weingartskirchener Burg

Auch heute noch sagen die Sachsen im Zekescher Land: »Er haßt es wie die Pest«. Diese Redewendung stammt aus alten Zeiten, als noch oft Pestseuchen ausbrachen, die ganze Ortschaften entvölkerten.

Als die Pest Mitte des 14. Jahrhunderts in Europa, Asien und Nordafrika wütete, wurde auch Siebenbürgen vom »schwarzen Tod« heimgesucht. 1408 war die Gemeinde Kockt, wo um 1380 noch zweihundert deutsche Einwohner lebten, ausgestorben. Ähnlich sah es auch in den damals sächsischen Troschen, Spring und Henningsdorf aus.

In Weingartskirchen hatten nur noch einige sächsische Familien überlebt; diese waren in die nahen Wälder geflohen. Als 1554 die Weingartskirchener Burg abgetragen werden sollte, mußte man Bauern aus dem Reußmarkter Stuhl in Dienst nehmen, weil es hier keine arbeitsfähigen Einwohner mehr gab.

Die Steine der Burg wurden für den Bau des Herrenhofs, des Pfarrhauses und der Schule verwendet. (86)

An der Erkescher Quelle

Nachdem Ende des 14. Jahrhunderts die Gemeinde Kockt durch die Pest völlig entvölkert worden war, siedelten sich hier – heißt es in der mündlichen Überlieferung – Familien aus verschiedenen Ortschaften an: aus Reichenau, Warthe (Lombdorf), Kleinmühlenbach u. a., außerdem auch aus Erkesch und Dreßmann – zwei Ortschaften, die inzwischen »verschwunden« sind und am Erkescher Bach, in der Nähe des rumänischen Dorfes Săliştea, lagen.

Vor zweihundert Jahren hat es in Kockt noch die Familiennamen Erkescher und Dreßmann gegeben. In einer Sage aber, die man sich in Kockt erzählte, heißt es, daß oben am Buchenberg in der Erkescher Quelle einst ein Kirchenkelch vergraben worden sei. Wer ihn heben will, muß aber zuerst den Teufel überlisten, der in der Gestalt eines schwarzen Hundes darüber wacht.

Ob jemand den schwarzen Schatzhüter tatsächlich gesehen hat, ist jedoch nicht bekannt. (87)

Das Pesthemd

In alten Zeiten webten die Frauen, um Gergeschdorf vor der Pest zu schützen, ein *Pesthemd* (»der Paßt ehr Hemd«).

Dieses Hemd war aus weißem Leinen, und neun Witwen mußten es in einer Nacht spinnen, weben und nähen. Dabei durften sie kein Wort reden und weder essen noch trinken.

Am Morgen wurde es vor Sonnenaufgang, doch nachdem die ersten Hähne gekräht hatten, an zwei Stöcken bei der Dorfeinfahrt aufgehängt – so konnte die Pest hier nicht »einziehen«. (88)

Der schwarze Reiter

Vor etwa fünfhundert Jahren kam eines Abends ein Kleinpoldner Bauer vom Feld. Es war windstill und die Luft warm. Am Himmel hingen dunkle Wolken, und ein Gewitter meldete sich an.

Beim zweiten Feld hörte er plötzlich Pferdegetrappel, und zuerst dachte er, daß jemand aus dem Dorf geritten käme. Er blickte sich um und sah ein großes weißes Pferd mit goldenem Zaumzeug. Darauf saß ein Mann in einem langen schwarzen Mantel und mit einer großen Sense in der Hand. Schnell sprang der Bauer hinter einen Baum, und Pferd und Reiter eilten vorbei und verschwanden im *Kleinpoldner Busch.*

In den Hufspuren auf dem Feldweg aber begann sich Blut zu sammeln, wie Wasser in kleinen Pfützen nach dem Regen. Entsetzt lief der Bauer nach Hause.

Damals deutete man diese Begebenheit so: Es werden schwere Zeiten kommen, und in den deutschen Gemeinden am Zekesch und im Unterwald wird viel Blut fließen. Das traf dann auch um das Jahr 1600 ein... (89)

Der Student in der »anderen Welt«

Vor einigen hundert Jahren kehrte ein Student aus Mühlbach in sein Heimatdorf Bußd zurück. Nachdem er Eltern und Freunde begrüßt hatte, machte er am nächsten Tag einen Spaziergang zum Friedhof, um das Grab seiner Großmutter zu besuchen.

In einer Ecke des Friedhofs lag ein Haufen alter Knochen, und darunter war auch ein Totenkopf. Der Student hob ihn auf, betrachtete ihn nachdenklich und sagte: »Na, mein Freund, wer magst du wohl einst gewesen sein?« Dann legte er den Kopf zurück zu den anderen Knochen.

In der Nacht darauf wurde der Student geweckt: jemand klopfte leise an die Fensterläden. Er öffnete und sah einen Mann, der in ein weißes Totenhemd gekleidet war und mit der Hand winkte. Der Student – neugierig, wie eben junge Leute sind – sprang zum Fenster hinaus und folgte ihm.

Der Tote ging durch mehrere Gassen, blieb dann vor einem alten Haus stehen und sagte mit leiser Stimme: »Hier hab ich vor dreihundert Jahren gewohnt. Aber mein Haus war aus Stein und dieses ist aus Ziegeln.« Dann ging er weiter und der Student einige Schritte hinter ihm her.

So gelangten sie zum Friedhof. Hier winkte der Tote wieder und verschwand in einer offenen Gruft. Der Student näherte sich den Stufen und sah, daß unten alles hell erleuchtet war. Er stieg nun hinab und gelangte durch eine Tür in einen großen Raum, wo viele Menschen saßen; alle waren weiß gekleidet und keiner sagte ein Wort. Da erblickte er seine Großmutter, und neben ihr saß ein Onkel, der vor längerer Zeit verstorben war, und viele Bekannte befanden sich im Raum – alle längst tot.

»Großmutter, ich will Euch was sagen!« rief nun der Student. In diesem Augenblick wurde es dunkel, und er befand sich plötzlich wieder auf dem Friedhof. Der Mann im Totenhemd war jedoch nicht mehr da, und auch die Gruft war verschlossen und Gras und Gesträuch wucherten darüber.

Dem Studenten war es ein bißchen unheimlich zumute, und so eilte er rasch nach Hause. Er kam ins Gäßchen, doch sein Elternhaus stand nicht mehr. Er suchte und suchte, alles hatte sich merkwürdig verändert. Als es schließlich dämmerte und die Bauern aufs Feld gingen, begegnete er nur fremden Gesichtern.

So ging er zum Pfarrer, um zu fragen, was geschehen sei. Der Pfarrer war ein alter Mann und lebte schon seit vielen Jahren in Bußd, den Studenten aber kannte er nicht.

So holte er das alte Kirchenbuch hervor und las darin nach: Vor genau hundert Jahren war ein Student in der Nacht plötzlich aus seinem Bett verschwunden und nie mehr gesehen worden. Der kurze Besuch in der »anderen Welt« hatte hundert Jahre gedauert.

Als der Student das hörte, setzte er sich auf einen Stuhl, sein Aussehen veränderte sich, er wurde immer älter und kleiner, und schließlich war er ein runzliges Männchen und starb. (90)

Das Vöglein und der Student

Das soll sich vor etwa dreihundert Jahren zugetragen haben. (Ähnliche Geschichten werden auch in anderen Ortschaften aus der Umgebung von Karlsburg – in Unterwardein, Drimbard, Salzbach, Königsbach und Stummbach – und in einigen Gemeinden aus der Mühlbächer Gegend erzählt.)

Es war kurz vor Ostern, da kam ein Student aus Weißenburg in seine Heimatgemeinde Blutroth, um einige Tage bei seinen Eltern zu verbringen.

Als er das Dörfchen Härpen hinter sich gelassen hatte und jene Stelle erreichte, wo der Feldweg nach Henningsdorf abzweigt, erblickte er ein seltsames Vöglein, das auf einem Heckenrosenstrauch saß: es war etwa so groß wie eine Meise und sein Gefieder war von Gold; es leuchtete hell in der Abendsonne, und der Student blieb stehen und konnte sich an dem schönen Wesen nicht satt sehen.

Schließlich dachte er bei sich: »Ich will versuchen, es zu fangen.« So näherte er sich vorsichtig dem Strauch, doch das Vöglein flog auf, setzte sich aber einige Meter weiter wieder auf einen Ast und blickte den Studenten herausfordernd an.

Dieser versuchte nun immer wieder, das Vöglein zu fangen, es entwischte ihm jedoch jedesmal, und so entfernte er sich immer mehr vom Weg, bis er schließlich vor einem Hügel stand, der zum Brättberg gehört.

Hier verschwand das Vöglein in einer Erdspalte, die so groß war, daß sich ein erwachsener Mann hindurchzwängen konnte. Der Student kniete nieder und blickte hinab, und da sah er, daß es tief unten in der Erde hell war.

Er legte Mantel und Rock ab, streifte die weißen Hemdsärmel hoch, um sie nicht zu beschmutzen, und stieg hinunter; dabei merkte er, daß es immer heller wurde, und schließlich stand er auf einer großen Wiese, wo die seltsamsten Blumen blühten, und auch das goldene Vöglein war wieder da.

Ganz in der Nähe stand ein Baum, dessen Blätter waren ebenfalls von reinem Gold und glänzten in der Sonne. Während der Student sich noch an dieser phantastischen Landschaft freute, strich der Wind durch die Zweige und ein Blatt fiel auf den Boden. Rasch hob er es auf und verbarg es in der Hosentasche.

Es war vielleicht eine Minute vergangen, und er hatte sich nun satt gesehen und wollte wieder auf die Erdoberfläche zurückkehren. So kroch er den engen Spalt hinauf und stand plötzlich wieder auf dem Feld in der Nähe von Blutroth.

Zu seiner großen Verwunderung hatte sich aber hier einiges verändert: Bäume wuchsen am Feldweg und, was ihn ganz besonders ärgerte, Mantel und Rock waren verschwunden. »Verdammt«, dachte er, »die hat jemand mitgenommen, als ich unten beim goldenen Vöglein war.«

So wanderte er nun hemdsärmlig nach Hause und hatte seine Freude an dem goldenen Blatt, das er seiner Mutter schenken wollte. Als er ins Dorf kam, schien ihm auch hier alles verändert und fremd, das Haus seiner Eltern stand nicht mehr, die Menschen auf den Gassen waren ihm unbekannt, obwohl sie die gleiche Kleidung trugen wie sonst.

Nur der Kirchturm hatte sich nicht verändert, und so eilte der Student zum Pfarrer und fragte zuerst nach seinen Eltern und sagte, wer er sei.

Der Pfarrer schien sehr verwundert, holte das alte Kirchenbuch hervor, blies den Staub ab, schlug es auf und blätterte lang darin. Schließlich sagte er:

»Vor hundert Jahren sollte ein Student über Ostern zu seinen Eltern auf Besuch kommen. Aus Weißenburg ist er losgezogen, er traf jedoch nie hier ein. Lange hat man nach ihm gesucht, er blieb verschwunden...«

Während der Pfarrer sprach, veränderte sich das Aussehen des jungen Mannes immer mehr, er wurde plötzlich ein Greis, fiel um und war tot.

In »der anderen Welt« hatte er sich nur ganz kurz aufgehalten, eine Minute aber ist dort so viel wie auf der Erde hundert Jahre. (91)

Die Sonnenmutter

Früher, sagt man in Spring, glaubten die Zigeuner noch an die Sonnenmutter: das war eine gute Fee, die in den Laubwäldern wohnte. Bevor sie ein Feuerchen machten, um Maisbrei zu kochen, beteten sie zuerst zur Sonnenmutter.

An heißen Sommertagen, wenn die warme Luft auf den Wegen »tanzte«, fuhr die Sonnenmutter in einem goldenen Wagen über Wiesen und Felder spazieren.

Nicht nur Zigeuner, sondern auch Bauern wollen sie einst gesehen haben. Merkwürdig war nur eines: den Wagen zogen keine Pferde, sondern der Wind (die Sonnenmutter hatte den Wind eingespannt), den konnte man natürlich nicht erkennen, denn er ist unsichtbar wie die Luft.

· Aber eines Tages machte sich der Wind frei und flog davon, und nun hatte die Sonnenmutter kein »Pferd« mehr und zog zur Sonne, woher sie einst gekommen war; so blieben die Zigeuner ohne Helferin.

Seither pflegen sie zu sagen:
»Es kann heiß sein oder kalt,
das ist nicht so schlimm,
nur der Wind soll nicht blasen!« (92)

Die Kornmutter im Maisfeld

Einst hatten Wanderzigeuner, die man auch Kortorar nennt, ihre Zelte *Auf der Kalten Wiese* bei Spring aufgeschlagen. Am Abend, als die Frauen das Feuer anfachten und die Kessel mit Wasser füllten, gingen einige Männer auf ein Feld in der Nähe, um zu sehen, »ob man die Kürbisse schon ernten kann«.

Die Kürbisse waren noch nicht ausgewachsen, dafür aber gab es herrliche Maiskolben; davon brachen die Männer und füllten einen Sack. Während sie sich noch über die »reiche Ernte« freuten, stand plötzlich die Kornmutter vor ihnen; sie hob ihren Stock, und da flog er schon zu den Zigeunern und tanzte wie toll auf ihren Rücken.

»Tulaj!« riefen sie, »tulaj« und liefen davon.

»Schnell fort von hier, eine Hexe ist hinter uns her!«

Sie spannten die Pferde an und verschwanden mit Frauen, Kindern und Hunden in die dunkle Nacht. (93)

Die Warnung der Kornmutter

Eines Abends kam ein Bauer, der den Tag über im Heu gewesen war, *Über die Wiesn* nach Hause. Als er sich dem Dorf Birnbaum näherte, erblickte er seitlich auf dem Feld eine alte Frau in einem langen, weißen Kleid mit einem Stock in der Hand.

»Guten Abend, Mütterchen«, grüßte er nach rumänischer Art.

»Guten Abend, Sohn«, erwiderte die Alte, und da dachte sich der Bauer, daß dieses wohl die Kornmutter sein könnte.

»Werden wir in diesem Jahr eine gute Ernte haben?« fragte er.

»Wer den Schnitt früh beendet, wird Korn haben; wer verspätet, dem wird der Balaur alles zertreten«.

Und so geschah es auch: vergeblich warnte der Bauer die Einwohner, man schenkte ihm keinen Glauben, und so blieben viele Bauern ohne Korn und Mehl.

Die Kornmutter behütet Feld und Flur. Was sie sagt – meinten früher die Bauern –, trifft immer ein. (94)

Die Musik der Feen

In frühen Zeiten gab es in der Gegend zwischen Thorstadt, Kerschdorf und Gießhübel eine Wiese, wo der Boden sehr feucht war. Nachts konnte man hier oft »Irrlichtlein« tanzen sehen. Wenn die Bauern von der Feldarbeit nach Hause kamen und es schon dunkelte, machten sie einen großen Bogen um die Feuchte Wiese, denn der Ort, sagte man, war »behext«.

Man erzählte sich auch, daß sich hier, in warmen Sommernächten, die Feen zum Reigen einfanden. Ihre Musik war so verlockend, daß, wer sie hörte, sich nicht mehr von der Stelle fortbewegen konnte. Schließlich schlief man dabei ein.

Einigen neugierigen Bauern ist es so ergangen: sie wurden von der Musik eingeschläfert, und als sie am nächsten Morgen erwachten, waren ihre Sinne »so verwirrt«, daß sie einige Zeit lang weder sprechen noch etwas tun konnten. Dann ließ der Zauber wieder nach. (95)

Die Regenfee

Den feinen Landregen, der für Garten und Feld so wichtig ist, schickt die Regenfee, sagt man in Henningsdorf.

Die Regenfee sitzt oben im Mühlbächer Gebirge oder sogar im Himmel auf einem weißen Thron und spinnt aus Wolken die vielen dünnen Regenschnüre, die manchmal tagelang auf die Erde niederrieseln.

Erst wenn alle Wolken »versponnen« sind, gönnt sich die Regenfee ein bißchen Ruhe und läßt dann die Sonne wieder scheinen. (96)

Der »Jahresbericht«

Am Zekesch, bei Kockt, soll es eine Stelle geben, wo früher, einmal im Jahr, der Teufel alle Hexen versammelte: Jede mußte vortreten und erzählen, was sie so im Laufe eines Jahres getrieben hatte. Wenn der Teufel mit der »Arbeit« einer Hexe nicht zufrieden war, so winkte er zwei schwarzen Ziegenböcken, die in der Nähe standen, und die verabreichten ihr zwanzig Rutenschläge auf den nackten Rücken. Das Geschrei der Geprügelten konnte man die ganze Nacht über hören, denn der Teufel war ein strenger Gebieter.

Am Morgen aber war der ganze Spuk verschwunden und ein Jahr lang war wieder »Ruhe«: Die Hexen gingen ihrem »Gewerbe« nach – bis sie dann wieder vom Teufel zum großen »Jahresbericht« bestellt wurden. (97)

»Toter Boden«

Auf einer Wiese bei Weiherdorf soll es einen runden freien Platz geben, auf dem seit vielen Jahren kein Gras mehr wächst. Der Boden ist schwarz, so als hätte hier jemand ein großes Feuer gemacht, dann aber Asche und Kohlen fortgefegt.

In frühen Zeiten trafen sich in den warmen Sommernächten hier die Hexen zum »wilden Reigen«. Aus allen Dörfern der Umgebung kamen sie durch die Luft geflogen, und ein schwarzer Ziegenbock – »der Teufel höchstpersönlich« – spielte auf der Fiedel zum Tanz. Beim »wilden Reigen« aber wurde der Boden unter ihren Füßen oft so heiß, daß er verbrannte. Seither wächst hier kein Gras mehr, und die Stelle kann auch nicht gepflügt werden – es ist »toter Boden«, sagen die Bauern. (98)

Steine am Zekesch

Einst wohnte in einem Wald zwischen Kradendorf und Thörnen eine Hexe, die man »die Alte mit der Eisennase« nannte, denn sie hatte eine lange Nase, die ganz aus Eisen war. Sie sah aber nicht nur der Nase wegen so fürchterlich aus, daß die Bauern das Grauen packte, wenn sie ihr zufällig im Wald begegneten: ihr Haar war rot und hing in langen Strähnen vom Kopf und aus ihrem faltigen Gesicht blickten zwei Froschaugen.

»Die Alte mit der Eisennase«, erzählt man sich, hatte übernatürliche Kräfte: die Menschen, die ihr zu nahe kamen und sie verärgerten, wurden in runde Steine verwandelt.

Einmal lagerten in der Nähe des Waldes, *Bei der Furt,* eine Schatter Zigeuner. Am Abend ging die Alte hier vorbei und trug einen Zecker am Rücken. Als die Zigeunerkinder sie sahen, liefen sie hinter ihr her, reckten die Zunge und riefen in ihrer Sprache: »Hej, Baba, jala benga!« Die alten Zigeuner aber pfiffen und schnalzten mit der Zunge; es war ein Spektakel wie am Mühlbächer Jahrmarkt.

Da blieb die Alte stehen, hob beschwörend ihren Stock und plötzlich hatte sie die ganze Zigeunersippe in weiße runde Steine verwandelt.

Diese Steine konnte man vor einiger Zeit noch *Bei der Furt* sehen: es waren einige große und viele kleine darunter; die großen waren die Erwachsenen, die kleinen die Kinder, sagten damals die Bauern. (99)

Der schwarze Ziegenbock

Zwei rumänische Hirten aus dem Dörfchen Koliben (sächsisch »Kolibaschen«) saßen eines Abends neben dem Feuer; der eine rührte den Palukes an, der andere knetete den Schafskäse.

Es war schon dunkel, die Grillen zirpten, die Schafe schliefen eng aneinandergedrängt in der nahen Hürde, und die beiden Hirten sprachen, wie gewöhnlich, kein Wort (denn Hirten sind schweigsame Menschen).

Plötzlich wurden die Hunde, die in der Nähe des Feuers lagen, unruhig, sie knurrten und erhoben sich.

»Was gibt es?« fragte der eine Hirte.

Die Hunde knurrten, bellten jedoch nicht.

Da kam ein schwarzer Ziegenbock zu dem Feuer, die Hunde entfernten sich ein wenig und machten ihm Platz. Die Hirten aber waren so erstaunt, daß sie kein Wort hervorbringen konnten.

So fragte der Ziegenbock belustigt: »Seid ihr stumm? Hat es Euch die Red' verschlagen?« (es war, darüber bestand kein Zweifel, »der Böse« in höchsteigener Person).

»Seht ihr die roten Kohlen im Feuer?« sagte der Teufel, »die kann ich in lauter Goldstücke verwandeln und ihr beide werdet dann reiche Leute sein, dafür müßt ihr mir aber das erste Wesen überlassen, das Euch am nächsten Morgen begrüßen wird. Machen wir den Tausch?«

Die beiden Hirten überlegten hin und her und dachten schließlich: Wer wird uns schon am nächsten Morgen begrüßen? Wie immer – die Hunde. Und so willigten sie ein.

Darauf verschwand der Teufel, und anstelle der Kohlen lag nun ein Haufen glitzernder Goldstücke vor der Sennhütte.

Die Hirten füllten alle Goldstücke in ihre großen Zwerchsäcke und warteten nun auf den Morgen, um zu sehen, wer sie begrüßen werde.

Bald dämmerte es, die Sonne ging auf, und die Hunde schliefen noch. Da kamen zwei Mädchen aus Koliben mit Körben den Weg herauf; und drüben am Waldesrand stand siegesgewiß der Teufel.

Die beiden Mädchen aber hatten die Hirten noch nicht erblickt. Und darum versetzten sie nun rasch den schlafenden Schäferhunden einen leichten Fußtritt, die erwachten sofort, blickten ihre Herren an, schüttelten sich den Schlaf aus dem Pelz, und die beiden Hirten riefen (was sie sonst nie getan hatten): »Gut geschlafen, ihr lieben Hunde?«

Wutschnaubend kam der Ziegenbock hereingerannt, faßte die Hunde und verschwand mit ihnen im Wald.

Die beiden Mädchen aber kamen näher und hatten nichts bemerkt. Sie waren ein bißchen verwundert, daß die Hirten, die sonst immer schweigsam waren, sie lachend begrüßten, ihnen Milch und Käse anboten und ausgezeichneter Laune waren. Später allerdings erfuhren sie auch, was sich da kurz zuvor zugetragen hatte. (100)

Lele Mărie-Chiva

In Kerschdorf lebte einst eine alte Zigeunerin, die konnte wahrsagen. Wenn jemand zu ihr kam, einen Kreuzer auf den Tisch legte und sagte: »Lele Mărie-Chiva, was wird mir der morgige Tag bringen?«, biß sie sich in den linken Daumen, schloß die Augen und »sagte voraus«.

Manchmal traf aber das, was sie »vorausgesagt« hatte, nicht ein, und dann waren die Menschen böse und verlangten den Kreuzer wieder zurück. Doch Lele Mărie-Chiva ließ sich nicht einschüchtern: »Denk noch einmal darüber nach, was ich dir gesagt hab’, du hast es sicher nicht richtig ›ausgelegt‹. Alles ist eingetroffen!« rief sie.

Lele Mărie-Chiva hatte nämlich die Gabe, die Dinge so zu sagen, daß sie auf verschiedene Art gedeutet werden konnten. So traf auch meistens ein, was sie »vorausgesagt« hatte.

Sie war so bekannt, daß auch Bauern aus anderen Dörfern sie aufsuchten und um Rat fragten.

Sie wurde neunundneunzig Jahre alt. Als sie starb, legte man sie in einen Kindersarg (so klein war sie inzwischen geworden). Am nächsten Morgen aber war sie verschwunden, und die Bauern meinten damals: »Die hat es mit dem Teufel gehabt.« (101)

Kiwutza

Eine andere Zigeunerin, Kiwutza, die vor etwa hundert Jahren in einer kleinen Lehmhütte am Dorfrand von Thorstadt wohnte, verstand sich auf »Wahrsagerei«: sie steckte den kleinen Finger der linken Hand in den Mund, saugte ein bißchen und befragte dann den Nagel. Dabei durfte man ihr jedoch nicht zusehen.

Der Nagel war beinahe so lang wie der Finger selbst. Sie schnitt ihn ab, pflegte ihn, denn er war ihr »Ratgeber«.

Als sie eines Tages starb, schnitt eine Bäuerin – im Glauben, daß sie nun selbst »wahrsagen« könne – der Toten den Nagel ab. Doch was geschah: der Fingernagel verwandelte sich in eine kleine weiße Schlange, biß die Frau in die Hand und kroch rasch davon. Die Bißwunde aber verheilte nie mehr, und die Bäuerin hatte viel Kummer damit. (102)

Reener Ländchen

Wie Blitz und Donner

Auf der Sattelburg und der Spitzburg – zwei Berge in der Nähe von Reen – kann man auch heute noch Reste von Mauern und Befestigungsanlagen sehen: hier wohnten einst, bevor die Sachsen ins Land kamen, Hünen; es heißt, daß solche Hünenburgen auch bei Martinsdorf (Salzhau), Sankt Emrich (»Gergen«) und Kertzing gestanden haben.

Zwischen Zekeldorf und Dittersdorf gibt es eine kühle klare Quelle, die bei den dortigen ungarischen Einwohnern »Óriáskút« (Riesenbrunnen) heißt; von hier sollen einst die Hünen das Wasser zum Trinken und zum Kochen geholt haben. Sie brauchten nur zehn Schritte zu machen, und schon waren sie oben bei Zekeldorf.

Wenn sie miteinander stritten oder rauften, so widerhallte das ganze Gergental, und es klang wie Blitz und Donner. Dann blieben die Menschen in ihren Häusern und verhielten sich ruhig, denn die Hünen hätten sonst in ihrer Wut ganze Dörfer »ausgetreten«.

Zwischen Reußischdorf und Etschdorf gab es einst mehrere Stellen, wo man noch ganz genau den Abdruck der Hünenstiefel erkennen konnte: später pflügten die Bauern über jene Vertiefungen hinweg, und bald war davon nichts mehr zu sehen. (103)

Die geraubten Kinder

In alten Zeiten lebten in der Gegend zwischen Birk, Unterkichern, Kaal, Petersdorf, Birnbaum und Großarn Hünen, die hatten nur ein Auge – oberhalb der Nase; das war jedoch so groß wie ein Kürbis, und damit konnten sie bis hinunter ins Seklerland oder bis jenseits der Berge, in die Moldau, sehen.

Wenn die Bauern auf dem Feld waren, so kamen die Hünenmädchen oft in die Dörfer und trugen die kleinen Kinder fort, um mit ihnen zu spielen. Doch niemals brachten sie ein geraubtes Kind wieder zurück. So gab es viel Kummer und Leid, und die Frauen mußten schließlich die Kinder aufs Feld mitnehmen. Zu jener Zeit war das aber nicht so einfach, denn die sächsischen Familien waren sehr zahlreich: zehn Kinder und mehr, das war gar nicht so viel. Es heißt, daß eines Tages die Hünen fortzogen und die geraubten Reener Kinder ihrem Schicksal überließen; die waren aber inzwischen schon groß geworden und wanderten immer in östlicher Richtung, bis sie in die Moldau kamen. Hier gründeten sie die ehemaligen deutschen Ortschaften Moldenmarkt, Kotnersberg, Rommesmarkt – und wie sie nun alle einst hießen –, und deshalb gab es dort bis vor einigen Jahrhunderten auch deutsche Einwohner. (104)

Trajans Stuhl

Die alten Bauern erzählen, daß in der Nähe von Deutsch-Zepling, im Reener Ländchen, ein Hügel steht, den man *Trajans Stuhl* (rumänisch *Scaunul lui Traian*) nennt. Auf diesem Hügel soll einst eine Burg gestanden haben, und rings um die Burg lag Nösen – wie Bistritz damals hieß. Heute noch kann man hier Mauerreste sehen, und die Stelle heißt *Bei der Burg* (rumänisch *La Cetate*).

Als die Tataren einmal ins Land einfielen, zerstörten sie auch Nösen. Die Leichen der Einwohner warfen sie in den Burgbrunnen – die Stelle heißt auch heute noch *Beim Brunnen* (»Am Brann«, rumänisch *La Fîntîna*) –; der war so tief, daß er bis zum Lutzbach reichte. Nach einigen Tagen kamen die Leichen der getöteten Nösner bei Breit wieder ans Tageslicht und schwammen den Fluß, der in den Mieresch mündet, hinunter bis nach Neumarkt. Dort zog man sie ans Ufer und ließ sie »christlich« begraben. Damals sollen auch Gindusdorf, Traßten, Sächsisch-Filpes, Großfilpes, Sanktandreas, Zakeln – alle in der Nähe von Deutsch-Zepling – zerstört worden sein.

Die Sage erzählt, daß die überlebenden Nösner Sachsen weiter nördlich gezogen sind und ihr Städtchen neu gegründet haben. Das neue Nösen soll dann zuerst unterhalb der Rosenburg gestanden haben, dort, wo später die Bistritzer Sächsische Ackerbauschule gebaut wurde. Früher konnte man noch den alten Weg erkennen, der aus westlicher Richtung, von Unterblasendorf-Treppen, unterhalb der Tschuha *Über die Aue* und durch den *Kalten Graben* an diese Stelle führte. (105)

Radesch und Reußdorf

Weilau soll einst viel größer gewesen sein als heute; damals gehörten noch die Siedlungen Radesch (»Ruadesch«) und Reußdorf (»Reißdref«), die inzwischen verschwunden sind, zur Gemeinde. Es heißt, daß Radesch und Reußdorf schon während des großen Tatareneinfalls, 1241, vernichtet worden sind; die Überlebenden siedelten sich nachher in Weilau und in den Orten am Schajo an: in Ungersdorf, Heiligkreuz, Sanktandreas und Oderhell.

Eine Sage erzählt, daß die Radescher Sachsen bei einem anderen Tatareneinfall bis zum letzten Mann gekämpft haben, um Frauen und Kinder zu retten, die sich im nahen *Wolfwald* (rumänisch *Pădurea Lupului)* verborgen hatten. Zuletzt befand sich nur noch der Dorflehrer oben im Kirchturm und schoß auf die zahlreichen Feinde herunter, die auf Leitern zu ihm hinaufkrochen.

Der Lehrer wurde gefangen genommen und auf einem Scheiterhaufen verbrannt. Damit war auch die Siedlung ausgelöscht, und Frauen und Kinder zogen nach Heiligkreuz, wo sie am Dorfrand kleine Hütten bauten und sich als Mägde verdingten. Man sagt, sie wollten jenen grausigen Ort, wo einst Radesch gelegen hatte, nie wieder sehen. (106)

Dörfer am Mieresch

Als die Tataren, 1242, im Frühjahr von ihren Raubzügen – sie waren bis in die Zips gelangt – zurückkehrten, zerstörten sie jene Ortschaften, die 1241 verschont geblieben waren: vom Nösnerland kamen sie herunter gegen Sächsisch-Reen, und von da zogen sie am Mieresch entlang und verwüsteten Pokendorf, Scharpendorf, Schloßberg, Gassen und Hofstätten.

Die Leichen der Einwohner warfen sie in den Fluß, und tagelang schwammen die Toten an Neumarkt vorbei...

Hirten, die Jahre später von Norden mit ihren Herden am Mieresch abwärts wanderten, erzählten in Neumarkt, daß überall am Fluß verlassene Dörfer stehen. Auf den Ruinen der Kirchen wachsen hohe Bäume, und der Wald habe Gassen und Höfe völlig überwuchert. Erst nach hundert und zweihundert Jahren wurden diese Ortschaften wieder aufgebaut. Die Ansiedler kamen aus dem Reener Ländchen, aber auch aus der Hargitaer Gegend. (107)

Die Glocke von Binkert

Vor über sechshundert Jahren gab es neben Reen noch zwei kleine sächsische Dörfchen: Binkert und Regenreue (»Angersch-Rî«); und auch in den umliegenden Gemeinden Pränzdorf (»Brenndorf«), Lehr (»Lîr«), Bartdorf (Mausdorf), Wetsch und Reußen lebten damals Sachsen. Die Sage erzählt, daß diese beiden Orte zu Beginn des 14. Jahrhunderts von den Reenern »wegen Untreue und Verrat« zerstört worden sind. Die Häuser wurden niedergerissen und die Hofstellen aufgeackert.

Im vorigen Jahrhundert konnte man noch jenen Ort sehen, wo einst die Kirche von Binkert gestanden hatte: ein Bauer war beim Pflügen auf die Grundmauern gestoßen und hatte sie freigelegt; doch mehr als altes Gestein hat man nicht gefunden.

Es heißt auch, daß früher an einer gewissen Stelle *Auf der Niederen Wiese* manchmal in klaren Sommernächten ein fernes Läuten zu hören war, das aus der Erde kam: das war die Glocke von Binkert, die »keine Ruhe« fand. (108)

Niemand kam davon

Vor langer Zeit, als wieder einmal die Tataren durch das Nösnerland zogen, verwüsteten sie zuerst Bistritz und die umliegenden Gemeinden, und näherten sich dann über Großeidau und Tekendorf dem Markt Sächsisch-Reen.

Da beschlossen die Sachsen, die der feindlichen Übermacht nicht gewachsen waren, es »im Guten« zu versuchen: sie kleideten sich festlich und zogen den Feinden auf dem Sankt-Andreas-Weg entgegen. Voran ging der Pfarrer, gefolgt von den Ältesten und dem Rat des Städtchens, dann kamen die Bürger mit ihren Frauen und zuletzt die Mädchen und Kinder.

So schritten sie singend den Tataren entgegen, in der Hoffnung, daß ihr Leben verschont werde.

Sie hatten sich jedoch arg getäuscht, denn die Tataren ließen sich dadurch nicht beeindrucken. Der Festzug wurde eingekreist und auf ein Zeichen des Tatarenführers niedergemetzelt: niemand kam mit dem Leben davon. Das soll sich *Auf der Höhe* zwischen Deutsch-Zepling und Reen zugetragen haben.

An jener Stelle hoben später Einwohner aus Niedereidisch und anderen Gemeinden ein großes Grab aus und legten die Reener hinein. Fünf Handwerksburschen, die sich damals in der Fremde aufhielten, waren die einzigen Überlebenden. Sie kehrten zurück und bald zogen auch Sachsen aus anderen siebenbürgischen Ortschaften hinzu, und so wurde Reen wieder bevölkert. Seither soll es die Namen Kroner, Brooser, Seibriger, Schäßburger, Schweischerer, Birker, Botscher, Schinker, Katzendorfer, Medwischer, Repser, Alzner, Homeridner, Wermescher und Felker, die auf die Herkunftsorte ihrer Träger verweisen, geben. (109)

Die Frau aus Weilau

Das älteste Haus in Weilau stand vor kurzem noch neben der Zinzbrücke, *Am Graben*.

Da wohnte einst ein Mann mit seiner Frau und seinem kleinen Sohn. Als einmal die Tataren nach Weilau kamen, führten sie die Frau als Sklavin fort.

Nach achtzehn Jahren aber gelang es der Frau zu fliehen, und sie kehrte wieder zurück. Lange Zeit hatten die Tataren sie mit einem kleinen Spürhund verfolgt; und in einem Sumpf hatten sie dann das Hündchen, gerade als es bellen wollte, ins Wasser gedrückt und so ertränkt. Die Tataren mußten nun die Verfolgung aufgeben und ritten in ihr Dorf zurück.

Als nun die Frau wieder in Weilau war, wurde sie von niemandem mehr erkannt. So setzte sie sich vor das Haus ihres Mannes und wartete, bis er vom Feld kam. Inzwischen hatte er aber eine andere Frau geheiratet, und der Sohn war schon erwachsen.

Abends kehrten sie von der Feldarbeit heim und erkannten nicht die Frau draußen auf der Bank.

»Gebt der armen Frau doch etwas zu essen, Mutter«, sagte der Junge. Als sie diese Worte hörte, gab sie sich zu erkennen und erzählte, was sie in den achtzehn Jahren erlebt hatte. Daraufhin nahm der Mann sie wieder auf, aber er behielt auch seine zweite Frau, und so lebten sie noch zwei Jahre zusammen. Dann starb jene, die bei den Tataren gewesen war, und bald hatte man sie auch wieder vergessen. (110)

Die Zipser aus Fantschel

Das Dörfchen Fantschel bei Lybendorf soll 1808 von zehn Zipser Familien aus den Ortschaften Ober- und Untermetzenseifen gegründet worden sein. Es waren Waldarbeiter, die sich hier mit ihren zahlreichen Bauern niederließen.

Auch das Dorf Caşa oder Caşva (Kaschau) soll einst von Zipser Holzarbeitern gegründet worden sein.

Die Zipser aber sind ein Wandervolk; es heißt, daß sie sich Ende des vorigen Jahrhunderts wieder aufmachten, von Fantschel im Tal weiter aufwärts zogen und das Dörfchen Meştere (Meisterhausen) gründeten. Doch auch hier blieben sie nicht lange Zeit; bald schnürten sie wieder »tie Pinkl« und wanderten hinauf nach Toplitz, wo sie vermutlich geblieben sind, denn hier »verschwinden ihre Spuren«. (111)

Der schwarze Mann

Das soll sich im vorigen Jahrundert in Botsch zugetragen haben. Damals lebte hier in der hinteren Gasse ein Witwer, der ganz allein geblieben war.

Eines Abends, als er in der Küche saß und die Suppe löffelte, klopfte es an den Fensterladen.

Er nahm die Lampe, ging hin und öffnete. Draußen stand ein schwarzgekleideter Mann und sagte: »Wollt Ihr euch ein schönes Stück Geld verdienen?«

Der Bauer bejahte.

»Dann nehmt Hacke und Schaufel und folgt mir auf den Friedhof«, sagte der Fremde.

Der Bauer beugte sich nun mehr aus dem Fenster, und da sah er, daß der Schwarze einen Hühnerfuß hatte; und nun wußte er, daß der Teufel ihn hereinlegen wollte.

»Nein«, rief der Bauer, »ich hab keine Zeit!« und schloß rasch das Fenster.

Da krachte es draußen, und der schwarze Mann flog auf einem Feuerschweif davon. Der Bauer aber schlug das Kreuz und sagte: »Gott sei Dank, daß ich mich mit ›dem‹ nicht eingelassen habe!« (112)

Der Trudenreigen

Eines Abends fuhr ein Bauer aus Tatsch mit seinem Wagen nach Hause; hinten hatte er einen Sack mit Mehl geladen.

Als er am Phlepsberg vorbeikam, sah er *Auf der Au* die Truden im fröhlichen Reigen.

»Der Herr schütze euren Reigen!« rief er den Tanzenden zu.

»Der Herr mehre dein Mehl!« antworteten sie ihm. »Aber darüber darfst du mit niemandem sprechen.«

In den darauffolgenden Monaten buk die Bäuerin Kuchen und Brot, und der Sack blieb immer voll.

»Ich hab soviel Kuchen und Brot gebacken«, sagte sie eines Tages, »und wir haben immer noch Mehl. Wie ist das eigentlich?«

Der Bauer aber sagte, er wisse von nichts, und die Frau gab sich damit zufrieden.

So lebten sie noch viele Jahre und litten keine Not, denn der Mehlsack war immer bis oben gefüllt.

Es ist eben gut, daß es manchmal auch Frauen gibt, die nicht neugierig sind; in diesem Fall war es, wie man in Tatsch sagte, für beide ein wahrer Segen. (113)

Nösnerland

Riesen und Drachen

Vor mehr als tausend Jahren lebten noch in der Gegend südöstlich von Nösen oder Bistritz – dort, wo heute die Gemeinden Deutsch-Budak, Kleinbudak (Bodesdorf) und Oberbudak stehen – Riesen und Drachen. Zwischen Berladen und Waltersdorf aber erstreckte sich damals ein weiter dunkler Wald. Hier stand eine Riesenburg; und wenn man nach Großschogen fährt, so kann man noch auf offenem Feld einen großen Hügel sehen: hier befinden sich unter der Erde die Mauern der einstigen Burg.

Die Riesen waren mit den Drachen ständig in Streit: Jeder meinte, daß er stärker und klüger sei als der andere.

Eines schönen Tages sollten sich nun diese Dinge klären. Der Riesenhäuptling kam zum Drachenfürsten und sagte:

»Hören Sie, Herr Drachenfürst, das geht so nicht weiter. Eure Drachen stören meine Riesen bei der Arbeit« (die Riesen waren nämlich Bauern, ihre Felder lagen am Schajofluß), »darum sollen wir nun unsere Kräfte messen, um zu sehen, wer der Stärkere ist. Der Schwächere aber muß dem Stärkeren gehorchen!«

»Einverstanden!« rief der Drachenfürst, sprang von seinem Thron, eilte hinaus in den Hof, wo eine große alte Eiche stand. Mit einem raschen Griff faßte er den Stamm und riß ihn samt Wurzeln aus dem Boden.

»Na«, sagte der Drachen, »jetzt sollen wir dich sehen!«

Der Riesenhäuptling holte ein langes dickes Seil hervor, ging hinter das Schloß, wo ein kleines Wäldchen stand, und begann das Seil um das Wäldchen zu spannen.

»Was willst du tun?« fragte der Drachen.

»Ich will den ganzen Wald auf einmal ausreißen«, erwiderte der Riese.

»Laß sein«, rief der Drachen, dem es um seinen Wald leid tat, »ich glaube dir, daß du der Stärkere von uns beiden bist.«

Seither herrschte zwischen Riesen und Drachen Frieden. Wer aber meinen sollte, daß der Riesenhäuptling wirklich alle Bäume auf einmal hätte ausreißen können, der irrt. Der Drachenfürst war dumm genug gewesen, ihm das zu glauben. (114)

Der »Hâintrapp«

Vor vielen hundert Jahren gab es in der Gegend zwischen Reußen und Ungersdorf Riesen. Damals stand eine Riesenburg auf dem Götzenberg bei Reußen, nahe am Schogenfluß, und eine auf dem Berg oberhalb der Ungersdorfer Weingärten. An beiden Stellen konnte man noch im vorigen Jahrhundert mächtige Steinblöcke und verwittertes Mauerwerk sehen.

Zu jener Zeit siedelten schon unten im Tal deutsche Bauern, die aus Bayern eingewandert waren. In einem sehr trockenen Sommer verdorrten Wiesen und Felder, und im August gab es nichts mehr zu ernten. Menschen und Vieh litten große Not – doch auch die Riesen vom Götzenberg und die *Oberhalb der Weingärten*.

So machte sich eines Tages ihr Anführer auf, um aus Marmatien, dem Land jenseits der Berge, Maismehl zu holen (denn auch die Riesen aßen gern Maisbrei und Schafskäse, so wie die rumänischen Bauern). Dieser Riese war kräftiger und größer als die anderen, und so reichte sein erster Schritt vom Götzenberg bis auf einen Berg zwischen Heidendorf und Baierdorf. Dort kann man auch heute noch seine Fußspur deutlich erkennen – sie ist etwa vier Meter lang. Der Berg aber heißt zur Erinnerung an jene Zeit Riesenschritt (»Hâintrapp«, rumänisch *Pasul Uriaşului*). (115)

Baumgarten

Dort, wo heute die Gemeinde Baumgarten (bei Bistritz) liegt, wuchsen einst riesige Obstbäume, die den Hünen gehörten. Die Hünen wohnten in einer mächtigen Steinburg, die auf einem Hügel bei Eisch (Sächsisch-Altendorf) stand; jene Stelle heißt auch heute noch *Am Riesenbühel* (rumänisch *Movila Uriaşului*).

Früher fand man hier oft große runde Steine – das waren die Kirschkerne von den Riesenbäumen, die einst hier gestanden hatten. Solche Steine konnte man noch im vorigen Jahrhundert an den Baumgartner Ziehbrunnen sehen, wo sie als Gewichte angebracht waren.

Einmal stieß ein Hünenkind einen Korb um, in dem sich Äpfel befanden. Die rollten den *Riesenbühel* hinunter – bis nach Ollersdorf. Hier machten sie erst beim Kirchturm halt, der nachher ein bißchen schief stand (man hat ihn inzwischen abgetragen und einen neuen gebaut).

Auch heute noch kann man sehen, wo die Äpfel gerollt sind. An jener Stelle wächst kein Gras mehr.

Es heißt auch, daß es seither in dieser Gegend – bis hinüber zum Schickbach – so viele Mücken gibt: die Riesenäpfel verfaulten und lockten die Mücken herbei; zwei Jahre lang haben die Bauern damals Schnaps gebrannt – bis alle Apfelreste fort waren. (116)

Burg Tepling

In alten Zeiten stand auf der Teplinghöhe (»Têplänk«) eine mächtige Burg; dort wohnte ein Riese, dem das ganze Land – bis hinunter nach Lechnitz und Sächsisch-Neudorf – gehörte. Dieser Riese konnte jedoch auf seinem eigenen Grund und Boden bloß drei Schritte tun: einen bis nach Beedt – und dann blickte er hinunter ins Ungerntal, dort, wo heute Neudorf und Valea Unguraşului liegt –, den zweiten nach Unterreußen und den dritten nach Scharburg bei Kindeln – aber dann war er auch schon beinahe wieder zu Hause, denn bis zur Teplinghöhe mußte er dann nur noch einen halben Schritt machen, sonst hätte er vielleicht auf Köllendorf getreten, und dort wohnte zu jener Zeit ein anderer Riese.

Wo die Riesenburg einst stand, wachsen heute wilde Obstbäume. *Beim alten Birnbaum* aber kann man auch heute noch große Steine – die Reste der Grundmauern – sehen.

An Stelle der Riesenburg, erzählten die rumänischen Bauern, wurde später ein Kloster gebaut. Die Mönche riefen deutsche

Bauern ins Land, und so entstand die Siedlung Baydorf. Ein Flurteil bei Baydorf heißt auch heute noch *Beim Kloster* (rumänisch *La Cloaşter)*.

Die Sage erzählt, daß die Siedler aus Baydorf bald nach ihrer Einwanderung ein wildes Leben führten – es kam sogar manchmal vor, daß sie, während die Bauern auf dem Feld waren, die umliegenden Ortschaften überfielen und ausraubten.

Eines Tages taten sich die Einwohner aus Niederwallendorf und Krefeld (»Krêwelt« oder Oberwallendorf) zusammen und jagten die Baydorfer davon.

Hundert Jahre später wurde die inzwischen verfallene Ortschaft durch neue Ansiedler wieder aufgebaut. Die alten Einwohner aber waren längst »über alle Berge«, das heißt bis ins Altmierescher Land gezogen und hatten sich dort in Rommeln und weiter nördlich im fernen Kossautal niedergelassen. Einige, sagt man, seien sogar bis ins ferne Wassertal im Wischauer Land gewandert, und so soll die Siedlung Sachsenthal entstanden sein. (117)

Der Hüne und sein Knecht

In alten Zeiten, so erzählt man sich, stand *Auf der Hainwiese* (»Hêwes«) ein großes Steinhaus, und ringsherum war noch dichter Wald. In diesem Steinhaus sollen einst Hünen gewohnt haben.

Einmal verirrte sich ein Sachse aus Großdorf, der im Wald Holz schlagen wollte, und so kam er zum Steinhaus. Weil es schon dunkelte und er nicht mehr den Weg zurück fand, klopfte er an: »Herein!« antwortete eine tiefe Stimme.

Der Bauer trat in einen großen Raum, da saß ein Hüne an einem Tisch und trank aus einem mächtigen Tonkrug Wein.

»Guten Abend«, sagte er – und dabei war es ihm nicht ganz wohl zumute –, »wie kann ich am raschesten von hier nach Großdorf kommen?«

»Von hier führt kein Weg nach Großdorf«, erwiderte der Hüne, »setz dich zu mir an den Tisch und trink einen Krug Wein, von hier wirst du nie wieder wegkommen, ich brauche nämlich gerade so einen wie du – als Hausknecht wird es dir bei mir ganz gut gehen.«

Weil der Bauer keinen Ausweg mehr sah, machte er eine gute Miene zum bösen Spiel, denn zu Hause hatte er Frau und Kinder, und einem Hünen zu dienen war nun nicht gerade das, was er sich gewünscht hatte.

Es verging ein Jahr, und der Bauer diente dem Hünen und dachte, daß er wohl nie mehr nach Großdorf kommen werde (denn Hünen leben dreimal länger als Menschen, und dieser Hüne war ein noch ziemlich junger Mann).

Da sagte eines Tages der Hüne zum Bauern: »So, mein Freund, du hast mir nun ein Jahr lang gedient, und ich bin ganz zufrieden mit dir gewesen. Ich stelle dir nun frei: du kannst zurück in dein Dorf gehen, den Weg werde ich dir schon zeigen, oder du bleibst hier. Ich will dich aber warnen: wenn du zurückkehrst nach Großdorf, wirst du es bitter bereuen. Bleibst du aber weiterhin bei mir im Dienst, wirst du noch viele gute Tage haben.«

»Ich will zurück nach Großdorf«, sprach der Mann, ohne einen Augenblick zu zögern.

Als er jedoch nach einer langen Wanderung wieder in Großdorf eintraf, schien ihm alles so merkwürdig verändert: die Häuser waren größer und schöner geworden, und die Menschen waren anders gekleidet als vor einem Jahr. Weil er sein Haus nicht mehr finden konnte, fragte er eine Frau nach seiner Familie. Nun erfuhr er, daß während seines Aufenthalts beim Hünen hundert Jahre vergangen waren, daß seine Frau einen anderen Mann geheiratet hatte und daß die Enkelkinder seiner Kinder schon erwachsene Menschen waren.

»Darum hatte der Hüne gemeint, daß ich es bereuen werde . . .« sagte nun der Bauer, ging zu seinen Urenkeln, erzählte ihnen seine Geschichte, und als er damit geendet hatte, sank er tot zu Boden.

Einige Zeit nachdem man ihn beerdigt hatte, hörte man eines Nachts ein seltsames Krachen und Poltern, und *In der Großen Hill* (»Ginst der Hill«) leuchtete es manchmal hell auf – so, als würde dort jemand eine mächtige Laterne schwenken.

Am nächsten Morgen sah man, was geschehen war: auf der *Großen Hill* hatte jemand einen riesigen Grabhügel errichtet und das Kreuz vom Friedhof draufgesetzt.

So hatte der Hüne seinem Knecht ein Hünengrab errichtet, und das konnte man noch vor hundert Jahren *In der Großen Hill* sehen. Später wurde die Stelle eingeebnet. (118)

Die Riesen vom Schetterberg

Zwischen Unterblasendorf und Tschippendorf (Stephansdorf) lag in alten Zeiten die Gemeinde Ziegendorf (»Zaigendref«), deren Hattert bis nach Mettersdorf und Treppen reichte. Hier soll auf einem Hügel, dem Kirchober, einst ein Kloster gestanden haben. Damals hausten noch auf dem Schetterberg – etwa dort, wo sich heute das Dorf Schettereck befindet – Riesen. Diese sahen recht merkwürdig aus: sie hatten lange Beine und nur einen Arm, an der Hand aber hatten sie anstatt fünf sechs Finger, und der Zeigefinger war etwa einen Meter lang und ein bißchen nach vorn gekrümmt.

Diese Riesen konnten sich sehr rasch fortbewegen, sie machten große Schritte: in fünf Minuten gelangten sie vom Schetterberg bis nach Rommelsdorf, Teltsch oder über den Berg nach Meierhöf, und in genau zehn Minuten waren sie schon bei Ziegendorf. Mit ihren langen Fingern faßten sie Menschen und Vieh und was sich sonst noch da bewegte, und steckten alles in große Zecker (geflochtene Korbtaschen, die die rumän. Bergbauern heute noch haben).

Das Vieh brieten sie am Spieß, die Menschen aber mußten ihnen dienen, und so entstand die Siedlung Schettereck (die Vorfahren der Bergbauern waren einst Leibeigene der Riesen).

Als nun die Riesen eines Tages wieder einmal durchs Salwatal hinunter nach Ziegendorf kamen, war auch die kleine Tochter des Anführers mit dabei. Als das Kind die Mauern und Türme auf dem Kirchober sah, nahm es geschwind mit seinem langen Finger die große Turmglocke aus dem Gestühl und eilte damit fort.

Damals »errcichtc« die Riesen ein Fluch – und man sagt, daß dieses ihr letzter Raubzug hinunter ins Nösnerland gewesen war. Ein Jahr später, nach einem kalten, strengen Winter, waren sie plötzlich verschwunden, und niemand weiß, was aus ihnen geworden ist.

In einem Tal in der Nähe der Siedlung Kuhbächel bei Altrodenau soll man manchmal nachts einen dunklen Klang hören: Das ist die große Glocke vom Ziegendorfer Kloster, die hier sieben Klafter tief in der Erde ruht. (119)

Der Scheuerbühel

In alten Zeiten, als noch im Nösnerland Hünen lebten, dauerte der Winter ebenso lang wie heute. Weil es aber damals noch kein Radio und Fernsehen gab, versuchte man sich die Langeweile irgendwie zu vertreiben: man spielte Karten oder man würfelte.

So hockten einst zwei Hünen vor einem freundlichen Kaminfeuer, tranken Apfelwein und würfelten, wobei der eine immer verlor und der andere gewann. Das ging so einige Zeit, die Einsätze wurden immer höher, und schließlich wurde der Verlierer wütend. Er nahm den Würfelbecher und warf ihn zum Fenster hinaus.

Wo er hinfiel, blieb er liegen, im Frühjahr wuchs Gras drauf, und so entstand der Scheuerbühel (»Scheuerbächel«), ein kleiner Hügel in der Nähe von Schönbirk, der einem Becher ähnelt. (120)

Der Hünengraf

Ein Hügel südöstlich von Sanktgeorgen heißt *Hünengraf* (»Haingrof«, rumänisch *Movila Uriaşului*). Hier, sagt man, ist der Anführer jener Hünen begraben, die einst *Bei den Hundert Hügeln* (»Honderthaffel«) wohnten.

Dieser Hüne war ein Graf, und er hatte drei Söhne: der eine hieß Johann und wohnte in einem schlichten Bauernhaus, dort, wo heute die Gemeinde Komloden steht; der andere hieß Martin und besaß eine Burg, die in der Nähe der Gemeinde Großneulaß lag (auf einem Feld neben einem wilden Rosenstrauch kann man noch die Mauern jener Burg sehen); der dritte Sohn, Matthias, besaß ein Schloß, das in der Nähe der Gemeinde Septern stand.

Zu jener Zeit, erzählt die Sage, lebten Hünen auch in Zegendorf, Neuwasser, Käbelbrunn und in Kleindörfchen, das in der Nähe der heutigen Gemeinde *Miceşti de Cîmpie* lag. Das ganze Land südlich von Sanktgeorgen war von Hünen bewohnt.

Als vor über achthundert Jahren deutsche Bauern ins Nösnerland einwanderten, waren die Hünen schon ziemlich alt und gebrechlich geworden. Sie gingen mit großen Krücken umher – eine Krücke war fast so hoch und dick wie eine zwanzigjährige Eiche. Die Hünen lebten noch etwa hundert Jahre lang – in gutem Einvernehmen mit den deutschen Kolonisten, die inzwischen auch in dieser Gegend Felder angelegt und Dörfer und Burgen gebaut hatten. Um das, was man durch viel Mühe und Arbeit errichtet hatte, nicht zu zerstören, gingen die Hünen niemals über Wiesen oder Felder, sondern immer nur am Komlodener Bach entlang, wo man heute noch die riesigen Spuren ihrer Bundschuhe sehen kann. Am längsten, sagt man, haben die drei Hünenbrüder Johann, Martin und Matthias gelebt. Sie starben etwa zu der Zeit, als man die Nösner Stadtmauern baute. Bei diesen drei Hünen dienten viele sächsische Burschen und Mädchen, die nach dem Tod ihrer Herren eine reiche Erbschaft bekamen. Jene, die beim Johann gedient hatten, zogen nach Norden und gründeten Johannisdorf (die Vorfahren der Familie Reißener sollen angeblich Nachkommen jener »Hünen-Knechte« gewesen sein); die Burschen und Mägde, die bei Matthias gedient hatten, gründeten Matthesdorf; einige jedoch – die bei Martin im Dienst waren – zogen in nordwestlicher Richtung und gründeten die Gemeinde Rothkirch bei Gherla. Die alte Kirche war ganz aus großen roten Ziegeln erbaut worden; die stammten von der Hünenburg bei Großneulaß, und die Siedler hatten sie auf Ochsenwagen herbeigeschafft. (121)

Die Hünenfürstin

In der Nähe von Kindeln, auf dem Feld *Beim Weißen Stein,* soll sich das Grab einer Hünenfürstin befinden. Im vorigen Jahrhundert hat hier ein rumänischer Bauer beim Pflügen einen riesigen fingerdicken Armring gefunden.

Unter dem *Spitzen Hügel* soll angeblich der Turm einer Hünenkirche verborgen sein: in stillen Mondnächten kann man leises Glockenläuten vernehmen. Niemand hat jedoch bisher versucht, an dieser Stelle zu graben.

Auf dem Hanfham, einem Feld, das in der Nähe des *Scharburger Weges* liegt, stand noch zu Beginn dieses Jahrhunderts ein Stein, der einem Menschenkopf glich: das war, sagt man, ein »Erinnerungsstein« der Hünenfürstin, die hier begraben wurde.

Eine andere Sage erzählt, daß hier Attilas Frau, Reka, begraben wurde; das Grab soll sich im Flurteil, den man *Am Roten Busch* nennt, befinden. Es heißt, daß die Wege *Im Busch* vom vielen Blut der geopferten Rinder sich rot färbten, und erst nach dem ersten Regen wieder das grüne Gras sichtbar wurde. (122)

Der Riesenvogel

Vor tausend Jahren, erzählten früher die alten Sachsen, gab es im Nösnerland nur zwei Siedlungen: Niederwallendorf und Krefeld (»Krêwălt«). Aus Krefeld ist später die Gemeinde Oberwallendorf entstanden. Zwischen diesen beiden Siedlungen befand sich ein großer See. An diesem See wuchs viel Schilf und wildes Gestrüpp, und hier hauste damals ein Riesenvogel, der viel Unheil anrichtete: oft flog er hinüber ins Dorf und nahm ein Lämmchen oder ein Kälbchen mit oder manchmal sogar ein kleines Kind, das zufällig auf der Gasse spielte.

An jener Stelle, wo der große See war, hat man später die Stadt Bistritz gebaut. Und den Vogel haben die königlichen Soldaten abgeschossen. Fünfzig Soldaten (manche Leute sagen, daß es nur dreißig waren) haben die Armbrust auf ihn gerichtet, als er gerade im Schilf stand und schlief, und haben gleichzeitig ihre Pfeile abgeschossen. So wurde der Riesenvogel getötet.

Im alten Wappen der Stadt Bistritz ist ein Strauß zu sehen, der ein Hufeisen im Schnabel hält. Das könnte der Riesenvogel aus der Sage sein. (123)

Der Drache vom Dornberg

Vor vielen hundert Jahren soll *Auf den Grellen* (Dornberg), wie ein Hügel in der Nähe von Bodesdorf heißt, ein Drache gehaust haben. Dieser Drache flog oft über das Dorf und spie Flammen auf die damals noch strohgedeckten Häuser der Sachsen. So gab es immer wieder Feuer, und die Einwohner hatten ihre Mühe und Not, bis sie die Brände wieder löschten.

Da dachten sich die Leute folgende List aus. Sie brieten einen Truthahn und stopften ihn mit roten Tollkirschen aus. Außerdem buken sie ein großes weißes Brot. Beides aber legten sie unterhalb des Dornberges auf ein sauberes Tuch.

Bald kam der Drache herangeflogen, um wieder in Bodesdorf Brand zu legen. Als er jedoch das feine Essen erblickte, hockte er sich ins Gras und ließ es sich schmecken.

Nachdem er den Truthahn verzehrt hatte, überkam ihn plötzlich ein furchtbares Bauchweh. Heulend kroch er *Auf den Grellen* und jammerte, bis er elend verreckte. Sein Todesgeschrei soll man bis nach Deutschbudak und Simonsdorf gehört haben. (124)

Die Petschenegen

Heidendorf soll seinen Namen von den Heiden erhalten haben, die hier vor etwa siebenhundert Jahren gelebt haben.

Als die Sachsen ins Nösnerland einwanderten, lebten in dieser Gegend einige Stämme »wilder Petschenegen«. Dort, wo heute die Gemeinde steht, war damals eine Petschenegensiedlung, und die Sachsen nannten den Ort Heidendorf, weil die Petschenegen eben Heiden waren. Diese Petschenegen ritten auf kleinen schwarzen Pferden umher, doch ohne Sattel. Sie hatten auch keine richtigen Häuser aus Holz oder Stein, sondern nur aus Baumrinde; meistens aber hausten sie in Zelten.

Als dann 1241 die Tataren ins Land einfielen und bis hinauf in die Zips zogen und alles verwüsteten und vernichteten, wurde auch die kleine Petschenegensiedlung zerstört und die Einwohner vertrieben. Später siedelten sich hier Sachsen an. (125)

»Marienkäferchen, flieg . . .«

Zur Zeit des Tatareneinfalls, 1241, wurde Dürrbach an der alten Heeresstraße besonders schwer heimgesucht, so daß die Sachsen Angst und Schrecken packte, wenn sie nur das Wort »Tattern« hörten.

Um zu überleben, versteckten sie sich in der sumpfartigen, von dichtem Schilf und Rohr bewachsenen Gegend *Hinter den Gärten* im Westen der Gemeinde, wo sie sich in Sicherheit wähnten.

Doch bald entdeckten die Feinde mit Spürhunden auch dieses Versteck und töteten die Menschen oder führten sie als Sklaven fort.

Früchte und andere Vorräte versteckten die Dürrbacher an einem anderen Ort, *Im Grund,* in tiefen, kegelförmigen Gruben. Diese Gruben waren oben so eng, daß gerade noch ein Mann hineinsteigen konnte, im Inneren aber sehr geräumig und zwei bis drei Klafter tief. Oben wurde das Loch mit Reisig und Erde zugedeckt. Solche Gruben hat man noch im vorigen Jahrhundert gefunden.

Aus jener Zeit stammt auch ein Verschen, das auch heute noch von Kindern gesungen wird:
> »Härgedeisken, flaich and Haisken,
> so mir, wenn die Tattern ku;
> ech ge dir Malich met wech Bruit.
> Wenn te mär näst säust,
> schlo ich dich mät dem Lafel duit!«

Dabei hielten die Kinder das Marienkäferchen auf der Hand: aus der Richtung, in die es flog, kamen die Tataren. (126)

Als der Mond vom Himmel fiel

Nachdem die Tataren im Frühjahr 1241 das Nösnerland verwüstet hatten, lebte in Scherling nur noch eine einzige sächsische Familie: ein Ehepaar mit zwei Töchtern.

Eines Tages verdunkelte sich die Sonne, so daß man dachte, die Welt werde – nach dem vielen Leid und Kummer – untergehen.

Der Mann eilte hinauf auf die Hill (ein kleiner Hügel in der Nähe des Dorfes), um zu sehen, was draußen im Land vor sich geht. Da erblickte er eine große leuchtende Kugel, die den Schajofluß heruntergeschwommen kam: das war der Mond, der vom Himmel gefallen war, weil er soviel böse Tage nicht mehr ansehen konnte. Rasch holte der Mann eine »Fisolenstange« und zog den Mond ans Ufer. Er wickelte ihn in ein sauberes Tuch und brachte ihn nach Hause. Lange Zeit schlief der Mond in der guten Stube und wollte nichts hören und nichts sehen. Eines Tages sagte der Bauer: »Es ist wieder Frieden im Nösnerland. In Scherling und in Großdorf sind wieder sächsische Bauern eingezogen.«

Der Mond erhob sich aus dem Bett, gähnte, blickte zum Fenster hinaus, und weil ihm die Welt nun wieder gefiel, ging er am Abend auf die Hill und flog von dort hinauf zum Himmel, wo er wieder, so wie früher, leuchtete. (127)

Räpendorf

Eine Sage erzählt, daß Niederräpendorf (»Râependrof«) oder Unterrübendorf bei Toplitz Ende des 13. Jahrhunderts von Sachsen aus Altrodenau gegründet worden ist.

Es waren jene Überlebenden, die sich nach dem großen Tatareneinfall (1241) in den Wäldern des oberen Weintals verborgen hatten. Weil damals das ganze Nösnerland – von Neurodenau und Meierhöf bis hinunter nach Nußdorf und Bethlen – in Trümmern lag, zogen sie am Somesch entlang, bis sie in die Gegend von Klausenburg kamen; dort gründeten sie die Gemeinde Sächsisch-Lona. Einige von ihnen jedoch wanderten weiter, und dort, wo sie sich niederließen, entstand die Gemeinde Niederräpendorf (1332: »villa Rapularum«).

Vor dreihundert Jahren noch sprachen die Niederräpendorfer untereinander eine Nösner Mundart, obwohl sie sich sonst der rumänischen und madjarischen Sprache bedienten. Auch ihre Kleidung soll der Bistritzer Tracht sehr ähnlich gewesen sein.

Im vorigen Jahrhundert erzählte man sich noch in Niederräpendorf, daß die Vorfahren der Einwohner einst aus der Gegend von Altrodenau hergezogen sind. (128)

Gooth

In alten Zeiten stand, etwa drei Kilometer nördlich von der heutigen Gemeinde Jaad, ein Dörfchen, das Gooth hieß. Hier hatten sich Sachsen aus dem Zipser Land angesiedelt. Jaad gab es damals noch nicht; an jener Stelle floß die Bistritz vorbei, und das Land war hier sumpfig und wild.

Dort, wo die Felder der Goother lagen, wächst heute Wald. Die Gegend heißt *Im Hanfert,* und der Name kommt daher, daß einst hier viel Flachs und Hanf angebaut wurde. Es heißt, daß Gooth während des großen Mongolensturms, vor mehr als siebenhundert Jahren, zerstört worden ist. Nur wenige Einwohner konnten sich in die nahen Wälder retten. Sie siedelten sich später am sogenannten Gibelsberg (»Am Gibelsrâich«) an, wo damals auch ein kleines Türkendorf stand: *Gilbil (Gilbil* heißt auf türkisch *Berg).*

So entstand eine neue Siedlung, die man zur Erinnerung an die vergangenen Zeiten »Jaad« nannte (*iad* heißt auf rumänisch *Hölle).*

Im vorigen Jahrhundert, sagen die alten Sachsen, konnte man noch erkennen, wo einst die Hofstellen von Gooth gestanden hatten: die reichten vom Hanfertwald bis zum Gibelsberg . . . (129)

Unter der Kirch

In der Nähe von Eisch (Sächsisch-Altendorf) heißt ein Flurteil *Unter der Kirch;* man sagt, daß hier einst eine sächsische Siedlung gestanden habe, die jedoch von den Tataren zerstört worden ist.

Einst kam eine rumänische Bäuerin mit Holz aus dem Wald und führte ihr Kind an der Hand. Als sie über die Wiesen ging, erblickte sie plötzlich *Unter der Kirch* eine große Spalte: die Erde hatte sich geöffnet, und man konnte tief »hinunter« sehen. Da gab es einen riesigen Saal, in dem viele Fässer voll Gold und Silber standen, und hin führte eine Treppe.

Rasch warf die Frau das Holzbündel vom Rücken, eilte die Treppe hinunter und füllte die Schürze mit Gold, soviel sie nur tragen konnte. Oben warf sie es ins Gras, hieß das Kind darauf aufpassen und eilte wieder hinunter.

Plötzlich schloß sich jedoch die Öffnung, und die Frau blieb unten. Das Kind ging nun allein nach Hause und erzählte dem Vater, was geschehen war. Der konnte sich über den plötzlichen Reichtum nicht recht freuen, denn seine Frau sah er nie wieder. (130)

Kyrieleis

Auf dem Eichenhügel, der bei den Ungarn *Cserhalom* heißt, soll vor vielen hundert Jahren ein Ritter aus der Zips eine Burg errichtet haben. Bald darauf siedelten sich hier auch deutsche Bauern an. Diese waren jedoch nicht frei, sondern hörig und mußten einen Teil von den Früchten ihrer Arbeit an den Ritter abgeben.

Das Dörfchen nannte der Ritter Kyrieleis, weil er ein frommer Mann war.

Eine andere Sage erzählt, daß auf dem Eichenhügel einst ein Kloster des Templerordens gestanden hat. Die Bauern mußten bei den Mönchen Frondienst leisten.

Als die Templer im ganzen Land verfolgt wurden, schickte der König von Ungarn Soldaten nach »Kyrie Eleison« und befahl ihnen, das Kloster zu zerstören.

Die Bauern aber hatten schon vorher die Mönche verjagt, und so zogen die Soldaten wieder ab. (131)

Fattendorf

Zwischen Mettersdorf und Treppen, dort wo heute die *Fatten-eichen* stehen, lag einst eine Siedlung – Fattendorf –, deren Hattert bis hinunter nach Siebenkrugen (»Siebenkrâgen«) und Unterblasendorf und in westlicher Richtung bis nach Neudorf und Baydorf reichte.

Die Sage erzählt, daß die Einwohner vor einigen Jahrhunderten während einer Pestepidemie umgekommen sind und daß die Sachsen von Mettersdorf und Treppen den Fattenhattert durch eine List erworben haben: Sie baten den siebenbürgischen Landesfürsten um Erlaubnis, das Gebiet »urbar« machen zu dürfen – was ihnen auch gern bewilligt wurde. Daraufhin nahmen sie den *Fattenhattert* in Besitz.

Es heißt aber auch, daß die Treppener das Land für drei Scheffel Golddukaten gekauft hätten.

Ein alter Bauer, der diese Geschichte erzählt hat, meinte, die Einwohner von Fattendorf wären einst »im männlichen Stamm« ausgestorben und im Ort hätten schließlich nur noch Mädchen – rumänisch *fete* – gelebt; daher komme der Name Fattendorf. Sein Großvater hat ihm jedoch einmal erzählt, daß die Fatten Riesen waren und von Norden her ins Land gekommen seien (das war damals, als viele fremde Völker durch Siebenbürgen zogen); sie siedelten sich am linken Someschufer an. Sächsisch-Nemege, Blumenberg, Magasmorth und Kotzdorf sollen ebenfalls »Fattendörfer« gewesen sein. (132)

Die »spitzen Löcher«

Der Schelker Bach, der in den Dürrbach mündet, bildete einst dort, wo heute die Gemeinde Weißkirch liegt, einen kleinen See. Heute erinnert noch an die Zeit, als die ganze Hauptstraße und die Kirchgasse unter Wasser standen, ein Flurname: *Am Weiher* und *Im Weihertal.*

Zu jener Zeit – und das dürfte vor über tausend Jahren gewesen sein – gab es hier mehrere Riesenburgen: eine stand *Auf dem Sattelberg (Am Hüllenberg),* eine *Am Steinberg* und eine *Am Berg (Hinter dem Kürbisberg).*

Bei schönem Wetter saßen die Riesen vor ihren Burgen und spielten »Messerwerfen«; das Ziel war die Wiese *Unter der Bärenhâgg (Unter der Bärenhecke).* Darum gab es hier in früheren Zeiten die vielen »spitzen Löcher«: das waren die Stellen, wo die Riesenmesser in der Erde stecken geblieben sind. (133)

»Des Kahlen sein Dorf«

Zu Beginn des 15. Jahrhunderts lebten in Kallesdorf nur Rumänen: die hörige Gemeinde gehörte damals zu den Fiskalgütern des
ungarischen Königs, und der Fiskus hatte hier einen Verwalter,
László Kopácz, eingesetzt, der zufällig, wie sein Nachname sagt,
vollkommen kahlköpfig war.

Kopácz brachte die ersten sächsischen Ansiedler aus den Gemeinden Wermesch und Petersdorf nach Kallesdorf. Wenn man
nun die Neubauern fragte: »Wohin zieht ihr?«, so antworteten sie:
»In des Kahlen sein Dorf.« Und wenn man sie fragte: »Woher seid
ihr?«, so erwiderten sie: »Von des Kahlen sein Dorf.«

So ist der Name Kallesdorf entstanden. (134)

Warum Attelsdorf auch Zelt heißt

Dort, wo heute die Gemeinde Attelsdorf (Billak) liegt, gab es vor
etwa vierhundert Jahren Wiesen und Felder. Damals lag die Siedlung weiter aufwärts, am linken Schajoufer, oberhalb des Herren-
sitzes; ein Flurname, *Bei der Kirch,* bezeichnet auch heute noch die
Stelle.

Zu Beginn des 17. Jahrhunderts wurde Attelsdorf, wie auch
andere Nösner Gemeinden, von den wallonischen Söldnern des
Generals Georg Basta zerstört. Damals flüchteten sich die Einwohner in den Wald, der sich hinter der Siedlung, am linken Flußufer,
erstreckte. Hier wohnten sie ungefähr sieben Jahre lang in Zelten,
die sie aus Tierhäuten genäht hatten.

Erst um 1660 wurde Attelsdorf wieder aufgebaut, und seither
nennt man die Gemeinde, zur Erinnerung an jene Zeiten, auch
Zelt. (135)

Bistritz (Nösen), Kupferstich von Hans Jacob Schollenberger, 1666

Der Schmied von Nösen

In den Jahren 1601 und 1602 befand sich Bistritz (Nösen) in einer äußerst schwierigen Lage. Nachdem die Stadtleitung – Oberrichter Stephan Eifer von Baierdorf, der ehemalige Richter von Bistritz, Johann Budaker, ferner Georg Frank und Andreas Sattler – beschlossen hatten, dem Landesfürsten Sigmund Báthory treu zu bleiben, entsandte Kaiser Rudolf II. General Basta ins Nösnerland, um die Stadt »zu strafen«.

In Bastas Heer befanden sich Österreicher, Wallonen und Heiducken, während die Verteidigung der Stadt sich aus sächsischen Bürgern und einer 200 Mann starken Seklerbesatzung, angeführt von Miklós Vitéz und Berczi Nagy zusammensetzte, die auf Befehl von Stephan Csáki die Stadt »schützen« sollten.

Tag und Nacht wurde an den Befestigungsanlagen gearbeitet, um Basta »würdig« zu empfangen. Viele sächsische Bauern aus den umliegenden Gemeinden strömten herbei, brachten reichlich

Lebensmittel mit und halfen bei der Arbeit. So wurde die Bevölkerung Bistritz' so zahlreich, daß zuletzt in Häusern, die für eine Familie berechnet waren, dreißig bis vierzig Menschen lebten.

Die Geschütze wurden in Ordnung gebracht und auf tausend Schritte Entfernung eingeschossen. Unter den Bürgern der damaligen Zeit gab es eine Reihe bekannter Namen – Lieb, Schuller, Sadler, Fabritz, Zipser, Henrich, Pomarius, Teutsch, Styrl, Henning, Bredt, Wagner, Wermescher, Schneider, Myller, Schwarz, Dengler, Climen, Thellmann, Keßler, Schuster, Bader, Werner, Kreczmer, Haytchi u. a. –, die sich durch Arbeit und Geldspenden hervortaten. Am 30. Januar 1602 war ein Markttag; viele Bauern waren in die Stadt gekommen. Plötzlich sprach es sich herum, daß in der Umgebung Truppen aufgetaucht seien. Doch niemand dachte daran, daß Basta, um Schrecken zu verbreiten, Heiducken vorausgeschickt hatte.

Nichts ahnend fuhren die Bauern am Nachmittag aus der Stadt in ihre Gemeinden. Unterwegs wurden sie jedoch überfallen: Frauen, Kinder Greise, Männer und Burschen wurden ohne jedes Erbarmen niedergemetzelt.

Am Tag darauf zogen dann die Heiducken durch die umliegenden Dörfer: wer sich widersetzte, wurde erschlagen. »Zum Spaß«, wie es in einem Bericht heißt, »drehten sie den Leuten Stricke um den Hals, daß ihnen die Augen herausplatzten, andere wurden mit glühenden Kohlen bestreut und verstümmelt...« Am schlimmsten erging es jedoch jungen Frauen und Mädchen.

Am 1. Februar meldete der Turmwächter den Anmarsch der Haupttruppen Bastas in einer Stärke von vier- bis fünftausend Mann. Unter den Burgwiesen hinauf zogen sie in Richtung Wallendorf, wo das Hauptquartier aufgeschlagen wurde.

Vom Turm der Fleischhauerzunft wurde ihnen der erste Begrüßungsschuß entgegengesandt; doch auch die Goldschmiede und Tischler, die Schuster und Seiler bombardierten von ihren Türmen aus den Feind.

Erst am 13. Februar ließ Basta alle Geschütze vom Schieferberg zu Tal fahren und über den inzwischen gefrorenen Fluß hinüber etwa fünfzig Meter vor der Stadtmauer aufstellen. Am 14. Februar begann er die Stadt zu beschießen, doch ohne Erfolg.

Gegen 5 Uhr morgens jedoch gaben fünf Geschütze Bastas »konzentriertes Feuer« auf einen Mauerteil ab, so daß hier eine Bresche von »drei Klaftern« entstand. Nun schien Bistritz verloren. Viele Leute flohen über den Kleinen Ring in die Stadt.

Doch ganz plötzlich änderte sich die Lage: an die Spitze einer kleinen Verteidigungsgruppe stellte sich der mächtige Schmiedemeister Georg Pfaffenbruder, und obwohl seine Hellebarde bereits zerschlagen war, kämpfte er mit dem »Perl«, dem schwersten Schmiedehammer aus seiner Werkstatt.

Pfaffenbruder glich einem Hünen, und sein »Perl« fuhr »wie der Satan in die Reihen der Feinde hinein«. Das war ausschlaggebend: der Feind hatte entsetzliche Verluste und begann sich zurückzuziehen, während unter dem Gewicht der vielen Männer die Eisschicht der Bistritz einbrach, und viele Angreifer im kalten Wasser ertranken.

Man erzählt sich, daß Pfaffenbruder ein ernster, energischer, durch Rede und Tat bekannter Mann gewesen ist. Sein Haus stand in der Ungargasse Nr. 9, dort, wo später der Fleischhauerzunftmeister Traugott Berger wohnte. Zur Erinnerung an Pfaffenbruders Heldentat wurde bald darauf die Gasse, die vom ehemaligen sächsischen Gewerbeverein bis zum Michael Textorischen Stiftungshaus (Spitalsgasse) reicht, Pfaffenbrudergasse benannt. (136)

Der Moorgrund

In frühen Zeiten war der Neudorfer Berg, links an der Straße von Burghalle nach Oberneudorf, ganz mit Wald bedeckt. Als einmal die Tataren ins Nösnerland kamen, flüchteten die Burghallener in diesen Wald, nachdem sie sämtliche Habseligkeiten daheim versteckt hatten.

Am Abend, als die Tataren in den Häusern saßen, ritten zwei junge Sachsen ins Dorf, um auszukundschaften, was die Tataren dort trieben. Am unteren Ortsende stiegen sie auf ein Haus, um von da besser die Lage überblicken zu können. Die Tataren bemerkten jedoch die beiden Burschen, sprangen rasch auf die Pferde und wollten sie einfangen.

Die beiden Burghallener ritten zuerst den geraden Weg in Richtung Budakflüßchen und Neudorfer Berg. Als sie sich *Bei der Bâlte (Am Moorgrund)* befanden, die die Bauern schon früher mit Stroh überdeckt hatten, machten sie einen kleinen Umweg.

Die Tataren aber, um den Flüchtigen den Weg abzuschneiden und getäuscht durch die Dunkelheit und das ausgestreute Stroh, ritten den anderen Weg und versanken alle im Moorgrund.

Ein anderes Mal, als die Tataren wieder ins Land kamen, flohen die Einwohner in den Kirchenwald und verschanzten sich an der Stelle, die man auch heute noch *Beim Pferch* (»Fiêrich«) nennt. Hier kann man noch die Schutzwälle erkennen, die damals errichtet worden sind. (137)

Das »Grändelsmôr«

Wenn man von Senndorf nach Windau geht, so kommt man bei einem Wäldchen vorbei, das noch auf dem Senndorfer Hattert liegt; in diesem Wäldchen befindet sich ein großer Sumpf, den die Einwohner »Grändelsmôr« nennen.

Über die Entstehung dieses Sumpfes wird folgende Sage erzählt: In frühen Zeiten lag an dieser Stelle fruchtbares Ackerland. Einst pflügten zwei Bauern hier für die Sommeraussaat; dabei ackerte der eine – wohl mit Absicht – etwas Land vom Feld des anderen weg. Darüber gerieten sie in Streit und verfluchten einander.

Das hatte nun die Sonne gehört, die gerade hoch am Himmel stand. Und da geschah es, daß sich die Erde plötzlich auftat und beide Bauern, samt Ochsen und Pflügen, verschlang.

Von diesem Tag an entstand an jener Stelle das »Grändelsmôr«; wo einst Korn gedieh, wuchs nun Schilf, und später entstand hier das kleine Wäldchen *Am Grändelsmoor*. (138)

Die Trommlerin von Nösen

In Kleinbistritz erzählt man sich, daß die Türken einst Nösen belagert haben und daß damals einige Einwohner die Stadt an die Feinde verraten wollten.

Die Tochter des Turmwächters erfuhr jedoch von dieser bösen Absicht und beschloß, ihre Heimatstadt zu retten. In der Nacht, als die Feinde eingelassen werden sollten, nahm sie die Trommel ihres Vaters und schlug Alarm. So wurden die Einwohner geweckt und die Verräter gefaßt.

Zur Erinnerung an dieses Trommelheldenstück tragen seither die sächsischen Mädchen im ganzen Nösnerland den Borten. Der Tag aber, an dem der Verrat entdeckt wurde, war ein Montag, der seither »der geschworene Montag« heißt. Beim Tanz, der früher am Abend des »geschworenen Montags« stattfand, erschienen die Mädchen in der Festtracht; und der Borten wurde die ganze Nacht nicht abgelegt. (139)

Beim Türk

In der Nähe von Weißhorn befindet sich eine Quelle, die man *Beim Türk* (rumänisch *La Turcu)* nennt. Ein Hügel, der in der Nähe liegt, heißt Türkenburg *(Cetatea Turcului)*.

Die Sage erzählt, daß in alten Zeiten hier ein Adliger lebte, der türkischer Herkunft war. Diesem Mann mußten die Bauern immer am ersten Sonntag des Monats eine Jungfrau zum Geschenk bringen.

Das ging so einige Jahre lang, und da gab es in Weißhorn keine Jungfrauen mehr. Der Türke wurde wütend, kam ins Dorf geritten und ließ alle Männer antreten. Daraufhin befahl er seinen Dienern, jeden zweiten Mann auspeitschen zu lassen.

Da begannen die Bauern zu murren, denn diese Demütigung wollten sie nicht mehr hinnehmen, und ein Jungknecht faßte den Türken am Bein, riß ihn aus dem Sattel und zerschmetterte ihm mit einem Dreschflegel den Kopf.

Als das die Diener sahen, liefen sie davon und ließen sich nicht mehr blicken. Die Bauern aber begannen die Türkenburg abzutragen; die Steine verwendeten sie für den Bau der Schule und der Kirche. (140)

Beim Räuberbrunnen

In alten Zeiten gab es in der Nähe von Pintak, zwischen den Wäldern Wehrau und Koneichen, an der Stelle, die man auch heute noch *Zu den Koneichen* (»Za' Kanêchen«) nennt, eine kleine Siedlung. Hier wohnten Räuber, die die ganze Gegend unsicher machten und ihre Streifzüge oft bis hinunter nach Großschogen und Tekendorf ausdehnten; manchmal zogen sie sogar bis nach Sächsisch-Reen und überfielen die Kaufleute, die von Neumarkt kamen. Eines Tages beschlossen die Sachsen aus Mettersdorf, Jaad und Pintak, den Räubern ein Ende zu machen. Sie bewaffneten sich mit Streitäxten und Lanzen und ritten *Zu den Koneichen,* wo die Ahnungslosen nach einem Raubzug gerade ein fröhliches Fest feierten. Wer laufen konnte, lief davon; doch wer vom vielen Wein »zu schwere Beine« hatte, wurde niedergehauen, erzählten später die Bauern.

Die geraubten Schätze, darunter viel Schmuck und Gold, hatten sie jedoch vorher schon in der Nähe des Wehrauer Steins vergraben. So konnten die Bauern nichts finden, und ohne noch weiter danach zu suchen, brannten sie die Siedlung nieder.

Dort, wo einst das Räuberdörfchen lag, steht auch heute noch ein alter Brunnen; die Stelle heißt *Zu den Koneichen beim Räuberbrunnen* (»Za' Kanêchen beim Rêwerbrann«, rumänisch *La Finţîna Hoţilor).* (141)

Im Hinterbusch

Auf dem Weg von Bistritz nach Mettersdorf liegt links, jenseits der Wasserscheide, ein großer Talkessel – der *Hinterbusch.* Früher wurde er von den Mettersdorfern, zu deren Hattert er gehörte, als Heufeld benutzt; die Gemeinde besaß damals viel Vieh.

Dieser *Hinterbusch* – ein wildreiches Revier – war in der zweiten Hälfte des vorigen Jahrhunderts Schauplatz einer denkwürdigen Geschichte, die Archivar Georg Thomas in seinen Aufzeichnungen vermerkt hat.

Nach der Revolution von 1848 ließen sich Adlige aus Schweden im Nösnerland nieder, sie hatten in der Kossuth-Armee gekämpft und das Recht erhalten, sich anzusiedeln, wo sie wollten. So kam eines Tages auch der schwedische Baron von Löwenthal in den Mettersdorfer *Hinterbusch* und nahm dieses Gebiet einfach in Besitz. Baron Löwenthal war ein unfreundlicher und streitsüchtiger Mann: anstatt sich irgendwie mit den sächsischen Bauern zu verständigen, »beschlagnahmte« er jedes Stück Vieh, das »auch nur mit einem Bein« den Grenzgraben seines Besitzes überschritten hatte, und gab es nicht wieder heraus.

Der Unmut in der Gemeinde wuchs, denn die Sachsen waren seit der Einwanderung immer freie Bauern gewesen, und nun wurden sie von einem fremden Adligen tyrannisiert.

Eines schönen Tages läuteten die Glocken, und die Bauern bewaffneten sich mit Heugabeln, Äxten und Knütteln. Bald hatte sich eine große Schar zusammengefunden. Als dann auch der Pfarrer Gräf hinzukam, stellte der sich mit geöffneten Armen vor die Leute und rief: »Oh jai, ihr Leit! Ech loss'n eich net, er terft net!« Dabei begann er aber nach rückwärts zu gehen, und die Bauern folgten ihm, bis sie alle aus der Gemeinde draußen waren.

Nun beschleunigten sie den Schritt und waren bald *Im Hinterbusch*. Hier riefen sie zuerst den Baron heraus, um mit ihm zu reden. Der wollte sich aber nicht mit den Bauern in ein Gespräch einlassen. Da schwenkte der Gräf seinen großen Hut über dem Kopf und gab so das Zeichen zum Angriff.

Die Mettersdorfer stürmten das Anwesen, schlugen alles kurz und klein, und Löwenthal lief davon...

Man hat ihn seither nie mehr in der Gegend gesehen, und dieser Episode folgte auch kein gerichtliches Nachspiel. Die sächsischen Bauern hatten ihren Besitz zurückerkämpft. (142)

Die »Wassermenschen«

In alten Zeiten lebten in der Bistritz und im Schajofluß »Wassermenschen«, die anstatt Beine Fischflossen hatten. Vor ihnen mußte man sich in acht nehmen: wenn man nachts zu nahe ans Ufer kam, so »nahmen« sie einen »mit«.

Ein Bauer aus der Gemeinde Salz, der eines Nachts aus Reußen am Fluß entlang nach Hause kam, merkte plötzlich, wie ihn von hinten jemand am Rockzipfel packte und zum Wasser zog. Der Bauer war jedoch stärker, er hielt sich an einem Weidenbaum fest und – schwupp! – lag der »Wassermensch« im Sand am Ufer und zappelte mit dem Schwanz.

»Wirf mich zurück ins Wasser!« flehte er.

»Was bekomme ich dafür?« fragte der Bauer.

»Wünsch dir was.«

»Ich will ein Pferd haben«, sagte er. Und schon stand ein wunderschöner Rappe vor ihm. Der Bauer stieß den »Wassermenschen« in den Fluß zurück und ritt nach Hause.

Unterwegs dachte er: »Dumm war ich, ich hätte auch einen Wagen verlangen sollen.« So kehrte er wieder an die Stelle zurück, ritt ganz nahe ans Ufer und rief: »Hej, ›Wassermensch‹, gib mir auch einen Wagen zum Pferd!«

Der »Wassermensch« tauchte aus den Fluten, kam ans Ufer geschwommen, streckte die eine Hand aus und plötzlich hatte er das Pferd ins Wasser gezogen. Der Bauer fiel in den feuchten Ufersand, sprang auf und lief davon.

»Ich hätte mich mit dem Pferd zufrieden geben sollen«, sagte er nachher, »nun habe ich weder Pferd noch Wagen.«

✳

Zwischen Köllendorf und Unterblasendorf lag einst ein Moor; der Flurteil heißt auch heute noch *Im Rauchloch* oder *Beim Zeifm*.

Wenn jemand an einem windstillen Abend hier vorbeikam, so konnte er sehen, wie aus dem Moor »Rauch« hochstieg. Damals sagte man: das sind die »Wassermenschen«, die hocken im Schilf und rauchen Pfeife.

Doch wenn jemand sich dem Moor näherte, verstanden die »Wassermenschen« keinen Spaß: mit langen Armen faßten sie den Neugierigen und zogen ihn in die Tiefe, wo er ihnen ein Jahr lang dienen mußte.

So erging es dem Sigetter-Misch aus Köllendorf, der nach einem

Jahr schwach und krank aus dem *Rauchloch* zurückkehrte. Von der vielen Feuchtigkeit hatte er Rheumatismus bekommen, und daran litt er bis an sein Lebensende. (143)

Die Heckelfrau

Früher erzählte man den Kindern, daß im Brunnen die Heckelfrau wohne: wer zu nahe an den Brunnenrand geht, den zieht die Heckelfrau hinunter, und um den ist es geschehen.

In Wermesch lebte einst ein Mädchen, das hatte die Heckelfrau zu sich genommen. Drei Tage lang war es im Brunnen gewesen und hatte wundersame Dinge gesehen. Dann kam es wieder an die Oberfläche und rief:»Bitte, zieht mich heraus!«

Rasch eilten die Eltern herbei und zogen das Kind im Brunneneimer hoch. Sie waren froh, daß ihm nichts fehlte.

Die Heckelfrau aber hatte ihm auch ein Geschenk mitgegeben: ein goldenes Kettchen, an dem ein goldenes Fischlein hing. (144)

Die »Kleinen« aus dem Wald

In alten Zeiten kamen oft die »Kleinen« aus dem Wald und halfen den Bauern und Köhlern bei der Arbeit. Die »Kleinen« waren freundliche Zwerge; sie hausten in hohlen Bäumen und lebten mit den Menschen in gutem Einvernehmen.

Damals wohnte in Auen ein Mann, der war recht faul und überließ die ganze Arbeit im Haus den »Kleinen«. Die besorgten die Tiere, holten Holz aus dem Wald und besserten das Dach aus, wenn es nach einem Sturm hereinregnete.

Eines Tages aber wurde es den »Kleinen« zuviel und sie sagten: »Die ganze Arbeit können wir nicht allein verrichten, etwas mußt auch du tun.«

Das ärgerte nun den Bauern, und bevor sich die »Kleinen« davonmachen wollten, fing er einen von ihnen und sperrte ihn in die Almerei ein. »Hier kannst du sitzen, bis du mir wieder gehorchen wirst!« sagte der Mann.

In der Nacht darauf befreiten die »Kleinen« ihren Freund, und seither ließen sie sich im Dorf nicht mehr blicken.

Nun mußten die Einwohner die ganze schwere Arbeit allein tun, und davon können sie was erzählen, denn das Leben war früher nicht so einfach wie heute. (145)

Die Feuermänner

Mit den Feuermännern ist nicht zu spaßen, sagte man früher in Berlsdorf (»Biereld«); und man erzählte sich folgende Geschichte.

Einst saßen die Mädchen in der Spinnstube, es dunkelte schon, und da blickte eine zum Fenster hinaus. Draußen auf dem Schwarzenberg liefen die Feuermänner herum – so, wie man das oft sehen konnte, wenn sich ein Gewitter näherte.

»Hei!« rief das Mädchen. »Feuermann, komm, küß mich!« Danach schloß sie aber rasch das Fenster.

Und was geschah: ein Feuermann kam vom Schwarzenberg herunter gelaufen und klopfte an die Tür. Als man ihm nicht öffnen wollte, steckte er das Strohdach in Brand und lief wieder davon.

Die Mädchen aber mußten nun beim Löschen helfen. Zum Glück war die Regentonne voll mit Wasser, und Eimer waren auch zur Hand. So konnte das Feuer nicht um sich greifen.

Seit damals sagt man den Kindern: »Spielt *euch* nicht mit dem Feuer«; und den jungen Mädchen sagt man: »Spielt *euch* nicht mit den Feuermännern.« (146)

Der kleine schwarze Mann

Einst lebte in Falk (Sächsisch-Felk) ein Mann namens Hubert, der hatte drei Söhne.

Eines Abends klopfte es am Tor, und als der älteste Sohn hinausging, stand draußen ein kleiner schwarzer Mann und sagte:

»Ich brauche drei starke junge Burschen, um einen Schatz zu heben. Wollt ihr mir dabei helfen, so teilen wir nachher alles in vier gleiche Teile.«

Gern willigten die drei Brüder ein.

Sie nahmen Hacke und Spaten mit und gingen hinauf *Auf den langen Rücken*, wie ein Berg, in der Nähe des Dorfes heißt. Hier begannen sie an einer Stelle, die ihnen der kleine Mann bezeichnete, zu graben. Bald hoben sie einen schweren Kupferkessel heraus und trugen ihn nach Hause.

In der guten Stube begann der älteste Bruder, die vielen Goldmünzen in vier gleiche Haufen zu teilen. Als er damit fertig war, sagte er: »Dieser Teil gehört dem fremden Herrn, dieser dem Hans, dieser dem Misch und dieser mir – so Gott es will.« Kaum hatte er jedoch ausgesprochen, fuhr der kleine schwarze Mann heulend durch den Rauchfang davon und wurde nie wieder gesehen.

Nun wußten die drei Brüder, daß dieses der Teufel gewesen war, und darum schenkten sie den vierten Teil den Armen.

So wurden die Hubert-Söhne reiche Leute. Einer von ihnen zog später nach Sächsisch-Lona, ein ehemaliges deutsches Dorf bei Klausenburg, wo es diesen Familiennamen auch heute noch geben soll. (147)

An der Höhe am Graben

Bei Zagendorf hieß früher ein Flurteil *An der Höhe am Graben*. Die Sage erzählt, daß einst ein Bauer einem anderen ein Stück Feld »abschwur«: er steckte sich Erde vom eigenen Feld in den Stiefel, begab sich darauf mit einem Richter auf das Nachbarfeld und schwor, daß er auf seinem eigenen Boden stehe.

In der Nacht darauf erhielt er jedoch die wohlverdiente Strafe: der Teufel holte ihn aus dem Bett, spannte ihn vor den Pflug, und nun mußte er die ganze Nacht *An der Höhe* pflügen. Am Morgen hatte er einen tiefen Graben gezogen und somit den Betrug selbst zugegeben: denn der Graben trennte das »abgeschworene« Feld wieder ab.

Seither heißt die Stelle *An der Höhe am Graben*. (148)

Der Zipser Schmied und der Teufel

Einst lebte in Unterblasendorf ein Schmied, der aus dem fernen Zipser Land zugewandert war und Zypser hieß (den Familiennamen soll es auch in Bistritz gegeben haben).

Dieser Schmied war ein äußerst fleißiger, aber auch kluger Mann, und man sagt, daß die Zipser im allgemeinen die Sachsen »dreimal in den Sack stecken, bis sie zum vierten Mal selbst an die Reihe kommen«.

Eines Abends klopfte es ans Gassenfenster, und als er hinausblickte, stand ein Fremder draußen und bat um Unterkunft. Der Zipser rief ihn herein und setzte ihm eine Schüssel mit »Krumpirn« und ein »Teppa« mit »Schmetten« vor.

Der Fremde ließ es sich schmecken, und nachher legte er sich auf die Ofenbank schlafen.

Am Morgen sagte er zum Schmied: »Weil du mich so freundlich bewirtet hast, will ich dir einen Wunsch erfüllen.«

Da wünschte sich der Mann einen Stuhl, von dem ein ungebetener Gast nur dann aufstehen könne, wenn er es ihm erlaube.

Es vergingen einige Jahre, und da klopfte es eines Abends wieder ans Gassenfenster, und draußen stand der Tod.

»Kommt doch herein, lieber Herr Tod«, sagte der Schmied, »und nehmt ein bißchen Platz.«

Als der Tod auf dem Stuhl saß und sich nicht mehr rühren konnte, holte der Schmied den schwersten Hammer und schlug auf ihn ein.

»Laß mich los!« flehte der Tod, »sonst muß ich selbst sterben!«

Da sagte der Schmied: »Wenn du mir versprichst, nie mehr hier vorbeizukommen, laß ich dich laufen.« Der Tod versprach es und lief davon.

Nun gingen viele Jahre ins Land, und der Schmied wurde alt, krank und schwächlich; sterben konnte er jedoch nicht, weil der Tod ihn verschonte. Eines Abends, als er sich nicht mehr vom Tisch erheben konnte, rief er in seiner Verzweiflung: »Komm, Tod, hol mich, ich möchte nicht mehr leben!«

Da kam der Tod und sagte: »Ich bin immer noch böse auf dich, aber ich werde dich nun von deinen Leiden befreien.«

Er steckte den Zipser in die weite Tasche seines schwarzen Mantels (da saßen auch schon andere alte Leute drin) und trug ihn rasch fort. (149)

Die beiden Waldfrauen

Im vorigen Jahrhundert, erzählte man sich, hausten oben auf dem Reußberg bei Oberneudorf, der sich hinter den sächsischen Pfarrgärten erhebt, zwei Waldfrauen. Die eine war jung und hübsch, die andere war alt und häßlich.

Damals stand noch auf dem Reußberg (»Rêußberg«) ein dichter Buchenwald.

Eines Tages beschlossen einige Burschen, die beiden Waldfrauen einzufangen und hinunter ins Dorf zu bringen. So machten sie sich eines Morgens auf, nahmen feste Seile mit und begannen den Wald zu durchsuchen. Der Tag verging, und erst gegen Abend, als es schon dämmerte, sahen sie ein kleines Feuerchen, und daneben hockten die beiden Waldfrauen und kochten ein Süppchen.

Die Burschen schlichen sich näher – und rasch faßten sie zu, gerade als die eine den Suppenkessel vom Feuer hob. Die Frauen bissen und kratzten, doch die Männer waren stärker. Sie banden ihnen die Hände auf dem Rücken fest und führten sie hinunter nach Oberneudorf.

Einige Wochen lang wurden sie auf dem Gemeindeamt gefangengehalten, und man brachte ihnen nur Milch und Brot zu essen. Schließlich wurden sie »zahm«; so beschloß man eines Tages, sie wieder freizulassen. Die Ältere verdingte sich als Magd bei einem Bauern, die Jüngere – nachdem sie sich gewaschen und gekämmt hatte, sah sie recht hübsch aus – heiratete einen Köhler aus Auen. (150)

MARMATIEN

Wischauer Land

Der Felsen im Weintal

Der Felsen bei der Siedlung Weinthal hat früher auf dem Schlangenberg gestanden – das war in der Zeit, bevor die ersten Zipser ins Wischautal kamen.

Damals lebten in den Wäldern des Gräben und des Scărişoara-Berges Riesen, die hatten nur ein Auge im Gesicht, dafür aber sehr lange Nasen. Die Bergbauern im Wischautal nannten sie auch »Nasen-Menschen«.

Als eines Tages ein Streit zwischen den »Nasen-Menschen« auf dem Gräben und jenen auf dem Scărişoara-Berg ausbrach, trafen sich die Anführer der Riesen auf dem Schlangenberg, um dort ihre Kräfte zu messen. Da schlug der Riese vom Scărişoara-Berg mit der bloßen Handkante aufs Gebirge und so entstand eine tiefe Kerbe: ein Tal, das die Zipser »Kiehle Kichn« oder »Kâldi Kuchl« *(Kühle Küche)* nennen. Der andere Riese aber, der vom Gräben gekommen war, hob einen mächtigen Felsen hoch und warf ihn hinüber ins Weintal, wo die Gesellen des Scărişoara-Riesen standen. Der Felsen schlug sie alle tot und blieb in der Erde stecken.

Seit jenem Zwischenfall wurden jedoch die Riesen im Wischauer Land nicht mehr gesehen. (151)

Bei der Quelle des Weintaler Baches

Es heißt, die Quelle sei einst ein »Tränenloch« gewesen. Ein junges Mädchen, das von seinem Liebsten verlassen wurde, habe sich hier das Leben genommen.

In hellen Mondnächten sieht man manchmal unter einem Baum eine weiße Gestalt hocken, und wenn es ganz still ist, vernimmt man leises Schluchzen und Weinen.

Eine Bäuerin aus Reußenau fand einmal hier ein kunstvoll besticktes Taschentuch. Das hatte das »weiße Mädchen« in der Nacht dort vergessen. Die Bäuerin ließ es liegen und ging weiter.

*

Während eines Gewitters verbargen sich einmal zwei Holzfäller – Johann Kreiter und Franz Jugowsky – im Wald in der Nähe einer Quelle. Während der Regen niederprasselte, merkten plötzlich die beiden Männer, daß durch den Wald ein graues Weib kam.

Ängstlich hockten sie unter dem Baum und wagten kaum zu atmen: Das Weib schritt zur Quelle und schüttelte aus dem Ärmel helle Münzen ins Wasser. Dann verschwand es wieder im Wald.

Nun wußten die beiden Holzfäller, daß hier die Regenmutter ihr Gold sammelt. Als der Regen wieder aufhörte, gingen sie zur Quelle. Sie fanden jedoch nur Kröten – so viele Kröten, daß man kaum noch etwas vom Wasser sehen konnte. Angewidert verließen sie den Ort. (152)

Das Mädchen und der Tatarenbursche

Bei Borscha gibt es eine Wiese, die rumänisch *Preluca Tatară* (Tatarenau) heißt. Der Name erinnert an vergangene Zeiten.

Als die Tataren wieder einmal über den Prißloppaß in die Maramuresch eindrangen, plünderten sie zuerst Borscha und schlugen dann ihre Zelte neben dem Dorf auf.

Da geschah es, daß ein Borschaer Mädchen sich in einen Tatarenburschen verliebte. Bevor er wieder fortzog, versprach er ihr, übers Jahr wiederzukommen und sie mitzunehmen.

Es verging einige Zeit, das Dorf erholte sich von dem Schaden, und da merkten die Leute, daß dieses Mädchen sich seltsam benahm: Es sprach kaum mit jemandem und war immer sehr zurückgezogen.

Das wunderte die Menschen immer mehr, und bei einem Fest gab man ihm so viel zu trinken, bis es »rauschig« wurde und seine Zunge sich löste. Da verplapperte es sich und erzählte von dem Tatarenburschen. So erfuhren die Borschaer, daß die fremden Räuber bald das Land wieder überfallen werden.

Als die Tataren übers Jahr wiederkamen, stellten sie ihnen eine Falle: Alle Bäume am Weg vom Prißlop herunter wurden angesägt.

Während die fremden Eindringlinge durch den Wald ritten, stürzten plötzlich die Bäume um und erschlugen Menschen und Pferde.

Bald kam der Winter und erst im Frühjahr begann man, die Bäume fortzuschaffen und die Leichen zu begraben. Unter einem Baum aber fand man eine Tatarin, die lebte noch und war wie ein Mann gekleidet. Sie wurde nach Sigeth gebracht – doch über ihr weiteres Schicksal weiß man nichts Näheres. (153)

Die Nebelfrauen

Die Nebelfrauen wohnen in einem Schloß aus Wind und Wolken, oben zwischen den Felsen des Pjetroß. Abends kommen sie manchmal herunter zum Jesersee und baden im kalten klaren Wasser, das sich dann blau färbt – wie der Sommerhimmel.

Wer die Nebelfrauen beim Baden beobachtet und von ihnen dabei ertappt wird, den verwandeln sie in einen Stein. Deshalb ist das Tal beim Jesersee voll von seltsamen Steinen. Das sind die neugierigen Hirten und Bergbauern, die der Zauber »erreicht« hat.

*

Ein rumänischer Hirte aus Schwarzbrunn verbrachte mit seinen Schafen eine Nacht in der Nähe des Jesersees. Es war kalt und windig, der Mann konnte nicht schlafen, er saß beim Feuer und sah hinaus in die Dunkelheit. Plötzlich hörte er einen seltsamen Gesang; rasch verbarg er sein Gesicht im Pelzmantel und verhielt sich vollkommen ruhig: Er wußte, daß nun die Nebelfrauen in der Nähe sind. Die Hunde aber liefen laut bellend in die Richtung, aus der man Stimmen hörte, und kehrten nicht mehr zurück. Am Morgen lagen am Weg zum Jesersee drei merkwürdige Steine – das waren die Hirtenhunde ...

*

Beim Weiler Weinthal gibt es eine Wiese, auf der viel Sumpfgras wächst. Früher trafen sich hier manchmal nachts die Nebelfrauen aus den umliegenden Wäldern.

Ein Bauer aus Mittelwischau, der einmal hier Heu mähte, blieb bis abends spät auf seinem Feld. Als er zurück ins Dorf ging, sah er die Nebelfrauen auf der Wiese tanzen. Sie waren weiß wie Wolken und leicht wie Daunenfedern. Der Bauer verbarg sich hinter einem Strauch und verhielt sich ganz ruhig. Erst gegen Morgen, als Tau fiel und die Nebelfrauen verschwanden, eilte er nach Hause. (154)

Stara-Mara

Das soll sich vor etwa zweihundert Jahren in Wischauthal zugetragen haben, als dieser Ort noch ein kleiner Weiler war. Da lebte oben im Wald, in einem Graben, eine Hexe, die man Stara-Mara nannte. Die Hexe verwandelte sich manchmal in eine schwarze Katze und sprang den Waldarbeitern, wenn sie abends spät zu ihren Hütten gingen, auf den Nacken. Der Betroffene mußte dann die Hexe, die schwer genug wog, die ganze Nacht durch den Wald schleppen.

Als einmal ein Bursche mit der Katze am Nacken beim Wischaufluß vorbeikam, stolperte er und fiel ins Wasser. Laut schreiend war plötzlich die Stara-Mara neben ihm (Hexen vertragen kein Wasser) und versuchte vergeblich, zum Ufer zu gelangen (Hexen können nicht schwimmen). Sie ertrank jämmerlich im reißenden Wirschaufluß.

Nun wußten alle, wer die schwarze Katze gewesen war. (155)

Die Hexenwiese

Auf dem Tschunkaberg gibt es eine Wiese, auf der in alten Zeiten die Hexen ihre Versammlungen abhielten; auch heute noch wächst an der Stelle kein Gras – der Boden ist verbrannt; es ist die Hexenwiese. Hier trafen sich die Hexen aus dem Wischauer Land. Bevor sie abflogen, rieben sie sich die Achselhöhlen mit einer Salbe ein und riefen:»Ieber Hecken, ieber Streicher!« – und schon flogen sie los. Manchmal ging es auf ihren Festen so laut zu, daß die Menschen unten im Tal, in der Tschunkagasse, nicht schlafen konnten. (156)

Die Hexensalbe

Ein Zipser Waldarbeiter fand auf dem Weg von Kwastnitz nach Fischthal ein irdenes »Teppa«. Er hob es auf und sah, daß es eine schwarze Salbe enthielt. Neugierig strich er sich davon ein wenig auf die Hand, merkte plötzlich, daß an seinem Unterarm ein Flügel wuchs. Nun bestrich er auch die andere Hand, und da wuchs ihm noch ein Flügel. Jetzt wußte der Mann, daß er eine Hexensalbe gefunden hatte.

Er machte ein paar Bewegungen und erhob sich dabei wie ein Vogel: über den Garten, über die Wälder hinweg flog er bis nach Fischthal. Hier ließ plötzlich der Zauber nach, die Flügel verschwanden und der Mann befand sich wieder auf der Erde. Rasch eilte er den weiten Weg nach Kwastnitz zurück, konnte jedoch die Salbe nicht mehr finden. (Vielleicht hatte die Hexe sie inzwischen weggenommen.) Nun mußte er aber noch einmal den ganzen Weg zurück nach Fischthal gehen. (157)

Die »Trud« von Rußkowa

In Rußkowa lebte früher eine »Trud«, die hatte eine Kuh, und diese Kuh gab täglich dreißig Liter und manchmal sogar vierzig Liter Milch. Dafür aber gaben die Kühe der Bäuerinnen, die in der

»Trud« verhext eine Kuh, Holzschnitt aus Vindlers Tugendspiegel, 1486

Nachbarschaft wohnten, keine Milch, obwohl sie genug zu fressen bekamen.

Eines Tages beschloß eine Bäuerin, dem Zauber ein Ende zu machen. Sie bat eine Hexe, die sie gut kannte, ihr zu helfen. Die Hexe kam und hieß die Bäuerin in dem großen alten »Backnubn« Feuer machen. Als der »Nubn« gut eingeheizt war, holte die Hexe einen grünen Wiesenfrosch hervor und warf ihn in die Glut.

Dann liefen die beiden Frauen hinaus und hielten sich die Ohren zu, denn aus dem Ofen kam ein Zischen und Jammern, und schließlich gab es einen lauten Knall. Einige Minuten später stand die »Trud« auf der Straße und schrie: »Tie Kuh is mir plotzt, aso wie a Frosch im Nubn.«

Nun hatte der Zauber ein Ende, und die »Trud« mußte aus Rußkowa fortziehen. (158)

Der Bergalf

Der Bergalf ist behaart wie ein Affe, sein Gesicht aber ähnelt dem eines Frosches. Er hat große runde Augen und einen breiten Mund. An den Händen hat er lange schwarze Nägel.

Der Bergalf stiehlt die neugeborenen Kinder aus der Wiege und trägt sie in den Wald. Dort nährt er sie mit verschiedenen Wurzeln und Kräutern, und bald nehmen sie immer mehr das Aussehen ihres »Pflegevaters« an – bis sie ihm schließlich ganz gleichen.

In Joodt stahl er einer Bäuerin das Kind. Ein halbes Jahr später, als sie beim Holzsammeln war, sah sie das Kind allein auf einer Waldwiese spielen. Sie nahm es bei der Hand und eilte rasch ins Dorf.

Das Kind war stellenweise am Körper schon ganz behaart, sonst hatte sich sein Aussehen kaum verändert. Die Frau nährte es nun mit frischer Kuhmilch, und langsam fiel ihm das Alfhaar wieder aus. Bald glich es den anderen Kindern. (159)

Wassertal

Der Riese Emu

Oben im Gräbengebirge, auf dem Tschortenstein, sitzt der Riese Emu – unbeweglich, mit geschlossenen Augen, weder Regen noch Wind können ihm was antun, denn seine Haut ist hart wie Leder.
Manchmal öffnet er ein Auge und blickt hinunter nach Reußenau oder herüber nach Neuwetz: wen sein Blick trifft, der fällt tot um. Deshalb hält der Riese Emu die Augen meistens geschlossen. Manchmal aber, so etwa alle hundert Jahre, packt ihn die Neugierde, dann will er wissen, was es im Lande der Menschen noch gibt, und so öffnet er rasch die Augen und schaut hinunter in die Täler...
Früher, sagt man, hat Emu viel häufiger die Augen geöffnet als heute, deshalb seien damals auch mehr Menschen gestorben.

*

Im Sommer kommt es manchmal vor, daß an einem hellen Tag sich plötzlich eine Wolke vor die Sonne schiebt. Manche Leute sagen dann: »Der Emu verdunkelt den Himmel, schaut nicht auf, sonst trifft euch sein böser Blick!«
Wenn dann ein Lüftchen weht, meinen die Menschen, das wäre der Atem des Riesen Emu.
Gegen den Riesen Emu hilft nur eines: Man tut so, als würde einen das gar nichts angehen, schaut sich nach der Arbeit. (160)

Der Riese Kubusch

Vom Riesen Kubusch erzählt man sich, daß seine Mutter, Mariannku, eine Zipserin war, die einst vom Tonku – Kubuschs Vater – entführt wurde.
Diese Frau soll sehr schön gewesen sein. Sie hatte langes blondes

Haar, das sie, wie die meisten Zipserinnen, zu einem dicken Zopf flocht. Wenn sie sich aber kämmte, dann flogen die goldenen Haare durchs Tal, das geschah jedoch nur einmal im Jahr – Anfang September, im Herbst.

Von Mariannku lernte Kubusch lesen und schreiben; er war also ein gebildeter Riese. Doch half ihm die viele Weisheit wenig, weil er oben auf dem Tschortenstein in einer dunklen Höhle wohnte. Manchmal kam er herunter ins Tal und warb um ein ruthenisches Mädchen, denn er hätte gern auch eine Menschenfrau gehabt, die so schön war wie seine Mutter. Weil ihn jedoch alle Marln, Rutheninnen und Zipserinnen abwiesen, wurde der arme Kubusch schwermütig. Oft saß er tagelang oben auf einem Felsen am Tschortenstein und weinte still vor sich hin. Doch kein Marl ließ sich davon erweichen.

Es vergingen einige Jahre und besonders in den hellen Sommernächten, wenn der Vollmond schön schien, konnte man den Riesen Kubusch klagen hören.

Eines Tages, heißt es, erbarmte sich die Waldmutter seiner und schenkte ihm ihre größte Tochter, Emma. Die war zweieinhalb Meter groß und wog hundertfünfzig Kilo.

Als sie bei Kubusch erschien, soll er gesagt haben: »Ein bißchen schwach (dünn) ist sie, aber jetzt hab ich ein Weib!«

Und am gleichen Tag machten sie Hochzeit.

Emma gebar Kubusch dreizehn Kinder, das waren alles Marln, kein einziger Bub war darunter. Drei von ihnen, Resl, Kathl und Marie, zogen ins ferne Weintal (bei Oberwischau). Nach ihnen wurden die Mineralwasserquellen auf der *Mannswiese* benannt. (161)

Kubusch und das Makerl

Bevor die Siedlung Makerlau gegründet wurde, lebte oben im Tal der Riese Kubusch, über den die Waldarbeiter früher die seltsamsten Geschichten erzählten.

Eines Tages legte er sich auf die kühle Flußau ins Gras, um sein Mittagschläfchen zu halten. (Wer es nicht weiß: die Riesen ähnelten wohl im Aussehen den Menschen, aber sonst waren sie stinkfaul, um nichts in der Welt wollten sie etwas tun, sie saßen nur herum, und wenn sie hungrig waren, gingen sie hinunter zu den menschlichen Siedlungen und nahmen sich einfach, was sie brauchten; wer konnte sich mit ihnen in einen Streit einlassen?!)

Der Kubusch schlief also im Gras und schnarchte so laut, daß man es bis oben im Himmel hörte, wo bekanntlich die Windfeen wohnen. Die wollten sich aber auch ausruhen, denn auch ihnen war es heiß (auf den Wolken ist man ja der Sonne näher als auf der Erde), der Kubusch aber schnarchte, daß die Waldbäume wie das Wiesengras zitterten, so, als wäre er allein auf der Welt.

Das ärgerte nun die Windfeen, und eine von ihnen, die schöne Milka (das ist jene, die mit den Sturmriesen um die Wette fliegt), fing ein kleines Lämmerwölkchen ein, streute Pfeffer und Salz drauf und drückte es wie ein nasses Tuch genau über dem offenen Maul des Riesen aus.

Der dachte zuerst, es wäre Schnaps, schluckte, leckte sich die Lippen und wollte weiterschlafen, doch auf einmal begann der Pfeffer zu brennen und das Salz zu zwicken, und er sprang hustend und spuckend auf.

Als er merkte, wer ihn auf diese Art geweckt hatte, rief er: »Verfluchti Weibr!« (Die Riesen, und natürlich auch der Kubusch, haben eine derbe Art zu sprechen.)

Dann nahm er sein Makerl und schleuderte es auf die lachende Milka. Geschickt fing sie ihn auf und Kubusch erhielt seine Waffe nicht mehr zurück. Irgendwann, wahrscheinlich bei einem starken Gewitter, ist dann der große Hammer heruntergefallen, in den Fluß, an jene Stelle, wo später Makerlau gegründet wurde. (162)

Der Riese Franzku

Der Riese Kubusch hatte einen kleineren Bruder, Franzi oder Franzku, der oft hinter den Zipserinnen her war, wenn sie oben im Tal Himbeeren sammelten.

Schließlich wurde er so lästig, daß die Waldfee Olga, die alle einsamen Frauen und Mädchen beschützt, ihn strafte: ein Jahr lang mußte er als wilder Ochse durch die Wälder laufen. Wenn er sich aber den Menschen näherte, droschen die mit Knütteln auf ihn ein, daß er schleunigst wieder das Weite suchte. Nach genau einem Jahr erhielt er seine menschlich-riesenhafte Gestalt zurück, aber seit damals verhält er sich ruhig.

＊

Als Franzku zwanzig Jahre alt war – also in einem Alter, in dem ein Mann gern eine Frau zu sich nimmt –, heiratete er eines Tages eine Rusalka aus dem Lallatal bei Mariensee. Da wurde aber die Waldfee Olga böse, weil man sie vorher nicht gefragt hatte. (Ob eine Rusalka oder ein anderes weibliches Wesen sich mit einem Riesen oder einem Menschen einlassen darf, das bestimmt nur die Olga.) Sie rief die Rusalka zu sich und verwandelte sie in einen weißen Vogel. Der arme Franzku aber baute aus Weidenruten einen Käfig und besorgte das Tier wie sein liebstes Stück. Er sammelte die schönsten Himbeeren, fing im Wildbach die feinsten Forellen und gab alles dem Vogel, der fröhlich im Käfig zwitscherte.

Beeindruckt von Franzkus Liebe, verzieh ihm die Waldfee, und natürlich auch der Rusalka, und verwandelte sie wieder in ein schönes weibliches Wesen. Nun waren die beiden glücklich und zufrieden. Sie bekamen nur ein Kind, ein Marl, das sie nach der Waldfee aus dem oberen Wassertal Olga, zipserisch Olgu, nannten. (163)

Der Riese Joku

Man erzählt sich, daß der Riese Joku ein sehr schöner Mann gewesen sei. Er kleidete sich immer sehr sorgfältig, auch wochentags hat er ausgesehen wie »a richtgr Sunntågspursch«: er trug weiße Hemden, eine weiße Hose, wie die rumänischen Bauern aus dem Isa- und Kossautal, dazu »a weiße Janke« und auf dem Kopf einen grünen Jägerhut. Er hatte einen langen blonden Bart und war etwa drei Meter groß. An den Füßen trug er »Botschkor«, und wo er hintrat, wuchs ein Jahr lang kein Gras mehr, weil er so schwer war, denn er wog wenigstens einen halben Zentner.

Zum Unterschied zu den anderen Riesen, die damals das Wassertal und die Gegend jenseits der Wälder bevölkerten, war Joku »a Marljågr«. Dazu paßte auch sein sauberes und gepflegtes Aussehen, sein gezwirbelter Schnurrbart (»aso wie spotr ihn håt ghåbt ter Herr Oberferster Falger«) und der sorgfältig gekämmte Bart. Wenn er einer schönen jungen Zipserin oder Rußnakin begegnete, war es um sie geschehen: er nahm sie in seine Höhle mit, die unter dem Tschortenstein, dem *Chiatra Dracului*, lag, und sie mußte ihm dienen, so lang es ihm gefiel, dann erst ließ er sie wieder laufen.

Joku fing aber auch Waldweibl ein, und die mußten ihm tagein, tagaus die vielen weißen »Hemmedn« waschen (eine Arbeit, die er seinen Frauen nicht zumutete).

Oberhalb der Makerlauer Klause war ein kleiner natürlicher Wasserstau, und da konnte man damals die Waldweibl beim Prakken sehen. Bis die ein Riesenhemd sauber bekamen, wurden ihnen die Finger blau. Doch wehe, wenn eine ihm davonlief. Joku suchte so lang in den Wäldern, bis er das Weibl wieder gefunden hatte, dann spießte er es auf einen Baum und ließ es dort verhungern.

Manchmal hörten die Holzfäller unten im Tal ein Jammern und Weinen, und dann pflegte der Mühlrad-Franzi zu sagen: »Ter Joku håt wiedr a Wåldweibl aafsteckt!« (164)

Das Riesenmarl Olga

Olga, zipserisch Olgu, war die Tochter einer Rusalka, die den Riesen Franzi oder Franzku geheiratet hatte.

Als kleines Mädchen war sie schon so groß wie ein erwachsenes Weib. Da aß sie eines Tages von den schwarzen Vogelbeeren, und davon blieb sie »klein«, das heißt, sie wurde nicht größer als die größten Menschen unten im Tal.

So konnte sie auch keinen Riesen-Mann finden, denn alle Riesen, die auf dem Tschortenstein wohnen, meinten: »Was ist das für ein kleines Ding, so etwas kann man nicht zur Frau nehmen.«

Eines Tages kam jedoch ein Zipser Förster namens Wenzel oder Wenzeslaus hinauf ins Tal, wo gerade die »kleine« Olgu an einem

Bach Wäsche wusch (sie war damals etwa fünfzehn Jahre alt, also schon gut zum Heiraten), und weil sie ihm gefiel, wurden die beiden ein Paar. (165)

Die Wetterriesen

Die Wetterriesen wohnten in alten Zeiten oben im Gräbengebirge in großen Höhlen (auch oben am Pjetroß soll es Wetterriesen gegeben haben, wie die Leute in Moisei sagen).

Da saßen sie nun tagein, tagaus vor ihren Höhlen und spuckten sich in die Ohren (das war so eine Art Spiel, damit vertrieben sie sich die Zeit).

Manchmal nahmen sie auch Wasser in den Mund und kühlten es so lang, bis es fast schon gefroren war, und dann prusteten sie es hinunter ins Tal, und da hagelte es.

Oder wenn sie in schlechter Laune waren, dann nahmen sie viel Wasser in den Mund, ließen es aber nicht abkühlen, sondern prusteten es gleich hinunter auf die Siedlungen der Menschen, und dann regnete es eben. Dazu pfiffen sie, schlugen Steine aneinander, daß es blitzte und donnerte. Ja, sie machten viel Lärm, und unten im Tal saßen die Menschen in ihren Hütten und sagten: »Tes is abr a stårkes Gewittr!« Und dabei machten alles die Wetterriesen, und das viele Wasser kam gar nicht vom Himmel aus den Wolken, sondern aus ihren Mäulern. (166)

Die Sturmriesen

Früher gab es die Sturmriesen. Das waren geflügelte Wesen mit langen, weißen Bärten, die in den Gebirgen hausten. Im Gräben, im Torojaga, im Pjetroß – überall hatten die Sturmriesen ihre Höhlen.

Die meiste Zeit verbrachten sie bei Schnaps und Kartenspiel. Dabei gab es hohe Einsätze: Gold und Edelsteine, die von den Bergmandln stammten. (Die Bergmandl mußten nämlich den Sturmriesen alljährlich Geschenke machen!)

Gerieten sie in Streit, unterbrachen sie das Spiel und flogen hinaus, das Tal hinunter und über die menschlichen Siedlungen hinweg. Dann sagten die Menschen:»Es kommt ein Sturm!« Manchmal brachten sie auch Wolken mit, und dann sagten die Menschen:»Es kommt ein Gewitter!«

Früher schütteten die Menschen ein»Tepfl« reinen Weinessig vors Haus: das schützte die Bewohner vor den Sturmriesen (die können nämlich den scharfen Geruch nicht vertragen), und so flogen sie dann ein bißchen höher. (167)

Der Huhuretz und der Riese

In alten Zeiten, bevor sich die Zipser im Tal ansiedelten, lebten oben auf den Almen Riesen; einer von ihnen hieß Emu.

Eines Abends saß der Riese Emu vor seiner Höhle, rauchte seine »Pipa« und dachte darüber nach, wie langweilig es ist, wenn man allein hier oben in den Bergen wohnen muß.

Plötzlich kam ein großer schwarzer Vogel, setzte sich auf einen Stein und schrie:»Gjebt mir Eir Gold! Gjebt mir Eir Gold!«

»Wås willst, mein Gold?!« knurrte Emu und griff nach dem frechen Tier.

Doch während er die Hand ausstreckte, verwandelte sich der Vogel in eine Schlange, die sich nun um Emus Arm wand und ihn so zusammendrückte, daß er einen großen Schmerz verspürte.

Noch hatte er die eine Hand frei, und er griff nach seinem Messer, um die Schlange zu töten, doch die verwandelte sich wieder in einen Vogel, und das war kein anderer als der Huhuretz. »Gjebt mir Eir Gold! Gjebt mir Eir Gold!« schrie er wieder.

Als nun Emu mit dem Messer nach ihm stechen wollte, pickte ihm das böse Tier ein Auge aus und flog davon. Seither hatte der arme Riese Emu nur noch ein Auge. Lange Zeit war er deswegen sehr traurig. Eines Tages begegnete er der gütigen Waldfee Olga, die damals sowohl den Riesen als auch den Menschen zu helfen pflegte, und dieser klagte er sein Mißgeschick.

Olga hatte Mitleid mit ihm, und weil er sich immer gut aufgeführt und niemandem etwas zuleide getan hatte, versetzte sie ihm das gesunde Auge in die Mitte der Stirn und stattete ihn außerdem mit einer besonderen Gabe aus: sein Blick konnte töten. »Aber«, sagte sie, »du darfst niemals ein unschuldiges Wesen töten, sonst verlierst du auch dieses Auge.« Und diese Worte hat Emu nie vergessen, und so lebte er noch viele Jahre in seiner Höhle.

Als er dann eines Tages starb, war er genau vierhundertzehn Jahre alt, sein Haar war grau, sein Blick war auch nicht mehr so scharf (er mußte schon sehr lange einen Wolf ansehen, bis der tot umfiel), doch die Zähne hatte er noch alle im Maul, die waren weiß und gesund. (168)

Der Karlyk von Neuwetz

Dort, wo der Weiler Neuwetz liegt, ist das Tal sehr schmal, so daß kaum Platz für die Bahnstation war, als man die Linie hinauf nach Makerlau und Koman baute.

Vor etwa dreihundert Jahren siedelten sich am gegenüberliegenden Ufer des Flusses die ersten Bergbauern an. Damals hauste oben *Auf dem Iwan*, einer kahlen Bergspitze, ein Karlyk; das war ein Riese, wie es sie früher überall gab, und der hockte den ganzen Tag auf der Alm und kraulte seinen langen Bart. Sonst tat er nichts. Wenn er Hunger verspürte, kam er herüber und stahl einige Schafe, die er sofort verzehrte. Dann setzte er sich wieder auf den Berg und kraulte seinen Bart. Seine ganze Kraft steckte nämlich in seinem Barthaar, und niemand konnte ihn besiegen.

Eines Tages aber erschien die gütige Waldfee Olga und schnitt ihm, während er schlief, mit einer langen Schafschere den Bart ab. Man kann sich nun denken, wie wütend der Karlyk war, als er merkte, daß er seine Kraft verloren hatte. Er brüllte so laut, daß man es bis hinunter ins Wischauer Land hörte. Damit war es aber auch aus mit ihm.

Als er wieder Schafe stehlen wollte, nahmen die rußnakischen Hirten große »Tschomatschen« und droschen auf ihn ein, daß er heulend davonlief – das Wassertal hinauf, bis *Zur Runden Wies*, wo später die Siedlung Feinen entstand. Hier setzte er sich ins Gras und weinte vor Kummer, weil er nun nur noch eine sehr große Gestalt hatte, aber sonst kaum die Kraft eines gewöhnlichen Holzfällers. An jener Stelle, die man früher *La scaunu uriaşului (Beim Stuhl des Riesen)* nannte, wuchs lange Zeit kein Gras mehr. Der Boden war dort vom langen Sitzen des Karlyk sehr hart geworden. Über sein weiteres Schicksal ist uns nichts bekannt. Die alte Klepatt-Berta, die auch sehr gute Kräutertees zubereiten kann, meint, daß der Karlyk als Holzfäller arbeiten gegangen ist, denn sonst wäre er ja verhungert, weil man damals für jedes Stück Brot hart arbeiten mußte. (169)

Der Hohe Baum

In alten Zeiten erzählte man, daß oben im Wassertal der Hohe Baum gestanden hat. Auf dem waren einst die ersten Menschen aus dem Paradies herunter gestiegen. Als sie sahen, daß man hier auf der Erde schwer arbeiten muß, wollten sie wieder zurück in den Himmel. Aber vom weiten Weg waren sie so müde geworden, daß sie keine Kraft mehr hatten, und so blieben sie eben auf der Erde.

Seither leben Menschen hier im Wassertal. Wann sie aber hergekommen sind, kann man heute nicht mehr sagen. Es wird schon vor sehr langer Zeit gewesen sein, noch bevor die Zipser aus dem »Gründler Boden« ins Wischauer Land einwanderten.

*

Es heißt auch, der Hohe Baum sei nichts anderes als die »Himmelsleiter« gewesen; wer auf ihr hochstieg, gelangte in den Himmel. Das war aber ein sehr weiter Weg, und viele, die es versuchten, kehrten nach einigen Tagen wieder zurück. Sie waren so »åbgmiedet«, daß sie zuerst lange schlafen mußten. Dann erzählten sie, daß es über den Wolken sehr heiß ist, weil dort die Sonne sehr stark scheint.

Ein Zipser aus Oberwischau, Toni Rischkowitsch, hatte oben auf den Wolken gerastet und gegessen. Als er zu Hause ankam, merkte er, daß sein Messer dort geblieben war.

Nach genau einem Jahr ging er wieder zum Hohen Baum, und da steckte sein Messer im Gras, und aus dem Holzgriff trieben grüne Zweiglein. Vorsichtig zog er es aus der Erde und pflanzte es vor seinem Haus. Daraus wuchs ein richtiges Bäumchen. (170)

Der Mann im Mond

Der Mann im Mond lebte einst auf der Erde und war, wie viele Männer hier im Tal, Holzfäller. Eines Tages stieg er auf den Gräben, und dort stand ein sehr hoher Baum (jener Baum, aus dem einst alle Gewässer entsprungen waren).

Als er den Baum sah, dachte er:»Da oben müssen sicher viele Vogelnester sein«, und so stieg er hinauf. Er stieg höher und höher und merkte plötzlich, daß der Baum unendlich hoch war. Weil er sich aber vom Erdboden auch schon ein gutes Stück entfernt hatte, wollte er schließlich nicht umkehren, ohne zu sehen, wie weit es noch bis zum Wipfel ist. So stieg er weiter, und als er endlich oben an der Spitze angelangt war, war er nur noch einen Schritt vom Mond entfernt. Da konnte er der Versuchung nicht widerstehen, er machte einen Schritt und betrat den Mond.

Der Mond aber sagte:»Gut, daß du gekommen bist, denn ich brauche schon seit vielen Jahren einen Mann, der mir das Licht anzündet, damit ich in der Nacht schön leuchten kann. Du wirst nun mein ›Lichtmeister‹ sein!«

So mußte der Mann dort bleiben, denn dem Mond darf man nicht widersprechen. Er kommt jedoch manchmal für einige Stunden wieder auf die Erde; dann ist der Mond ganz schmal, wie eine Sichel.

Bei Vollmond wird es dem Mann »auf dem Mond« zu heiß, und dann nimmt er sein Holzbündel auf den Rücken und steigt herunter auf die Erde. So erzählten früher die alten Bauern in Arschitzberg, in Redjassa und in den anderen Weilern am linken Ufer der Wischau.

Es heißt, daß der Mann im Mond immer vom Ziblescher Gebirge hergekommen sei, oberhalb der Siedlung Arschitzberg hat er dann meistens Halt gemacht, sich ins Gras gesetzt und ein bißchen gerastet, denn der Weg vom Mond bis auf die Erde ist bekanntlich sehr weit, und den mußte er in derselben Nacht vor der Morgendämmerung auch wieder zurückgehen.

Jene Stelle, wo der Mann »auf dem Mond« zu sitzen pflegte, konnte man noch vor dem Krieg sehen. Der Boden war dort so hart, daß man meinte, es wäre eine Steinplatte drunter.

In jenen Nächten, wenn es Vollmond gab und der Mann sich ausruhte, konnte man seinen Atem hören, er schnaufte so laut, daß die Bewohner in den Gehöften weiter unten erwachten. Die Hunde aber wagten nicht zu bellen, sie spürten, daß da ein ungewöhnliches Wesen hockte. Die Alten erzählten auch, daß die Wipfel der Bäume hin und her schwankten – so wie der Mann atmete.

Einmal fand ein Bauer neben dem Sitz des Mondmannes ein Häufchen Asche: da hatte er sich seine »Pipa« ausgeklopft.

Das war noch vor dem Zweiten Weltkrieg, im Weiler Redjassa an der Wischau, einer kleinen Siedlung, die etwa vier Kilometer von Oberwischau in Richtung Borscha liegt.

Da ist eines frühen Morgens die Regine Király mit einem »Amper« um Erdbeeren gegangen. Als sie beim Graben *Valea Şchiopului* vorbeikam, hörte sie plötzlich laute Schritte hinter sich: jemand näherte sich ihr, und der hatte »Maiskepf« an den Schuhsohlen, denn es »knallte« auf dem Steinpflaster, als wäre ein ganzes Regiment Soldaten unterwegs.

»Wer kånn kummen jetzt, wånn tie Leut noch schlofn und tie Orbeitr schon im Holz ßind?« fragte sich die Király-Näni.

Sie blieb stehn und sah sich um. Da erblickte sie einen großen schwarzgekleideten Mann, der etwa so hoch wie ein Telefonmast war. Am Buckel trug er ein Bund Holz. Als er sich ihr näherte, grüßte er in einer Sprache, die die Király-Näni nicht verstand (es war weder Rumänisch noch Zipserisch noch Rußnakisch noch Madjarisch). Die gute Frau erwiderte den Gruß auf zipserisch, und der Mann ging an ihr vorbei, ohne sie eines Blickes zu würdigen.

»Håb i ghåbt aso gruße Ängstn, weil håb i ßowås noch nit erlebt, und wår i schon a åltes Weib«, sagte sie nachher.

Der schwarze Mann ist gegangen das Tal hinauf, beiläufig zweieinhalb Kilometer, dabei machte er Schritte, die waren so groß wie zwanzig von einem gewöhnlichen Menschen.

Als er an die Stelle kam, die man im Volk »La Crucea Flentchii« nennt (da steht ein altes Holzkreuz inmitten eines Gehöfts), war er plötzlich verschwunden. Das heißt, die alte Király-Näni sagte später, er hätte sich in Rauch aufgelöst.

Damals deuteten die Menschen diese seltsame Erscheinung so: Der fremde Mann mit dem Holzbündel am Buckel war kein anderer als der Mann im Mond gewesen, der von Zeit zu Zeit zu einem kurzen Besuch auf die Erde kommt. Den Weg herunter und wieder zurück aber muß er zu Fuß an einem einzigen Tag schaffen, sonst darf er nie mehr den Mond verlassen. (171)

Die Wolkenflöte

Auch heute noch sagen manchmal die alten Bergbauern oben aus Sachsenthal, wenn am Himmel besonders viele Lämmerwölkchen stehen: »Sieh, der Steffku spielt auf seiner Flöte...«

Im vorigen Jahrhundert lebte hier ein Hirtenjunge, der hieß Steffku. Er hatte weder Mutter noch Vater, dafür besaß er eine wundersame Flöte, die hatte ihm die gute Waldfee geschenkt. Wenn er auf dieser Flöte spielte, stiegen weiße Wölkchen auf: Spielte Steffku eine wehmütige Weise, waren es zarte Windwolken, spielte er einen lustigen Tanz, kamen viele kleine Lämmerwölkchen hervor, und beim traurigen Lied »Tawarischka meina« (Liebchen mein) färbte sich der Himmel immer langsam rot, denn Steffku spielte dieses Lied gern abends nach Sonnenuntergang.

Eines Tages sah man Steffku nicht mehr, niemand wußte, wohin er verschwunden war. Als dann Jahre vergingen und er nicht mehr kam, sagten die Bergbauern: »Den haben die Berggeister geholt, der hat zu schön gespielt.«

Oben auf dem Sachsenberg – das ist vom Weiler Sachsenthal noch ein gutes Stück weiter – steht ein merkwürdiger Stein; er gleicht einem sitzenden Jungen. Die Bergbauern sagen: »Das ist Steffku, die Berggeister haben ihn zu sich geholt, jetzt spielt er im Sachsenberg am Hofe des Bergfürsten...« (172)

Sachsenthal

Schon im 13. Jahrhundert wanderten deutsche Bergleute – hauptsächlich aus Sachsen – in die Maramuresch ein und gründeten Großteutschenau, Langenfeld an der Theiß, Königsfeld und andere Ortschaften. Einige von diesen Sachsen zogen weiter östlich und siedelten sich im Wischauer Land an, das damals noch dem Knesen von Borsendorf unterstand. Sie errichteten hier am Wasserfluß ein kleines Dorf und nannten es Sachsenthal (rumänisch *Valea Saşilor*).

*

Der Weiler Sachsenthal wurde lang vor der Einwanderung der Zipser ins Wischauer Land gegründet. Es heißt, daß einst Sachsen aus Nösen auf der Flucht vor den Türken bis in diese abgelegene Gegend gelangt sind und sich im Tal angesiedelt haben. 1776, als die ersten sechs Zipser Waldarbeiter ins Wassertal kamen, soll noch ein einziger, wild aussehender Mann in Sachsenthal gelebt haben – es war der letzte Nachkomme der Flüchtlinge aus Nösen. Die Rumänen nannten die Siedlung nach ihm: *Valea Sasului* (Sachsental). (173)

»Ter schiechi Stein«

Oben im Teufelstal gibt es einen Felsen; die Zipser sagen, das ist »Ter schiechi Stein«, die Rumänen nennen ihn *Chiatra Dracului* (Teufelsstein). Früher sagte man, daß hier die merkwürdigsten Dinge geschehen.

Der Flößer Alexander Zeppelzauer erzählte, daß jemand, der sich dem Felsen nähert, jede Minute um ein Jahr älter wird. Wer also eine halbe Stunde in der Nähe des Felsens verbringt, ist nachher dreißig Jahre älter.

Ein Holzfäller, der vor einem Gewitter hier ahnungslos Schutz suchte, verließ den Ort als hundertjähriger Mann. Er kam jedoch nicht weit, unten am Weg brach er zusammen. Seine Kumpel erkannten ihn am nächsten Morgen an seinem grünen Hütl, der Mann aber war nur noch Haut und Knochen und hatte einen langen weißen Bart und ebenso langes Haar. Sie begruben ihn weiter unten in Kuselwies, wo man bis vor einiger Zeit sein Grab sehen konnte. Der Förster Karl Falger blieb einmal beim Felsen stehen, um seine Pfeife auszuklopfen und wieder anzuzünden. Am Abend merkte er vor dem Spiegel, daß das Haar an seinen Schläfen grau geworden war. Der Aufenthalt vor dem Felsen hatte ihn zehn Jahre seines Lebens gekostet. (174)

»Pen ter Baba am Perg«

Eine Wiese bei Oberwischau heißt auch heute noch »Pen ter Baba am Perg« (Bei der alten Frau auf dem Berg). Man sagt, daß in alten Zeiten hier eine Hexe gewohnt hat; die Wände ihres Hauses waren aus Kuchenwerk und das Dach aus braunen »Chremseln«.

Wenn sich ein Zipser Kind her verirrte, so lockte es die Hexe ins Haus und sperrte es in einen Holzkäfig ein. Einst kam ein Jäger hier vorbei und hörte, wie die Kinder nach ihren Eltern riefen. Vorsichtig näherte er sich dem Kuchenhaus. Plötzlich erschien die »Baba« und hob ihren Stock, um den Jäger zu verhexen. Rasch schoß er (mit der linken Hand, denn mit der rechten hätte ihr die Kugel nichts anhaben können); und die »Baba« sank getroffen zur Erde und löste sich in Rauch auf. Dann befreite er die Kinder, und die liefen, so rasch sie konnten, wieder hinunter nach Wischau. (175)

Die »Pest-Mutter«

Es heißt, daß die älteste Hexe, die »Pest-Mutter« oder »Muma Ciumii«, in frühen Zeiten in den tiefen Wäldern des Wassertals ihre Hütte hatte: wenn sich jemand zufällig der Hütte näherte, so wurde er augenblicklich in einen Stein verwandelt. Mit der Zeit gab es dort so viele Steine, daß der Wald ganz unwegsam wurde und niemand mehr zur Hütte gelangen konnte.

Oben im Wassertal, abseits von den Holzfällersiedlungen, wohnte ein Bergbauer namens Kostan Zikala. Er besaß eine Hütte und ein Stück Feld, das er selbst bearbeitete.

Eines Abends, als Kostan beim Herdfeuer saß, um die »Petura«
zu bereiten, hörte er den Hund draußen wütend bellen und an der
Kette reißen. Plötzlich ging die Tür auf und herein humpelte ein
altes krummes Waldweibl. Es war schon grindig und sein »Kitu«
war zerrissen. Da wußte Kostan, daß dieses die älteste Hexe aus
dem Wald ist – die »Pest-Mutter« oder »Muma Ciumii«.
Die »Pest-Mutter« sagte: »Wunn der Kokosch dås erschtimal
wird krahn, dånn werd i wieder gehn.« Dann kroch sie in den
»Koptjor« und hockte dort die ganze Nacht.
Der alte Kostan aber hat vor Angst die ganze Nacht nicht schlafen können, am Morgen war sein Haar grau. (176)

Die Weiße Frau in Neuwetz

Abends, an klaren Sommertagen, kann man manchmal im Weiler
Neuwetz die Weiße Frau sehen.
Die Weiße Frau wacht über die Tiere im Wald und »behext« die
Jäger (sie feuchtet ihnen das Schießpulver an oder läßt ihre Hände
so zittern, daß sie das Wild nicht treffen können).
Wenn die Weiße Frau in Neuwetz erscheint, geht sie von der
einen Seite des Tals, wo die Blockhäuser stehen, über die Bahnlinie
hinüber zum Wald. Man muß sich dann still verhalten, die Weiße
Frau mag keine dummen Späße. Als ein Zipser aus Schradenthal
ihr einmal etwas nachgerufen hat, blieb er – »zur Strafe« – eine
Woche lang stumm.
Seither wagt niemand mehr, sich der Weißen Frau zu nähern.

*

Vor etwa fünfzig Jahren konnte man auch in Barthau, einem
Weiler bei Oberwischau, oft die Weiße Frau sehen.
In windstillen, klaren Nächten wanderte sie das Wassertal hinauf; und an einer bestimmten Stelle verschwand sie dann jedesmal.
Ein junger Zipser wollte ihr einmal folgen. Er kam ganz nah an
sie heran. Plötzlich erschien ein Reiter ohne Kopf und galoppierte
hart an ihm vorbei. Der Zipser erschreckte so sehr, daß er sofort

zurück ins Dorf eilte. (Die Weiße Frau darf man nicht herausfordern; sie straft alle Neugierigen.) (177)

Die Rote Frau

In Unterwischau hatte einst ein Bauer zwei junge Knechte; der eine war stets fröhlich und guter Laune, der andere war meist unzufrieden und mißmutig, und obwohl er mehr aß als alle andern zusammen, blieb er trotzdem dünn und schwächlich.

Eines Nachts hörte der Bauer ein seltsames Geräusch. Er erhob sich aus dem Bett, blickte in den Hof hinaus und konnte gerade noch eine Hexe in langem roten Gewand auf einem Pferd davonreiten sehen.

Am nächsten Morgen fragte er seine Knechte, ob sie vielleicht auch die Hexe gesehen hätten. Da sagte der eine, der dünne und schwächliche: »Das Pferd war ich, mich ritt die Rote Frau zum Hexenball.« Und nun erfuhr der Bauer, daß immer nach Mitternacht die Rote Frau erschien, dem schlafenden Knecht ein Zaumzeug umlegte, worauf er in ein Pferd verwandelt wurde und dann auf eine Wiese zum Hexenball reiten mußte – etwa dort, wo die Borscha und der Wasserfluß sich vereinen.

Da ersann der Bauer eine List.

In der folgenden Nacht legte er sich selbst ins Bett der Jungknechte. Als nun die Rote Frau erschien und ihm das Zaumzeug umlegen wollte, hielt er ihr plötzlich ein Holzkreuz entgegen. Nun war sie machtlos und fuhr laut schreiend durch die Lüfte davon.

Der Knecht aber hatte von nun an seine Ruhe, er nahm auch an Kräften zu. (178)

Das Waldweiblkind

Eine Zipserin aus Wischau hatte ihr Kind in die Wiege gelegt und war hinter das Haus gegangen, um Holz zu spalten; da kam ein Waldweibl, nahm das schlafende Kind und legte ihr eigenes hinein.

Als die Zipserin wieder in die Stube kam, merkte sie sogleich, was geschehen war, denn in der Wiege lag nun ein Kind, das war im Gesicht und am ganzen Körper behaart.

Die erschrockene Frau eilte zu einer Nachbarin und bat sie um Rat. Die Nachbarin kam, machte im Backofen ein mächtiges Feuer und nahm das Waldweiblkind aus der Wiege. Dabei rief sie: »Jetzn werd i des varbrennen!«

Während sie sich scheinbar anschickte, das fremde Kind in den Ofen zu werfen, ertönte plötzlich ein entsetzlicher Schrei und das Waldweibl stand im Hof. Es legte rasch das Zipser Kind auf die Steintreppe und riß der Nachbarin das behaarte aus den Händen. Ein Windstoß fuhr durch das Feuer, daß die Funken zum Dach stoben, und das Waldweibl war verschwunden. (179)

Die Mandl

Die Mandl sind kleine Wichte, die in den Wäldern, auf den Bergen, doch auch im Feuer, im Wasser, unter der Erde und in den Schlupfwinkeln der Häuser, zum Beispiel am Dachboden oder in Holzschuppen, hausen.

Da gibt es einmal die Waldmandl, die wohnen in den Wäldern, in hohlen Bäumen, und wenn sie einem Menschen begegnen, treiben sie allerlei Spott mit ihm.

Die Waldmandl tragen rote spitze »Mitzn«, ein rotes »Jankl« und rote Hosen, manche haben schwarze Stiefel an, andere »Någlschuch« wie die Bergsteiger. In der Hand tragen sie meist einen Zauberstab, mit dem sie die Menschen »behexen« oder auf der Stelle »festnågln« können. Also, vor denen soll man sich in acht nehmen.

Anders ist es mit den Fuchtlmandln, die wohnen in der Nähe der menschlichen Siedlungen oder in alten Holzhäusern, wo es viele Ecken und Schlupfwinkel gibt. Die Fuchtlmandl sind freundliche Wesen, sie helfen den Menschen, wo sie können.

Freilich darf man nicht neugierig sein und sie bei der Arbeit stören, denn sonst ziehen sie fort, und wer die Fuchtlmandl aus seinem Hof vertrieben hat, dem ergeht es schlecht, der hat kein Glück mehr und immerzu nur Pech.

Dann gibt es auch noch die Grubenmandl, die tief unter der Erde, in den Erz- und Kohlengruben, oben bei Novicior und drüben bei Mariensee und Jakobeny wohnen. Auch sie sind den Menschen gutgesinnt, beschützen die Bergleute und warnen sie, bevor ein Stollen einbricht. Mit ihnen muß man es sich gut halten, und manch ein Bergmann legt auch heute noch an jene Stellen, wo er meint, daß die Grubenmandl vorbeikommen, eine Münze hin – als Lohn für ihre Hilfe.

Manche Menschen verwechseln die Grubenmandl mit den Bergmandln; nein, das sind nicht dieselben. Denn die Bergmandl haben ihre Höhlen oben in den Bergen, im Gräben und im Pjetroß, wo ganz selten ein Mensch hinkommt. Diese Gebirge sind nämlich alle hohl, und da drin gibt es unzählige große Räume, voll mit wunderbaren Schätzen, die von den Bergmandln im Laufe der Jahrtausende angehäuft wurden. Es heißt, daß die Bergmandl manchmal von ihrem unermeßlichen Reichtum an arme Holzarbeiter etwas abgeben, ihnen ein paar Goldstücke schenken.

Das Gartenmandl wohnt in alten hohlen Birnbäumen; oben im Tal am Arschitzberg, etwa einen Kilometer weiter vom letzten Gehöft, wo der Trudenbaum steht, da soll es einst Gartenmandl gegeben haben. Die Gartenmandl tragen eine grüne »Mitzn« und ein graues »Jankl« mit großen »Hornknepp«. Tagsüber lassen sie sich selten blicken, erst gegen Abend kommen sie in die Gärten der Bauern und strafen Diebe und solche, die junge Bäume fällen. Die Gartenmandl darf man – ebenso wie die Waldmandl – nicht ansprechen, die möchten mit den Menschen »nicht bekannt werden«.

Die Feiermandl sind kleine lustige Gesellen, die nur im Feuer leben und die gleich sterben, wenn dieses erlischt. Zündet man es wieder an, kommen sie aber sofort »zu sich«, treiben ihre Späße, sorgen auf gute Glut und wärmen die Holzfäller. Je mehr Feiermandl in einem »Koptjor« sind, um so besser bäckt das Brot. Die Feiermandl können aber auch glühende Holzkohlen in Goldstücke verwandeln; so etwas soll schon öfters vorgekommen sein.

Ja, dann gibt es auch noch die kleinen »Wåssermandl«, die in den Gebirgsflüssen hausen. Sie sind nicht so groß wie die Wassermänner, und sie sehen auch nicht so schrecklich aus. Von weitem betrachtet, gleichen sie kleinen nackten Kindern. Doch muß man sich vor ihnen in acht nehmen, denn auch sie ziehen einen ins Wasser hinab und lassen einen nicht mehr los. Während die dicken häßlichen Wassermänner sich gern an seichten trüben Stellen aufhalten, kann man die »Wåssermandl« nur dort sehen, wo es einen Strudel gibt. Dann tauchen sie auf, fassen sich an den Händen und drehen sich lachend und kreischend im Kreis. An den Händen, zwischen den Fingern haben sie Schwimmhäute, doch sonst sehen sie wie drei-, vierjährige Kinder aus. Manche von ihnen sind sehr drollig. (180)

Das Grubenmandl von Neuwetz

Als vor etwa fünfzig Jahren in Neuwetz der erste Stollen ins Gebirge getrieben wurde, erblickten die Bergarbeiter eines Abends vor der Baracke ein kleines graues Männchen, das in der einen Hand eine grüne Laterne trug. Man sagt, daß dieses Grubenmandl aus Pfefferfeld über die Berge nach Neuwetz gekommen war.

Das Grubenmandl half nun den Bergleuten bei der Arbeit: Wo es »sich zeigte«, fand man reiche Erzadern. Ihm ist es zu verdanken, daß der Betrieb in Neuwetz sich rasch entwickelte.

Nach dem letzten Weltkrieg wurde das Neuwetzer Grubenmandl nicht mehr gesehen. (181)

BUKOWINA

Moldautal
und
Tal der Goldenen Bistritz

Adam und Eva

Bei Poschoritta im Moldautal gibt es einen großen und einen kleinen Berg; der große Berg heißt Adam, der kleine Eva. Man sagt, diese beiden Berge haben schon dagestanden, als die Welt erschaffen wurde.

Es heißt auch, daß vor vielen hundert Jahren im Moldautal ein Hirte lebte. Dieser Hirte liebte ein Mädchen; es war die Tochter eines reichen Bergbauern, der unten in Quellenthal ein großes Gehöft besaß. Doch weil ihm der Bauer seine Tochter nicht zur Frau geben wollte, stieg er eines Tages auf den einen Berg und verharrte dort so lange in Wind und Regen, bis er eines Nachts in ein Steinbild verwandelt wurde. Nach ihm erhielt dann der Berg den Namen Adam.

Als das Mädchen von seinem Schicksal hörte, stieg es auf den anderen Berg und blieb so lange dort oben, bis es ebenfalls eines Nachts in ein Steinbild verwandelt wurde. Nach ihr nannte man dann den kleineren Berg Eva.

Man sagt: so wie Adam und Eva aus dem Moldautal kein Paar werden konnten; so werden sich auch diese beiden Berge nie vereinen. (182)

Der Drachenstein

In alten Zeiten hauste in den dunklen Tscheremouscher Wäldern ein Drache, der die ganze nördliche Gegend unsicher machte.

Als eines Tages ein Bursche aus Lutschina vom Drachen bei der Quelle überrascht wurde, warf er ihm seine »Borilka« hin; er hatte daraus noch nicht getrunken, und so war sie noch ganz voll. Der Drache schnappte danach und zerknackte sie wie einen Kirschkern. Plötzlich begann er die Wirkung des starken, doppeltgebrannten Getränks zu spüren. Er verdrehte die Augen, legte sich schnaufend ins Gras, schlief ein und schnarchte.

Der Bursche aber schlich sich heran und stach ihm mit seinem Messer geschwind die Augen aus. Brüllend vor Schmerz erhob sich der Drache und wollte seinen Angreifer fassen. Der lockte ihn jedoch durch Rufen und Schnalzen zu einer nahen Schlucht; hier stürzte der Drache hinab und verendete elend.

Seither heißt der Ort Drachenstein (rumänisch *Chiatra Şarpelui*). (183)

Die Quelle des Kirlibaba

Die Quelle des Kirlibaba ist das tränende Auge einer verzauberten Waldfee – das erzählten früher die Bauern aus Jedt.

Ein Mädchen, das Beeren suchen war, begegnete dem Berggeist. Der wollte es in ein Reh verwandeln und in den Wald führen. Als er sich dem Mädchen mit seinem Zauberstock näherte, erschien plötzlich die gute Waldfee und jagte ihn davon.

Später rächte sich der Berggeist und verwünschte die Waldfee in eine »immerzu tränende Quelle« (die Waldfee konnte dagegen sich nicht mehr wehren, diesmal war sein Zauber »stärker«). (184)

Die Quelle der Moldau

Die alten Bergbauern aus Lutschina und aus den umliegenden Siedlungen erzählten, daß die Quelle der Moldau (Moldawa) ein verzaubertes Mädchen sei.

Nachts kann man manchmal hier eine weiße Gestalt sehen: das ist die Moldau, die über die Wiesen schreitet und nach ihrem Liebsten weint. Am Morgen findet man dann die Tränen auf den Gräsern. Aus diesen »Tränen« bereiteten früher manche Frauen einen »Liebestrank«; ob er auch wirksam war, ist jedoch nicht bekannt.

*

Als einmal ein Bauer aus Lutschina im Wald Holz schlug, kroch plötzlich hinter einem Baumstamm ein Waldmandl mit einer mächtigen roten Mütze hervor und sagte: »Wo die Moldau entspringt, da liegen viele Schätze verborgen, die einst die Räuber aus den tiefen Wäldern des Tscheremousch hier vergraben haben.«
»Wie kann man zu diesen Schätzen gelangen?« fragte neugierig der Bauer.
»Zu diesen Schätzen kann niemand gelangen«, erwiderte das Männchen, »ein weißer Rabe ist ihr Hüter und den kann kein Mensch überlisten.«
Dann verschwand es im Wald. (185)

Der Alte Heerweg

Oberhalb von Braaß, in den Seitentälern der Moldau, in den tiefen Wäldern des Tatarenbergs (huzulisch *Tatarschtschina*), hört man auch heute noch manchmal nachts wildes Lärmen durch die Lüfte ziehen: Getrappel und Gewieher vieler Pferde, Schreien und Fluchen bewaffneter Männer.

Das sind die Scharen der fremden Völker – Goten, Bastarner, Gepiden, Hunnen, Tataren, Türken –, die während der stillen Sommernächte den Alten Heerweg bis hinauf nach Seletin beleben.

Wenn das »Wilde Heer« vorbeizieht, sagen die alten Bergbauern, muß man sich ganz ruhig verhalten, sonst »hebt es einen« in die Lüfte, und wenn man am nächsten Morgen erwacht, ist man taub oder blind. (186)

Stephan der Große und der »Wiesengeist«

Eines Tages ritt Fürst Stephan – damals noch ein junger Bursche – von Sutschawa nach Sereth zu den Horaitzawiesen, wo die Hirten seines Vaters die Herden hüteten.

Während er im Gras saß und mit den Hirten sprach, erschien plötzlich ein »Wiesengeist«, klatschte in die Hände, und aus dem heiteren Himmel fuhr ein Blitz neben Stephan in die Erde.

Die Hirten bekreuzigten sich furchtsam, doch Stephan griff nach seinem Bogen, spannte einen Pfeil ein und schoß auf den »Wiesengeist«. Getroffen sank dieser ins Gras, flackerte einmal auf, und zurück blieb ein Häufchen Pech.

Da erschien ein weißhaariger, gebeugter Greis und sagte: »Du bist mutig, Stephan, du hast den Geist getötet, der das Unheil unter die Menschen brachte. Du wirst einmal ein großer Herrscher werden.« Plötzlich war der Greis wieder verschwunden. (187)

Dobrosch

In ältesten Zeiten lebte im Tscheremouscher Waldland ein Heiduck, der hieß Dobrosch. Von ihm erzählt man sich auch heute noch die merkwürdigesn Geschichten. Dobrosch war ein gefürchteter, gleichzeitig aber auch populärer Räuber; was er den Wohlhabenden nahm, schenkte er den Armen.

Eines Nachts, als weder der Mond schien noch die Sterne leuchteten, ritt er mit seinen Gesellen nach Boderlau, einem Gebirgsdorf am Fuße des Großen Schander. Hier lebte ein reicher Schafzüchter; ihm wollte Dobrosch das Geld »abnehmen«.

Als sie zum Gehöft kamen, sahen sie, daß das Haus hell erleuchtet war, denn gerade vor einer Stunde war dem Wirt ein Sohn geboren worden.

Die Heiducken – ausgerüstet mit Pistolen und langen Messern – traten in die Stube und Dobrosch forderte das Geld: wenn nicht, so werde er den Hof niederbrennen. Der Wirt aber bat um Erbarmen für das neugeborene Kind. Da ließ sich Dobrosch zur Wiege führen; hier stand er einige Minuten in Gedanken versunken, und die Heiducken wunderten sich, daß seine Augen plötzlich feucht wurden.

»Du hast Glück, Wirt«, sagte er dann langsam und blickte seine Gesellen an, »wir werden euch nichts tun, und wir werden euch auch nichts nehmen, denn Dobrosch ist Pate bei diesem Kind, das noch nichts weiß von der Ungerechtigkeit dieser Welt. Dein Sohn, Wirt, soll nach mir Alexander heißen.«

Die Heiducken gingen vor das Haus und schossen in die Luft, die Hunde der nahen Gehöfte begannen zu heulen, und die Bauern eilten herbei, mit Äxten und Knütteln bewaffnet. Der Schafzüchter aber schenkte reichlich Schnaps aus, und die Heiducken tanzten mit den jungen Kuhmägden.

Beim ersten Hahnenschrei, als aus den dunklen Tälern des Großen Schander die Morgennebel sich hoben, ritten die Heiducken in nördlicher Richtung davon. (188)

Der Schatz von Quellenthal

Bei Quellenthal, einem Weiler bei Poschoritta, gibt es einen Felsen – den Muncel. Man erzählt sich, daß hier, an einer gewissen Stelle, eine Räuberbande im vorigen Jahrhundert ihr Geld vergraben habe.

Vor etwa hundertfünfzig Jahren begegnete einem Zipser Holzfäller oben im Wald ein merkwürdig aussehender fremder Mann, der sagte:»Ich bin der Geist des toten Räuberhauptmanns und meine Seele findet keine Ruhe, so lang der Teufel auf dem Geld sitzt, das ich genau vor hundert Jahren unter dem Muncel vergraben habe. Ich schlage dir folgenden Pakt vor: Morgen in der Nacht, wenn der Mond zwischen den Bergen Adam und Eva steht, sollst du an der Stelle graben, wo ein Stein im Mondlicht leuchtet. Dort liegt mein Geld, verteile es an die armen Leute in Quellenthal und Poschoritta. Behalte auch etwas davon für dich, aber nicht zu viel.«

In der darauffolgenden Nacht grub der Zipser an der bezeichneten Stelle, doch jedesmal, wenn er einen Spatenstich tat, schlug ihm jemand auf die Hände, so daß er vor Schmerz kaum weiterarbeiten konnte. Da wußte er, daß der Teufel ihn bei der Arbeit hindern wollte. Als er nun wieder einen Schlag auf die Hände bekam, spuckte er in drei Richtungen, nahm dann den Spaten in die linke Hand und begann so weiterzugraben.

Bald stieß er auf ein Tongefäß, das mit Goldmünzen gefüllt war. Er trug es hinunter nach Quellenthal, und am nächsten Tag verteilte er alles gleichmäßig an die Einwohner.

Das soll sich zu Beginn des vorigen Jahrhunderts zugetragen haben. (189)

Die Brücke bei Lutschina

Bei Lutschina, oben im Moldautal, gibt es eine Holzbrücke. In alten Zeiten versammelten sich hier die Sperlinge aus allen Himmelsrichtungen des Buchenlandes. Das geschah einmal im Jahr, wenn die Huzulen aus den Gebirgsdörfern den St. Stoupnik feierten.

An diesem Tag erschien jedesmal auch der Teufel mit einem gewaltigen Hohlmaß, in das er alle Sperlinge hineinwarf und so feststellte, wie viele dieser Vogelart es noch im Land gibt.

Hatte er die Menge gemessen, so behielt er jedesmal einen Teil für sich, die übrigen aber ließ er wieder fliegen. (190)

Das Gartenmandl

Auf dem Palamaniaberg steht ein Stein. Wenn man ihn bei aufgehender Sonne von Osten her betrachtet, so kann man deutlich einen gebückten Mann mit einer Axt erkennen.

Vor vielen Jahren stand hier ein wilder Birnbaum, der jeden Sommer Früchte trug. Eines Tages kam ein Bauer aus Jedt und wollte ihn fällen, um im Winter aus dem Holz Löffel zu schnitzen. Als er die Axt in die Hände nahm, bat der Baum:

»Nit schlog mich, i hob aa noch meine Täg!«

Der Bauer lachte und sagte: »Jo bos, redn jetzn aa schon die Peimer?«, hob die Axt und hieb in den Stamm.

Plötzlich stand das Gartenmandl vor ihm.

»Jo, du host g'redt«, lachte der Bauer und machte eine Bewegung, als würde er mit dem Axtstiel nach dem Männchen schlagen.

Da spürte er, wie seine Glieder immer schwerer wurden, und schließlich stand er, in ein Steinbild verwandelt, im Schatten des Birnbaumes, den er eben noch fällen wollte.

Heute ist der Baum verschwunden, doch den Stein auf der Wiese am Palamaniaberg gibt es immer noch. (Selbst wer nicht an das Gartenmandl glaubt, kann den Stein auch heute noch sehen.) (191)

Das Grubenmandl

Ein Bauernbursche aus Ulm – einem kleinen huzulischen Dorf bei Brodina – kam eines Tages nach Luisenthal und wollte sich hier als Grubenarbeiter anstellen lassen.

Am ersten Abend saß er in der Kantine, und einige Männer erzählten Geschichten; dabei sprach man auch vom Grubenmandl.

»Des is a Lugn, es gibt ka Grubenmandl!« rief der Ulmer.

Man begann zu streiten – einige hatten das Grubenmandl gesehen, andere wollten nicht daran glauben. Plötzlich klopfte jemand heftig ans Fenster, im Augenblick war es still, und da sah man ein greisenhaftes Männchen mit einer roten Mütze, das auf den Ulmer Burschen zeigte und dann den Daumen nach unten kehrte.

Nun wußte man, daß er in der Grube bald umkommen würde. Am nächsten Morgen zog er fort. (192)

Die Nebelfrauen

Ein Bauer fuhr eines Abends mit seinem kranken Kind von Wama nach Ochsenthal. Dort, wo der Moldowitz eine große Schleife macht, auf der Wiese des Dragosch, sah er einige weiße Frauen, die sich still im Tanz drehten. Dem Bauer war das unheimlich, er hatte schon so manches von den Nebelfrauen gehört, und darum hieb er auf die Pferde ein, um rasch weiterzukommen.

Als er sich jedoch umblickte, sah er, daß die Nebelfrauen hinter ihm herflogen. Er erhob sich und spornte die Pferde an, so gut er konnte, denn eine von ihnen, die rascher flog als die anderen, rief immer:»Gjib her das Kindl, gjib her das Kindl!«

So erreichte er die ersten Häuser von Freudenthal, da ließen die Nebelfrauen von ihm ab. Er kam noch am selben Abend in Ochsenthal an, doch das Kind wollte nicht mehr gesund werden; es starb ein Jahr später. Die Nebelfrauen hatten es»behext«. (193)

Der Zipser und das Feiermandl

In Hurgisch auf der Hurgischwiese, einem Weiler bei Eisenau, saß eines Abends ein Zipser – Michel Butz – beim offenen Holzfeuer und bereitete die»Prinsntokane«vor. Plötzlich sprang aus den Flammen ein kleines rotes Männchen hervor und setzte sich vor ihm auf den Boden:»I bin des Feiermandl«, sagte es,»mir is bordn z'heiß, i muß mich a benig obkiehln.«

Dann sprachen sie über dieses und jenes, über das Wetter und über die schweren Zeiten. Schließlich kostete das Männchen auch von der»Prinsntokane«; dann aber verabschiedete es sich, sprang geschwind wieder ins Feuer und war verschwunden. (194)

Der Huzule und das Feiermandl

In Lutschina lebte einst ein alter Huzule, der hatte kein Weib mehr, und seine Kinder waren alle schon erwachsen und fortgezogen.

Während eines sehr kalten Winters hatte er einmal am Abend kein Holz mehr. Draußen stürmte und schneite es, und er wußte nicht, sich zu helfen.

Plötzlich öffnete sich das Ofentürchen und heraus guckte ein kleines rotes Männchen.

»I bin des Feiermandl«, sagte es,»i berd dir Feier machn.«

Auf einmal knisterte und flackerte es, und ein lustiges Feuer ging im Ofen an. Seither kam das Feiermandl immer, wenn der Alte kein Holz hatte und wärmte seinen Ofen. (195)

Hexenzusammenkunft, Holzschnitt aus Ulricus
Molitor: De laniis et phitonicis mulieribus, 1490

Hexentanz

Bei der Quelle der Goldenen Bistritz, im tiefsten Wald, wohin
kein Weg führt, gibt es eine Wiese; man sagt: hier trafen sich früher
nachts die Hexen aus dem Bistritztal, und manche kamen sogar
von drüben – aus Siebenbürgen und aus der Maramuresch.

Während sie tanzten, ging es oft so laut zu, daß man in stillen
Sommernächten ihr Singen und Lachen sogar bis hinunter nach
Rotunda, Schessu und Lalla hören konnte.

Einmal wollten zwei junge Zipser Waldarbeiter aus Jakobeny –
Franz Zippenpfennig und Karl Steiner – abends die Hexen beim
Tanz belauschen; am nächsten Tag fand man sie schlafend vor einer
Hütte in Rotunda. Auf ihren Stirnen aber war das »Hexenzeichen«,
die »rote Kralle«, zu sehen.
Nachher hat niemand mehr versucht, den Hexen in die Nähe zu
kommen. (196)

Die Schlangen von Djaka

Bei der Talsperre in Djaka stand vor etwa siebzig Jahren ein altes
Holzhaus, in dem ein Ruthene wohnte.
In dieser Gegend gab es viele Schlangen. Als eines Abends hier
Zipser Bauarbeiter einkehrten, hörten sie plötzlich draußen ein
merkwürdiges Zischen und Schnalzen (es gibt Schlangen, die auch
schnalzen können). Da ging einer von ihnen zur Tür und sah, wie
der Wirt die Schlangen fütterte: sie tranken aus flachen Tellern
warme Ziegenmilch. Es waren vielleicht einige hundert Schlangen
da.
»Dieses sind heilige Schlangen«, sagte der Ruthene, »man darf
ihnen nichts zuleide tun, sie schützen das Haus vor Unheil.« (197)

Radautzer Ländchen

Bukowena

Der Name Bukowina (Buchenland) soll sich von den weiten Waldungen zwischen Wischnitz und Radautz herleiten. Die nannte man früher *Bukowena*, was soviel wie Buchenland bedeutet. In einer anderen Erzählung heißt es, daß die deutschen Einwanderer in den achtziger Jahren des 18. Jahrhunderts auf der Kaiserstraße über Wischnitz und Storoshinetz nach Sereth und so ins südliche Buchenland kamen. Die tiefen Wälder zwischen Alexanderdorf, Berchometh und Katharinendorf aber benannten die Einwohner nach dem legendären Fürsten Bukowena, der einst das ganze Oberland beherrscht hatte.

Man erzählt sich aber auch, daß Bukowena ein Riese war, der in einer Höhle oben auf dem Ketscharaberg hauste. Nach ihm erhielt später das Land den Namen Bukowina. (198)

Die drei Kreuze

Westlich von Berchometh, wo der Sereth einen großen Bogen macht, gab es früher weite Waldungen, die man Bukowena nannte. Hier führte die Kaiserstraße vorbei, die von Wischnitz das westliche Buchenland mit dem südlichen Teil verband.

Unterhalb des Wolfsbergs standen drei alte Holzkreuze, die noch aus jener Zeit stammten, als in dieser Gegend viele Räuberbanden hausten. Es waren sogenannte Mahnmale: die Menschen sollten daran erinnert werden, daß auch ihr Leben einmal zu Ende gehe und daß es nie zu spät sei, es zu ändern, von neuem zu beginnen und ehrlich zu werden – so sagen die huzulischen Bergbauern.

Ob diese guten Ermahnungen auch von den Heiducken und Räubern beherzigt wurden, ist jedoch nicht bekannt. (199)

Der Steinberg

Zwischen Katschika und Gurahumora steht ein Berg, den man Steinberg (rumänisch *Dealu Concioia*) nennt. Es heißt, daß hier in alten Zeiten Hünen lebten. Ihr Anführer hieß Kontschoj (daher auch der Name des Berges). Weil diese Hünen jedoch oft hinunter in die Moldau zogen – sie mußten nur drei Schritte machen und schon waren sie in Sutschawa – und dort Felder, Wiesen und sogar Menschen und Vieh zertraten, erreichte sie eines Tages ein Fluch: sie wurden in Steine verwandelt, in riesige Felsen. Mit der Zeit aber wuchs Gras auf ihnen, und so entstand der Steinberg.

Steigt man nachts um zwölf auf den Berg, so kann man manchmal die Schatten der Hünen sehen, die ganz plötzlich erscheinen: Man hört dann lautes Schreien, Stimmengewirr und sieht die Riesen miteinander raufen. Dann muß man sich ruhig verhalten, um nicht bemerkt zu werden. Nach genau einer Stunde, pünktlich um ein Uhr, verschwindet der Spuk. Unten in Katschika hört man nur noch die Hunde heulen, als hätten sie Angst, daß die Hünen ins Tal hinunter kämen. So heulen die Hunde im Winter, wenn Wölfe in der Nähe sind, sagen die Bauern. (200)

Die Riesenmurmel

Auf der Klosterwiese im Hardeggtal, wo sich früher ein Gestüt und der Sitz der Forstverwaltung befand, gab es einst einen mächtigen runden Stein, den niemand von der Stelle rücken konnte. Man sagte damals, daß dieser eine Riesenmurmel sei, die noch aus jener Zeit stammte, als das ganze südliche Buchenland von Riesen bewohnt war.

In den Erzählungen der huzulischen Bergbauern hieß es, daß diese Riesen, die man Welyty nannte, langes Haar und mächtige Bärte trugen und mit Bärenfellen bekleidet waren. Sie hausten in den tiefen Wäldern der Ostkarpaten, wohin sich kein Mensch wagte. Wann sie verschwunden sind, weiß man nicht mehr.

Während eines Gewitters schlug der Blitz in die Riesenmurmel ein und spaltete sie in zwei gleiche Teile. Mit Hammer und Meißel wurden sie dann von zwei italienischen Steinmetzen in kleine Stücke zerlegt und beim Bau des Jägerhauses verwendet. (201)

Die Frauensteine bei Solka

Auf einer Anhöhe bei Solka gibt es drei merkwürdige Felsen. Die Rumänen nennen sie *Pietrele Doamnelor*, bei den Zipsern heißen sie *Frauensteine*; man sagt auch »Pei ten trei Staanern«.

Als einst die Türken ins Buchenland einfielen, versteckten sich die Solkaner Frauen und Kinder in der Höhle unter den drei Felsen. Die Männer aber warteten unten im Tal und lockten die Eindringlinge in den nahen Wald. In einem unwegsamen Tal, bei einem Wildbach, wurden die Türken plötzlich von einem Steinschlag »überrascht«. Der Bach aber färbte sich, von dem vielen Osmanenblut, rot. Bis hinunter ins Dorf floß an jenem Tag nur rotes Wasser. Solka war damals noch ein kleines Walddorf.

Zur Erinnerung an diese Zeit nannten die Solkaner später die drei Felsen *Frauensteine – Pietrele Doamnelor*. (202)

Saßkaburg

Auf dem Saßkaberg bei Sereth soll vor Jahrhunderten eine Burg gestanden haben, die von Saß, einem Sohn Dragosch', errichtet worden war.

Nachdem Dragosch die eindringenden Tataren in der Nordmoldau vernichtend geschlagen hatte, zog er mit seinen Getreuen wieder in die Maramuresch; zurück blieb Saß (»der Sachse«) mit einer Schar Krieger, um das Serether Land gegen weitere Tatareneinfälle zu schützen.

Sie errichteten auf einem Berg eine Fliehburg, die nach Saß den Namen Saßkaburg (rumänisch *Sasca*) erhielt. Von hier kann man die ganze Gegend überblicken und beherrschen. (203)

Die Kaschgarier

In alten Zeiten lebten dort, wo heute die Gemeinde Katschika steht, die Kaschgarier – ein türkisch-tatarischer Volksstamm, der sich in dieser abgelegenen Gegend niedergelassen hatte. Später, als die Siedlung gegründet wurde, nannte man den Ort zur Erinnerung an dieses fremde Volk Kaschgar oder Kaschga. Daraus soll dann der Name Katschka oder Katschika entstanden sein.

*

Es heißt aber auch, daß dort, wo heute die Gemeinde liegt, in frühen Zeiten ausgedehnte Sümpfe waren. Damals gab es hier viele Wildenten. Tiefe Urwälder, die erst im Laufe der letzten Jahrhunderte gerodet wurden, umgaben diese Sümpfe. Etwa um 1800 erst entstand hier die Siedlung Katschika.

Man sagt, daß der Ortsname von den Wildenten, »Katschki«, die früher dieses Gebiet bevölkerten, herrühre und so an die Zeit erinnert, als in der Bukowina noch wenig Menschen lebten. (204)

Wie die fünf Gemeinden entstanden sind

Vor vielen hundert Jahren wollte einst der Winter im Buchenland kein Ende mehr nehmen. Eisige Winde wehten vom Norden aus der wolhynischen Steppe hinunter durch die Radautzer Senke, und Menschen und Tiere verkrochen sich in den Gehöften und hofften, daß doch bald wieder der Frühling käme. Die Wochen vergingen, aber wärmer wurde es nicht.

Eines Abends trafen sich die Männer beim Dorfältesten in Altfratautz und berieten, was nun zu machen sei, denn lange könnte man der Kälte nicht mehr standhalten.

Da sagte ein alter Bauer: »Weit unten in südlicher Richtung, an einem großen Fluß, den man Donau nennt, da ist es um diese Zeit schon Frühling, hin müßten wir ziehen, dort würde es uns sicher besser gehen als hier im kalten Norden.«

Die Männer berieten hin und her, und schließlich einigten sie sich, nach dem fernen Süden aufzubrechen. Am Tag darauf wurden die Schlitten bepackt, Frauen und Kinder saßen auf, und zurück blieben nur einige Hirten, die auf die Schafherde zu sorgen hatten.

Los ging es, mit Peitschenknallen und Glockenläuten, die Pferde liefen, und am Abend hielt man bei einem verlassenen Gehöft und zündete ein großes Feuer an, um die Wölfe fern zu halten, die sich bald bemerkbar machten.

Wie es nun ist, wenn mehrere Männer beisammen sind: jeder hat seine Meinung, und jeder will rechthaben. Als man nun beriet, welchen Weg man nächsten Morgen fahren wolle, so gab es gleich Streit: einige wollten am Serethflüßchen entlang, andere geradeaus in die Ebene, und so konnte man sich nicht einigen.

Aus diesem Grunde zogen sie nun in fünf verschiedene Richtungen und sahen einander nie wieder. Niemand weiß, wer wirklich im Süden angekommen ist. Vielleicht sind alle von den Wölfen gefressen worden. Aber es könnte auch sein, erzählten früher die alten Bergbauern, daß die Kinder jener Auswanderer wieder zurückgekommen sind und die fünf Gemeinden – Wikow, Horodnik, Fratautz, Badeutz und Millischoutz – gegründet haben, denn nur so läßt es sich erklären, daß alle Einwohner hier »von einer Art« sind. (205)

Auf der Mönchau

Als die Deutschböhmen ins Buchenland einwanderten, befand sich dort, wo heute Karlsberg steht, die Ruine eines alten Klosters; und jene Stelle nannte man damals *Auf der Mönchau*. Rumänische Hirten erzählten, daß die Schätze der Mönche an sieben verschiedenen Stellen vergraben worden seien, bevor das Kloster von den Türken zerstört wurde.

Eines Nachts gingen die Ansiedler Franz Straub, Andreas Rippl, Georg Plechina und Josef Gaschler zum ehemaligen Kloster und zeichneten dort einen großen runden Kreis, um den Schatzgeist zu beschwören.

Nachdem sie eine Stunde lang verschiedene Beschwörungsformeln gesprochen hatten, erschien tatsächlich der Weiße Mann und sprach: »Straub soll mir die Hand reichen, damit ich ihn zum Schatz führ.« Der Angesprochene streckte zitternd die Hand aus. Als der »Mann« sie anfaßte, schrie er jedoch laut auf. Der Geist sagte nun: »Das war die erste Probe. Wenn Ihr den Schatz haben wollt, dann muß einer von Euch in diesem Jahr sterben. Seid Ihr damit einverstanden?« Die Männer verneinten, und der Spuk verschwand. (206)

Karlsberg

In der Nähe des Städtchens Bergreichenstein, der einstigen Hauptstadt des Bezirks Schüttenhofen im Böhmerwald, gibt es einen Berg, auf dem sich mächtige Ruinen befinden: es sind die Reste einer königlichen Burg.

Diese Karlsburg soll, wie es in einer Sage heißt, einst von Kaiser Karl IV. erbaut worden sein, der in den umliegenden Wäldern gern auf die Jagd ging. Nach ihm nannte man den Berg Karlsberg.

Als die Deutschböhmen ins Radautzer Ländchen kamen, brachten sie, zur Erinnerung an die Karlsburg, den Namen mit. Nach ihr nannten sie ihr Dörfchen Karlsberg.

*

In einer anderen Deutung des Ortsnamens heißt es, daß der Gründer der Glashütte, Reichenberg, sich nach Rosendorf bei Lubatschow wandte und zwei Glasmachermeister her rufen ließ. Als sie in Radautz eintrafen, schickte er sie ins Gebirge, den einen in Richtung Fürstenthal, den anderen in Richtung Putna. Sie sollten erkunden, ob es dort »das nöthige Material für die Glaßerzeugung gäbe«.

Jener, der Richtung Putna gewandert war, gelangte bei der Mündung eines engen Tales zu einer alten Klosterruine. Dort fand er unterhalb eines Berges geeigneten Sand für die Glasherstellung. Er hieß Karl Steiger und kehrte nach Radautz zurück.

Reichenberg war mit den Sandproben sehr zufrieden und beschloß, den Berg nach dem Glasermeister Karlsberg zu benennen. Später wurde der Name auch auf die Siedlung übertragen.

✳

Als die ersten deutschböhmischen Glasmacher sich 1803 im Tal ansiedelten, standen hier die Ruinen eines griechisch-orientalischen Klosters, das einst von den Türken zerstört worden war. Ringsherum wuchsen noch verwilderte Obstbäume, denn früher waren hier vermutlich Gärten gewesen. Unter den Einwanderern befand sich auch ein Mann namens Karl. Er leitete die Leute beim Bau ihrer Holzhütten an und bestimmte, daß im ehemaligen Klosterhof der deutsche Friedhof sein solle. Nach diesem Ansiedler nannte man den neuentstandenen Ort Karlsberg. (207)

Der Mond im Sutschewitzbach

Bald nachdem die Schwaben ins Radautzer Ländchen eingewandert waren und die Siedlung Deutsch-Satulmare gegründet hatten, soll sich folgendes zugetragen haben.

Eines Abends sah ein Bauer, wie der Mond sich im Sutschewitzbach spiegelte. Als er nun hinauf zum Himmel blickte, schob sich gerade eine Wolke vor den Mond, so daß es plötzlich ganz dunkel wurde. »Der Mond ist in den Sutschewitz gefallen!« rief der Bauer und eilte ins Dorf.

Bald kamen Männer und Frauen, mit Leitern und Stangen ausgerüstet, um den Mond wieder herauszuziehen. Sie suchten und suchten, konnten jedoch die Stelle nicht mehr finden, an der der Mond ins Wasser gefallen war.

Es dämmerte schon, da kam zufällig ein Huzule aus Wollowetz vorbeigeritten.

»Dobroje utro«, grüßter er nach huzulischer Art und fragte: »Was' passiert, was' passiert, was für ein Njekaß?«

»Der Mond ist in den Sutschewitz gefallen und wir können ihn nicht mehr finden!« riefen die Bauern.

»No«, sagte der Huzule, »wenn das so ist, ich hab den Mond bei mir in der Trajßta, will ihn verkaufen auf dem Markt in Radautz.« Damit holte er einen großen runden Käse hervor.

»Lieber Mann«, baten die Bauern, »verkauf ihn doch uns, wir zahlen gut. Denn ohne Mondlicht kann man abends bei uns im Dorf nicht mehr über die Straße gehn.«

»Aja«, meinte der Huzule, »wenn ihr mir wollt geben einen Taler, ich kann euch geben den Mond.«

Rasch holten die Bauern das Geld und trugen triumphierend »den Mond« ins Dorf. »Den setzen wir aufs Kirchdach, damit er uns von dort immer leuchtet!« Gesagt, getan.

Weil es aber an jenem Tag sehr heiß wurde, begann der Käse-Mond zu schmelzen, und bis zum Abend war er ganz weggeschmolzen. Die vielen Mäuse aber, die auf dem Dachboden der Kirche hausten, freuten sich über den herrlichen Käse, der nun am Gebälk herunterfloß.

Am Abend merkten die Leute, was geschehen war und jammerten und klagten. Wie groß war jedoch ihre Freude, als sie plötzlich den Mond wieder am Himmel sahen. »Es ist ein Wunder geschehen!« riefen sie.

Es sprach sich aber bald herum, wie das mit dem »Wunder von Deutsch-Satulmare« gewesen war, denn der Huzule hatte in einer Schenke in Radautz die Sache zum besten gegeben, und man lachte lange Zeit darüber.

Seither, heißt es, wollen die Leute aus Satulmare keine runden Schafkäse mehr sehen. Und wenn ihnen jemand einen Käse anbietet, so meinen sie, der will sie »über den Gansdreck ziehen«, wie es so schön heißt. (208)

Der Teich bei Kruhl

Oben bei Kruhl gibt es einen Teich, der soll so entstanden sein:

An einem Sonntag, als überall im Buchenland die Glocken läuteten und die Menschen, festlich gekleidet und froh gestimmt, vor ihren Häusern standen, bat ein alter kranker Mann einen Bauern um ein Stückchen Brot.

Der Bauer aber lachte, verprügelte den Bettler und jagte ihn zum Tor hinaus.

In der Nacht darauf ging ein Gewitter nieder, und während es blitzte und donnerte, versank das Gehöft – mit Menschen und Vieh und allem, was sich darin befand – in die Erde. Und an jener Stelle entstand ein kleiner Teich.

Man sagt, daß die Fische die Menschen seien, und die Kröten die Hunde. (209)

In der »Balte«

Oben bei Fürstenthal im Großbalker Wald gibt es einen kleinen Teich, *die Balte*. Hier soll einst, erzählten früher die böhmischen Glasbläser, ein alter Huzule, der viel Geld hatte, von einem Schafhirten erschlagen worden sein. Der Hirte raubte ihn aus und warf die Leiche in *die Balte*.

Es verging ein Jahr, und da zog er wieder mit den Schafen vorbei. Als er sich ahnungslos dem Wasser näherte, kam eine lange Hand heraus und riß ihn in die Tiefe.

Seither kann man nachts ein Klagen und Ächzen hören: das ist der Hirte, der unten in der Hölle seine schwere Schuld abbüßen muß. (210)

Baumgestalten

Wandert man am Fürstenthaler Bach aufwärts, gelangt man bald zur *Kühlen Wiese*; von hier führt dann der sogenannte Reitsteg in den Großbalker Wald. Bei den *Quellkaskaden* kann man auch heute noch seltsame Baumgestalten sehen: »das Kamel«, »den Elefanten«, »die Zwillinge« und »die Zwergnase«.

Es heißt, daß in frühen Zeiten – bevor sich die Deutschen im Tal niederließen und die Glashütte errichteten – hier ein Waldweib gehaust habe. Immer wenn sich ein Unbefugter ihrer Hütte näherte, wurde er in eine Baumgestalt verwandelt.

Längst ist das böse Waldweib tot; die merkwürdigen Bäume

aber stehen immer noch da und warten, daß jemand kommt und ihnen wieder ihr altes Aussehen »zurückgibt«. Wieso sich aber ausgerechnet ein Kamel und ein Elefant in dieses abgelegene Tal verirrt haben sollen, das wissen auch die Erzähler dieser Geschichte nicht zu sagen.

Bei Vollmond kann man das leise Klagen der Verwunschenen hören; doch wer sich zu nahe heranwagt, den fassen sie mit ihren langen Astfingern und lassen ihn nicht mehr los. (211)

Auf der Möhrer Almwiese

In der Nähe von Fürstenthal gibt es einen Bergrücken, der Hatschunka heißt und sich entlang des Tales erstreckt. Steht man oben auf der Kuppe, kann man weit hinüber in die Radautzer Ebene blicken.

Bis vor einigen Jahren stand hier, auf der *Möhrer Almwiese*, ein kleines altes Steinhaus, in dem nur noch Kreuzottern hausten, denn die einstigen Besitzer waren längst fortgezogen.

Als sich einmal ein Ortsfremder in diese Gegend verirrte und in der »Koliba« übernachten wollte, vernahm er ein merkwürdiges »Zischeln und Läuten«.

Erschreckt sprang er auf, brannte ein Streichholz an und leuchtete den Raum ab. Da erblickte er in einer Ecke einen mächtigen Schlangenkopf, der aus einem Loch hervorsah und eine kleine goldene Kette trug.

»Wenn du nicht sofort mein Reich verläßt«, sprach sie mit feiner Stimme, »rufe ich meine Soldaten.«

Der Wanderer ließ sich das nicht zweimal sagen, er nahm geschwind seinen Rucksack und lief davon. Spät am Abend kam er völlig erschöpft in Fürstenthal an und erzählte am nächsten Morgen, was er erlebt hatte. (212)

Auf der Alumsul

Drei Fürstenthaler Jungen – Ferdl, Mundl und Sefi – gingen einst in den Wald »Schwammerl« suchen. Als sie auf die Mönchwiese, die *Alumsul*, kamen, sahen sie einen großen schwarzen Mann mit Bart, langer Kutte und einem mächtigen Hut auf dem Kopf. Unbeweglich stand er da. Plötzlich bewegte er sich doch ein wenig und sprach: »Ein großer Krieg wird kommen, viele Menschen werden dabei zugrunde gehen. Die Lebenden aber werden nachher nicht genug Tränen haben für die Toten...« Dann ging er in den Wald und war verschwunden.

Tatsächlich brach bald danach der Zweite Weltkrieg aus, und die kleine deutschböhmische Siedlung hatte hundertsiebzig Tote und Vermißte zu beklagen. Damals erinnerte man sich noch oft an den »schwarzen Propheten«, wie jene Erscheinung auf der *Alumsul* genannt wurde. (213)

Beim Kaiser-Ahorn

Oben im Tal, wo die Quelle vom Kleinen Haschtunga in den Fürstenthaler Bach mündet, steht der Kaiser-Ahorn, ein Baum, von dem man sagt, daß er zur Zeit der Ansiedlung gepflanzt worden ist.

Eines Tages kam ein deutschböhmischer Bauer, der bei der *Messa-Wiese* gewesen war, hier vorbei. Unter dem Baum saß ein alter Huzule aus Oberhorodnik und rauchte Pfeife.

»Grüß Gott«, sagte der Böhme nach alter Art.

»Dobryi den«, dankte der Huzule.

So kamen sie ins Gespräch, und da erzählte der Oberhorodniker, daß der Boden unter dem Kaiser-Ahorn hohl sei und sich einmal im Jahr öffne: dann kann man den Bergmännchen bei der Arbeit zusehen. Wer sich ganz still verhält, bekommt nachher einen Golddukaten, wer spricht oder sich bewegt, der bleibt ein Jahr lang stumm.

Weil es nun gerade an der Zeit war, blieb der Böhme unter dem Baum. Es wurde Nacht und gerade als es zwölf war, krachte es in

der Erde und der Boden öffnete sich. Unten sah man viele Bergmännchen, die emsig Karren schoben, auf denen Goldstücke lagen, die glänzten und glitzerten, daß es eine Freude war. Der
Böhme biß sich auf die Lippen, um keinen Laut hervorzubringen,
und so verging eine Stunde. Bevor sich der Spalt wieder schloß,
warf ein Bergmännchen zwei Golddukaten nach oben. Der Huzule
fing sie auf, und erst nachdem es wieder still war, gab er einen dem
Fürstenthaler.

Das soll sich im vorigen Jahrhundert zugetragen haben, und der
Mann war der Vater vom Wastl-Motheisl, dem Joseph Augustin.
(214)

Die Schkorbura

In der Nähe von Karlsberg gibt es eine Anhöhe – die Schkorbura.
Der Name soll sich vom rumänischen Wort »*scorbura*« herleiten,
was soviel wie Wölbung oder Höhlung bedeutet.

Es heißt, daß in der Schkorbura viele unterirdische Gänge seien,
die einst von Menschen gegraben wurden. Hier versteckten sich in
früheren Zeiten die Heiducken aus dem nördlichen Buchenland
und horteten Schätze, die sie den reichen Kaufleuten abnahmen.

Als die Deutschböhmen sich im Putnatal ansiedelten und das
Dörfchen Karlsberg gründeten, hörten sie von den Rumänen zahlreiche Geschichten über die unterirdischen Schätze in der Schkorbura. Manch ein Siedler versuchte, den Eingang in den Berg zu
finden oder begann nach Schätzen zu graben. Doch keiner hatte
Glück.

*

Im vorigen Jahrhundert gingen eines Nachts drei Karlsberger –
Adam Neumark, Alois Aschenbrenner und Jakob Schaffhauser –
auf die Schkorbura, um unterhalb des Waldes nach Gold zu suchen.
Während Neumark und Aschenbrenner fleißig gruben, legte sich
Schaffhauser ein bißchen ins Gras, um zu schlafen.

Plötzlich sprang er auf und rief um Hilfe. Seine beiden Freunde fragten ihn, was geschehen sei. Er sagte, daß unter ihm die Erde ganz heiß sei und er sich verbrannt habe. Nun wußte er, daß hier in der Erde ein Schatz liegen müsse. Weil sie aber gesprochen hatten, versank dieser so tief, daß er nicht mehr gehoben werden konnte.

*

In einer anderen Nacht gingen fünf Männer – Josef Schuster, Johann Draxler, Johann Klingsmeyer, Johann Neuburger und Wenzel Riedl – auf die Schkorbura, um nach Gold zu graben. Riedl befaßte sich auch mit Magie und hatte einen Zauberstab mitgebracht, mit dem er einen Kreis zog. Nun begannen Neuburger und Schuster zu graben. Plötzlich ließ Schuster den Spaten fallen und begann wie wild zu tanzen (später sagte man,»der Böse hatte ihn ›packt‹«).

Als Ried sah, daß Schuster im Banne des Teufels stand, berührte er ihn rasch mit dem Zauberstab. In diesem Augenblick hatte der Spuk ein Ende, Schuster kam wieder zu sich und erzählte, daß er eine wunderbare Musik gehört habe, auf die er tanzen mußte.

*

Auf der Schkorbura gibt es auch einen Felsen und da konnte man früher an der einen Wand eine Hand sehen, die hier eingemeißelt war. Sie zeigte auf eine Stelle, wo einst, so hieß es damals, die Heiducken ihre Schätze vergraben hatten.

Viele Karlsberger haben im Laufe der Zeit hier gegraben, in der Hoffnung, etwas zu finden. Ihre Mühe war jedoch vergeblich.

So sagt man heute, daß diese Hand von den Heiducken angebracht worden war, um die Menschen irrezuführen. Die Schätze aber sind an einer ganz anderen Stelle vergraben worden. (217)

*Teufel und Hexe, Holzschnitt aus Ulricus Molitor: De
laniis et phitonicis mulieribus, 1490*

Der Teufelsbach

Überall, wo der Teufel sein Unwesen getrieben hat, gibt es einen
Teufelsbach, einen Teufelsstein, eine Teufelshöhle... Weil aber
die Menschen im Buchenland arbeitsam und fromm sind, so hat es
der Teufel hier immer schon schwer gehabt. Nun, wo keine Sün-
der sind, da ist auch die Arbeit des Teufels nicht leicht.

Zwischen Buchenhain und Fürstenthal, im Radautzer Länd-chen, gibt es eine Bergwiese; dort stand einst ein Dörfchen: Buche-nau. Die Bewohner waren arme Bergbauern und Holzarbeiter, die sich oft drüben in Solka verdingen mußten; die Zipser sagen auch »in Klake gehn«, was soviel bedeutet wie Frondienst leisten.

Es heißt, daß hier eines Tages der Teufel erschienen ist; er hatte erfahren, daß die Bewohner vor kurzem – durch eine Seuche – alle ihre Schafe verloren hatten. So kam er, als Wandersmann verklei-det, eines Sonntagnachmittags zu den Bauern und machte ihnen folgenden Vorschlag: er werde ihnen aus der Not helfen, wenn sie ihm dafür nach Ablauf eines Jahres drei Wünsche erfüllen. Was für Wünsche das sein würden, wollte er ihnen jedoch nicht verraten. Die verzweifelten Menschen sahen keinen anderen Ausweg, als auf den Vorschlag einzugehen. So kam es, daß sie bald alle neue Häuser, Vieh, Stallungen und weite Bergfelder besaßen. Wenn jemand aus Gurahumora heraufkam, mußte er sich über den plötz-lichen Reichtum nur wundern.

Ein Jahr verging rasch, und eines Sonntagnachmittags erschien der Teufel wieder. Diesmal forderte er seinen Lohn: er wollte die Seelen der drei jüngsten und schönsten Mädchen haben. Lange verhandelten die Bauern mit ihm, doch er ließ sich einfach nicht umstimmen. Man bot ihm anstelle der drei Mädchen die halbe Ernte des letzten Jahres, und einige ältere Bauern erklärten sich auch bereit, bei ihm »in Klake zu gehn«. Doch der Teufel blieb hart und wollte davon nichts wissen: Abmachung sei Abmachung.

Da wurden die Bauern wütend, griffen nach ihren Streitäxten und Knütteln und vertrieben den Teufel, der nun um sein Leben laufen mußte.

Es vergingen einige Tage, und die Bergbauern freuten sich schon, den Teufel überlistet zu haben, da brannte eines Nachts die ganze Siedlung nieder. Nur wenige Bewohner konnten sich vor dem Feuertod retten. Tagelang führte der Bach schwarze Kohlen hinunter ins Tal. Seither heißt er Teufelsbach – rumänisch *Gîrla Dracului*. (216)

Der Graf mit der Trischka

Amol is kommen nach Boderlau – a klaanes Dorf, was liegt beim
Berg, was heißt Großer Schander – amol is kommen a feiner Graf
in a goldene Kutschen; er hat auch gehabt zwei Diener, was sein
mitfahren hinter der Kutschen und was haben die Tür aufmacht,
damit der feine Herr kann aussteigen.

Der Graf is ausstiegen in Boderlau und hat fragt a Bauern:
»Was kostet a Huzulenkind?«
Der Bauer hat sagt: »Mir verkaufen keine Kinder nit!«
Anu hat der Graf genommen eine Trischka und hat darauf spielt
aso scheen, daß alle Kinder vom Dorf sein kommen und wollten sie
gehn mit ihm.

Wie die Bauern gesehen haben, was der Graf da macht, na, da
habens genommen Äxte, habens genommen Betzen oder Tscho-
magen und habens dreindroschen wollen. Aber der Graf is gelaufen, schnell wie a Hunderl. Und der eine Bauer hat gehabt a
Gewehr, und hat er geschossen, aber der Graf war nit tot: is er
fortgeflogen als ein großer schwarzer Vogel. Die Diener und die
Pferde aber waren aso auf amol schwarze Mäuserl und sind
schwupp in die Erd verschwunden. Die scheene Kutsche aber war
auch auf amol weg... Und da haben die Leute gewußt: das war
gewesen der Dittio. (217)

Doubusch

Vor etwa zweihundertfünfzig Jahren gab es im Buchenland einen
berühmten Heiducken, der Doubusch hieß. Ob das nun sein richtiger Name war und woher er stammte, weiß man heute nicht mehr,
obwohl viele seiner Heldentaten noch bekannt sind.

Es heißt, daß er unverletzlich war: keine Flintenkugel konnte ihn
töten, kein Axthieb erlegen und kein Feuer verbrennen. Außerdem
verfügte er über ungewöhnliche Kräfte. Mit den bloßen Händen
konnte er einen Bären erwürgen; wurde er von einem Wolf ange-
sprungen, so steckte er ihm die Faust in das geöffnete Maul, und
der Wolf mußte jämmerlich ersticken.

Als er noch ein kleiner Junge war und die Schafe hütete, sah er auf einem Feld einen weißen Raben, der sich in einer Dornenhecke verfangen hatte. Doubusch eilte hin und befreite den Vogel. Als der aber nicht auffliegen konnte, warf ihn Doubusch einige Male in die Luft – bis ein Windstoß kam und ihn forttrug. Für diese gute Tat wurde er von der Waldfee Wila belohnt, sie schenkte ihm Kraft und Unverletzlichkeit. Denn Mut besaß er schon: schließlich war er ja der Sohn eines Huzulen.

Doubusch war ein gerechter Räuber: er nahm nur von jenen, die zuviel besaßen und in Überfluß lebten; und er half den Armen, wo er konnte. Deshalb war er beim einfachen Volk beliebt, bei den Reichen und Herrschenden jedoch war er verhaßt.

Ein Teil des vielen Goldes, das er als Lösegeld bekam, wenn er eine reiche Kaufmannstochter oder die Frau eines Grafen entführt hatte, versteckte er in seinem Schlupfwinkel, in einer Höhle unterhalb der Spitze des Tschorna Hora.

Im Jahr 1745 wurde er vom Mann seiner Geliebten in der Nähe des Dörfchen Kosmatsch aus dem Hinterhalt mit einer geweihten Kugel erschossen.

Nun begannen viele Hirten und Bergbauer, doch auch Waldhüter und Soldaten nach dieser Höhle zu suchen. Das ging so einige Jahre: sobald das Frühjahr kam, begegnete man in den Wäldern unterhalb des Tschorna Hora allen möglichen Menschen, die nach dem Schlupfwinkel forschten. Doch bis heute hat niemand etwas gefunden. Es heißt, die Höhle ist mit einer beweglichen Steinwand so versperrt, daß man als Uneingeweihter von außen nichts erkennen kann. Man sagt aber auch, die Zeit zur Erschließung dieser Schätze ist noch nicht gekommen: erst in fünfhundert Jahren – manche Bergbauern meinen auch, daß noch tausend Jahre vergehen müssen – wird ein Mensch auf das Versteck stoßen.

In einer anderen Erzählung heißt es, daß sich Doubuschs Schlupfwinkel in einem Felsen befand, der am Weg nach Wischnitz in der Nähe des Dorfes Putilla steht. Hier gibt es eine tiefe Höhle, und an einer bestimmten Stelle in der Wand – die jedoch noch niemand hat entdecken können – befindet sich der Verschluß: rührt man dran, öffnet sich der Felsen, und dahinter befindet sich ein hoher Raum, in dem viele Schäffer voll Gold stehen.

Immer wenn sich Doubuschs Todesstunde jährt, könnte man leicht den Verschluß erkennen, weil dann an jener Stelle einige Blutstropfen hängen. Leider weiß man aber heute nicht mehr genau, an welchem Tag Doubusch erschossen wurde – überliefert ist nur das Jahr –, und so suchen die Bauern aus Putilla und von anderswo immer noch vergeblich nach Doubuschs Schätzen. In der Gegend von Strascha erzählen die Bergbauern, daß Doubusch nicht unverletzlich gewesen sei, sondern nur sein Geheimnis zu hüten wußte. Selbst seinen besten Freunden verriet er nicht, wie man ihn töten könnte.

Eines Tages lernte er jedoch eine Frau kennen: es war die wunderschöne Axenia des Stepan Dzwinka, eine Huzulin mit schrägen Augen und glänzendem schwarzem Haar, das sie zu einem dicken Zopf geflochten hatte. In Axenia verliebte sich Doubusch so, daß er ihr eines Tages, auf ihr Bitten hin, sein Geheimnis sagte: nur eine geweihte Silberkugel, die eine schöne Frau drei Tage lang in der Achselhöhle getragen hatte, konnte ihn tödlich verletzen.

Axenia versprach hoch und heilig, daß nie jemand dieses Geheimnis erfahren werde. Doch wie Frauen so sind: eines Tages beginnen sie doch zu reden; und auch Axenia erzählte die Sache »nur« ihrer besten Freundin, Jowanka, einem ebenso schönen Huzulenmädchen.

Diese Jowanka nun war ein bißchen neidisch auf die viel ältere Axenia, weil diese einen so berühmten Freund und Geliebten hatte. Darum verriet sie eines Tages Doubuschs Geheimnis einem Förster. Der aber erzählte es einem Gendarmen. Und der wiederum beschaffte sich die nötige silberne Kugel und erschoß Doubusch, als dieser ahnungslos von Putilla nach Wischnitz ritt.

Als Doubusch tot war, flog ein weißer Vogel auf – zu der fernen Spitze des Tschorna Hora und von dort weiter in den Himmel: das war, sagen die Huzulen, die Seele des Heiducken, die nun »im Jenseits um Einlaß bat«. Und es ist sicher, daß sie dort eingelassen wurde, weil der Heiduck zeit seines Lebens vielen armen Menschen geholfen hatte.

Doubuschs Körper aber wurde auf eine Bahre aus jungen Tannen gelegt, mit kostbaren gestickten Tüchern zugedeckt und von seinen Freunden hinauf zur Spitze des Tschorna Hora getragen.

Dort, in einer tiefen Felsenspalte, wo schwer jemand hinkommen kann, ist Doubuschs Grab. Tausend Jahre wird er ruhen, dann aber kehrt er wieder unter die Menschen zurück – als Heiduck oder als einfacher Bergbauer; das kann man jetzt noch nicht so genau sagen. (218)

Dari

Vor zweihundert Jahren gab es im Sutschawatal einen Heiducken, der Dari hieß. Der war nicht so berühmt wie Doubusch, doch hat auch er eine Reihe von Heldentaten vollbracht.

Als der kleine Dari einmal hinauf in den Wald ging, um Pilze zu sammeln, begegnete er der Waldmutter. Die fragte ihn dieses und jenes, was es noch so an Neuigkeiten unten bei den Menschen gebe. Der Junge antwortete höflich, und das gefiel der Waldmutter.

»Wünsch dir was, mein Bub«, sagte sie beim Abschied.

»Ich hätt' gern a Pfeiferl, was mich stark macht wie a Bär«, sagte Dari.

»Hier hast' a Pfeiferl«, erwiderte die Waldmutter.

Und so ausgerüstet, begann Dari bald darauf ein freies Heidukkenleben zu führen. Wegen des Pfeiferls aber konnte ihn niemand besiegen. Das gab ihm Kraft für zehn Männer.

Einmal stahl er die volle Kasse der Salzsiederei in Katschika und verteilte das Geld unter die Waldarbeiter und Bauern in der Gegend von Brodina.

Ein anderes Mal plünderte er einen Gutshof des Adligen Flondor, in der Nähe von Storoshinetz – gerade als der Besitzer nach Czernowitz gefahren war. Dari ritt ihm entgegen, wartete unterwegs in einem kleinen Wald und nahm ihm und seiner Frau noch die goldene Uhr und sämtlichen Schmuck ab. Diese Beute schenkte er zum Teil armen jüdischen Bauern, die in der Gegend von Czernowitz in Erdhütten hausten. Einige der Kostbarkeiten tauchten später bei verschiedenen Czernowitzer Juwelieren auf und mußten an Flondor zurückgegeben werden.

Verkleidet als Priester, Mönch, Offizier oder Handelsreisender

einer Wiener Firma hielt sich Dari sogar öfters auch in der buchen-
ländischen Hauptstadt Czernowitz auf, wo ihn niemand erkannte.
Als man dann schließlich doch merkte, wer er war, verschwand er,
»als hätt' es ihn nie gegeben«.

Eines Tages wurde Dari von den Gendarmen erkannt und festgenommen, gerade als er in einer Kneipe in Wischnitz seinen
Geburtstag feiern wollte.

Bald darauf errichtete man auf der Hutweide seines Heimatdor-
fes Mardschina einen Galgen und henkte den »großen Räuber
Dari«, der jedoch von Doubusch weit übertroffen wurde. Das war
im Jahr 1808, und Dari war gerade siebenundzwanzig Jahre alt
geworden.

*

Es heißt aber auch, daß Dari zu Beginn des vorigen Jahrhunderts in
der Gegend zwischen Althütte und Karlsberg gelebt hat, als die
Deutschböhmen ins Land kamen.

Man erzählte sich, daß er der Sohn eines polnischen Adligen war
und eine gute Schulbildung erhalten hatte. Doch das ruhige Leben
auf dem Gut seines Vaters gefiel ihm nicht, und so lief er eines
Tages einfach davon, nahm ein Pferd, Proviant und auch etwas
Geld mit und begann ein freies wildes Räuberleben zu führen.

Wenn er zusammen mit seinen Gesellen eine Postkutsche oder
einen Herrensitz überfiel, pflegte er immer in sehr höflichem Ton
die Herausgabe des Geldes zu fordern. Er sagte: »Haben Sie die
Freundlichkeit und geben Sie uns, bitte, Schmuck und Geld!«

Nachdem er all das Geforderte erhalten hatte, verabschiedete
sich Jan Dari: »Meinen verbindlichsten Dank. Der Herr beschütze
Sie auf Ihrem weiteren Weg«, verneigte sich tief und ritt davon. Er
war eben ein Heiduck mit sehr feinen Manieren, meinten die
Bauern.

Die Bauern aus der Gegend bei Kraßna-Ilsky haben über den
Heiducken Dari viele merkwürdige Geschichten erzählt, die zum
Teil wahr, zum Teil aber wohl erfunden sind.

Es heißt, daß Dari, als er neun Monate alt war, von einer armen

Frau im Kleinserether Tal ausgesetzt worden sei. Die Wölfe oder anderen wilden Tiere sollten ihn fressen. Zu seinem Glück aber zog am nächsten Tag eine Zigeunerschar hier vorbei. Sie hörten das Kind schreien und nahmen es mit. So wuchs er bei den Zigeunern auf, lernte ihre Sprache und Sitten, und als er achtzehn Jahre alt war, ritt er eines Tages davon und wurde Heiduck.

Später pflegte er zu sagen: »Ich fürchte mich nicht vor den Soldaten und Gendarmen – nur vor den Zigeunern habe ich ein bißchen Angst, denn ihnen gegenüber bin ich undankbar gewesen.« Darum beschenkte er auch reichlich alle umherziehenden Zigeuner, denen er begegnete. Er wollte seinen Fehler wieder gutmachen.

Als er eines Tages in der Nähe von Radautz gefangen wurde und ins Gefängnis geführt werden sollte, befreiten ihn zwei junge Zigeuner, die sich als Gendarmen verkleidet hatten.

Doch nachher wurde er nicht mehr gesehen.

＊

Bei den ruthenischen Bauern heißt es auch, daß Dari als Säugling in einem Körbchen den Kleinen Sereth hinunter geschwommen sei. Bei Kraßna holten ihn Frauen, die gerade Wäsche wuschen, mit einer langen Stange ans Land.

Eine alleinstehende Witwe erbarmte sich seiner und zog ihn groß. Als er achtzehn Jahre alt war, starb die gute Frau und Jan Dari ging fort und wurde Heiduck, »weil er das Mitleid der Menschen nicht mehr ertragen konnte«.

Er beschaffte sich von den Reichen viel Geld und verschenkte es an die Armen, die ihm einst geholfen hatten.

＊

Eine alte Deutschböhmin in Radautz, die hier im vorigen Jahrhundert lebte und aus Augustendorf zugewandert war, erzählte einst, daß Dari italienischer Abstammung gewesen sei. Sein Vater war Steinmetzmeister – so, wie viele Italiener in den südbukowinischen Dörfern – und stammte aus Eisenau bei Wama. (219)

Kaluschnik

Im vorigen Jahrhundert hauste in den Wäldern zwischen dem Witzau- und dem Berkeßtal ein Heiduck, der Bernhard Kaluschnik.

Man sagt, daß er der Sohn eines Huzulen und einer Deutschen war. Seine Mutter stammte aus dem Dörfchen Karlsberg; ihr Vater war ein armer böhmischer Holzfäller gewesen, der allein neun Kinder großgezogen hatte, denn seine Frau war bei der Geburt des neunten Kindes gestorben. Soviel ist über Kaluschniks Herkunft überliefert worden.

Er wuchs in Sandau, einem Weiler bei Brodina, auf, wo auch seine Eltern lebten. Schon als kleiner Junge besaß er ungewöhnliche Kräfte.

Als er einmal während des Winters im Keppawald von zwei Wölfen angefallen wurde, zog er das Messer, lehnte sich mit dem Rücken an einen Baum und schlug dem ersten Wolf mit dem Stiefel so geschickt in die Schnauze, daß der heulend davonlief. Dem anderen schlitzte er den Bauch auf, als der ihm an die Kehle springen wollte.

Ein anderes Mal – das soll sich in Falken zugetragen haben – packte er einen wütenden Stier an den Hörnern und brach ihm das Genick.

Als einmal ein Bär in die Schafhürde der Gemeinde Brodina einbrach, befand sich der junge Kaluschnik zufällig in der Sennhütte bei den Hirten. Er nahm einen »Tschomak« und stieß ihn dem Bären ins weit geöffnete Maul; gleichzeitig stach er mit dem Messer zu und traf den Bären, der sich auf die Hinterbeine erhoben hatte, mitten ins Herz.

Eines Tages gefiel es ihm jedoch in Sandau nicht mehr. Er »borgte sich« das Pferd des Oberförsters aus Brodina und ritt einfach davon, ohne sich von jemandem zu verabschieden.

Bald sprach man überall von Bernhard Kaluschnik, dem gefürchteten Heiducken.

Die huzulischen Bergbauern aus der Gegend von Oberwikow erzählen, daß Kaluschnik ein Sohn der Mittagsmutter war. Die hatte, als sie einmal an einem heißen Sommertag über die Schikower Flußau ging, einen jungen Hirten behext, der ahnungslos unter einem Baum schlief, während die Kühe friedlich weideten. Die Mittagsmutter kam lautlos herangeflogen, führte ihn fort und machte ihn zu ihrem Knecht. Sieben Tage lang mußte er ihr dienen. In dieser Zeit bekam er nichts zu essen und durfte nur warmes Wasser trinken (denn die Mittagsmutter mag kein kaltes Wasser).

Während dieser »Klacka« wurde ein Kind gezeugt: Bernhard Kaluschnik, der später selbst hexen konnte, denn das hatte er bald seiner Mutter abgeguckt.

So vermochte er später seine Verfolger immer wieder zu täuschen und konnte nicht gefaßt werden. »Der hat es mit dem Teifl«, pflegte man damals zu sagen.

*

Von Kaluschniks »heißem« oder »bösem Blick« gibt es die merkwürdigsten Geschichten.

Einmal befand er sich in einer jüdischen Kneipe in der Gegend zwischen Unterwikow und Altfratautz. An den Tischen saßen bei Schnaps und Bier viele Bauern und es ging sehr laut und lustig zu: einige Männer tanzten nach huzulischer Art, während die Frauen bedienten.

Plötzlich ging die Tür auf und zwei österreichische Gendarmen betraten den Raum. Sicher hätten sie Kaluschnik sofort verhaftet und mitgenommen, doch der rief, bevor sie noch ein Wort sagen konnten: »Los, tanzt, Soldaten, tanzt!«

Und es geschah ein Wunder: die Gendarmen legten rasch Gewehre, Riemzeug und Helme ab, tanzten und tranken, bis sie unter die Tische rutschten und einschliefen.

Der Heiduck aber bezahlte die Zeche und ritt weg.

Am nächsten Morgen, als die Gendarmen aus ihrem Rausch erwachten, begannen sie wütend nach Kaluschnik zu suchen; der war aber schon über alle Berge.

Alte Bauern meinen auch, Kaluschnik sei ein Sohn der Sonnenfrau, die man früher oft in der Serether Niederung sehen konnte.

Die Sonnenfrau war eine Hexe, die die Bauern bei der Feldarbeit störte, sie müde machte, Kopfschmerzen verursachte, die Sinne verwirrte oder die Menschen für einige Stunden einfach fortführte. Wenn sie dann wieder zu sich kamen, war es schon Abend und die Armen befanden sich weit weg von Feld und Dorf und mußten nun einen langen Weg zurücklaufen. Vor der Sonnenfrau konnte sich niemand schützen.

Vor ihr hatte Kaluschnik den »heißen Blick« bekommen; der wirkte nicht nur auf junge Mädchen und Frauen, sondern auch auf seine Feinde: schaute er sie scharf an, waren sie buchstäblich festgenagelt und konnten sich nicht mehr rühren. Gendarmen und Soldaten standen wie gelähmt da, und niemand wagte es, ihn anzufassen. So ritt Kaluschnik vor den Augen seiner Feinde seelenruhig davon.

Als Kaluschnik älter wurde, machte ihm das freie wilde Heidukkenleben immer weniger Spaß; und so sah er sich nach einem ruhigen Ort um, wo er seine letzten Jahre verbringen wollte.

Es heißt, daß Kaluschnik dann in einem einsamen Gehöft, oben im Tal der Großen Bilka, bei einer Huzulenwitwe noch viele Jahre glücklich und zufrieden gelebt hat. Im Radautzer Ländchen und in anderen Gegenden des Buchenlandes aber glaubte man, daß er gestorben sei.

Die Bergbauern aus der Umgebung wußten nicht, daß der neue Wirt auf dem Hof der Jewkaterina (so hieß die Witwe) der einst berühmte Heiduck war. Selbst seine Frau ahnte nicht, wen sie da aufgenommen hatte. Sie fragte ihn auch nie nach seiner Herkunft und war zufrieden, daß sie einen Mann bekommen hatte.

*

In einer anderen Geschichte heißt es, daß Kaluschnik – schon »ieber die fimfunddreißig, wann die G'scheitheit kommt« – eine fromme Witwe aus einem kleinen Bergdorf geheiratet hatte. Er gab sich jedoch nicht zu erkennen und sagte, daß er aus dem Städtchen Radautz stamme und ebenfalls Witwer sei.

Erst kurz vor seinem Tod beichtete er dem Popen seine Sünden, und nun erfuhr auch seine Frau, daß sie viele Jahre mit einem Heiducken zusammengelebt hatte.

Die war sehr böse und sagte:

»Ich war Magd beim Herrn von Flondor und hab viele feine Herren vor dir gekannt, aber ein Räuber und Heiduck war nicht darunter. Von nun an kommt mir auch kein Mann mehr ins Haus, von dem ich nicht weiß, was er sonst getrieben hat...«

So schimpfte sie auf den sterbenden Kaluschnik ein. Der aber schloß die Augen und war tot. (220)

Heiduck Goldmaul

Der Heiduck Goldmaul war nicht so berühmt wie Romanowitsch, Böhm, Kaluschnik oder Doubusch, aber einige »scheene Stickl« hat auch er angestellt.

Es heißt, daß er aus dem Dörfchen Lichtenberg stammte. Welches sein eigentlicher Name war, weiß man heute nicht mehr.

Die deutschen Bauern meinen, er sei Huzule gewesen und habe Iwan Zupp geheißen. Die Huzulen aber erzählen, daß er Deutscher oder Jude war. Und der frühere Pfarrer des Dörfchens Ulm sagte einmal, Goldmauls eigentlicher Name lautete Franz Josef Mottl. Weil er aber viele Goldzähne hatte, nannte man ihn auch Goldmaul-Franzi.

Als er noch jung war, verdingte er sich als Schafhirte beim Sutschewitzer Kloster, wo er ein ruhiges Leben führte und keinerlei Not litt.

Wie er nun so auf der Alm stand und, gestützt auf den Hirtenstab, vor sich hindöste, kamen ihm allerlei merkwürdige Gedanken: er träumte, einst ein berühmter Mann zu werden, reich zu sein und wenig zu arbeiten. Goldmaul »klärte und klärte«, und eines Tages, als wieder eine herrschaftliche Kutsche zum nahen Kloster fuhr, sprang er auf die Straße und hielt sie an. Mit seinem Knüttel prügelte er Kutscher und Diener vom Bock und nahm den feinen Damen Geld und Schmuck ab. Dann spannte er ein Pferd aus und ritt mit reicher Beute davon. So begann sein neues Leben als freier Heiduck.

Bald hatte Goldmaul viel Schmuck angesammelt, und so ließ er sich von einem Zahnarzt in Radautz die guten Zähne reißen und falsche Goldzähne einsetzen. »Sei Goschn hat so glänzt wie die Sonne«, sagten die Bauern. Daher der Beiname Goldmaul.

Zuerst wurde er in den polizeilichen Steckbriefen unter der Beschreibung »Franz Josef Mottl, Schafhirte des orthodoxen Religionsfonds Kloster Suczewitz« geführt; später kam noch die Bezeichnung »im Volke genannt Goldmaul, weil alle Vorderzähne aus Gold sind« hinzu. Dann nannte man ihn überall nur noch Goldmaul oder Gură de aur.

Als er eines Tages beim Überfall auf eine Postkutsche zwischen Czernowitz und Sereth gefaßt wurde, nahm die Polizei bald auch einen Juwelier in Radautz, Hermann Goldfinger, fest, der mit Goldmaul in »geschäftlichen Beziehungen« stand. Er schmolz den geraubten Schmuck ein und fertigte daraus Eheringe und Kreuze für die Huzulen an.

Nach dem Prozeß in Radautz, etwa Mitte des vorigen Jahrhunderts, sagten die Leute: »Goldmaul und Goldfinger haben gemeinsame Sache gemacht und mit ihren Ringen und Kreuzchen glückliche Ehen gestiftet.« (221)

Die Eiche am Rochlerbach

Zwischen Sutschewitz und Buchenhain, am Ufer des Rochlerbaches, der oben im Gebirge entspringt, stand bis vor kurzem eine alte Eiche. Hier pflegten die Bergbauern, wenn sie von Sutschewitz nach Gura Humorului wanderten, ein wenig zu rasten.

Diese Eiche, erzählt die Sage, ist vom berühmten Heiducken Böhm gepflanzt worden. »Der alte Böhm«, wie ihn das Volk nannte, hauste im vorigen Jahrhundert in den tiefen Wäldern des Großen Schander, an dessen Fuße das Dörfchen Boderlau liegt.

Böhm war jedoch kein gemeiner Räuber: Er nahm von den Reichen, die in Überfluß lebten, und half den Armen, die Not litten. So war er bei den einfachen Bergbauern beliebt; jeder gewährte ihm gern Unterschlupf, wenn er von den kaiserlichen Gendarmen verfolgt wurde.

Einmal ritt Böhm zusammen mit anderen Heiducken von Mesteceni über die Berge hinüber nach Sutschewitz. Plötzlich sahen sie sich von Soldaten eingekreist; es kam zu einer Schießerei, die Heiducken wurden gefangen genommen oder getötet, und nur Böhm konnte fliehen. So ritt er immer am Rochlerbach entlang, bis er zu jener Stelle kam, wo später die Eiche stand. Hier hielt er an, nahm eine Eichel aus der Tasche, die er immer bei sich trug und die ihn vor Unheil bewahren sollte, und steckte sie tief in die weiche feuchte Erde. »Zaubereichel, dich brauch ich nit mehr, denn meine Kameraden ßein tot«, sagte er.

Was aus »dem alten Böhm« geworden ist, weiß man nicht. Vor dem letzten Weltkrieg, heißt es in Oberwischau, hat man ihn noch oben im Wassertal gesehen. Seither ist er jedoch »verschwunden«, und es ist sicher, daß er nun nicht mehr am Leben ist, denn heute wäre er weit über hundert Jahre alt. (222)

Böhm und die Wölfe

Der Heiduck Böhm trug immer eine Knute bei sich, an deren Ende schwere Bleikugeln hingen. Wohin er damit schlug, sagten die Bauern, da wuchs nachher kein Gras mehr, da regte sich nichts mehr.

Einmal ritt er während des Winters von Unterwikow an der Sutschawa entlag nach Strascha. Dort, wo die Laura in den Putnabach mündet, wurde er von einem Rudel Wölfen angefallen.

Böhm holte aus und schwenkte die Knute so, daß er gleich zwei Wölfe auf einmal erschlug. Nun stürzten sich die anderen darauf und fraßen sie auf.

Nach einiger Zeit waren wieder Wölfe hinter ihm her. Auch diesmal ließ Böhm die Knute sausen und erschlug gleich zwei.

Nun erreichte er das Dorf und war gerettet. (223)

Die guten und die bösen Feen

Früher, als in den Wäldern zwischen Lichtenberg und Sutschewitz noch keine Motorsägen knatterten, lebten hier viele Feen. Manche waren den Menschen gutgesinnt, andere nicht.

Die Waldfeen wohnten oben auf dem Pleschberg auf einer einsamen Wiese, wohin sich niemals ein Mensch verirrte. Dort stand ihr Schloß, und rings um die Mauern wuchsen wilde Rosen. Die Waldfeen schützten das Wild und straften unbefugte Jäger.

Oben am Himmel wohnten die Wind- und die Wolkenfeen. Die waren je nach Laune gut oder böse. Manchmal faßten sich die Windfeen an den Händen und tanzten einen wilden Reigen. Dann sagten die Menschen unten in den Tälern: »Es kommt ein Wirbelwind« (tatsächlich aber waren es die Windfeen, die über die Kornfelder liefen und die Ähren niedertraten, so daß große »Mulden« zurückblieben). Spielte ein Kind am Humorbach und fiel ins Wasser, so brachten es die Wasserfeen wieder ans Ufer. Anders hätten es die Wassermenschen »erwischt« und unten behalten – was auch manchmal vorgekommen sein soll. (224)

Die Windfee

Zu Beginn dieses Jahrhunderts kam Pfarrer Paul Kersten eines Tages aus Unterwikow zurück nach Deutsch-Altfratautz, wo er damals wohnte. Etwa dort, wo der Petribach in die Sutschawa mündet, sah er, wie am Dorfrand aus dem Haus der Witwe Lemberger lange weiße Rauchschwaden aufstiegen.

Zuerst dachte Kersten, es brennt, doch dann löste sich der Rauch und flog wie eine Fahne über das Dorf.

Nun konnte man ganz deutlich eine Windfee erkennen, die mit ihrem weiten Gewand über Dächer und Bäume strich. Ihr Gesicht war feurig rot und glänzte in der Abendsonne.

Schließlich erhob sie sich hoch in die Lüfte und verschwand in der untergehenden Abendsonne.

Damals deutete man diese seltsame Erscheinung so: bald wird ein Unwetter kommen und großen Schaden anrichten.

Tatsächlich gab es nach einigen Wochen einen großen Sturm, der Dächer zerstörte und Bäume entwurzelte. Ein einziges Haus wurde jedoch verschont: jenes, aus dessen Schornstein die Windfee aufgestiegen war. Es hieß früher: wenn die Windfee bei jemandem zu Gast war, ist er vor Unwetter geschützt. Sie kommt an warmen Sommerabenden durch das Uhlenloch auf den Dachboden und stöbert dort im Mais herum. Darum soll man, wenn es am Boden raschelt, nicht nachsehen oder Lärm machen, denn sonst erschrickt sie und wird böse. (225)

Dokia

Einem Huzulen war die Frau gestorben, und weil er eine kleine Tochter hatte, mit der er nun allein in seinem Gehöft wohnte, heiratete er nach einem Jahr zum zweitenmal. So bekam das Mädchen eine Stiefmutter, und auf dem Hof war nun eine neue Herrin, die sich um die Wirtschaft kümmerte.

Bald merkte aber das arme Kind, daß Jeudocha – so hieß die Stiefmutter – eine böse Frau war, und während eines Winters, als es draußen stark schneite und der Mann hinunter ins Dorf gegangen war, sagte die Frau: »Lauf rasch in den Wald und hol mir Himbeeren, ich hab eine starke Lust danach!«

Das Mädchen aber erwiderte verwundert: »Woher soll ich bei diesem hohen Schnee Himbeeren bringen? Im Winter wächst doch nichts!«

»Verschwind!« schrie die böse Stiefmutter, »und komm mir ja nicht ohne Himbeeren zurück!« Damit öffnete sie die Tür, stieß das arme Kind hinaus ins Schneetreiben und warf ihm noch ein Körbchen nach. »Da, nimm und füll es bis oben an!«

Weinend nahm das Mädchen den Korb und ging in den Wald. Und wie es so ging, sah es plötzlich zwei Männer, die bei einem Feuer saßen und sich wärmten.

»Darf ich mich auch zu euch setzen und meine erfrorenen Finger ein bißchen wärmen?« fragte es.

»Selbstverständlich, komm setz dich und sag uns, warum du dich bei diesem Wetter im Wald herumtreibst.«

Zitternd und weinend erzählte sie nun die ganze Geschichte von der bösen Stiefmutter. Die beiden Männer hörten aufmerksam zu, und als sie damit fertig war, gaben sie ihr eine Handvoll Kohlen mit. Die legte sie ins Körbchen und eilte nach Hause, denn so hatten ihr die beiden befohlen.

Wie groß war ihre Freude, als sie zu Hause sah, daß sich die Kohlen in herrliche Himbeeren verwandelt hatten.

Jeudocha aß das Körbchen leer, ohne dem Mädchen auch nur eine Himbeere zu geben. Dann sagte sie: »Jetzt werd ich mir davon einen ganzen Eimer holen!«

Weil es aber draußen sehr kalt war und stürmte, nahm sie zwölf Pelze aus dem Schrank, einer ein bißchen größer als der andere, und eilte, so ausgerüstet, auf den Schwarzen Berg; dort hoffte sie, die schönsten Himbeeren zu finden.

Oben blies der Ostwind aber so stark, daß sie gleich noch einen Pelz anziehen mußte. In ihrem Übermut und verärgert, weil sie noch keine Himbeeren gefunden hatte, rief Jeudocha, so laut sie konnte: »Marot, marot, seru tobi na rot!«

Das waren aber böse Worte und so erreichte sie »die himmlische Strafe«: ein Unwetter kam, es folgten Regen und Frost, und Jeudocha zog jeden Morgen einen neuen Pelz an, denn inzwischen war so hoher Schnee gefallen, daß sie den Weg zurück nicht mehr finden konnte.

Am dreizehnten Tag aber, als sie keinen Pelz mehr hatte, mußte sie jämmerlich erfrieren.

Als dann der Frühling kam und die Hirten mit den Schafen hier vorbeizogen, bemerkten sie eine seltsame Steinsäule: das war die Jeudocha oder – wie die Zipser sie nennen – Dokia, die nun ihre Strafe erhalten hatte.

Zu den Füßen des Dokia-Felsens gibt es eine kleine Quelle mit klarem Wasser; man sagt, daß Blinde, wenn sie die Augen damit bestreichen, wieder sehend werden. Ob das aber stimmt, könnte nur ein Blinder sagen – wenn er den Weg bis hinauf gefunden hat.
(226)

Der Schwarze Riese

Um 1913 kam der Glasmacher Stodla-Nani-Ambros (Ambros Weber) von Woytinell her beim Fürstenthaler Försterhaus vorbei. Es war an einem warmen Sommerabend, die Grillen zirpten, Weber rauchte seine Pfeife und dachte an nichts Schlimmes. Wie er so vor sich hinschritt, vernahm er plötzlich ein seltsames Pfeifen, das vom Putnaer Wald kam.

Weber blieb stehn und blickte hinüber zu den Bergen. Da sah er den Schwarzen Riesen, wie er zwischen den Tannen hervorwuchs, ganz groß wurde, so daß er den ganzen Abendhimmel bedeckte.

Dann schrumpfte er langsam wieder zusammen und stellte sich vor Weber: »So dunkel wird es werden, wie du es jetzt gesehen hast!« sagte er und löste sich in Rauch auf.

Bald darauf brach der Erste Weltkrieg aus und brachte auch nach Fürstenthal viel Leid und Kummer.

»Das hatte der Schwarze vorausgesagt«, meinten damals die Bauern.

*

Das soll sich dann später in den dreißiger Jahren zugetragen haben. Eines Abends kam Johann Gaschler von Mardschina her durch die Schirwiesengasse nach Hause. Als er sich vor dem Hof des Josef Stolartschuk befand, wo die Fürstenthaler Gasse nach links abzweigt, blieb er plötzlich stehn: aus der Mittleren Gasse kam langsam ein großer dunkelgekleideter Mann.

Gaschler wunderte sich, denn er hatte den Fremden bisher noch nie gesehen. Als nun der Schwarze vor ihm stand, war er um einen Meter größer als Gaschler.

»Hörst, Johann«, sagte er, »nehmt Abschied, es wird a Zeit kommen, wann niemand mehr wird sein von Euch im Dorf!«

Damit löste sich der Schwarze Riese in Rauch auf und verschwand.

Als Gaschler seinen Nachbarn, Schlehuber, Kohlerus, Gnad und Dombrowski, die damals alle am Ende der Mittleren Gasse wohnten, von dieser seltsamen Begegnung erzählte, lachten sie: »Du hast in Mardschina a Schnops trunken.« Niemand nahm die Erzählung ernst.

Doch nach einigen Jahren wurden die Fürstenthaler ins Wartheland umgesiedelt und bei Kriegsende vertrieben und in alle Windrichtungen zerstreut. Jene aber, die wieder in die alte Heimat zurückkehrten, erzählten von Gaschlers Begegnung mit dem Schwarzen Riesen.

*

Der Schwarze Riese wurde aber auch einmal auf der Bachwiese gesehen.

Das war an einem Herbstmorgentag, da kamen einige Holzarbeiter aus dem Sägewerk, das sich in dem Gäßchen befand, wo auch das Prinz-Rudolf-Denkmal stand. Als sie beim Haus des Adelstein waren und über die Brücke gehen wollten, erblickten sie links auf der Bachwiese den Schwarzen Riesen. Er stand unbeweglich wie eine mächtige Tanne an einem windstillen Tag. Die Arbeiter wußten nicht, was sie machen sollten.

»Kommts, gehn mir«, sagte der eine und wollte zurückkehren und den Weg durch die Fürstenthalergasse nehmen. Doch da winkte der Schwarze, hob die rechte Hand »wie zum Gruß«, und da sahen sie in der Abendsonne: von der Hand tropfte Blut!

Damals deutete man diese seltsame Erscheinung so: Es werden blutige Zeiten kommen, und viele Menschen aus dem Tal werden sterben.

Tatsächlich brach bald darauf der Zweite Weltkrieg aus, und die ersten Fürstenthaler Burschen, die 1941 und 1942 im Osten fielen, waren Julius Hoffmann (22 Jahre alt), Philipp Artmann (23), Anton Baumgartner (genannt Wastl-Ferdl, 16jährig), Michael Gruschinsky (22) und die beiden Söhne des Matthias Kappel, der Ambros und der Josef, einer 22, der andere 18 Jahre alt. Im ganzen kehrten 124 Männer aus dem letzten Krieg nicht mehr zurück und 46 blieben vermißt.

Später erinnerten sich noch einige der inzwischen alt gewordenen Arbeiter an den Schwarzen Riesen. Immer noch meinten sie: »Der Schwarze hats sagt. Und so ists kommen!« (227)

GRENZWALD

Als es noch Riesen gab

Am Weg, der von Franzenthal zum Weiler Großenstein (»Am Grußen Stajn«) führt, kann man rechts einen Felsen sehen, der von Gras und Gesträuch bewachsen ist. Hier befindet sich auch eine kleine Mulde; und die Stelle heißt »Pajm Grußen Stajn« oder rumänisch *La Chiatra*.

In alten Zeiten, bevor es hier noch Menschen gab, lebten in den weiten dunklen Wäldern und oben auf den Oascher Bergen Riesen. Diese Riesen beherrschten damals das ganze Land.

Eine Riesenburg soll in der Nähe von Großteutschenau, jenseits der Theiß, gestanden haben; eine andere bei Hußt, eine bei Wißk und eine bei Petermannsdorf. Überall kann man noch große Steinblöcke sehen, die sicher nicht von Menschenhand herbeigeschafft worden sind; kein Mensch kann solche Steine auch nur von der Stelle rücken.

Auch der »Gruße Stajn«, nach dem die Siedlung ihren Namen erhalten hat, stammt aus jener fernen Zeit. Damals soll es nämlich einmal zwischen den Riesen vom Neressenberg und denen von den Oascher Bergen Streit gegeben haben. Und da hat ein Riese von drüben einen mächtigen Stein hochgehoben und herübergeschleudert. Dieser Stein fiel eben an jener Stelle nieder, wo er auch heute noch steht. (228)

Die Quelle »Pajm Grußen Stajn«

Noch vor etwa fünfzig Jahren gab es »Pajm Grußen Stajn« eine Quelle mit stark salzhaltigem Wasser.

Es heißt, daß unter dem »Grußen Stajn« eine Riesenmaid begraben ist, die einige Tage vor ihrer Hochzeit vom »Stein« erschlagen wurde. Ein Riese habe diesen mächtigen Felsen von den Oascher

Bergen herübergeworfen, weil er mit einem anderen Riesen einen Streit hatte. Dabei traf er jedoch das völlig unschuldige Mädchen, das hier im Gras saß und einen Kranz für seinen Burschen flocht. Die Riesenmaid war auf der Stelle tot und wurde »Pajm Grußen Stajn« begraben.

Bald darauf entsprang die Quelle – und man sagte, daß das Wasser die vielen Tränen waren, die die Maid unter der Erde »ausweinen« mußte. Vor etwa fünfzig Jahren hatte sie sich »ausgeweint«, und da ist auch die Quelle plötzlich versiegt.

*

Als es noch die Quelle »Pajm Grußen Stajn« gab, da konnte man einmal im Jahr in einer mondhellen Nacht ein leises Klagen vernehmen. Das war die Stimme der toten Riesenmaid, die aus der Erde nach ihrem Liebsten rief.

Niemand konnte jedoch die Worte verstehen, denn die waren in einer fremden Sprache.

Einmal kam ein gelehrter Mann aus Sathmar zum »Grußen Stajn«, um das Klagen zu hören.

Er soll nachher gesagt haben, daß man diese Sprache vor tausend Jahren gesprochen habe. Es war weder Rumänisch noch Zipserisch oder gar Schlesisch, es war eben eine Sprache, die man heute nicht mehr versteht.

Seit die Quelle versiegt ist, hört man auch das Klagen nicht mehr. Man sagt: »Tie Rießenmajd hot jetzen a Ruh, ßie hot aasklogt.« Und das mag stimmen, denn auch die Trauer dauert nicht ewig, und einmal vergißt man auch den Liebsten – selbst wenn erst tausend Jahre vergehen müssen. (229)

Wohin die Riesen gezogen sind

Vor vierhundert Jahren, als in den Wäldern bei Franzenthal die ersten Axthiebe widerhallten und die schlesischen Arbeiter Holz für die neue Siedlung schlugen, soll es hier noch einige Riesen gegeben haben. Diese Riesen waren jedoch sehr scheu und furchtsam, und nur wenn die Menschen schliefen, kamen sie aus dem Wald hervor und schlichen sich zu den Hütten, um zu sehen, wie die Menschen leben.

Die Riesen trugen langes blondes Haar und mächtige Bärte. Bekleidet waren sie mit Bärenfellen. Sie sahen sehr wild aus, obwohl sie eigentlich nie jemandem etwas zu leid taten.

Man sagt, daß diese letzten Riesen eines Tages an die Theiß zogen und den Ort Königsfeld gründeten. Einige Königsfelder Bauern rühmen sich nämlich, daß ihre Vorfahren Riesen vom Neressenberg waren.

Ob das nun wirklich wahr ist, kann man heute nicht so genau sagen.

*

Man erzählt auch: Als die schlesischen Glasarbeiter nach Franzenthal kamen, hausten in den tiefen dunklen Wäldern noch einige Riesen mit ihren Frauen und Kindern. Wenn die Arbeiter Holz schlagen gingen, geschah es manchmal, daß sie einem solchen Riesen begegneten und dann vor Angst Reißaus nahmen – obwohl niemals ein Riese einem Menschen etwas angetan hat.

Eines Tages brachte Graf Franz von Károly, der Besitzer der Glashütte, eine Einheit Soldaten ins Dorf, und die machten nun Jagd auf die Riesen: wenn sie einen irgendwo erblickten, schossen sie ihn nieder.

So zogen die Riesen fort, und man sagt, sie ließen sich im Tereschwatal, jenseits der Theiß, nieder und wurden friedliche Bauern und gründeten in der Karpatenukraine die Dörfer Ober- und Unterschönborn, Pausching, Birkendorf, Kutschowa und Mädchendorf.

Die Ukrainer in jener Gegend sagen angeblich auch heute noch: Als die blonden Riesen ins Land kamen, waren sie mit Bärenfellen bekleidet und verständigten sich in einer Sprache, die kein Mensch vorher je gehört hatte. Mit der Zeit aber wurden sie fromm und friedlich und nahmen Sitten und Bräuche ihrer Nachbarn an.

＊

Es heißt, daß die Riesen, die einst in den Höhlen der Oascher Berge hausten, groß und blond waren und Kleider aus Bärenfellen trugen. Obwohl sie über viel Kraft verfügten, fürchteten sie sich doch sehr vor den Menschen und mieden ihre Nähe.

Man sagt, daß die Riesen – nach dem großen Tatareneinfall im 13. Jahrhundert, als weite Gebiete der Maramuresch und des Oascher Landes verwüstet wurden – hinüber in die Munkatscher Ebene zogen und sich bei der Burg Palanok niederließen, wo der Burggraf Schönborn-Buchheim Soldaten und Handwerker aus ihnen machte.

Das hat noch der alte Steirau-Toni, ein Glasbläser aus Großenstein, im vorigen Jahrhundert erzählt. Der Steirau Toni pflegte dann zu sagen: »Tie Lajt vun Luprechthaasen ßein olli vun dahier, und ihre Vorfohren woren Woldrießen, wos vor sechshundert Johren hinunter in tie Ebene zogen ßein. I wor amol turt, und des hot mir a olter Monn verzählt, und ter waiß es von ßajnem Grußvoter, und ßajn Grußvoter, ter hot noch pajm Grof Scheenporn tient, und tieser Grof hot ßelbst tie Rießen zu Menschen mocht, und aso hot er wußt, woher ßie ßein kummen . . .« (230)

Der Ostwind

Auf dem Burgberg bei Großteutschenau, etwa dort, wo der Weißbach entspringt, soll es eine kleine Höhle geben. Hier wohnte einst der Ostwind, der im Winter oft durchs Hüttental hinunterfegte, so daß Menschen und Tiere sich in ihren Behausungen verbergen mußten.

Einmal zogen drei Maurergesellen zur Höhle. Sie hatten Werkzeug, ferner Sand und Kalk mitgenommen und wollten den Wind einmauern, damit er nicht mehr ins Land hinunter komme.

Als sie mit der Arbeit fertig waren, hörten sie plötzlich ein lautes Fauchen und Pfeifen (der Wind, der geschlafen hatte, war nun erwacht und konnte die Höhle nicht mehr verlassen). Plötzlich krachte es und die Steine flogen durch die Gegend und manche sogar bis hinunter ins Tal. Die drei Maurerburschen aber liefen, so rasch sie konnten – mit dem Wind um die Wette.

In jener Nacht gab es einen großen Sturm: Bäume wurden entwurzelt, Dächer fortgerissen, und die Theiß überschwemmte die Straße bis hinüber nach Hußt. Das war die Strafe des Ostwindes, der mit sich nicht spaßen läßt. (231)

Hadwiga

Zwischen Kleinteutschenau und Großteutschenau, jenseits der Theiß, gab es vor etwa siebenhundert Jahren noch ein kleines Dorf: Teutschenau oder *Teceuți*. Hier waren sogenannte Sachsen, »hospites saxones«, angesiedelt worden – meist Bauern und Handwerker, die aus verschiedenen Gegenden Süddeutschlands stammten.

Als einst die Tataren durch den Prisloppaß in die Maramuresch eindrangen und alles, was an ihrem Wege stand, vernichteten, gelangten sie auch an die Theiß, zu den Ritterburgen Hußt, Wißk, Königsfeld (in der Karpatenukraine) und Großteutschenau, wohin die Bewohner der umliegenden Ortschaften geflohen waren.

Teutschenau lag etwas abseits vom Weg und die Menschen wußten noch nichts vom Tatareneinfall. Als sie eines Abends ahnungslos vor ihren Häusern saßen, tauchten plötzlich fremde Reiter auf und steckten das Dorf in Brand. Die Frauen und Kinder wurden verschleppt, die Männer erschlagen. Ein junges Mädchen, das gerade vom Feld heimkam und die Todesschreie der Menschen hörte, konnte sich rasch in einem Erdloch verbergen. Von hier aus sah es dann, wie Teutschenau niederbrannte.

Dieses Mädchen hieß Hadwiga und war die einzige aus dem Dorf, die den Tataren entkam. Hadwiga irrte einige Wochen lang durch die Wälder, bis sie endlich Menschen begegnete, die sie aufnahmen. So gelangte sie nach Sathmar, wo sie sich als Magd verdingte und bis zu ihrem Lebensende blieb. (232)

Wiesengrund

Wenn man von Ludwigsthal-Hütte nach Neudorf fährt, so kommt man an einer kleinen Anhöhe vorbei, wo heute ein Friedhof ist; diese Stelle heißt »Tie Totenwies« (rumänisch *Livada Morţilor*).

Es heißt, daß der Name nicht von den Toten herrühre, die seit Jahrhunderten hier bestattet werden, sondern aus einer Zeit, die weit zurückliegt.

Vor etwa siebenhundert Jahren gab es hier eine Siedlung, deren Bewohner aus dem »Land jenseits der Berge« (der Oascher Berge) eingewandert waren. Die Tataren hatten damals wieder einmal die Maramuresch heimgesucht und Dörfer und Felder verwüstet. Nur einigen Bauern gelang es, zusammen mit ihren Frauen und Kindern in die nahen Wälder zu fliehen. Nach einer langen, beschwerlichen Wanderung gelangten sie ins Oascher Land.

Diese Bauern, so erzählte man früher, kamen aus einem Dorf – Teutschenau oder Teceuţi –, das heute nicht mehr steht und damals von den Tataren vernichtet worden ist.

Die neugegründete Siedlung hieß Wiesengrund oder Wiesendorf, und die alten Bauern erzählen heute noch von den »*căşiele ghin livadă*« (den Häusern auf der Wiese).

Doch auch Wiesengrund hatte das gleiche Schicksal wie Teutschenau. (233)

Wie Ludwigsthal-Hütte entstanden ist

In frühen Zeiten lebten im Ludwigstal Riesen. Die großen Steine, die aus dem Ludwigsbach herausragen, erinnern noch an jene Zeit: Sie stammen von der Burg, die einst oben im Tal gestanden hat und deren Mauern während eines Erdbebens eingestürzt sind.

Damals rollten die Steine im Bachbett das Tal hinab, und als sich die Erde wieder beruhigt hatte, blieben sie liegen, wo sie gerade waren. Auch heute noch kann man deutlich erkennen, daß einige dieser Steine behauen sind und rechteckige Formen haben. Obwohl seither viel Wasser den Ludwigsbach hinunter geflossen ist.

Die Riesenburg soll auf einem Hügel gestanden haben – etwa gegenüber der Mineralwasserquelle, am linken Ufer des Baches. Eines Tages zogen einige Riesen hinunter in die Ebene »*Zu tie Wiesen*« und bauten sich hier große Holzhütten. So entstand eine neue Siedlung.

Als Jahrhunderte später die ersten Einwanderer ins Tal zogen, fanden sie noch einige dieser Holzhütten vor. Von den Riesen fehlte jedoch jede Spur.

*

Man erzählt auch, daß Graf Ludwig von Károly, dem einst die Wälder und das Tal gehörten, an einem sonnigen Frühlingstag mit seinem Gefolge hier vorbeikam.

Dort, wo die Serpentinen auf die *Hüttenthaler Höh* (rumänisch *Dealu Hutei*) führen, stand ein Hirte und hütete Schafe.

Der Graf ließ anhalten, stieg aus der Kutsche und fragte ihn, ob er einen großen runden Käselaib habe.

»Nicht nur einen, Herr«, antwortete der Hirte, »ich habe mehrere, und gern will ich Euch einen geben.«

Er eilte zu seiner Hütte, und inzwischen sah sich der Graf ein wenig um. Am Boden lagen merkwürdige Steine, die in der Sonne recht schön glänzten.

»Was sind das für Steine?« fragte der Graf.

»Das sind ›schwere Steine‹«, erwiderte der Hirte, »der Berg drüben ist voll davon.«

Der Graf nahm einen Stein mit.

Bald darauf ließ er hier ein Hüttenwerk errichten und brachte Arbeiter aus Oberschlesien, Böhmen und aus der Zips ins Land. So entstand die Siedlung Huta, die man später Ludwigsthal-Hütte nannte. (234)

Beim Ziegenhorn

Einmal im Jahr kann man beim *Ziegenhorn*, der bei den Rumänen Chiatra Leşului heißt, ein trauriges Geigenspiel hören, das aus einem Felsspalt zu dringen scheint.

Es ist das Spiel der drei Musikanten, der Tscheteraschen, die einst von den Tataren an dieser Stelle getötet wurden.

Noch im vorigen Jahrhundert war es Brauch, daß an einem bestimmten Tag im Jahr die Musikanten aus den umliegenden Dörfern zum *Ziegenhorn* zogen und zur Erinnerung an die drei Tscheteraschen ein Klagelied spielten.

Ein Hirte, der einst mit seinen Schafen hier vorbeizog, kannte die Geschichte von den drei Tscheteraschen nicht. Er setzte sich unterhalb des Ziegenhorns ins Gras, holte die Flöte aus dem Ranzen und begann ein fröhliches Lied zu spielen. Plötzlich hörte er eine tiefe Stimme, die aus dem Felsen kam: »An dieser Stelle darf man nur schweigen oder klagen!«

Der Hirte erhob sich rasch, nahm seinen Ranzen und zog weiter. Obwohl er sich vor nichts fürchtete, war es ihm doch ein wenig unheimlich.

Später erzählte er diese Begebenheit unten im Dorf. (235)

Tschenuscha

In frühen Zeiten hauste oben am Neressenberg bei Franzenthal ein Heiduck, den nannte man Tschenuscha (»*cenuşa*« bedeutet auf rumänisch Asche), weil er schon als junger Mann einen grauen Bart hatte.

Dieser Tschenuscha war der Sohn eines rumänischen Bauern aus Neudorf im Oascher Land. Sein Vater war ein angesehener Mann, er besaß zwei Schafherden und ein großes Stück Feld, seine Mutter aber kam aus einer einfachen Familie – ihr Vater war Gemeindehirt.

Eines Tages lief Jon von zu Hause fort, weil sein Vater ihn furchtbar geprügelt hatte: Jon hatte eine Kuhschelle zum Spielen genommen, und das hatte den Vater so in Wut gebracht.

Nun lief Jon davon, über Wiesen und Felder, bis nach Ludwigsthal und von dort weiter den Weg hinauf, der hinüber in die Maramuresch führt, bis er schließlich zum Neressenberg kam. Hier versteckte er sich in einer Höhle und beschloß, nie wieder nach Hause zurückzukehren.

Jon wurde Heiduck, und später nannte man ihn Tschenuscha. Es heißt, daß er sogar das Gehöft seines eigenen Vaters geplündert habe. Doch was er von den Reichen nahm, schenkte er den Armen – und davon gab es damals schon genug im Land.

Eines Tages fingen ihn die königlichen Soldaten und führten ihn ins Gefängnis nach Neustadt, wo er gehenkt wurde.

Die Höhle im Neressenberg, wo er lange Zeit hauste, kann man auch heute noch sehen.

Über seine Herkunft erzählt man merkwürdige Geschichten. Es heißt, daß seine Mutter ein sogenanntes »Woldwaib«, eine Hexe, war, und als er in der Wiege lag, wurde er von einer Wölfin gesäugt (denn die Hexen können wohl Kinder auf die Welt bringen, doch als Ammen dienen ihnen meist Wölfinnen). Tschenuschas Vater war ein armer Holzfäller, der von oben aus der Zips ins Oascher Land gekommen war. Eines Tages verirrte er sich im Wald, und da begegnete ihm ein »Woldwaib«, bei dem er einige Zeit verbracht hat.

Von seiner Mutter hatte Tschenuscha eine wunderbare Gabe erhalten: Wenn er verfolgt wurde und seine Feinde auf ihn schossen, fing er die Kugeln auf und warf sie geschwind zurück, jede Kugel aber, die Tschenuscha auf diese Weise »zurückschickte«, war tödlich. So konnte ihm niemand etwas anhaben, und er wurde mit seinen Gegnern rasch fertig.

Eines Tages soll ihn aber doch eine Kugel getroffen haben. Ein Soldat hatte mit der linken Hand auf ihn geschossen – und diese Kugel war tödlich (die Mutter hatte nicht bedacht, daß man die Pistole auch mit der linken Hand halten könne, und so blieb ihr Zauber diesmal wirkungslos). Tschenuscha starb an einem Maitag, als die Sonne hoch am Himmel stand, auf einer Wiese voller Margaretenblumen, neben dem Schugatager Bach.

✳

Zu Beginn dieses Jahrhundert lebte im Weiler Großenstein (»Am Grußen Stajn«) bei Franzenthal eine Bäuerin, die Anna Wannhau, und die erzählte oft, daß sie den Heiducken Tschenuscha selbst noch gesehen hätte.

»Ter Tschenuscha«, pflegte sie dann zu sagen, »tes wor a Rauber und a grußer Herr, des wor a Komrod fier alli Lajt, wos hobn ghobt nix.«

Und das war tatsächlich so: Zwar überfiel er die reichen Herren, die von Sigeth über die Berge nach Mittelberg und Neustadt reisten, und raubte sie bis auf die Unterwäsche aus, doch verteilte er dann alles unter die armen Bergbauern, deren zahlreiche Kinder während des Winters oft hungerten und froren, denn die Wälder und das ganze Holz gehörten den Grafen Ludwig und Franz von Károlyi. So war Tschenuscha »a Komrod«, ein Freund der armen Leute, die am Fuße des Bückgebirges wohnten.

Die Anna Wannhau kannte auch noch das Lied, das Tschenuschas Mutter sang, nachdem ihn die Soldaten gefangen und ins Gefängnis nach Sathmar geführt hatten:

>»Jontschi majn, Jontschi majn,
>wos wird jetzen mit tir ßajn,
>wu tu turtn pist ollajn,
>wajt vun tajnem Mutterlajn,
>kaaner wird noch paj tir ßajn,
>wunn ter Hanker kummt harajn . . .«

Tschenuschas Mutter war eine einfache Frau, sie stammte aus Kamarsendorf, ihre Eltern waren arme Bauern. Weil sie als Mädchen sehr schön war, heiratete sie ein reicher Bauer aus Neudorf – ein hartherziger und geiziger Mann, der sie und auch das Kind oft mit der Korbatsch schlug.

Als er einmal in einer Winternacht mit dem Schlitten aus Bixad nach Hause kam, wurde er von einem Rudel Wölfe angefallen – am nächsten Tag fand man nur noch den Schlitten, das Zaumzeug, einige Kleiderfetzen und . . . die Korbatsch. (236)

Tschenuschas Thron

Oben am Neressenberg steht ein Felsen, und hier gibt es einen Stein, der seiner merkwürdigen Form wegen »Thron« heißt. Die Hirten sagen: »Das ist der *Stuhl der Heiducken*« (rumänisch *Scaunu Haiducului*); die Arbeiter aus Franzenthal aber nennen die Stelle »Tem Tschenuscha ßajn Thron«. Sie sagen auch: »Turt hot ßisch gsessen ter Tschenuscha olli Tog und hot hinuntergschaugt.«

Tatsache ist, daß man von dieser Stelle aus weit das Oascher Land überblicken kann – und ebenso den Paßweg, der hinunter in die Maramuresch, nach Langengeld an der Theiß und nach Sigeth führt. Es ist anzunehmen, daß Tschenuscha hier oft gesessen hat, bis unten eine herrschaftliche Kutsche auftauchte.

Unterhalb des »Throns« ist das Gestein schwarz, und man sagt: »Hier pflegte Tschenuscha Feuer zu machen, um sich die Füße zu wärmen, wenn es kalt war und das Warten ihm zu lang wurde.« (237)

Tschenuschas Flöte

Auf den Oascher Bergen soll es einen seltsamen Stein geben, den man im Volksmund *Tschenuschas Flöte* (rumänisch *Trişca Haiducului*) nennt.

Wenn der Ostwind im Winter über die Berge fegt, kann man ein leises Pfeifen und Klagen hören, und die Bergbauern sagen: »Das ist Tschenuschas Flöte, die nach ihrem Herren weint; nach tausend Jahren wird sie immer noch klagen, und erst dann, wenn die Berge nicht mehr stehen, wird sie verstummen.«

Es heißt aber auch, daß vor langer Zeit, als in den Oascher Bergen noch Riesen hausten, einmal ein Riesenmädchen hier im Gras saß und auf der Flöte spielte. Als das Mädchen einen Strauß Blumen für seinen Liebsten pflücken wollte, verlor es die Flöte im Gras. Es vergingen einige tausend Jahre, und die Flöte wurde zu Stein. (238)

Die Waldmaid

In alter Zeit lebte bei Ludwigsthal in den Wäldern *Hinter dem Bach* eine Waldmaid. Wer sie erblickte, der »verlor das Gedächtnis« und mußte ihr willenlos folgen – bis in den tiefsten Wald, wo ihre Hütte stand. Hier wurde er ihr Knecht. Die Waldmaid besaß einen großen Garten, und viele Männer leisteten ihr Frondienst. Wenn einer nicht mehr arbeiten konnte, so wurde er in einen Stein verwandelt.

Als vor etwa dreihundert Jahren im Tal ein Hüttenwerk errichtet wurde, begann man immer mehr Wald abzuholzen, und eines Tages stießen die Waldarbeiter auf die Hütte, in der einst die Waldmaid gehaust hatte. Die Hütte war jedoch eingestürzt, und man merkte, daß hier seit langem niemand mehr wohnte. Hinten auf einer Wiese fand man im hohen Gras Steine, die eine merkwürdige Form hatten – sie sahen wie Menschenköpfe aus.

Die Arbeiter trugen diese Steine hinunter ins Dorf. Jahrelang wurden sie als eine Art Kuriosum herumgezeigt, und manch ein Fremder, der hier vorbeikam, nahm einen solchen Stein mit. Heute gibt es keinen einzigen »Haaptstajn« mehr... (239)

Beim Großen Stein

Vor etwa dreihundert Jahren zog eines Tages ein Handwerksbursche aus Teutschenau über den Paßweg nach Sathmar. Als er »Pajm Grußen Stajn« *(Beim Großen Stein)* vorbeikam, bemerkte er eine Spalte, aus der ein seltsames Licht schimmerte. Er näherte sich vorsichtig, und da sah er, daß im Stein eine Öffnung war – groß genug, um einen Mann hindurchzulassen.

Plötzlich stand er in einem Raum, in dem es nur so blinkte und glitzerte – ringsum an den Felswänden standen hohe »Schepperl«, voll mit Goldstücken und kostbaren Steinen. Der Bursche war geblendet und wußte nicht, was er nun tun sollte. Gern hätte er einiges von den Kostbarkeiten mitgenommen, doch dazu fehlte ihm der Mut, denn er hatte bis dahin noch niemals etwas gestohlen. Darum rief er, doch nicht zu laut, weil er sich auch ein wenig fürchtete: »Is wer do?«

»Mir ßajn immer do!« tönte es hinter einem »Schepperl«, und »a klaanes Pergmanndl«, ein Bergmännchen, kam hervor. »Nemm dir, aber nit zu viel«, sagte das Bergmännchen freundlich, »und ßog nix fier tie Lajt.« Der Bursche stopfte in seinen Ranzen, so viel eben hineinging, dann bedankte er sich und zog weiter nach Sathmar.

Nach einem Jahr kehrte er wieder zu dieser Stelle zurück, die Öffnung im Felsen fand er jedoch nicht mehr.

Er baute sich in der Nähe eine große stattliche Hütte, nahm ein Mädchen aus Teutschenau zur Frau und gründete die Siedlung Großenstein (»Pajm Grußen Stajn«), die heute, ebenso wie Franzenthal, zur Gemeinde Remetz gehört. (240)

Das Geschenk der Pergmanndl

Es heißt, daß früher, einmal im Jahr, wenn der Kuckuck zum ersten Mal gerufen hatte, in der Nacht der »Gruße Stajn« sich für eine Stunde öffnete, und da konnte sich jeder Bewohner ein »Tepfl« mit Goldmünzen anfüllen. Das war das Geschenk der Pergmanndl, die damals überall in den Bergen hausen und große Schätze gesammelt hatten.

Für das Geld durfte man jedoch keinen Schnaps kaufen. Das war die einzige Bedingung, die die Pergmanndl stellten, und man hielt sich auch streng daran.

So brachten es die Franzenthaler Siedler zu einem gewissen Wohlstand. Sie bauten sich stattlichere Häuser als die Bergarbeiter im Tal jenseits des *Grenzwaldes* und heirateten die schönsten sächsischen Mädchen aus Langenfeld an der Theiß.

Nach einiger Zeit jedoch geschah es, daß bei einer Taufe Schnaps auf den Tisch kam, der mit Gold »aus tem Perg« gekauft worden war.

Im Jahr darauf öffnete sich der »Gruße Stajn« nicht mehr, und die Franzenthaler mußten von nun an schwer arbeiten, um das zu schaffen, was sie früher von den Pergmanndln geschenkt bekommen hatten. (241)

OASCHER LAND

Die Riesenmurmel

Auf einem Feld bei Kamarsendorf lag bis vor einigen Jahrzehnten ein kugelrunder Stein, der war etwa einen Meter hoch.

Die alten Bauern erzählten, daß dies eine Riesenmurmel sei, die einst hier vergessen worden war. In alten Zeiten lebten nämlich unterhalb der Ziblescher Berge Riesen. Ihre Kinder kamen oft auf die weiten Wiesen des Oascher Landes; sie spielten hier mit Murmeln, und manchmal ließen sie auch einen Drachen steigen, der dann so groß war, daß er die Sonne verdeckte und man meinen konnte, es sei schon Abend.

Die Riesen mußten nur fünf Schritte machen, und schon waren sie drüben in der Maramuresch. Es gibt eine Stelle, da kann man noch eine Fußspur sehen. Wenn man das Hüttental hinaufgeht, so liegt rechts ein Bergplateau, und da ist noch deutlich eine Vertiefung, die einer Fußspur gleicht – man kann die Zehen erkennen und auch die Ferse. Die rumänischen Bauern nennen die Stelle *La Chicioru Uriaşului (Beim Riesenfuß)*. (242)

Bahrbach und Burgdorf

In der Nähe von Sienerburg standen einst zwei Siedlungen – Bahrbach (ungarisch *Várpatak*) und Burgdorf.

An Burgdorf, das Ende des 14. Jahrhunderts zerstört worden ist und am rechten Someschufer gelegen haben soll, erinnern noch ein rumänischer und ein ungarischer Flurname – *La Cetate* und *Várhíd*.

Es heißt, daß die Burg und die dazugehörende Siedlung in der Nähe einer Brücke am Somesch gestanden haben soll.

Bahrbach, das etwa im 15. Jahrhundert »verschwunden« ist, lag an einem Flüßchen gleichen Namens, das auf dem Berg *Dealu Comşa* entspringt. (243)

Josefhausen

Dieses Dorf soll seinen Namen nach einem Siedler erhalten haben, der Joseph Has hieß und aus Sienerburg stammte. Seine Söhne sollen jedoch weiter, nach Berben und Iwatschko, gezogen sein, so daß es längst keinen Träger dieses Namens mehr in Josefhausen gibt.

Man erzählt auch, daß dieser erste Siedler eigentlich anders geheißen habe, denn Has sei nur sein Spitzname gewesen.

Als er nämlich mit seinem Wagen unterwegs war, so schreckte plötzlich ein großer Feldhase das Pferd dermaßen, daß es die Zügel zerriß, losgaloppierte und erst anhielt, als das eine Wagenrad tief im Schlamm steckenblieb und zerbrach.

Joseph stieg ab, und weil er kein neues Rad beschaffen konnte – weit und breit gab es keine Siedlung –, beschloß er, hier zu bleiben und baute sich ein Haus aus Weidenruten und Lehm und deckte es mit Schilfrohr.

Diese Art von schwäbischen Siedlerhäusern konnte man noch vor dreißig Jahren in der Gegend sehen. (244)

Wie Neudorf entstanden ist

Dort, wo heute Neudorf liegt, war vor einigen Jahrhunderten noch ein großer Eichenwald. Der rumänische Name *Certeze* soll sich vom ungarischen Wort *csertetö* herleiten lassen, was soviel wie »der mit Eichen bewachsene Berg« bedeutet.

Durch diesen Eichenwald führte damals der Fahrweg von Sigeth nach Sathmar, und an jener Stelle, wo die ersten Einwanderer sich niederließen, war nichts als eine Wiese und ein Bächlein, das weiter unten in den Lekintzabach mündet, der bei Kamarsendorf entspringt.

Eines Morgens war das sonst immer so klare Wasser plötzlich trübe und rot. Die Bewohner eilten herbei und wußten nicht, was das zu bedeuten hatte.

Am nächsten Tag kam ein Mädchen herbeigeritten und erzählte, daß oben im Tal die Tataren lagern und gestern sämtliche gefangenen Männer geopfert haben. Jetzt wußte man, warum das Wasser sich plötzlich so rot gefärbt hatte.

Die Bewohner flohen nun rasch zum Berg, der rumänisch *Muntele Ţigăneşti* heißt und verbargen sich hier in Höhlen, bis die Tataren die Gegend wieder verlassen hatten. (245)

Der verwunschene Bursche aus Terschholz

Bei Terschholz gibt es einen sumpfigen Graben; hier sollen einst »Wassergeister« gehaust haben – so erzählen manche alte Bauern. Die Gegend *Beim Graben* (rumänisch *La Groapă*) war immer schon verrufen, und nachts ging nie jemand hin.

Einmal kam an einem frühen Morgen ein Wanderer hier vorbei, und da begegnete ihm ein merkwürdiges Wesen – halb Mensch und halb Pferd.

»Wer bist du?« fragte es den Wanderer.

»Ich bin ein armer Flickschuster aus Kapnik und gehe nach Sathmar Arbeit suchen«, antwortete der Mann und zitterte am ganzen Leib vor Angst.

»So«, sagte nun der Pferdmensch, »dann kannst du weiterziehen, denn du bist nicht der, den ich suche. Ich bin nämlich der ›verwunschene Bursche aus Terschholz‹, und nur der kann mich vom Fluch erlösen, der reich und geizig ist und anstatt mir ›dem Bösen‹ weiterdient.«

Daraufhin galoppierte der Pferdmensch davon, und der Flickschuster lief, was ihn die Beine trugen, und erst im Dorf machte er halt.

*

Ein andersmal wurde ein Feldhüter eines Abends auf dem Heimweg von einem Gewitter überrascht. Um sich zu schützen, kroch er in einen Heuschober und wollte hier das Ende das Unwetters abwarten.

Plötzlich hörte er Pferdegetrappel, konnte jedoch wegen der Dunkelheit nichts sehen. Da blitzte es, und auf einmal erkannte er den verwunschenen Burschen aus Terschholz (bis zu den Hüften hatte er die Gestalt eines Menschen und von da ab die eines Pferdes), der vorbeigaloppierte. Der Feldhüter verhielt sich still und meinte, daß ihn der andere nicht bemerkt habe. Plötzlich kehrte jedoch der Pferdemensch zurück und rief:»Du hattest Glück, Alter, daß du im Heu sitzt, sonst hätte ich dich mitgenommen, denn ich brauche einen Reiter.«

Aus Furcht, daß ihm etwas Böses geschehen könnte, blieb der Feldhüter bis am Morgen im Heuschober. Und erst als aus dem Dorf ein Hahnenschrei kam, erhob er sich und eilte nach Hause. (246)

Das Rote Göckele

Noch im vorigen Jahrhundert waren alle Häuser in Sienerburg mit Stroh gedeckt; heute gibt es nur noch fünf solcher alter »Häusle« am Rande der Gemeinde Wiesenhaid.

Einst lebte hier eine arme Witwe, die besaß, außer einer bescheidenen Lehmhütte, nichts anderes als ein rotes Göckele, das sie sehr gern hatte.

»Wenn ich dich nicht hätte«, pflegte sie manchmal zu sagen, »so wäre ich ganz allein auf der Welt. Du bist mein einziger Freund.«

Im Nebenhaus wohnte ein reicher Bauer, der viele schöne »Henna« im Hof hatte, doch kein einziges »Göckele«. Und da sagte er eines Tages zu der Frau:»Ich möchte gern dein Hähnchen haben. Machen wir einen Tausch: Du gibst mir dein Hähnchen, und ich gebe dir dafür drei Hühner, die obendrein auch noch Eier legen. Gell, das ist doch ein guter Tausch?«

»Mein ›Göckele‹ geb ich für nichts her. Das ist meine einzige Freud«, erwiderte die Bäuerin.

Der Nachbar ließ jedoch nicht locker; immer wieder versuchte er, sie zu überreden, ihm das Hähnchen zu geben.

Weil sie aber nicht einwilligte, kam er eines Tages unbemerkt in den Hof und nahm ihr das Hähnchen einfach weg. (Die Reichen haben eben ihre eigene Art und Weise, sich etwas anzueignen; und ähnliche Fälle soll es noch gegeben haben.)

Man kann sich vorstellen, wie traurig nun die gute Frau war, denn der Nachbar hatte, nebenbei bemerkt, ihr auch keine »Henna« gegeben. So war die Frau nun ganz allein geblieben. Der Bauer aber sperrte das rote Hähnchen in den Schuppen ein und schloß ihn gut ab. Hier saß nun das Hähnchen und wollte weder fressen noch krähen. Denn wenn man ungerechterweise eingesperrt wird, verliert man jede Freude am Leben und – wenn man ein Hahn ist – auch am Krähen.

Zuerst war das Hähnchen also recht traurig, dann aber begann es darüber nachzudenken, wie es sich am Bauern rächen könnte.

Eines Tages war der Bauer in großer Eile und hatte das Türchen nicht richtig abgeschlossen. Rasch schlüpfte das Hähnchen hinaus und flog aufs Dach.

Hier schlug es dreimal mit den Flügeln, und plötzlich stand das Stroh in hellen Flammen; und so flog es von einem Haus zum anderen und steckte alle Strohdächer in Brand.

Ganz zuletzt kam es zu seiner Herrin und sagte: »Laß uns rasch wegziehen von hier, vielleicht finden wir anderswo Menschen, bei denen wir bleiben können.«

Seither sagt man in Sienerburg, wenn ein Feuer ausbricht: »Das Rote Göckele fliegt übers Dorf!« (247)

Der Thurtzer Schnaps

Der Pflaumenschnaps, den die Thurtzer Bauern brennen, ist wenigstens so berühmt wie der Heiduck Pintje, von dem alle Welt spricht. Wohin man geht, heißt es: »Kein Schnaps ist so stark und doch so freundlich, wie der aus Thurtz; nur – vertraue dich ihm nicht zu sehr an, sonst wirst du sein Knecht.« In diesem Spruch steckt viel Weisheit und trotzdem wird er selten beherzigt.

Seit wann aber die Thurtzer Schnaps brennen, das weiß heute niemand mehr, und das will ich nun erzählen.

Es gab einmal eine Zeit, als man in Thurtz auch sonntags nur Schafmilch trank und dazu Maisfladen mit Käse aß.

Eines Tages kam ein fremder Mann nach Thurtz, und als er die vielen Pflaumenbäume sah, die voller reifer Früchte hingen, sagte

er: »Ihr guten Leute, ihr wißt gar nicht, was da auf euren Bäumen hängt. Ich will euch lehren, daß man aus Pflaumen nicht nur Mus machen kann, sondern auch etwas ganz anderes, was im Hals brennt und das Herz fröhlicher schlagen läßt.«
Dieser fremde Mann brachte den Thurtzern das Schnapsbrennen bei. Ob das nun gut war oder nicht, kann man heute nicht so ohne weiteres sagen. Manch einem bekommt ein Gläschen gut, einem anderen mag es schaden. So ist es wohl am besten, wenn man sich vor diesem »Freund« in acht nimmt. (248)

Der wundersame Mehlsack

Ein Bauer aus Neudorf fuhr eines Morgens auf den Markt nach Sathmar. Als er Wama schon verlassen hatte, sah er ein altes Mütterchen, das auf einem Meilenstein hockte, dort, wo der Feldweg nach Rakscha abzweigt.

»Ho!« rief der Bauer seinen Pferden zu, hielt an und fragte freundlich: »Kann ich Euch mitnehmen? Ich fahr nach Sathmar.«

»Dank dir«, erwiderte die Alte, »du bist ein guter Mensch, ich hab was anders vor. Aber wenn du in Sathmar einen Sack mit weißem Mehl siehst, so kauf ihn unbedingt, es wird dir nicht leid tun.«

Der Bauer lachte und fuhr weiter. Unterwegs aber dachte er darüber nach, was ihm die Alte gesagt hatte, und da er sowieso Mehl brauchte, kaufte er auf dem Markt auch einen Sack davon.

Wie groß war jedoch sein Staunen, als er nach einiger Zeit merkte, daß dieser Sack niemals leer wurde: Man konnte davon nehmen, wieviel man wollte, der Sack füllte sich immer von neuem nach.

So ging es dem Bauern nun ganz gut. Er konnte von seinem Mehl sogar verkaufen. Und Brotmehl war teurer als Kartoffeln oder Mais.

Eines Tages aber trank er ein Gläschen Schnaps mehr als sonst, und bei guter Laune erzählte er seinen Freunden von der Begegnung mit der Alten am Wegrand.

Seit dann aber füllte sich der Mehlsack nicht mehr nach. (249)

»Wettermacher«

In der Nähe der Fressinascher Spitze, oben auf den Oascher Bergen, gab es einst einen kleinen See. Hier wohnten zwei alte Männer, die lange weiße Bärte hatten – es waren die beiden »Wettermacher«.

Wenn sie mit einem Tannenzweig ins Wasser schlugen, entstanden die Wolken; wenn sie pfiffen und bliesen, entstand der Wind; wenn sie aber Wasser in den Mund nahmen und es herausprusteten, entstand der Regen.

Ein Bauer, der sie einmal aufsuchen wollte, um schönes Wetter zu erbitten, wurde in ein weißes Lamm verwandelt. Nach drei Tagen erhielt er jedoch seine menschliche Gestalt wieder. Die »Wettermacher« hatten ihn bloß warnen wollen, er solle sie nicht noch einmal bei der Arbeit stören.

In den letzten Jahren gab es aber manchmal lange Zeit viel Sonnenschein, und manche alte Bauern meinten, daß die »Wettermacher« wohl müde geworden seien – um sich die Arbeit zu vereinfachen, lassen sie die Sonne scheinen, denn »dann können sie ausruhen«.

*

Im vorigen Jahrhundert soll es auch in Josefhausen einen »Wettermacher« gegeben haben. Dieser Mann hieß Franz Czeller; er war von Beruf Barbier und konnte mit Hilfe einer Axt das Wetter »lenken«. Wenn nun Regen drohte und die Bauern gerade draußen auf dem Feld beim Kornschnitt waren, hob er die Axt hoch und wohin die Schneide zeigte, dahin »zog« das Wetter »ab«.

Als es einmal aber trotzdem regnete, schleuderte er wütend die Axt in die Wolken.

Nach einer Stunde fiel sie wieder herunter: Der Stiel war verbrannt und das Eisen geschwärzt.

Seither hat der Czeller Franz nicht mehr das Wetter zu »lenken« versucht. (250)

SATHMARLAND

Das große Pulverhorn

Vor einigen tausend Jahren wohnten in der Gegend zwischen dem Somesch und dem Kapellenbach, in dem Tal, das rumänisch *Valea Chioarului* heißt, Riesen, die das ganze Laposcher Land beherrschten. Als sich später Menschen hier niederließen, gab es keine Riesen mehr, sie waren ausgestorben oder fortgezogen.

Was jedoch an die Zeit der Riesen erinnerte, war ein großer hohler Stein auf einer Wiese, der einem Pulverhorn glich, wie es die Jäger haben, und vermutlich von den Riesen stammte.

An dieser Stelle entstand eine Siedlung, die man nach diesem seltsamen Stein Großhorn nannte. (251)

Hünengräber

Bei Halmen, das in der sathmarschwäbischen Ortsmundart auch Halmi heißt, gab es einst auf einem Feld einige Erdhügel, die etwa drei Meter hoch waren und auf denen kein Gras wuchs; dies sollen Hünengräber gewesen sein. (Der Name des Dorfes soll sich nämlich von Holm, was soviel wie kleiner Hügel bedeutet, herleiten lassen.)

Man erzählte sich auch, daß hier in frühen Zeiten Hünen gelebt hatten, die das ganze Land bis hinüber zur Theiß und zum Bückgebirge beherrschten.

Als einst ein Bauer an einem Hügel grub, fand er weder Gold noch Kostbarkeiten, sondern nur mächtige Knochen. So wußte man, daß hier tatsächlich in frühen Zeiten Hünen begraben worden waren.

Ein ungarischer Graf, dem später dieses Stück Land gehörte, ließ eines Tages die Hünengräber abtragen und die Stellen einebnen. Seither wächst dort auch wieder Gras. (252)

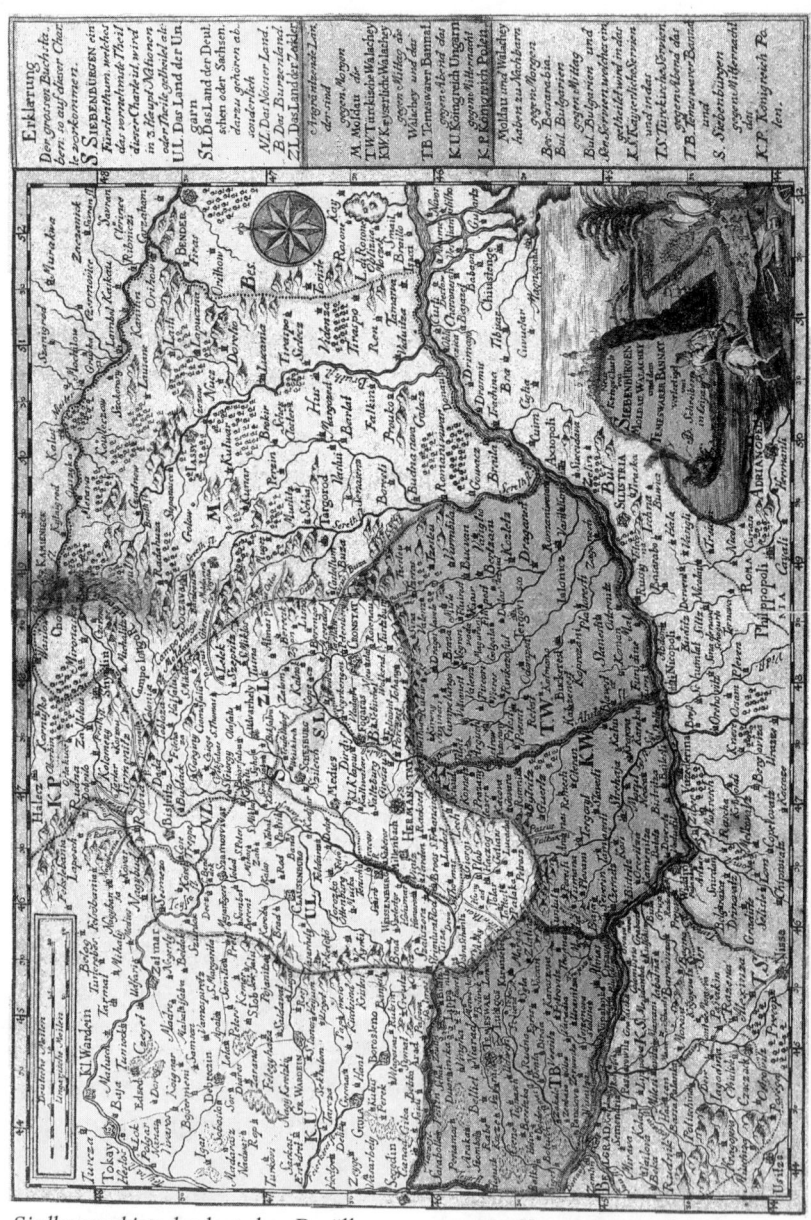

Siedlungsgebiete der deutschen Bevölkerungsgruppe im Karpatenraum: Banat, Siebenbürgen, Sathmarland, Marmatien, Bukowina, Dobrudscha, Karte von T. Schreiberg, 18. Jahrhundert

Die Lindwürmer

Früher, erzählen die Bauern in Schandern und Sagas, wohnten überall in der Erde Lindwürmer. Bei schönem Wetter pflegten sie zu schlafen; und da schnarchten sie manchmal so laut, daß man es sogar oben auf dem Feld hören konnte. Wenn der Ostwind zu blasen begann, krochen die Lindwürmer pfeifend hinauf ans Tageslicht. Ihnen gefiel es »oben« nur bei Regen und Wind. Die Bauern pflegten zu sagen: »Die Lindwürmer blasen, nun haben wir bald Sturm.« Manchmal stiegen die Lindwürmer in die Lüfte und flogen über das Land. Und wenn sie böser Laune waren, schlugen sie mit ihren langen Schwänzen auf Felder und Wälder, so daß das Korn umgelegt wurde oder Bäume zu Schaden kamen. (253)

Woher die Mücken gekommen sind

Zwischen Nikolausdorf und Estrau, in der Gegend südlich von Gilwatsch, gab es früher viel sumpfiges Land. Es heißt, daß hier einst ein Drache mit sieben Köpfen gehaust habe, der ein schönes Mädchen gefangen hielt.

Eines Tages beschloß ein Bursche aus Estrau, das Mädchen zu befreien. Er ließ sich vom Dorfschmied ein Schwert machen, das zwei Meter lang war, und mit diesem zog er aus, um den Drachen zu töten.

Als er nun zu den Sümpfen kam, hörte er ein lautes Schnarchen, denn der Drache hielt gerade Mittagsschlaf.

»Hei«, rief der Bursche, »wach auf!«

Auf einmal erhob sich der Drache, und es begann ein harter Kampf. Als der Bursche ihm sieben Köpfe abgehauen hatte, flehte der Drache: »Laß mir den einen, nur den einen, ich will dir gern das Mädchen geben.«

Doch der Bursche sagte: »Keinen einzigen laß ich dir«, und hieb ihm auch den letzten Kopf ab. Dann führte er das Mädchen nach Estrau und nahm es zur Frau.

Es heißt, daß die vielen kleinen Mücken, die im Sommer durch die Gegend schwärmen und Menschen und Tiere plagen, aus den Nasen der toten Drachenköpfe hervorgekrochen sind. (254)

Die Wetterdrachen

Oben am Blumenstein, einem Berg westlich von Eberfeld, hausten einst in einem tiefen Erdloch die Wetterdrachen.

Gewöhnlich schliefen sie, und dann war, ob Regen oder Sonnenschein, Frieden im Land; das heißt, die Menschen konnten ungestört ihrer Arbeit nachgehen.

Wenn sie jedoch manchmal erwachten, dann flogen sie aus, und ein böser Sturm kam auf. Und wenn sie sehr lang geruht und viel Kraft gesammelt hatten, schlugen sie mit ihren langen Flügeln auf Dörfer und Wälder, so daß Dächer zerstört und Bäume entwurzelt wurden.

Wenn sie sich dann ausgetobt hatten, krochen sie wieder in das Erdloch und schliefen sogleich ein. »Nun haben wir für einige Zeit Frieden«, pflegten die Bauern zu sagen. (255)

Die Eisenburg und andere verschwundene Siedlungen

In frühen Zeiten, bevor sich hier schwäbische Bauern ansiedelten, lebten im Sathmarland Riesen.

Ihren Sitz hatten sie in der Eisenburg, die in der Nähe von Sathmar gestanden haben soll. Später, als es keine Riesen mehr gab, bot sie den Menschen bei feindlichen Einfällen sicheren Schutz.

Etwa zu Beginn des 13. Jahrhunderts wurde die Eisenburg und das Dörfchen gleichen Namens, das hier in der Nähe errichtet worden war, zerstört. Die mächtigen Steine der Eisenburg hat man später beim Bau der Stadtmauern von Sathmar verwendet.

*

Bevor Sathmar und die Siedlung Deutschenmarkt (*Németi*) gegründet wurden, soll schon am Eerfluß eine mächtige Ritterburg gestanden haben, die dem Edlen Ragald gehörte.

Die Siedlung um die Burg hieß ebenfalls Ragald (ungarisch *Rágáldvár*), und hier hatten sich Bauern niedergelassen, die aus Bayern eingewandert waren. Im 13. Jahrhundert wurde Ragalds Burg von den Tataren zerstört und die Bewohner der Siedlung getötet oder in die Gefangenschaft geführt.

Am Eerfluß kann man auch heute noch die Stelle sehen, wo die Burg und die Siedlung Ragald gestanden haben. In der steinigen Erde ist noch überall altes Mauerwerk, und darum wurde hier nicht aufgeackert.

*

An der Weißen Kreisch, zwischen Bell und Garba, lag einst ein kleines Dorf, das Neuegg hieß. Diese Siedlung ist während eines Hochwassers fortgeschwemmt worden. Einige Familien überlebten die Katastrophe und zogen in die Gegend von Großwardein, wo sie sich in der Nähe von Tămăşeni niederließen; darum hieß Tămăşeni einige Zeitlang auch Neuegg.

Hier in der Nähe, am Brettenbach, zwischen Tămăşeni und Perlbarthdorf soll auch die Siedlung Feuenzorm gestanden haben, die – ebenso wie Wadaschau bei Kardo – im 17. Jahrhundert von den Türken zerstört worden ist.

Die Glocke vom alten Neuegg soll in einem Ziehbrunnen liegen, auf einem Feld bei Tămăşeni; die Stelle, wo der Brunnen steht, heißt rumänisch *La Clopotu* (*Bei der Glocke*).

*

In der Nähe von Darotz, zwischen Pethe und Neuschlag, soll einst eine Siedlung gestanden haben – Kutterdorf (»villa Kuther«). Heute erinnert ein Flurname noch an jenen Ort: *Kutter* (rumänisch *La Cutăr*). Kutterdorf ist lange vor Darotz gegründet worden – als Bauern aus Süddeutschland in diese Gegend kamen.

Es heißt, daß die Große Glocke von Kutterdorf dort vergraben wurde, wo einst die Dorfmitte war. An einem bestimmten Tag im Jahr, um zwölf Uhr mittags, hört man ein dumpfes Läuten; dann bebt der Boden in weitem Umkreis – es ist die Stunde, zu der die Glocke versenkt wurde.

Man kann jedoch nicht genau feststellen, wo die Glocke tatsächlich liegt. Wenn man nun graben würde, ohne etwas zu finden, so wäre die Mühe vergeblich gewesen, und darum kann sich auch niemand entschließen, nach der Großen Glocke zu suchen.

＊

Zwischen Oberpaulsdorf, Thoti und Bihar lag vor etwa sechshundert Jahren ein deutsches Dorf – Weißkirch (»Alba Ecclesia«).

Als die Türken wieder einmal ins Sathmarland kamen, verwüsteten sie die Gegend und brannten Weißkirch nieder. Die Bewohner wurden gefangen genommen oder getötet.

Lange Zeit stand noch der Kirchturm einsam auf offener Flur, denn auf den leeren Hausstellen war inzwischen Gras gewachsen.

So heißt auch heute noch in der Nähe von Oberpaulsdorf eine Wiese rumänisch *La Biserica Albă* (*Bei der Weißen Kirche*). Man sagt, daß hier einst die Dorfmitte gewesen sei.

＊

Bei Großhorn, *Zwischen den Wassern*, gab es vor etwa fünfhundert Jahren zwei kleine Siedlungen – Banndorf und Balkendorf; weiter nördlich, in der Nähe von Maniersch, lag die Gemeinde Barthdorf. Diese Ortschaften sollen von deutschen Bauern gegründet worden sein, die mit den Bergleuten von Neustadt ins Land gekommen sind. Es ist nicht bekannt, wann Banndorf und Balkendorf »verschwunden« sind. Die Sage erzählt nur, daß auf dem Flurteil *La Biserică* (*Bei der Kirche*) in der Nähe von Maniersch einst Barthdorf gestanden haben soll.

Ein Bauer, dessen Feld an diesen Ort grenzt, will einmal, als er an einem Sonntag im Gras saß und sein Mittagsbrot verzehrte, Glockenläuten gehört haben – ganz tief aus der Erde soll es geklungen haben . . .

*

Zwischen den Gemeinden Großhorn und Neudorf soll einst ein Dörfchen gelegen haben, das Berkessenbach geheißen hat. Nach ihm soll auch Neudorf seinen rumänischen Namen – *Berchezoaia* – erhalten haben.

In einem Frühjahr, vor etwa vierhundert Jahren, war Hochwasser; der sonst harmlose Laposcher Bach schwoll an und überschwemmte das ganze Tal, so daß Menschen und Vieh flüchten mußten.

Als das Wasser abgeflossen war, sah man, daß die Fluten die Häuser völlig zerstört hatten. Viele Einwohner siedelten sich damals weiter westlich in Großhorn an.

*

Dort, wo einst Paasth oder Paastendorf lag, ist heute Weideland. An diesen Ort, der vor etwa dreihundert Jahren von den Türken zerstört wurde, erinnert noch der Name einer Gemarkung bei Halmen – *Paasther Au*.

Bis vor kurzem stand hier eine alte Mühle, »die Paasther Miehle«, und es heißt, daß diese Mühle noch aus der Zeit stammte, als es das Dorf gab.

Diese Mühle hatte Steinmauern, die einen Meter dick waren, und so hat sie die Zeiten überdauert.

*

In der Nähe der Gemeinde Bihar stand bis vor etwa dreihundert Jahren ein Dorf, das Regen hieß. Heute ist an jener Stelle Weideland; und an das einstige Dorf erinnert noch der ungarische Flurname *Régenpuszta*.

Die Bewohner dieses Orts waren aus Regensburg (Bayern) eingewandert, und weil es damals, als sie in diese Gegend zogen, viel regnete, nannten sie den neugegründeten Ort Regen.

*

Auch in der Nähe von Pirr gab es einst eine kleine deutsche Siedlung – Etheldorf –, die etwa Mitte des 17. Jahrhunderts nach einem Türkeneinfall »verschwunden« ist.

Man sagt, daß die Frauen von Etheldorf in die Türkei verschleppt wurden, während die Männer im Kampf das Leben ließen. Nur wenige Einwohner konnten in den nahen Wald fliehen und so dem Tod oder der Gefangenschaft entkommen. Sie siedelten sich später in Pirr an.

Die Wüstung, wo einst Etheldorf lag, heißt auch heute noch bei den rumänischen Bauern *Pusta Etăl* (*Ethel-Pußta*). (256)

Der versunkene Grafenhof

Hinter der alten Scheune des deutschen Pfarrhofs in Unterhamroth gibt es eine Stelle, wo weder Baum noch Strauch und nicht einmal Gras wächst.

Hier sollen einst ein Grafenhof und eine Kirche gestanden haben – wenn man gräbt, stößt man auf altes Mauerwerk. Damals lag das Dorf weiter oben, *Bei den Walachenhofstätten.*

Die ganze Gegend aber gehörte herrschsüchtigen und grausamen Edelleuten, für die das Volk schweren Frondienst leisten mußte.

Als die Schwaben ins Land einwanderten, sollten sie sich hier als »frei Bauern« ansiedeln dürfen, doch bald teilten sie ihr Lós mit den anderen armen Bauern, den Rumänen und Ungarn.

Der Hochmut der Edelleute kannte keine Grenzen. Wenn ein Schwabe mit dem Heuwagen auf dem Feldweg fuhr und zufällig einem Edelmann begegnete, mußte er Platz machen, d. h. den Weg verlassen, bis der andere vorbeiritt – selbst wenn dabei der hochbeladene Heuwagen im weichen Ackerboden versank und nur schwer wieder herausgezogen werden konnte.

Bei jeder Gelegenheit demütigte man die schwäbischen Bauern und nahm ihnen ihr wenig Hab und Gut fort, das sie sich mühevoll erarbeitet hatten.

Eines Abends war der Himmel dunkel, der Wind wehte und ein heftiges Gewitter kündigte sich an. Bald ging ein Wolkenbruch nieder, es blitzte und donnerte. Als die Bauern am nächsten Morgen aus ihren Häusern traten, sahen sie zu ihrem Erstaunen, daß der Grafenhof mit allen seinen Bauten, mit Menschen und Pferden und allem, was da gelebt hatte, spurlos verschwunden war. Man sagt, in jener Nacht habe sich der Boden aufgetan und alles verschlungen. Jahrelang soll man noch Glockenläuten gehört haben, das wohl aus der Erde kam. (257)

Sachsen und Schwaben

Die Vorfahren der Deutschen in Großtharna sollen eigentlich aus Sachsendorf an der Teiß (ungarisch *Szászfalu*) stammen. So erzählten früher manche alte Bauern. Ob das nun wirklich stimmt, weiß man heute nicht mehr.

Es heißt, daß einst in Sachsendorf und in dem nahegelegenen Tekenhausen (ungarisch *Tekeháza*) große Hungersnot herrschte. Damals verließen viele Bauern ihre Höfe, um gegen Osten zu ziehen – nach dem am Fuße der Berge gelegenen Großtharna und von hier weiter nach Batartsch.

Später, als diese Gegend mit schwäbischen Bauern besiedelt wurde, heirateten die Nachkommen der Sachsen und die Schwaben untereinander, so daß man bald nicht mehr wußte, wer aus der Theißebene stammte und wer von weiter her eingewandert war.

Zu Beginn dieses Jahrhunderts kamen dann auch Böhmen und Oberösterreicher ins Land, die sich ebenfalls in Großtharna und Batartsch ansiedelten. (258)

Als die Tataren kamen

Als Großtharna noch ein kleines Dorf war, wurde es einmal eines Nachts von umherziehenden Tataren überfallen; die Dorfbewohner flohen, so rasch sie konnten, in den nahen Wald.

Eine Bäuerin hatte jedoch in der Eile eines ihrer schlafenden

Kinder hinter dem Ofen vergessen. Erst im Wald merkte sie, daß das Kind fehlte (im ganzen hatte sie acht Kinder, und nun waren es nur noch sieben).

»Wo ist mein kleiner Hansi, wo ist mein kleiner Hansi?« begann sie zu jammern.

Schließlich machte sich der Bauer auf, schlich zurück zum Dorf, und da merkte er, daß die Tataren fest schliefen. Sie hatten nämlich sämtliche Fässer mit Wein und Schnaps ausgetrunken, und das hatte sie zuerst fröhlich und übermütig, dann aber müde und schwer gemacht.

Es war sehr still im Dorf, man hörte nur das Schnarchen der Tataren, und der Bauer konnte unbemerkt in sein Haus gelangen. Vorsichtig nahm er den kleinen Hansi in die Arme und schlich sich hinaus.

Im Hof erwachte plötzlich das Kind und begann zu weinen.

Rasch hielt ihm der Vater den Mund zu, denn ein Tatare, der draußen im »Maierle« schlief, war ebenfalls erwacht.

»He?« rief der Tatare schlaftrunken.

»Miau« antwortete der Bauer aus einer dunklen Ecke des Hofes.

Der Tatare drehte sich auf die andere Seite und schnarchte weiter. So gelangte der Bauer wieder in den Wald. (259)

Wie Kriegsdorf entstanden ist

An der Stelle, wo heute Kriegsdorf liegt, gab es vor zweihundert Jahren nur einige Lehmhütten, in denen leibeigene Bauern wohnten. Die ganze Gegend gehörte einem sehr reichen ungarischen Baron.

Eines Tages, als er sich in seinem Schloß langweilte, verreiste er ins Ausland, und so kam er auch nach Schwaben. Hier gefiel es ihm ganz gut, besonders beeindruckten ihn die vielen herrschaftlichen Kutschen, die manchmal vor dem königlichen Schloß in der schwäbischen Hauptstadt, in Stuttgart, vorfuhren. Da dachte sich der Baron: »Es wäre doch gut, wenn du unten auf deinen Gütern auch in so einer Kutsche herumfahren würdest und nicht mehr reiten müßtest.«

So dingte er einen Wagner, einen Schmied und einen Tischler, die mit ihm hinunter ins Sathmarland fahren sollten. Dann aber dachte er: »Gut wäre es, wenn ich mir auch modische Kleider schneidern lassen würde.« So nahm er auch einen Schneider und einen Schuster in seinen Dienst.

Mit diesen Handwerkern und deren Frauen und Kindern reiste er nun nach Hause. Sie waren die Vorfahren der Kriegsdorfer Schwaben.

Später wanderten noch weitere Ansiedler zu; sie kamen aus Bayern, Oberösterreich und der Schweiz. Man nannte sie, zum Unterschied zu den »Schwowe« – »Titsche« (Deutsche). (260)

Frei

Der erste schwäbische Bauer, der sich vor etwa zweihundert Jahren in Thurterbesch angesiedelt hat, soll Weckerle geheißen haben. Weil er nun hoffte, hier im Sathmarland als »freier Mann« leben zu können – so wie man es ihm versprochen hatte, als er aus Schwaben fortzog –, legte er sich den Beinamen »Frei« zu. So entstand der Familiennamen Frei.

Später wanderten Träger dieses Namens hinüber nach Neusalzdorf (ungarisch *Sósújfalu*) und in östliche Richtung ins Oascher Land, wo der Töpfermeister Josef Frei sich in Wama niederließ.

Die Tatsache, daß diese Bauern immer weiter wandern mußten, zeigt, daß sie vielleicht doch nicht so »frei« waren... (261)

Kailer

Die Vorfahren der Schwaben in der Gemeinde Schwarzwald bei Großwardein wanderten vor etwa zweihundert Jahren aus dem Schwarzwald ins Sathmarland ein. Damals waren weite Gebiete dieser Gegend dicht bewaldet, und so nannte man die neue Siedlung einfach Schwarzwald – zur Erinnerung an die Landschaft, aus der man gekommen war, und weil es auch in der neuen Heimat tiefe, dunkle Wälder gab.

Die Schwarzwälder waren berühmte Glasmacher, und ihre schön geschliffenen »Häwle« wurden auch in Großkarol gern gekauft.

Einer der ersten Siedler soll Josef Kailer geheißen haben. Ob das nun sein richtiger Name war oder ob er aus dem süddeutschen Ort Kail stammte und Kailer ein Beiname war, kann heute nicht mehr genau gesagt werden.

Von diesem Kailer erzählte man, daß er hier das erste Siedlerhaus errichtet habe. Dieses Haus hatte einen einzigen Raum, in dem eine alte Schwarzwälder Uhr hing. Lange Zeit war es die einzige Uhr im Dorf.

Als Kailer schon ein alter Mann war, verkaufte er die Uhr einem anderen Glasarbeiter und mit dem Geld unternahm er eine Reise: Er fuhr zuerst nach Großkarol, und von dort nach Zillenmarkt; und dann hat man nichts mehr von ihm gehört. (262)

Glashütte

Die ersten sieben Familien von Glasbläsern, die 1801 aus verschiedenen oberösterreichischen Ortschaften ins Sathmarland eingewandert waren und sich dort niedergelassen hatten, wo heute die Gemeinde Glashütte steht, hießen Tannhöfner, Schweizer, Polzer, Gruber, Robl, Wokan und Irschik. Später kamen noch weitere Facharbeiter hinzu, wie z. B. die Vorfahren der Familien Mendel, Spahn, Hübner, Waltzer, Denk, Brusak, Laßka, Hölzli, Kosa u. a.

Aus den umliegenden schwäbischen Ortschaften Scheindorf, Unterhamroth, Burlescht und Erdeed stammen die Familien Böhm, Zacher, Horber, Auer, Tepfenhardt, Tom, Roman, Glaser, Egli, die jedoch erst seit kurzem hier ansässig sind.

Die Glashütte, die der Siedlung den Namen gab, entstand inmitten des Waldes – auf der *Poiana Codrului*, wie die Waldwiese rumänisch heißt. Das war damals noch eine recht wilde Gegend, und es kam oft vor, daß im Winter nachts die Wölfe im Dorf »umherspazierten«, als wären sie da immer noch »daham«.

Ein Glaskugler namens Joseph Robl wurde im vorigen Jahrhundert von den Wölfen angefallen, als er an einem Abend das Haus

verließ, um einen Nachbarn aufzusuchen. Die Frau hörte die Hilfe-
rufe und sah aus dem Fenster zu, wie ihr Mann vor dem Gassentor
buchstäblich aufgefressen wurde.

Eine Woche darauf kamen Jäger aus Sathmar und machten eine
große Treibjagd. Es wurden über hundert Wölfe erlegt, doch nach
einem Monat waren ebenso viele wieder da... (263)

Stanislau

Als die schwäbischen Bauern ins Land kamen, wohnte dort, wo
heute dieses Dorf steht, ein Einsiedler, der Stanislaus hieß.

Dieser Mann war der einzige Überlebende aus der Siedlung
Sultze, die bei Kaaldorf gestanden hatte und von den Türken
zerstört worden ist.

Stanislaus war damals schon sehr alt, und er lebte noch viele
Jahre. Nach ihm erhielt das Dorf seinen Namen: Stanislau. (264)

Kapelau

Der Name Kapelau soll sich von einer Kapelle herleiten, die einst
Auf der Au gestanden hat.

Die Siedlung um die Kapelle ist jedoch während der Türkeneinfälle vernichtet worden.

Als die schwäbischen Bauern ins Land kamen, standen noch die
Ruinen der einstigen Kapelle. So nannte man die neue Siedlung
Kapellenau und später Kapelau. (265)

Schamagosch

An dem Ort, wo heute Schamagosch liegt, stand einst ein anderes
Dorf, das jedoch während einer Pestseuche völlig vernichtet worden ist.

Dieser Flurteil hieß lange Zeit bei den Rumänen *Ciuma.*
Als schwäbische Bauern sich hier niederließen (das war vielleicht

hundert Jahre nach der Pestseuche), nannten die Rumänen die neuentstandene Siedlung Ciumeşti. Die Schwaben aber konnten mit dem Namen nicht viel anfangen und nannten das Dörfchen Schamagosch, was vermutlich aus dem Ungarischen kommt. (266)

Schönthal

Als einige Karoler Schwaben vor etwa hundertfünfzig Jahren gegen Norden zogen, um Siedlerland zu suchen, gelangten sie zum Grenzbach, der in der Nähe von Fienen vorbeifließt. Hier blieben einige, andere wanderten weiter und gründeten die Ortschaften Merk und Wallei, die heute in Ungarn am Rande der Pußta liegen und Mérk bzw. Válaj heißen. Und wieder andere Schwaben wandten sich nun nach Osten; nachdem sie eine halbe Stunde gegangen waren, erblickten sie eine Niederung mit feuchtem, aber fruchtbarem Boden. Die ganze Gegend war gelb von den Dotterblumen, die hier zu Tausenden blühten.

»Da wollen wir bleiben, und der Ort soll Schönthal heißen«, sagten die Männer. So ist dieses Schwabendorf entstanden, das heute auch Schinal heißt. (267)

Rákoczis Tochter

Als Fürst Rákoczi einst vor seinen Feinden in die Erdeeder Burg floh und sich dort versteckte, wurde er von seiner Tochter verraten. Zur Strafe verfluchte er sie für alle Zeiten, und seither findet sie keine Ruhe mehr.

Einmal im Jahr, in einer hellen Sommernacht, erscheint sie auf dem Turm. In der einen Hand hält sie ein kostbares weißes Linnen, an dem sie jedesmal nur einen einzigen Stich nähen darf. Erst wenn das Kleid fertig ist, darf sie wieder unter die Menschen kommen. Doch wer weiß, wann das sein wird ...

Einige alte Bauern wollen sie schon öfters gesehen haben.

＊

Es heißt auch, daß man vor etwa zweihundert Jahren noch die unterirdischen Gänge sehen konnte, die von hier hinüber nach Bildegg, Großkarol und Sathmar führten; dort hatte sich einst Rákoczi versteckt.

Seine Tochter liebte einen schönen jungen Edelmann, diesem verriet sie nun eines Tages ahnungslos das Versteck ihres Vaters. Bald darauf wurde die Burg von Soldaten umstellt und der Fürst gefaßt. In maßloser Wut verfluchte er das geschwätzige Mädchen. Seither muß sie in den dunklen weiten Kellerräumen hausen, wo nie das Sonnenlicht eindringt.

In stillen, mondhellen Nächten, erzählen ältere schwäbische Bauern, kann man weithin ihr Rufen und Klagen hören – bis nach Erdeed, nach Sagas und Bildegg; und wenn der Wind von Westen nach Osten weht, reicht ihre Stimme sogar bis nach Scheindorf.

Wer sie jedoch vom Fluch erlösen will, muß sie dreimal küssen. Beim ersten Kuß nimmt sie die Gestalt einer weißen Taube an, dann erscheint sie als eine weiße Schlange, und zum drittenmal als ein weißer Lindwurm.

So wird sich wohl kaum jemand finden, der es wagt, sie dreimal zu küssen. (268)

Der » wilde Henker «

In der Nähe von Frinkdorf gibt es einen Berg, der Henkersberg (rumänisch *Dealu Călăului*) heißt.

Vor etwa dreihundert Jahren wohnte dort oben in einer kleinen Hütte ein Mann, der lange Zeit Henker der königlichen Freistadt Mittelberg gewesen war. Nun, auch Henker können in Ungnade fallen (auch dann, wenn sie ihren Beruf immer gewissenhaft ausüben, was vielleicht manchmal selbst für sie nicht so einfach ist).

So geschah es diesem guten Mann: Eines Tages hatte er Mittelberg verlassen müssen, und weil ihn keine Gemeinde aufnehmen wollte, baute er sich oben auf einem Berg bei Frinkdorf eine Hütte und lebte hier einsam und fern von den Menschen.

Mit der Zeit verlernte er das Sprechen, und sein Aussehen glich immer mehr dem eines »Waldmenschen«, wie es sie hier einst gegeben haben soll, als noch Bauern das Land bearbeiteten. Manch ein wandernder Handwerksbursche soll dem »wilden Henker« begegnet sein. (269)

Pintje

Pintje war ein weit und breit gefürchteter Heiduck im Buchengebirge. In den weiten Wäldern, die damals bis an die Theiß reichten, herrschte er mit seinen »Soldaten« als unumschränkter Gebieter. Wie der ungarische König erhob er Steuern von den reichen Bergwerkstädten Neustadt und Mittelberg, fing die wohlhabenden Kaufleute auf der Straße ein und gab sie nur gegen hohes Lösegeld wieder frei.

Die Regierung war dem mächtigen Heiducken gegenüber machtlos. Oft mußten sich ihre Soldaten unverrichteter Dinge aus den Wäldern zurückziehen, denn Pintje war unverletzbar. Keine Kugel konnte ihm etwas anhaben. Man sagt: Er ging in seinem Übermut sogar so weit, daß er die Geschosse auffing und seinen Gegnern zurückwarf.

Über den Ursprung dieser übernatürlichen Kraft ist man verschiedener Ansicht. Die einen meinen, sie stamme von seiner Mutter her, die eine Hexe war. Andere behaupten, Pintje sei ein armer Hirtenjunge gewesen und habe im Wald einmal einer Hexe geholfen. Dafür habe sie ihm seine Unverwundbarkeit verliehen.

Pintje war jedoch kein gemeiner Räuber; er tat den Armen nie etwas zuleide, sondern half ihnen, wo er konnte. Nur mit den Reichen hatte er kein Erbarmen. Beim Volk aber war er deshalb beliebt. (270)

Pintjes Keller

Eine Frau geriet einmal unvermutet in Pintjes Keller im Buchengebirge. Sie war mit ihrem Kind im Wald, um Holz zu sammeln, und sah plötzlich in einem Felsen eine offene Tür. Als sie hinein ging, waren da zwei Reihen von großen Holztonnen, die mit Gold gefüllt waren. Die Frau setzte ihr Kind auf die Erde, trug eine Schürze voll Gold hinaus und wollte nun das Kind holen, aber da war die Tür schon zu. Obwohl sie verzweifelt weinte und rief, öffnete die Tür sich nicht wieder.

Nach einem Jahr, zur selben Zeit, brachte die Frau das Gold zurück, fand die Tür offen und sah ihr Kind neben den Holztonnen spielen. Sie nahm es schnell und eilte heim; seither weiß man, daß dieses Gold kein Heil bringt. Niemand forschte mehr danach. Nachts aber, wenn im Buchenwald manchmal ein kleines Feuer flackert, sagen die alten Bauern: »Pintjes Gold brennt!« (271)

Pillack

Im vorigen Jahrhundert herrschte in Scheindorf ein grausamer und ungerechter »Ischpan«, der Pillack hieß. Dieser Mann forderte von den schwäbischen Bauern den doppelten »Zehent«, schlug und mißhandelte ihre Frauen und Mädchen, wenn sie auf dem Feld bei der Fronarbeit waren.

Besonders arg trieb es Pillack, als in Unterhamroth die Kirche gebaut werden sollte: Waren die Bauern nicht pünktlich vor Sonnenaufgang zur Stelle, so ließ er sie auf den gefürchteten »Deresch« binden, und sein Diener verabreichte ihnen fünfundzwanzig Stockschläge auf die Fußsohlen.

Wenn aber die Bauern klagten, daß sie wegen des harten Frondienstes keine Zeit mehr hätten, um ihre eigenen Felder zu bestellen, und folglich kein Korn und Brot hatten, lachte Pillack höhnisch: »Tont Knorre und Stui i dr Tanischter!«

Als er eines Morgens *Auf die Höfstett* kam, wo die Hirten gerade die Schafe wuschen, schlug er plötzlich wie wild auf Menschen und Tiere ein und befahl ihnen, tiefer ins Wasser zu gehen. An dieser

Stelle, wo sich die »Schafschwemme« befindet und der kleine Hamrothbach durch eine Schleuse eingedämmt ist, gibt es jedoch auch ein »Loch«, das man früher *Teufelsloch* nannte. Darum wollten auch die Leute nicht recht gehorchen, weil sie sich vor dem dunklen, tiefen Wasser fürchteten.

Fluchend ritt Pillack in den Bach, um zu zeigen, daß es da kein »Loch« gebe, plötzlich jedoch war er samt seinem Pferd verschwunden und kam nie mehr zum Vorschein.

Es heißt, daß er manchmal zu nächtlichen Stunden als gespenstischer Reiter durch die Gegend jagt. Eine alte Frau will ihn gesehen haben. (272)

Der Totenvogel

Ein Bursche aus Johannisdorf, der als Knecht bei einem reichen schwäbischen Bauern in Neupalota diente, hatte sich in die schöne Tochter seines Herrn verliebt. Dieses Mädchen hatte den fleißigen und immer fröhlichen Burschen auch recht gern.

Als er nun eines Tages beim Vater um ihre Hand anhielt, wurde er abgewiesen und sogar vom Hof gejagt.

Es vergingen einige Tage, der Bursche schlief in einem Heuschober auf dem Feld, denn es war Sommer, und eines Abends gab es vor der Dorfschenke Streit. Am nächsten Morgen fand man den Knecht tot am Straßenrand. Man konnte jedoch nicht herausfinden, wer ihn erstochen hatte, und so blieb der Fall ungeklärt.

Beim Begräbnis waren nur zwei alte Frauen anwesend, die für ein paar Kreuzer ein Klagelied sangen.

Als sie gehen wollten, kam plötzlich von der nahen *Kuhwiese* ein großer schwarzer Vogel und setzte sich auf einen Baum – es war der Totenvogel, der, so sagte man früher, immer dann erscheint, wenn »eine Seele keine Ruhe finden kann...«

Drei Tage saß der Totenvogel unbeweglich auf dem Baum, und die Menschen im Dorf waren schweigsam, niemand sprach ein lautes Wort.

Am vierten Tag ging der Bauer zur Gendarmerie und gestand, daß er den Burschen getötet hatte.

Als man ihn dann nach Großwardein führte und er am Friedhof vorbei kam, flog der schwarze Vogel auf und verschwand im Wald *Bei der Kuhwiese.* Das Mädchen aber ging in ein Kloster.

Das soll sich im vorigen Jahrhundert zugetragen haben, und vor einigen Jahren lebte noch der alte Pirklbauer Géza, und der hatte das als kleiner Junge selbst gesehen. (273)

Die Füchse aus Wadasch

Zwischen Madratz und Terbescht liegt das Dorf Wadasch.

In alten Zeiten, erzählte man sich früher, soll es unter den Frauen in Wadasch viele Hexen gegeben haben.

Einige von ihnen konnten sich in Füchse verwandeln. Sie liefen hinüber nach Terbescht oder Madratz und stahlen den Bauern die schönsten Gänse.

Eines Abends versteckte sich ein Bauer in seinem Gänsestall und wachte. Nach Mitternacht kam tatsächlich ein Fuchs angeschlichen und wollte in den Stall, um eine Gans zu holen. Blitzschnell hieb ihm der Bauer mit dem Messer eine Pfote ab. Heulend fegte der Fuchs davon.

Am nächsten Morgen ging der Bauer nach Wadasch und hörte hier, daß die Frau des Gastwirtes im Bett liege, weil sie sich beim Holzspalten die linke Hand abgehackt habe.

Nun wußte der Bauer, wer in der Nacht bei ihm gewesen war. (274)

Die Katzen vom Thurter Besuch

Der Name Thurterbesch soll aus jener Zeit stammen, als sich sächsische Bauern aus Königsdorf an der Theiß (ukrainisch *Krolovo*) am »Thurter Besch« (*Thurter Wald*) ansiedelten – das heißt, am Wald, der damals entlang des Thurter Baches stand. So erzählte einmal ein alter Bauer, der die folgende Geschichte von seinem Großvater gehört hatte. Vermutlich hatte sie der Großvater wiederum von seinem Großvater gehört und so weiter – und ob das auch alles wahr ist, was diese Bauern erzählten, kann man heute nicht mehr wissen.

In alten Zeiten wohnten am Thurter Bach Hexen, die Katzengestalt annehmen konnten. Wenn nun ein Bauer auf dem Feld einer Katze begegnete, so durfte er sich nicht vielleicht nach einem Stein bücken, um damit nach ihr zu werfen, sonst blieb er mit einem krummen Rücken; er durfte auch nicht mit der Zunge schnalzen (um die Katze zu verscheuchen), sonst wurde er stumm. Es war ratsam, in solchen Fällen so zu tun, als hätte man nichts gesehen, nur so kam man ohne Schaden davon.

Einst wollte ein übermütiger Bursche eine solche Katze fangen, doch kaum hatte er sie berührt, da wurde er selbst in eine Katze verwandelt; und man hat ihn nachher nie wieder gesehen. (275)

Die weißen Schlangen im Kreuzwald

In alten Zeiten gab es in der Nähe von Neupalota viele weiße Schlangen, die sich oft den Kühen »an das Euter legten« und es leersogen. Sie hausten in einem Erdloch *Beim Türkenhügel*, am Hotter in der Nähe der Gemeinde Lichtenwald.

Damals stand dort ein Wäldchen – der Kreuzwald (rumänisch *Codru Crucii*), der später abgeholzt wurde; da wohnte in einem alten Holzhaus ein Mann, der sieben Kinder hatte. Hier gingen die Schlangen ein und aus. Sie aßen sogar mit den Kindern am selben Tisch und aus einer Schüssel.

Man sagt, daß das keine gewöhnlichen Schlangen gewesen seien und sie diesen Menschen viel Glück gebracht haben.

Vor dem Krieg gab es noch alte Leute, die sich an den Mann im Kreuzwald erinnern konnten. Sie sagten: »Der pfiff nach den Schlangen wie unsereiner nach dem Hund. Wenn er etwas von ihnen wollte, waren sie gleich zur Stelle. Sie bewachten seinen Krautgarten vor den Wildhasen, die den anderen Bauern in den Gärten viel Schaden machten.« (276)

Die Wassermaid

In Pirr lebte ein Mädchen, das aus dem rumänischen Waldland gekommen war, um sich bei einem reichen Bauern zu verdingen. Dieses Mädchen war recht fleißig, und eigentlich war man mit ihm zufrieden. Nur eines wunderte die Leute: es wusch sich nicht und kämmte sich auch nicht das Haar. Trotzdem sah es immer ordentlich und sauber aus.

Eines Tages sagte die Bäuerin:»Heute sollst du hinüber zum Fluß gehen und Wäsche pracken; ich werd später auch kommen.« Sie wollte nun sehen, ob sich das Mädchen tatsächlich vor dem Wasser fürchtete, und ohne daß jemand es merkte, schlich sie ihm nach.

Am Flußufer kniete das Mädchen nieder und rief:»Das Annele is kommen!« Und als nichts geschah, rief es noch einmal:»Das Annele is kommen, habt ihrs it vernommen?«

Plötzlich tauchten mehrere kleine Wasserweible aus den Fluten und eines sagte:»Wir waschen die Wäsch, gib sie nur her!«

Die Bäuerin, die sich hinter einem Uferstrauch verborgen hatte, trat nun hervor und rief:»Du bist also eine Wassermaid! Gib meine Wäsche her und verschwind!«

Wortlos reichte ihr das Mädchen den Wäschekorb, sprang in den Fluß und tauchte unter.

Als nun die Bäuerin sich selbst ans Wäschepracken machen wollte, konnte sie immer nur klopfen und reiben, die Wäsche wurde nicht mehr rein. Das war die Strafe der Wasserweible. (277)

Die Feuermännchen

Von Bergsau führt ein Fußweg zu einem Dörfchen, das einst Herzwunsch hieß und zwischen dem Kleinen und dem Großen Neubach liegt. Hier, wo sich die beiden Bäche vereinigen, lag auf offenem Feld ein riesiger »Feuerstein« – etwa zwei Meter hoch.

Die Bauern aus Herzwunsch erzählten, daß sich die vielen Feuermännchen, die man früher abends und nachts in dieser Gegend überall antreffen konnte, von hier ihr »Feuer« holten.

Dieser Stein sei einst als »glühende Kugel« vom Himmel gefallen, und damals sei das Feld ringsum verbrannt. Seit jenem Tag aber soll es auch die Feuermännchen gegeben haben.

Seit vielen Jahren hat man jedoch keine Feuermännchen mehr gesehen – und das darum, weil inzwischen überall elektrisches Licht brennt. Die Feuermännchen haben somit keinen »Lebenszweck« mehr und sind nun für alle Zeiten »verschwunden«.

*

Auch im Wald bei der Siedlung Glashütte gab es in alten Zeiten viele Feuermännchen, die kamen oft nachts zu den Häusern der Arbeiter und setzten sich auf das Fenstersims.

In der Stube wurde es dann so hell wie am Tag, und wenn die Kinder erwachten, schlichen sie sich zum Fenster und horchten, was die Feuermännchen sprachen. Manchmal erfuhren sie auf diese Weise seltsame Dinge, denn die Feuermännchen wußten über alles Bescheid, was im Wald geschah.

Es heißt, daß die Einwohner früher auf das Fenstersims einen großen flachen Stein legten, weil sonst die Feuermännchen den Fensterrahmen verbrannt hätten. An manchen alten Häusern konnte man übrigens vor einiger Zeit noch die »Spuren« der Feuermännchen sehen – die Stelle, wo sie gesessen hatten. (278)

Trestenburger Ländchen

Der Weiße Reiter

Als die Schwaben ins Trestenburger Ländchen kamen, lebten hier bereits rumänische und ungarische Bauern.

Nachdem sich die ersten deutschen Einwanderer in Sienerburg, Neudeutschendorf, Trestenburg und Schink niedergelassen hatten, zogen einige in östlicher Richtung weiter – bis sie zur »Grenze« des Oascher Landes kamen, wo damals eine große Wiese war. Hier errichteten die Schwaben eine Siedlung und nannten sie Wiesenhaid.

Im Wiesengrund gab es damals viel sumpfigen Boden, und die alten Bauern erzählen, daß es im vorigen Jahrhundert manchmal so hell war wie am Tag: Die »Moorfeuerchen« brannten, und da konnte man weithin sehen.

Zu jener Zeit soll es hier einen Weißen Reiter gegeben haben, der nachts mit seinem Schimmel über Wiesen und Felder eilte.

Wer vom Weißen Reiter auf offener Flur überrascht wurde, mußte sich rasch auf den Bauch legen und das Gesicht bedecken, sonst »nahm« er ihn »mit«, und dann »kam« er erst am nächsten Tag »von ihm los«.

Der Weiße Reiter soll ein verwunschener Graf gewesen sein. Seit fast hundert Jahren hat man ihn jedoch nicht mehr gesehen. (279)

Wie Wiesenhaid entstanden ist

Die Gemeinde Wiesenhaid soll von Bauern aus Neutrestenburg gegründet worden sein, die zu Beginn des vorigen Jahrhunderts unterwegs waren, um Siedlerland zu suchen.

Unter einer mächtigen Eiche, die etwa dort stand, wo heute die Dorfmitte ist, machten sie halt und rasteten ein bißchen.

Da schlief ein Bursche ein und träumte von einem schönen Dorf mit einer breiten Straße und vielen stattlichen Häusern. In der Mitte des Dorfes stand eine alte Eiche und als er genauer hinsah, erblickte er ein »Lichtlein«, das neben der Eiche flackerte.

Bald darauf wurde der Bursche geweckt, denn man sollte weiterziehen.

»Wartet ein bißchen, ich hatte einen merkwürdigen Traum, den will ich euch rasch erzählen«, sagte der Bursche zu den Männern.

Als er geendet hatte, meinte ein alter Bauer: »Die Eiche, die du im Traum gesehen hast, könnte auch an dieser Stelle stehen; vielleicht ist es sogar die Eiche, unter der wir gerade sitzen.«

So machten sie sich daran, die Eiche zu fällen, wobei sie schwer arbeiten mußten, denn das Holz war alt und zäh. Als sie dann krachend niederstürzte, fanden sie tatsächlich einen Kessel mit Goldstücken, der im Stamm eingewachsen war. (280)

Der Türkenkopf

Ein Stein *Am Hotter* bei Trestenburg heißt »Türkenkopf«; und wenn man ihn näher betrachtet, so kann man tatsächlich an ihm menschliche Gesichtszüge erkennen: Augen, Mund, Ohren, einen Schnurrbart – nur die Nase hat gelitten.

Als einst die Türken wieder ins Land kamen, da war auf den Feldern bei Trestenburg gerade das Korn reif.

Ein türkischer Reiter sprengte mit einer brennenden Fackel in der Hand hinaus aufs Feld, um hier Feuer zu legen und die Ernte zu vernichten.

Am Hotter saß ein altes graues Weib. Als der Türke hier vorbeikam, schwang er übermütig die Fackel, um die Alte zu erschrekken. Er wußte jedoch nicht, daß dieses die Kornmutter war.

Da traf ihn ihr »böser Blick«, und er versank samt Pferd und Fackel in die Erde. Nur sein Kopf blieb draußen und wurde zu Stein. Die Kornmutter hatte ihn gestraft und somit die reifen Felder gerettet.

Die Türken sind damals weitergezogen, ohne Trestenburg zu zerstören. (281)

Weiße Schlangen

In Nanten soll es früher weiße Schlangen gegeben haben, die draußen auf der Weide den Kühen »an das Euter gingen«.

Ihren Schlupfwinkel hatten sie *Im Loch* – einer Grube in der Nähe der Maisfelder *Am Hotter*.

Als nun die Kühe immer weniger Milch gaben, gingen eines Tages einige Bauern zum *Loch* und leerten einen Sack mit ungelöschtem Kalk hinab. Dann brachten sie ein Faß Wasser und ließen es auslaufen.

So kamen die weißen Schlangen elend um, und die Kühe gaben auch wieder Milch. (282)

Auf dem Weg nach Terem

Früher, als es zwischen Großkarol und Zillenmarkt noch keine Eisenbahn gab, fuhren einmal eines Abends zwei Bauern mit dem Wagen von Santen über Juren nach Terem. Nach Zuderau mußten sie an einer seichten Stelle den Bach überqueren, denn damals gab es hier noch keine Brücke, sondern nur eine Furt.

Als sie am anderen Ufer ankamen, hörten sie plötzlich hinter sich ein seltsames Geräusch: Im Wasser »stand« eine weiße Schlange, und aus ihrem offnen Maul züngelten helle Flammen. Rasch hieb der Bauer, der die Zügel führte, auf die Pferde ein, und der Wagen raste davon.

Am nächsten Tag kamen die beiden jedoch wieder an die Stelle zurück, weil sie hier einen verborgenen Schatz vermuteten. Sie fanden eine goldene Armspange, die zwischen den Flußsteinen schimmerte. (283)

BANAT

Heide

Die Römer in Herkulesbad

Es wird erzählt, daß die Römer, nachdem sie die Welt erobert hatten und alles, was noch außerhalb der Welt liegt, sehr ermüdet an die Tscherna marschierten, um da zur Erholung ein Schwefelbad zu nehmen. Sie badeten, saßen drei Tage und drei Nächte bis an den Hals in dem qualmenden Wasser und am vierten Tag fühlten sie sich gänzlich wiederhergestellt und zu neuen Kämpfen fähig. Sie legten ihre Rüstung an und wähnten sich so stark, daß sie in ihrem Übermut mit Gott dem Allmächtigen Krieg zu führen begannen. Aber trotz dem Bade in der »Aqua Herculis« war der Kampf zu ungleich; die übermütigen Römer mußten unterliegen und verloren damit die Welt und alles, was noch außerhalb der Welt liegt. (284)

Türkenhügel

In Neubeschenowa sagen die alten Leute: Als die Türken ins Land kamen, rasteten sie und putzten sich die Stiefel. So sind die Hügel in der Gemarkung entstanden.

Vor Lowrin ist ein großer Hügel; von dem sagen sie, die Türken haben ihn mit ihren Kappen zusammengetragen.

In Glogowatz erzählt man, daß fünf Königssöhne des Riesenvolkes auf der Wanderschaft rasteten und jeder mit seinem Wanderstab sich den Lehm von den Bundschuhen in so großen Mengen herunterscharrte, daß von dem Lehm fünf Hügel wurden.

Herkulesbäder in Mehadia, gezeichnet von Würbs/gestochen in Stahl von Rybicka, 19. Jahrhundert

Dort soll auch die Frau eines Königs begraben liegen, aber keiner darf nachforschen, sonst wird er mit Geistern reden müssen. (285)

Der kleine Falkenstein

Unweit von Maria Radna steht die Bergfeste Schoimosch oder Falkenstein. Zur Zeit der Türkenkriege wohnte dort oben der Graf Falkenstein mit seinen Leuten. Der Sage nach hatte er im Kampf einem türkischen Pascha mit dem Säbel einen Finger abgeschlagen. Dafür sollten ihm die Finger, einer nach dem anderen, und schließlich auch der Kopf abgeschlagen werden. Graf Falkenstein flüchtete, um solcher Rache zu entgehen. Da drohten die Türken, sich an seinem Knaben zu rächen. Die Mutter des kleinen Falkenstein versteckte ihn jedoch unten im Dorfe, damit ihn niemand erkenne. Aber die Leute sagten: »Schau nur, wie zart er ist, das ist doch der kleine Falkenstein!« Das hörten auch die Türken, und es dauerte nicht lange, da nahmen sie ihn gefangen, und er wurde für seinen Vater zum Tode verurteilt.

Die arme Gräfin liebte ihr Kind, wie alle Mütter, und sie wollte ihren Knaben wenigstens vor seinem frühen Tode trösten, den sie ohnehin nicht verhindern konnte. Sie sagte zu ihm: »Wenn sie dich am Schloß vorbeiführen, dann schau nur hinauf, ich werde im Fenster stehen und dir eine Rose zeigen. Ist die Rose rot, dann mußt du sterben, ist sie aber weiß, dann lassen sie dich am Leben.«

Und als die Türken ihn am Schloß vorbeiführten, stand seine Mutter im Fenster und hielt eine weiße Rose in der Hand. Da lächelte der kleine Falkenstein vor Freude. Aber er wurde dann doch geköpft. (286)

Der Prinz-Eugen-Brunnen

Als Prinz Eugen mit seinem Heer vor Temeschwar (Temesch-burg) stand, um den Türken die Festung endgültig zu entreißen, da war große Not im Land. Vergeblich suchten die Soldaten in der sumpfigen Gegend gutes Trinkwasser. Weit und breit fanden sie keinen Brunnen und keine Quelle.

Da geschah es, daß Prinz Eugen mit etlichen Truppen in Jahrmarkt lag und rastete. Der Feldherr hatte die Gewohnheit, so wie seine Soldaten unter freiem Himmel zu schlafen. Er ruhte am Fuße einer uralten Weide und hatte einen seltsamen Traum. Eine Stimme sagte ihm, daß im Wurzelwerk ein verborgenes Wasser fließe.

Als er hierauf erwachte, legte er die Quelle mit seinem Schwerte frei und die Soldaten konnten das beste Wasser trinken. Sie erquickten sich an dem frischen Labsal vor der entscheidenden Schlacht.

Seither fließt in Jahrmarkt der Prinz-Eugen-Brunnen.

Die alte Weide war noch vor einigen Jahren zu sehen. Auch fuhr in früheren Zeiten der Bischof von Temeschwar jeden Mittwoch mit seiner Kalesche hinaus nach Jahrmarkt und trank vom Prinz-Eugen-Brunnen, weil er an die Kraft des Wassers glaubte. (287)

Die Brüder Schütz

Im Schwarzwald lebten einst sechs Brüder, von denen der eine ein sehr guter Schütze war. Als sie eines Abends in der Schenke beisammen saßen, hatte der Schütze gewettet, bei der nächsten Gelegenheit dem Förster alle silbernen Knöpfe vom Leibel zu schießen, ohne ihn zu verletzen. Er gewann zwar die Wette, aber der Förster ließ ihn gefangennehmen.

In der Nacht befreiten ihn jedoch die Brüder und zogen, um einer Strafe zu entgehen, ins ferne Banat. Hier ließen sie sich in den Gemeinden Gottlob, Bogarosch, Lenauheim und Totina nieder.

Der Bruder in Totina wurde beim Baumfällen von einem Stamm erschlagen. Der Vorfahr des Lenauheimer Zweiges wurde in der Wiege mitgebracht, der älteste, in Bogarosch, ist mit seinem Zopf, den er aus der alten Heimat hatte, gestorben.

Weil die Brüder wegen des guten Schützen in das Banat eingewandert waren, hatten sie alle den Namen Schütz angenommen, welchen die Nachkommen heute noch führen. (288)

Guttenbrunn und Engelsbrunn

Über Guttenbrunn wird berichtet, daß die deutschen Einwanderer im Jahre 1724 das Dorf aus eigenen Mitteln gegründet hatten. Die Siedler lagerten vor ihrer Niederlassung bei einer Quelle, die heute noch im Gebrauch ist. Da ihnen Wasser und Gegend wohl gefielen, beschlossen sie, dort zu bleiben. Sie rodeten den Wald und bauten ihr Dorf, dem sie in dankbarer Erinnerung an die Quelle den Namen Guttenbrunn gaben.

Auch die schwäbische Ortschaft Engelsbrunn entstand in der Nähe einer guten Trinkquelle. Manche Orte hingegen wurden verlegt oder ganz aufgelassen, weil es an Trinkwasser mangelte. (289)

Triebswetter, Gottlob, Ostern

Als die Ansiedler der drei Dörfer endlich am Ziel ihrer Wanderschaft angekommen waren, ließen sie sich zur Rast an dem Ort nieder, wo heute Triebswetter steht. Und weil gerade ein trüber regnerischer Frühlingstag war, nannten sie die erste Niederlassung nach dem trüben Wetter: Triebswetter.

Eine unzufriedene Gruppe zog weiter, trotz der aufgeweichten Landstraße, und als sie an den nächsten geeigneten Siedlungsort kamen, hellte sich eben der Himmel auf, da riefen sie:»Gottlob!«, und blieben dort und nannten ihr Dorf so.

Da war noch ein Häuflein Kolonisten, die gaben sich auch jetzt noch nicht zufrieden und zogen an den dritten Bestimmungsort. Unter ihnen befanden sich auch die fünf Brüder Frauenhoffer aus Straubing. Einer davon, mit Namen Peter, trug ein Kruzifix voran. Es war gerade um die Osterzeit, als sie die ausgemachte Siedlungsstelle erreichten. Die ersten Pflanzer ließen sich auf dem Hasenhügel nieder und nannten die neue Kolonie Ostern, welchen Namen das Dorf bis heute führt.

Das Kreuz aber, das Peter Frauenhoffer trug, wird von dessen Nachkommen aufbewahrt und heißt im Dorf allgemein Ansiedlerkreuz. (290)

Das Mittagsweib

Wie schreckenvoll das Land für Männer und Frauen gewesen sein muß, als im Banat noch jegliche Zeichen menschlicher Herrschaft fehlten, erzählt eine Sage aus der Heide. Sie berichtet von einem Weib, das, uralt und grau, sommers um die Mittagszeit in den Schlehen oder hinter den Kreuzen hockte, starr hinausschaute ins Land und jeden, der um diese Stunde allein darüber wandert, auszehrt und mit sich nimmt.

Ausführlich wird erzählt, was dieses Wesen um die Zeit des höchsten Sonnenstandes vollführt. »Es hockt vertrocknet und ausgedörrt mit tausend Runzeln im Gesicht und schaut mit schreckhaft starren Augen über das Land.

Sobald der Wanderer um diese Zeit in den Bereich seiner Blicke gerät, schleicht es sich unmerklich an ihn heran, gebietet den Winden stille zu sein, mehrt die Hitze, steigert die Stille und weitet das Land so lange, bis es dem Ahnungslosen mit so viel Ungemach die Frais eingetrieben und ihn zitternd vor sich liegen hat. Es legt ihm dann die Arme (die unmenschlich lang sind, gegen die Hände immer dicker werden und in weitgespreizten wulstigen Fingern enden) um den Leib und saugt sich gleich einem Blutegel in seinen Weichen fest; dann füllt es mit allen Säften des Unglücklichen sein tausendfältiges Hautgewand, nimmt auch seinen Schatten mit und wandert mit den vielen, die es schon genommen, in der Weite umher, immer das Ende suchend, das es nie finden wird. Denn zu ewigem Umherwandern in diesem endlosen Land ist das Weib verflucht.

Oftmals fanden die Dorfbewohner aus Marienfeld, wenn sie über Land fuhren, Gerippe von Menschen. Und so oft einer um die Sommerzeit die Hinterbleibenden in jugendlichem Übermut mit der Absicht neckte, alleinig auszuziehen, warnten sie mit ernsten Worten, das Unglück bedeutend. Ein Handwerksbursche zog vor Jahren aus und verlachte die Warnenden; nach langer Zeit sah man dann sein Gerippe liegen, das halbverwitterte Felleisen, an dem man ihn erkannte, daneben.« (291)

Kaiser Josef und die Heiducken

Auf seiner Reise durchs Banat weilte Kaiser Josef in Großkomlosch, um sich auch hier mit den Einwohnern zu unterhalten. Das Dorf gefiel ihm, und er fragte nach den Wünschen der Leute.

»Habt ihr auch Heiducken in der Gegend?« war seine erste Frage.

»Ja, draußen im Rohr!«

»Sagt ihnen, der Kaiser ruft sie, sie sollen kommen!«

Der Dorfrichter fuhr hinaus ins Rohr, wo sie sich im Sommer aufhielten, und sagte ihnen, alle Heiducken möchten ins Gemeindehaus kommen. Jeder nahm seine Flinte, und so gingen sie alle ins Dorf und wurden vom Kaiser empfangen.

»Legt eure Flinten auf die Erde«, sagte der Kaiser, und die Heiducken standen alle da und legten ihre Waffen nieder. »Dieses Land gehört mir, gebt mir eure Flinten, dann schenke ich euch das Land, soweit man sieht.«

Die Heiducken überlegten eine Weile, dann trat einer vor und sprach für alle: »Majestät, das Land gehört dir, aber die Flinten lasse uns.« Sie hoben ihre Waffen von der Erde auf und gingen wieder aus dem Dorfe hinaus ins Rohr, wo sie noch lange als Heiducken lebten. (292)

Liebling

Einer Überlieferung zufolge soll das Dorf seinen Namen von Kaiser Josef selbst erhalten haben. Man erzählt, er sei während des Türkenkrieges 1788 durch die junge Gemeinde gefahren und habe bei dieser Gelegenheit zu dem versammelten Volke gesagt: »Die Protestanten sind meine Lieblinge, darum soll dieser Ort Liebling heißen.« Und die Lieblinger haben ihren Namen weiterhin bewahrt und waren jederzeit stolz auf ihn.

Als man 1911 auch Liebling umtaufen wollte, fuhren die wackeren Dorfväter nach Wien zum Kaiser und baten ihn, er möchte ihnen den Namen lassen, was auch geschah. Das Bittgesuch der Lieblinger wurde erhört, und so führt das Dorf auch heute noch, bei Schwaben und Rumänen, seinen alten Namen. (293)

Wildwieblin dient einer Bäuerin

Bei einer Bäuerin in Albrechtsflor diente ein fremdes Mädchen. Die Leute wußten nicht, woher es war, und es sagte auch nichts über seine Herkunft. Es verrichtete aber seine Arbeit im Stall und am Acker gut; die Frau konnte sich nicht beklagen. Nur eines wunderte die Leute. Das Mädchen hatte sich ein ganzes Jahr lang nicht gewaschen und gekämmt. Die Frau und die Nachbarsleute fragten, warum es denn gar nichts auf sich halte, aber es blieb allen die Antwort schuldig. Da fragte es keiner mehr, und sie ließen es, wie es war. Einmal in der Nacht mußte die Frau hinaus, und da sah sie ihre Magd draußen stehen am Gartenzaun und zum Wald hinüberschaun. Vom Wald her rief ihr jemand zu:

>»Mutteli, Butteli,
>Jetzt bin ich krank und alt.
>Mutteli, Butteli,
>Komm wieder heim in Wald!«

Und die Dienstmagd rief zurück: »Hascht jo recht!« Am andern Tag war das Mädchen weg und hat sich nimmer gezeigt. Das war so eine von den Wildwieblins, die im Wald wohnen sollen. (294)

Die Feuermänner

In Neuarad sagen die Leute, früher habe es Feuermänner gegeben. Wenn einem Mann auf der Landstraße ein Wagenrad brach, betete er, und alsbald kamen die Feuermänner. Dann wurde es hell wie am Tag, und man konnte den Schaden wieder beheben.

Wenn die Leute früher in den Weingarten fuhren und abends spät oder in der Nacht nach Hause kamen, da begegneten ihnen die Feuermänner, einer oder zwei. Die Leute beteten aus Furcht, aber je länger sie in ihrer Angst die Gebete sangen, um so mehr Feuermänner kamen herbei und setzten sich alle auf den Wagen. Die Pferde schwitzten vor Anstrengung und brachten kaum das Gefährt von der Stelle. Dann fluchten die Leute vor Ärger, und sogleich verschwanden die Feuermänner, einer nach dem anderen. So konnten die Bauern ruhig nach Hause fahren.

Dasselbe wird in Perjamosch erzählt, wo die feurigen Männer in der Tellgasse den Leuten meist über den hinteren Schragen auf den Wagen kletterten. Zuerst waren sie im Dunkeln wie Feuerfunken anzuschauen, wenn die Fuhrwerke dann näher kamen, sahen die Leute, daß es feurige Männer waren.

Ein Mann namens Sepp Holzner fuhr einmal mit seiner Frau von Albrechtsflor gegen Sankt Georgen. Es war recht dunkel geworden, und als sie so mit ihrem Einspänner durch die Finsternis ihrem Ziel zustrebten, kamen zwei Feuermänner.

Der Mann schlug gleich mit der Peitsche auf sie ein, die Bäuerin aber betete vor Angst. Das nützte nichts, denn die feurigen Männer hielten sich am Wagen fest und wollten hinauf. Da fing der Bauer an zu fluchen, und im Nu waren sie verschwunden.

Am nächsten Morgen sah man die Brandstelle am Wagen, wo die Feuermänner sich festgehalten hatten. (295)

»Irrlichter«

In Traunau zeigte sich im Jahre 1887 mehreren Leuten, wenn sie mit dem Wagen aus dem Dorf fuhren, ein »Verführlicht«. So war auch ein Bauer um zwei Uhr nach Mitternacht in den Wald gefahren, um Holz zu holen.

Kaum hatte er das Dorfende erreicht, da tanzte auch schon das Licht vor den Pferden herum. Der Bauer glaubte, daß er schon eine gute Strecke gefahren sei, doch als es Tag wurde, sah er, daß sein Wagen im Kreis um den Viehbrunnen herumfuhr, ohne ihn weiter zu bringen. So soll es damals mehreren Leuten ergangen sein.

Ein Mann aus Nitzkydorf wollte einmal nach Busiasch fahren. Er war betrunken und fuhr mit seinem Kind in die Nacht hinein, obwohl seine Frau dagegen war. In der Dunkelheit war den beiden ein »Dreilichtchen« erschienen und führte sie mit Pferd und Wagen vom Weg ab in den seitwärts gelegenen Wald. Erst bei Tagesanbruch konnte sich der Bauer zurechtfinden und den Weg nach Hause einschlagen. Das Kind war taub und krank geworden und mußte bald dannach sterben.

Im Hotter bei Pereg zeigt sich zuweilen auch heute noch ein »Irrlicht«. Die Leute sagen, es sei eine Menschenseele, die keine Ruhe findet. Einmal schoß ein Knecht auf das »Irrlicht«, nachher wurde er krank und mußte im Bett liegen.

Mitunter zeigt ein »Irrlicht« den Tod eines Verwandten in der Ferne an. Dann sitzt es klagend unter dem Fenster einer Stube oder Kammer und läßt sich kaum vertreiben.

Wenn die Bauern im Sommer vom Feld heimfahren, zeigen sich in der Dunkelheit »Irrlichter«; sie begleiten das Fuhrwerk eine

Wegstrecke, kehren aber vor dem Dorfe um und verschwinden, ohne den Menschen zu schaden. (296)

Den Teufel soll man nicht nennen

Eine arme Frau aus Temeschwar war durch »Geldfeuer« zu einer großen Menge schöner Goldstücke gekommen. Alle Tage schickte sie ihren Jungen zum Bäcker, denn sie brauchten nicht mehr zu hungern und konnten Brot kaufen, so viel sie wollten.

Der Bäcker hätte am liebsten das ganze Gold der armen Frau in seinen Besitz gebracht. Eines Abends ging er an die Haustüre der Frau und klopfte an.

Sie fragte: »Wer ist?« und der Bäcker antwortete mit verstellter Stimme: »Der Teufel!«

Die Frau fürchtete sich und öffnete nicht.

Am nächsten Abend wiederholte sich das gleiche. Es war Winterzeit und kalt draußen.

Am dritten Tag kam ein dürftig gekleideter Mann und bat um Einlaß.

Gegen Abend klopfte der Bäcker wieder an die Tür und sagte zum dritten Mal: »Der Teufel!«

Der Fremde saß am Ofen und meinte, wenn es der Teufel sei, könne sie ihn ruhig hereinlassen.

Die Frau öffnete die Tür, der Fremde erhob sich, da konnte sie gerade noch sehen, daß er einen Pferdefuß hatte, und im nächsten Augenblick war er mitsamt dem Bäcker vor ihren Augen verschwunden.

Man soll den Teufel nicht beim Namen nennen. (297)

Bergland

Die Felsen von Bosniak

Dort, wo man von Maria-Schnee und Kohldorf gegen Bosniak hinunterfährt, stehen an der Straße sehr hohe, spitze Felsen; oben ist ein Hochplateau, und dort kann man Steine sehen, in der Gestalt von Pfählen, so wie die Marine sie an den Landungsstellen hat, ungefähr ein Halbmeter hoch, rund und ganz abgeglättet, so wie poliert, wie Marmor. Man kann genau sehen, wie einst daran die Kähne mit Stricken festgebunden worden sind: die Stricke haben den Stein glattgewetzt.

Damals, vor tausend Jahren, war hier im Banat ein Becken, wo die ganzen Gewässer des Südens gestaut waren. Das Wasser floß an dem Rand der Gebirgskämme über. Nun weiß man, daß das Gebirge bei uns vulkanisch veranlagt ist, das sieht man auch an den heißen Schwefelquellen von Herkulesbad – durch eine Explosion, eine Ansammlung von unterirdischen Gasen, durch eine vulkanische Naturkatastrophe also ist ein Sprung entstanden – das Gebirge ist entzweigegangen –, und das Becken, das Süße Meer, hat sich entleert. Auf dem Grunde waren noch lange Zeit Sümpfe zurückgeblieben, mit Schilf, Schlangen und Drachen. (298)

Die Riesen auf der Bogschaner Burg

Auf der Bogschaner Burg hausten einst Riesen – Nowacken, wie die Rumänen sagen. Die Burg war damals groß. Mit der Zeit stürzten die Mauern ein. Heute stehen nur mehr einige Trümmer davon; Schutt und Unkraut bedecken den Platz.

In den alten Zeiten wohnte auf der Burg ein Nowack mit seiner Familie: seiner Frau, fünf Söhnen, zwei Töchtern und einer Schwiegermutter. Auf der Werschetzer Burg wohnte ein anderer Riese, das war sein Bruder.

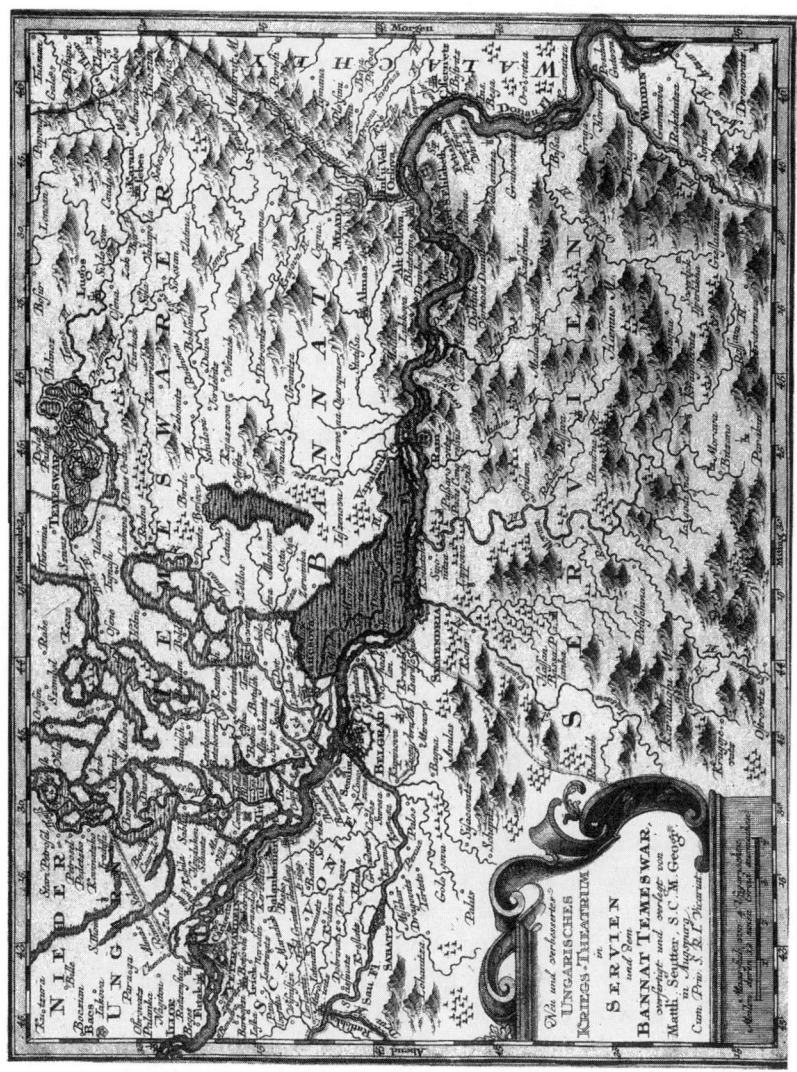

Temeswarer Banat, Karte von Matthias Seutter, 18. Jahrhundert

Eines Tages wollte der Riese Maisbrei kochen. Er machte Feuer, stellte einen großen Kessel mit Wasser auf, doch als er das Kukuruzmehl sieben wollte, merkte er, daß er kein Sieb hatte. Flugs lief er zu seinem Bruder in der Werschetzer Burg hinüber, um von ihm ein Sieb zu leihen. Das Wasser im Kessel hatte noch nicht einmal recht gekocht – da war er mit dem Sieb auch schon zurück. Solche Schritte machte er!

Einmal kamen die zwei Töchter des Riesen in das Bersautal hinab. Die Bauern pflügten gerade das Feld. Da nahmen die Riesenfräulein zehn oder zwölf Bauern mitsamt den Pflügen und Ochsengespannen in ihre Schürzen und liefen damit in die Burg zurück. »Schau, Mutter, was sind das für Ameisen?« fragten sie. Die Riesenmutter sagte: »Liebe Kinder, das sind keine Ameisen, sondern Menschen. Es wird eine Zeit kommen, da wird unser Geschlecht ausgestorben sein, und diese kleinen Wesen werden die Erde beherrschen.«

Ein andermal hatte der Riese einen Streit mit seiner Schwiegermutter. Die Schwiegermutter flüchtete vor seinem Zorn ins Tal hinunter. Der Riese warf ihr zwei große Feldsteine nach. Der eine fiel in den Garten des Joschka Covaşiu, wo er noch heute zu sehen ist, er ist vielleicht fünfzig Zentner schwer. Der andere flog bis ins Tal hinunter. Hier ergriff ihn aber die Schwiegermutter und schleuderte ihn auf die Burg zurück. Der Stein traf eine Ecke der Burgmauer und schlug sie entzwei. Ein Stück des Gemäuers rollte in die Bersau hinab, das andere aber fiel in den Garten des Nicka Moldoveanu Vernica, wo es noch heute neben dem Zaun liegt. Das ist linker Seite am Weg, der nach Ramna führt.

Das Aufkommen des Schießpulvers hat der Herrschaft der Riesen ein Ende gemacht. Durch das Schießpulver sind die Menschen mächtiger geworden als die Riesen. Haben sie sie ausgerottet, oder sind sie von selber fortgezogen, kann niemand mehr sagen. Tatsache ist, daß sie nach der Erfindung des Schießpulvers aus dem Lande verschwunden sind. (299)

Gornikrai

Kuptoare oder Öfenau ist das älteste Dorf im Banat. Es ist fünf Jahre älter als Temeschwar (Temeschburg). Früher aber lag das Dorf tiefer, am oberen Ende des Sodolertales am Fuße jener Felsen, in deren Höhlen die Quellen entspringen, die die Wasserleitung von Reschitz speisen, an einem engen, winkligen Orte, der *Gornikrai* heißt.

Hier lagen, vom Urwald umgeben, zerstreut, wie heute die Salaschen, die Blockhütten der Kuptoraner. Es gab damals noch kein Grundbuch; jeder nahm sich so viel Wald, wieviel er roden konnte, und baute sich seine Hütte dorthin, wo es ihm gefiel.

Der Türken-Stuhl aber war in Kraschowa. Von hier aus beherrschten sie den Bezirk. Häufig streiften einzelne Türken durch die Umgebung und raubten die Mädchen der Einwohner.

So wurde einmal die Tochter eines Kuptoraners, dessen Nachkommen noch heute leben, auf der Wiese oberhalb des Dorfes, wo sie Kühe hütete, von einem Türken geraubt. Da machten sich einige Männer, darunter auch der Vater des Mädchens, auf, nahmen einen alten Vorderlader mit sich, kamen auf abgekürzten Wegen dem Türken zuvor und lauerten ihm hinter einem Felsen auf. Der Türke war abgestiegen und führte das Pferd, auf dem das Mädchen saß, am Halfterbande den steinigen Weg hinauf. Da traf ihn ein Schuß. Er wurde aber nicht getötet, sondern bloß verwundet. Er ließ Pferd und Beute im Stich und ergriff die Flucht. Die Kuptoraner gingen den Blutspuren nach, um den Mädchenräuber endgültig zu erledigen; sie konnten ihn aber nicht mehr finden. Er war in der Richtung nach der *Lunca Popii* (*Pfaffenwiese*) verschwunden.

Die Rache der Türken blieb nicht aus. Bald danach zogen sie mit einem Heerhaufen gegen das Dorf. Die Bewohner von Gornikrai flüchteten sich in die Sodoler Höhle, deren Eingang sie mit einer Schutzmauer befestigten; Reste von dieser Mauer sind noch heute zu sehen. Die Türken fuhren auf dem Ponorberg Kanonen auf – das Rohr dieser Kanonen war aus Kirschenholz – und feuerten auf die Mauer los. Aber die Mauer war aus Tropfstein gebaut, und Tropfstein ist zwar weich, ist aber durch sein schwammiges Gefüge äußerst zähe. Die Kanonenkugeln blieben im Tropfstein entweder stecken oder drangen auch durch, ohne jedoch eine Bresche in die Mauer schlagen zu können.

Da beschlossen die Türken, die Höhle auszuräuchern. Sie erzeugten in dem Höhleneingang einen scharfen, giftigen Paprikarauch. Der Rauch drang durch die Löcher und Ritzen in das Innere der Höhle; Männer, Weiber und Kinder, die ganze Dorfgemeinde, die in der Höhle zusammengedrängt saß, ging in dem Rauch zugrunde. Nur ein einziges Weib, eine Witwe, entkam. Diese hatte in einem Schlauch aus Ziegenhaut Wabenhonig mit in die Höhle genommen, um daran zu zehren. Sie stülpte nun den leergewordenen Schlauch über ihren Kopf und zog die Riemen am Halse zu; indem sie die Luft aus dem Schlauch atmete, blieb sie von den giftigen Gasen des Rauches verschont und konnte später, als einzige Überlebende, die Geschichte von der Belagerung der Höhle erzählen. (300)

»Dorf oder Wald?«

Große Stürme und Wirbelwinde toben sich gewöhnlich über Wald und Gebirge aus. Man hat noch nicht gehört, daß der Sturm ein Dorf vernichtet hätte. Das kommt daher, daß auf dem Rücken des Lindwurms der Schwarzkünstler sitzt und ihn lenkt. Die Scheuklappen verdecken die Augen des Lindwurms, so daß er nicht hinuntersehen kann. Im Fliegen fragt er den Schwarzkünstler: »Dorf oder Wald?« Ziehen sie gerade über ein Dorf, sagt der Schwarzkünstler: »Wald« – und dann fliegt er ruhig weiter. Der Lindwurm ist auf die Menschen böse und will ihre Häuser vernichten. Aber der Schwarzkünstler lügt ihn an, er antwortet ihm auf die Frage: »Dorf oder Wald?« immer das Falsche.

Geht ihre Reise über Waldungen hin und ist der Zorn des Drachen nicht mehr zu bändigen, sagt der Schwarzkünstler: »Dorf«, und da läßt sich der Lindwurm nieder und zerstört alles, was ihm in den Weg kommt. Mit seinem Schwanz reißt er nur so die Bäume aus. (301)

Der Lindwurm und der Schwarzkünstler

In den achtziger Jahren des vorigen Jahrhunderts zeigte sich auf den Seminikhängen und auf dem Betzi-Rücken ein Lindwurm. Zwei Jungen aus der Kolonie entdeckten auf dem sandigen Boden des sogenannten *Wieserl* eine breite Spur wie von einem geschleiften Baumstamm. Sie verfolgten sie bis in die Dignasch, oberhalb des Tannenwaldes, wo sie sich bei den Felsen im Sumpfe verlor. Eine Frau, die zu dieser Stelle aufgestiegen war, um Gras zu holen, hörte, wie etwas Flaches immer wieder klatschend auf die Lache des Sumpfes schlug. Gleich darauf erblickte sie den Lindwurm: eine große, geflügelte Schlange mit einem dicken Kopf. Er saß im Sumpfe und schlug mit den Flügeln um sich. Die Frau kehrte um und rannte, was sie konnte, den Hang hinab. Mit leeren Händen und weiß wie die Wand kam sie bei den Häusern an. Seitdem getraute sich niemand zu jener Stelle, und die Himbeeren, die dort wuchsen, blieben ungepflückt. Andere sahen den Drachen, wie er sich von der Fuchswiese auf dem Betzi-Rücken in die Luft erhob und über das Bersautal in den Hochwald hinüberflog.

Zu dem Wirten der Kolonie, einem Italiener namens Marconi, kam ein junger, schmächtiger Mann mit brauner Gesichtsfarbe und pechschwarzem Haar. Er gab sich für einen Schwarzkünstler aus. Er sagte, er verstehe sich auf Schlangen, er wisse sie zu bändigen, zu lenken und kenne ihren Zauber. Er erkundigte sich genau nach den Schlangen in der Umgegend und ließ sich auch das Lager des Lindwurms beschreiben. Dann stieg er zu ihm hinauf. Was er oben trieb, weiß niemand zu sagen. Als er zurückkam, sagte er, der Gegend drohe ein großes Unheil; er habe aber den Lindwurm glauben gemacht: »Wo Wald ist, ist Dorf, wo Dorf ist, ist Wald.« Danach setzte er seine Reise gegen Komarnik fort.

Bald sollten die Leute den Sinn dieser dunklen Rätselworte erfahren. Es kam etwas Schreckliches. Die Männer, die oben im Munte-Wald Kohlen brannten, sahen, wie sich die Nebel von der Ebene her heranwälzten und wie es in ihnen kochte; beim rötlichen Schein der Blitze glaubten sie im finsteren Wust eine Gestalt zu erkennen: etwas Großes, Langes, sich Windendes. Sie flüchteten in ihre Hütten. Dann brach ein fürchterliches Unwetter los; Hagelkörner flogen, so groß wie ein Menschenkopf. Der Sturm tobte mit ungeheurer Macht, er riß die gewaltigen Baumriesen um, und wie er so die Gegend durchflog, zerbrach und zerfetzte er den Forst in einem weiten Streifen. Zehn Jahre lang wurde an der Räumung des Schadens gearbeitet.

Das Unwetter hatte sich über dem Wald ausgetobt. Es war ein Glück, daß es nicht das Dorf und seine Gärten getroffen hatte. Die Kolonie wurde auch nur gestreift. Dies war dem Schlangenbändiger zu danken, der die Augen des Lindwurms verzaubert hatte, so daß sie Wald für Dorf und Dorf für Wald ansehen mußten. (302)

Der Zipser und der Lindwurm

Einmal arbeiteten einige Franzdorfer Zipser im Wald. Sie brannten Kohlen. Und als sie so das Holz zum Kohlen zubereiteten, warfen sie das dünne Astwerk in eine Seiche (eine Bodenvertiefung); auf dem Grund der Seiche aber war ein garstiges schwarzes Loch. So entstand über dem Loch ein großer Reisighaufen. Nach einigen Jahren arbeiteten sie wieder an der Stelle. Inzwischen war das Reisigholz vermorscht; und da brach ein Zipser durch und fiel ins Loch. Er fiel immer tiefer und kam bis zu den Lindwürmern hinunter. Es waren drei da unten: ein ganz großer, ein mittlerer und ein kleiner. Der Zipser hatte große Angst, als er die Ungeheuer in ihrer Höhe hin und her krabbeln sah. Sie taten ihm aber nichts. Ja, der kleinste kam sogar freundlich an ihn herangekrochen, wetzte sich an seinen Füßen und leckte ihm die Hände.

Nach einiger Zeit überkam den Zipser der Hunger. »Jetzt pin i schon a paar Täg pei eich; habt ihr nit wos zu essen, nit wos zu trinken for mir?« fragte er auf Zipserisch. Im Inneren der Höhle war ein Stein. Er sah, wie die Lindwürmer immer wieder zu dem Stein gingen, daran schleckten und dann lustig in der Höhle herumkrochen und pfiffen. (Lindwürmer pfeifen. Wenn der Gewittersturm durchs Land fährt, hört man so ein Pfeifen; das ist die Stimme des Lindwurms.) Da dachte er sich: »Jetzt geh i hin zum Staan und ba' ich aa lecken.« Er schleckte und merkte: es war gut, es stillte den Hunger und erhielt das Leben. Durch das Schlecken an dem Stein erlernte er auch die Sprache der Lindwürmer. Er konnte jetzt pfeifen wie sie.

So verbrachte er sieben Jahre bei den Lindwürmern. Oft aber dachte er an Weib und Kinder, wie es ihnen wohl noch auf der Welt oben ergehen mochte, und da hatte er Heimweh. Er vertraute sich dem jungen Lindwurm an, der sich zumeist bei ihm aufhielt und bei den anderen für ihn redete. Sie besprachen nun, wie sie den Mann wieder auf die Oberwelt schaffen könnten. Sie machten, was sie machten: der Köhler mußte sich auf den Rücken des alten Lindwurms setzen, und dieser flog und kletterte und kroch mit ihm ans Sonnenlicht hinaus.

Als der alte Lindwurm ihn im Walde absitzen ließ, sprach er: »Du kannst nun zu den Deinigen heimkehren; aber wehe dir, wenn du uns verrätst – wir kommen dich holen, und dann kommst du nicht mehr aus dem Loch heraus.« Der Mann versprach, daß er schweigen werde, und stapfte fröhlich seinem Dorfe zu. Er machte große Augen, als er Franzdorf wiedersah, denn es hatte sich in der Zwischenzeit so manches verändert. Seine Leute fand er glücklich wieder. Er lebte jetzt zu Hause und arbeitete in der Köhlerei weiter, sagte aber niemanden, wo er gewesen war. Doch wenn er im Wirtshaus saß und sich einen Rausch angetrunken hatte, fing er an zu pfeifen, wie die Lindwürmer pfeifen, und tanzte auch wie sie, obwohl der alte Lindwurm es ihm verboten hatte. (Gestunken hatte er ohnedies schon wie ein Lindwurm, das hatte er schon in sich, das wurde er nicht mehr los.)

Einmal kam ein Fremder ins Gasthaus; es war ein Schwarzkünstler. Niemand aber kannte ihn, keiner wußte, wer er war. Der hörte den Mann nach Drachenart pfeifen. Er kannte dies Pfeifen und kannte auch den Geruch, den der Mann ausströmte! Er wußte sogleich, daß dieser im Loch der Lindwürmer gewesen war und freute sich, denn nun konnte er wieder einmal seine Künste zeigen. Er zahlte dem Kohlenbrenner noch mehr Schnaps, bis er richtig betrunken war. Dann fragte er ihn aus: Wo das Lager der Lindwürmer ist, wieviel es sind, wie groß und wie alt sie sind. Der Köhler wollte zuerst damit nicht herausrücken, aber je mehr er trank, um so mehr verriet er und schwatzte schließlich im Laufe der Nacht alles aus, was der Schwarzkünstler von ihm wissen wollte.

Nun ließ der Schwarzkünstler ihn in Ruhe, bis er seinen Rausch ausgeschlafen hatte. Dann sagte er: »Jetzt mußt du mit mir kommen und mir das Loch zeigen.« Der Mann versuchte zuerst zu leugnen, daß er etwas davon wisse, aber es nützte ihm nichts. »Sie fressen mich ja, wann i sie verrat«, jammerte er. »Du brauchst dich nicht zu fürchten, denn ich habe Macht über sie«, sprach der Schwarzkünstler. Er versprach ihm auch viel Geld, wenn er ihn zum Loch führe.

»Jetzt habe ich kein Geld«, sagte er, »aber dort, wo der Lindwurm ausgehackt wird, kriegen wir Geld über Geld.«

So machten sie sich auf den Weg und gingen zu jener Stelle. Der Zauberkünstler stellte sich vor dem Loch auf und las in seinem Zauberbüchlein. Der Zipser mußte sich hinter seinen Rücken stellen. Auf einmal fing der Berg zu zittern und zu stöhnen an, und aus dem Loch hob sich der Kopf eines Lindwurms.

»Ist das der Alte?« fragte der Schwarzkünstler.

»Na, dos is der Junge«, antwortete der Mann. Da jagte ihn der Schwarzkünstler wieder hinunter; den konnte er nicht brauchen; der Alte mußte kommen! Er las in seinem Büchlein weiter; wieder erdröhnte und erbebte das Erdreich, und aus dem Schlund erhob sich ein noch größeres Drachenhaupt. (Drachen sind groß; der Mensch ist nur wie eine Fliege gegen diese Ungeheuer.)

»Ist das der Alte?«

»Na, dos is der Mittlere.«

»Marsch hinunter!« Auch diesen schickte er wieder ins Loch zurück, denn er wollte den ganz großen Drachen haben. Er las aus seinem Büchlein, daß ihm der Schweiß herunterrann, bis der Berg noch heftiger zu zittern begann und unter fürchterlichem Gedröhne der größte der Lindwürmer seinen Kopf herausstreckte. Der Zauberer stand neben dem Loch bereit. Als das Haupt des Lindwurms erschien, warf er seinen Halfter darüber, mit dem er ihm die Augen verdeckte – der Kopf steckte darin wie in einem Sack –, und schwang sich auf den Rücken des Ungeheuers. Er nahm neben dem Hals Platz und schrie dem Zipser zu:

»Komm gleich hinter mich und halte dich fest, daß du nicht hinunterfällst! Setze dich nicht zu weit nach hinten, sonst trifft dich der Wurm mit dem Schwanz und wirft dich hinunter!«

Da erhob sich der Lindwurm in die Lüfte und sie flogen gegen Sonnenaufgang. Sie ließen sich an einem Ort nieder, wo schon alles zum Schlachten und Aufhängen des Lindwurms vorbereitet war: eiserne Stangen, Ketten und Haken. Der Lindwurm wurde geschlachtet und ausgehackt und sein Fleisch in kleinen Stücken, lotweise, um teures Geld verkauft.

Man muß wissen, das Lindwurmfleisch ist sehr kostbar, denn es ist gut gegen die große Hitze. Man nimmt ein Stückchen unter die Zunge, und dann hat die Hitze keine Kraft mehr über einen.

Von dem Geld kriegte auch der Kohlenbrenner seinen Teil und kehrte als reicher Mann in sein Dorf zurück. (303)

Die Schlangenkrone

Es war einmal ein Müllerbub, und der ging jeden Tag in den Wald die Kühe weiden. Das war in Dognatschka, im Rosaliental. Und unten im Tal war ein Bach und ein Felsen, hin führte er alle Tage die Kühe zum Tränken. Und jedesmal beobachtete er beim Wasser eine Schlange. Sie hatte auf dem Kopf eine Krone. Die glitzerte so schön im Sonnenschein! Sie kam zum Bach, legte ihr Krönlein ab, tauchte den Kopf ins Wasser und trank. Dann setzte sie die Krone wieder auf und kroch fort; sie schlüpfte in einen Felsenspalt hinein.

Der Bub verhielt sich ruhig und schaute dem zu. Dann ging er nach Hause und erzählte es seinem Vater. Der Vater aber hatte von den Alten gehört, daß eine solche Krone sehr wichtig und gut sei. Er sagte zu seinem Buben:

»Gib acht, was ich dir sage. Du nimmst ein reines Taschentuch und breitest es neben dem Wasser aus. Die Schlange wird ihr Krönlein auf das Taschentuch legen und wird zum Wasser gehen, um zu trinken. Du nimmst inzwischen die vier Ecken des Taschentuchs zusammen und läufst damit fort. Du mußt aber schnell laufen, denn wenn die Schlange sieht, daß ihre Krone weg ist, pfeift sie, und dann kommen noch andere zu, viele, und weh dem, den sie erwischen!«

Der Bub tat so, wie es ihm der Vater geraten hatte. Die Schlange legte das Kleinod auf das Taschentuch, der Bub nahm es flink auf und lief damit nach Hause. So haben die Alten gesagt: Das war die Königin von den Schlangen gewesen. Der Müller hatte nun die Krone, und wo er sie hinlegte, hatte er Glück. Er legte sie in den Stall auf die Schwelle, und das Vieh vermehrte sich und gedieh aufs beste; er legte sie in die Mehlkiste, und das Mehl ging nicht mehr aus; er legte sie in den Geldkasten, und er hatte immer Geld! (Der Besitz einer solchen Krone soll ein sehr großes Glück sein.)

Die Mühle war draußen auf dem Wege, wo man zum Stollen »Kaiserlich« geht. (304)

Zwei Häuser und ihre Sagen

Während der Revolution von 1848 standen die Reschitzer Werkarbeiter – Deutsche und Rumänen – auf der Seite der aufständischen Ungarn. Die Bauern der umliegenden Dörfer, die den ungarischen Grafen mißtrauten, hielten es mit dem Kaiser. Kaisertreu blieben auch die Grenzregimenter.

Im Eisenwerk von Reschitz wurden Kanonen und Geschosse für das Honvédheer gegossen. Deshalb erhielt das Grenzlerregiment von Karansebesch den Befehl, gegen die Werkorte Reschitz und Bogschan vorzugehen. Dem heranrückenden Grenzlerregiment schlossen sich mit Sensen und Heugabeln bewaffnete Leute aus Tirnowa und Zerowa an. Es heißt, so manche deutschböhmische Grenzler hätten sich unterwegs im Walde verlaufen, um nicht gegen die Reschitzaer Arbeiter kämpfen zu müssen.

Am 24. Dezember wurde Reschitz von den Kaiserlichen angegriffen. Die von den Honvéds im Stich gelassene Bürgergarde übernahm die Verteidigung des Ortes. Bei der heutigen Lokomotivfabrik wurde die Schlacht geliefert. Die Reschitzer hatten Kanonen. Die größte, »Nicolae« genannt, stand auf dem Kreuzberg. Von dort feuerten sie in die Budjinik herüber. Halbwüchsige Jungen schleppten in Körben die Munition hinauf.

Gegen Mittag wurde der Widerstand der Bürgergarde gebrochen. Als der Kommandant, ein Grenzleroffizier, auf einem weißen Pferd an der Spitze seiner Truppen durch die Hauptgasse ritt, wurde aus einem Haus in der Stavilla auf ihn geschossen. Er wurde am Fuß verwundet. Aus Rache gab er seinen Leuten die Erlaubnis zum Plündern und Mordbrennen! Darauf wurde der Ort fast vollständig niedergebrannt. An die achtzig Menschen wurden umgebracht. Nur zwei Häuser blieben vom großen Brand verschont. Das eine war die Stadelmannische Mühle, das andere das niedrige Haus an der Ecke Hauptgasse–Kameralgasse, gegenüber dem Spitzgartel.

Nachdem die Niederlage der Bürgergarde offenbar geworden war, begann die Flucht der Bevölkerung. Man flüchtete im Schnee nach Dognatschka und Kraschowa. Man trug die kleinen Kinder in Leintücher auf dem Rücken.

Das obere Ende der Stadt brannte schon. Da sagte die Witwe Schmidt, der damals die Mühle gehörte, zum Müllergesellen Stadelmann:

»Vetter Franzl, wennst meine Mühle retten tust, kriegst eine von meinen Töchtern.«

»Einverstanden«, sagte der Vetter Franz. »Ös flüchtets, und ich blieb und beschütz die Mühle.«

Er war die Familie noch bei der Flucht behilflich. Als sie fort waren, ließ er ein paar Ochsen schlachten und im Hof vier Kessel Paprikasch kochen. Aus dem Keller wurden die Schnapsfässer heraufgerollt und angezapft. Als die Kriegerscharen sich heranwältzten, konnten sie der Lockung des lieblich duftenden Paprikasch und dem Anblick der angezapften Schnapsfässer nicht wiederstehen. Sie ließen sich auf den aus Brettern improvisierten Bänken nieder und begannen zu schmausen. Das herrliche Mahl stimmte sie dem gastfreien Hause gegenüber zur Milde. Ein Befehl wurde herausgegeben: die Mühle wird nicht geplündert.

Nun wurde vom etwas finsteren, unfreundlichern Müllergesellen gemunkelt: Während des Trinkgelages tauchte immer wieder im Hirn eines Betrunkenen der Gedanke auf: die Müllers sind reiche Leute, da gäbe es noch manches zu erbeuten. Der Befehl wurde vergessen, und immer wieder tappten einzelne Betrunkene die Holztreppe hinauf, um in die Müllerswohnung zu gelangen.

In der dunklen Ecke stand der Vetter Franz mit einem schweren Hammer. Als die Kerle so einzeln oben angelangt, schlug er ihnen den Hammer auf den Kopf und stürzte die Bewußtlosen über ein Geländer in den tosenden Mühlgraben...

Der Eigentümer des anderen Hauses, Ignaz Neff, schickte seine Familie nach Dognatschka, er aber blieb. Er stellte sich mit einem Knotenstock in die Tür, und als die ersten Plünderer eindringen wollten, setzte sich der kleine, unerschrockene Mann zur Wehr. Die Plünderer fielen in Haufen über ihn her, erschlugen ihn, zerrten aus dem Hause eine Daunendecke, ritzten sie auf und wälzten den Leichnam in den Federn. Die Federn klebten am Blut. Dann setzten sie ihn in die Türe des Hauses und gaben ihm seinen Prügel in die Hand. Aber das Haus, in dessen Eingang sie ihn setzten, blieb stehen und steht heute noch. (305)

Wie die Aninaer Kohle gefunden wurde

Ein Schwein hat die Aninaer Steinkohle gefunden. Die Steinkohle war ganz nah an der Oberfläche gelegen, nur mit einer dünnen Grasschicht bedeckt, und das Schwein hat mit seinem Rüssel die Scholle von der Kohle fortgewühlt. Zufällig machten die Schweinshalterbuben von Steierdorf gerade an der Stelle ihr Lagerfeuer. Auf einmal merkten sie, daß der Stein unter ihrem Feuer brennt! Ein Bub nahm ein Stück von dem »schwarzen Stein«, der brennen kann, mit ins Dorf und zeigte ihn seinem Vater. Der Vater, ein Holzschläger namens Nikolaus Hammer, zog sein Sonntagskleid an, wickelte den Stein in ein Schnupftuch und trug ihn zu der Königlichen Bergdirektion nach Orawitz. Als die Herren den Stein sahen, wurden sie auf einmal sehr freundlich. Sie klopften dem Mann auf die Schulter und ließen ihm bei der Kasse eine Belohnung von fünfzig Gulden auszahlen.

So ist die Kohle von Steierdorf-Anina aufgefunden worden. Das war im Andreasgraben im Aninaer Tal. (306)

Die letzte Wette des Riesen

Vor langer Zeit lebte im Gebirgsdörfchen Weidenthal im Semenikgebirge ein Mann, der Josef Krapfl hieß; man nannte ihn jedoch Oarkesch, denn in Weidenthal hat jeder einen Spitznamen.

Im Winter, wenn die Bauern keine Feldarbeit mehr hatten, pflegte man in Weidenthal viel zu wetten, und Oarkesch gewann, seiner großen Kraft wegen, jede Wette.

So kam er eines Abends in den Dorfladen, wo die Männer mit einem Gläschen Schnaps in der Hand herumstanden und plauderten; der Kaufmann hatte gerade Mehl bekommen, und man half ihm beim Abladen.

Da sagte der Kaufmann zu Oarkesch: »Ich schenke dir drei Säcke Mehl, wenn du sie allein und auf einmal nach Hause trägst.«

Oarkesch überlegte: vom Laden bis nach Hause in der Ratschengasse waren es fast zweitausend Meter, der Weg führte hügelauf und hügelab, ein Sack Mehl wog 86 Kilogramm – das zu besitzen wäre nicht schlecht.

»Gilt! Ich trag's!«

»Gut, wenn du es aber nicht packst, bezahlst' fünf Liter Schnaps!«

»Gilt detto!«

Und Oarkesch zog mit den drei vollen Säcken los: einen trug er unter dem rechten Arm, einen unter dem linken und einen hatte er sich auf den Nacken legen lassen.

Der Kaufmann sah seine Säcke nicht wieder.

Eine andere Wette gewann Oarkesch in der Faschingszeit: er sollte eine zwei Meter lange Wurst langsam in den Mund schieben und verzehren und nachher fünf Liter Schnaps trinken.

Oarkesch gewann auch diese Wette.

Doch er schloß nicht nur erfolgreiche Wetten ab, sondern er war auch ein fleißiger, hilfsbereiter Mann und ein guter Landwirt, denn Haus und Hof, Vieh und Feld waren bei ihm stets gut instandgehalten.

Eines Abends, als die Männer wieder im Wirtshaus saßen, sagte jemand zu Oarkesch: »Wenn du dreißig gefärbte Eier samt Schalen essen kannst, dann zahlen wir dir fünfundzwanzig Liter Wein.«

»Abgemacht!«

Oarkesch aß die dreißig gefärbten Eier samt Schalen und gewann die Wette; am nächsten Tag aber starb er an einer Magenvergiftung. (307)

Der Hirtenrock

Einst trieb ein Mann aus Sokolar seine Schafe auf den Burghügel. Es war am Ostersonntag. Und wie er so mit den Schafen dahin zog, sah er auf einmal im Felsen eine offene Tür. Er ging hinein und kam in eine Höhle, und da war ein langer, langer Tisch. Und an dem Tisch saß ein alter Mann und rauchte. Der Hirt sah: das ist kein Scherz! Es brannten Edelsteine, auf dem Boden lag Geld in Haufen, und es standen dort in Reihen Weinfässer; das Holz der Dauben war verfault, aber um den Wein hatte sich eine feste Haut gebildet.

Der Alte sagte: »Nimm dir, was du willst, aber beeile dich, daß du hinauskommst; gleich geht der Berg zu, und dann bleibst du hier für alle deine Tage!« Der Hirt nahm eine Handvoll Geld und lief, was er konnte, aus dem Berg. Als er draußen war, schloß sich hinter ihm der Berg und zwängte seinen Hirtenrock ein. Der Mann konnte nicht aus den Ärmeln schlüpfen, er nahm sein Taschenmesser und schnitt den eingezwickten Rockzipfel ab, so kam er davon.

Später suchte er immer wieder den Platz, wo im Felsen der Stoffzipfel steckengeblieben war, konnte ihn aber nicht mehr finden. Mehrere Sokolarer Männer taten sich zusammen und wollten den Burgfelsen sprengen, aber der Stuhlrichter von Jam kam ihnen dahinter und verbot es. Man darf weder den Felsen sprengen noch die Mauern der Burg abbrechen. (308)

Der Obersteiger und das Irrlichtl

In Steierdorf lebte einst ein Obersteiger, der ging eines Morgens in die Grube, um die Arbeit zu befahren. Da stand auf einmal ein Berggeist vor ihm und winkte mit seiner Lampe. Der Obersteiger konnte dem lockenden Licht nicht widerstehen; er vergaß alles um sich, sah nur mehr das Licht und folgte ihm. Der Stein tat sich vor dem Lichte von selbst auf und ging hinter dem Obersteiger, der dem Lichte folgte, wieder zusammen.

So führte ihn der Geist durch das ganze Gebirge und zeigte ihm die Goldflöze, und eines war schöner und reicher als das andere, so daß dem Obersteiger vor lauter Begierde das Herz weh tat. Sieben Jahre lang waren sie so durch das Gebirge gewandert, aber den Obersteiger dünkte es bloß sieben Stunden. Zuletzt brachte ihn der Berggeist wieder auf den richtigen Stollen heraus.

Als die Bergleute den Obersteiger erblickten, den sie schon längst für tot gehalten hatten und dem während der Zeit der schwarze Bart langmächtig gewachsen war, glaubten sie, es sei ein Gespenst, und liefen vor ihm davon. Der Obersteiger wurde zornig; er rief und drohte, und nur mit Mühe konnte er sich ihnen zu erkennen geben. Als er hörte, daß er sieben Jahre gefehlt hatte, war an ihm die Reihe, sich zu wundern. Aber er dachte sich, es sei keine verlorene Zeit gewesen, denn nun wisse er, wo die reichsten Goldflöze lägen.

Er studierte nun noch einmal durch, was er gesehen hatte; alles war ihm klar, nur konnte er sich der Stelle, von wo er mit dem Geiste ausgegangen war, nicht mehr entsinnen. Er ließ da anbohren und dort anbohren, aber vergebens. Er konnte die Richtung nicht mehr wiederfinden und starb vor Leid und Gram. (309)

»Dir einen Kreuzer – mir einen Kreuzer . . .«

Ein armer Bergmann aus Steierdorf arbeitete in einem Querschlag. Und jeden Tag zur Mittagszeit zog er sich einige Schritte vom Ort zurück und legte sich schlafen. Wenn er dann nach seinem Schläfchen wieder an die Arbeit ging, war der Ort jedesmal um ein gutes Stück weitergetrieben und der Vorratshaufen bedeutend größer geworden. Ihm war das recht, aber er war neugierig und hätte gerne gewußt, wer für ihn arbeitete, solang er schlief. Am nächsten Tag stellte er sich nur so, als ob er schliefe, und paßte auf. Und da sah er hinten am Ort ein Lichterl und ein Mandl mit einem langen weißen Bart, das klopfte und arbeitete fest im Gestein. Jetzt wußte er, daß es das Bergmandl war. Am anderen Tag schlief er etwas länger als gewöhnlich; auf einmal wurde er gerüttelt. Er setzte sich auf und rieb sich den Schlaf aus den Augen: Da stand das Bergmandl vor ihm, zeigte auf den Vorratshaufen und fragte ihn, ob er genug habe.

Der Mann dankte dem Bergmandl und fragte, womit er es belohnen könne und ob es nicht hungrig sei. Da sagte das Mandl, er solle ihm jeden Tag einen Kipfel bringen, aber niemand etwas davon sagen; und die Löhnung, die würden sie unter sich teilen.

So ging es die ganze Zeit. Als es zur Arbeitsübernahme kam, wunderten sich die Beamten über die geleistete Arbeit, aber sie mußten dem Bergmann anschlagen, was ihm dafür gebührte, und er erhielt am Löhnungstag eine hübsche Summe auf die Hand gezählt. Er ging mit dem Geld gleich zu seiner Arbeitsstelle, damit er es mit dem Bergmandl teile. Das Bergmandl erwartete ihn schon. Es saß rittling auf einem Brett, das quer über einen Schacht gelegt war. Der Mann setzte sich ihm gegenüber, und sie begannen zu teilen; zuerst die Gulden: dir einen Gulden, mir einen Gulden – dann die Sechserl: dir ein Sechserl, mir ein Sechserl – zuletzt die Kreuzer: dir einen Kreuzer, mir einen Kreuzer –, und jetzt war noch ein Kreuzer übriggeblieben. Das Bergmandl sagte:

»Der Kreuzer gehört dir, denn du bist ein armer Bergmann und hast eine Familie«, und schob den Kreuzer dem Mann zu. Der Mann aber sagte:

»Der Kreuzer gehört dir, denn du hast mehr gearbeitet«, und schob ihn dem Bergmandl zu. Dieses wollte ihn nicht annehmen und so ging der Kreuzer einigemal hin und her zwischen den beiden, bis zuletzt der Mann die Hacke ergriff und den Kreuzer in zwei gleiche Teile zerschnitt.

Da sagte das Mandl: »Das ist dein Glück, daß du so ehrlich und aufrichtig bist.«

Es gab ihm die ganze Löhnung und sagte: »Da hast! Ich brauche kein Geld, ich habe Schätze genug im Berg. Aber in der Grube sollst du dich nimmermehr zeigen. Ich will dich in der Grube nimmermehr sehen!«

Eine Zeitlang hielt sich der Bergmann an die Worte des Geistes. Aber das Geld war bald ausgegangen, und die Not zwang ihn, wieder in die Grube zu gehen. Als er in die Grube einfuhr, stand auf einmal das Bergmandl mit zornigem Gesicht vor ihm und drohte ihm. Aber der Mann kehrte sich nicht daran; er ging an seine Arbeit, und wie er mit der Hacke den ersten Schlag getan hatte, brach der Berg über ihm zusammen und schlug ihn tot. (310)

Schlocherl und He-Männer

Die Schlocherl, die gehen in den Sümpfen herum und verführen die Leut. Ein Mann aus Franzdorf ist einst in eine sumpfige Gegend gegangen, und auf einmal war so ein schönes Fräulein da. Sie ist von einem Holzstoß auf den andern gehüpft, hat mit dem Finger gedeutet und geschrien. Der Mann hat sie fangen wollen, aber die hat sich nicht lassen und hat ihn in den Sumpf gelockt. Die Alten haben gesagt: »Laufts nit deni Schlocherl nach, sie bringen enk in die Sümpf' hinein, daß's nimmermehr rauskommts!«

Die He-Männer, das sind Männer, die im Wald herumlaufen – aber nur im Urwald –, und die rufen: »He! He! He!« Man glaubt, es rufe jemand um Hilfe.

Einmal haben zwei Männer im Wald den He-Mann rufen gehört und sind seinem Geschrei nach. Einer ist stehengeblieben. Er hat sich gedacht, das ist ein unrechtes Geschrei, und ist umgekehrt. Der andere ist aber weiter dem He-Mann nachgegangen und ist nicht mehr gesehen worden. Was mit ihm geschehen ist, weiß niemand. (311)

Das Waldmandl bei der Riese

Vom Waldmandl erzählten die Alten: Sie hatten einmal vom *Cleanțul Popii* (oberhalb des Waldhauses Păroasa bei Franzdorf) zum Kanal hinunter eine große Riese gebaut und auch die Riesung des Holzes übernommen. Als es finster wurde, machten sie Feierabend und gingen in ihre Hütten schlafen. Da hörten sie in der Nacht auf einmal oben beim Holzhaufen ein großes Gepolter, als ob jemand dort arbeitete, und die Riese hat fest Holz getragen.

»Was soll das sein? Wer wird denn jetzt in der Nacht oben arbeiten?« dachten sie. Es hatte aber keiner Lust, aufzustehen und nachzusehen. So sagten sie: »Das wird nur so sein: Der Haufen ist von selbst eingegangen; was herunterkommt, kommt halt herunter, und was bleibt, bleibt oben.«

Am nächsten Tag war der Holzvorrat ausgegangen, und sie mußten auch nachts, beim Feuerschein, arbeiten. (Bei der Riesung steht einer immer unten, das ist der Posten, und gibt acht, ob nichts steckenbleibt.)

Als der Mann also da unten neben seinem Feuer stand und wachte, sah er auf einmal ein kleines Mandl mit einem mächtigen weißen Bart. Er aber verhielt sich still, um erst mal zu sehen, was das Mandl da tun wird. Seine Holzhacke war an die Riese gelehnt. Das Mandl nahm sie und begann, auf die Riese loszuhacken.

Der Mann schaute sich das noch eine Weile an; dann dachte er: der will ja den Riesenbaum durchhacken! – Vor einem so kleinen Mandl wirst doch keine Angst haben! Er ging hin, nahm ihm die Hacke aus der Hand und gab ihm »einen Schleuderer«. Jetzt merkte er aber, wie stark das Mandl war, denn er hatte sich kaum von der Stelle gerührt, dafür aber versetzte es dem Mann einen solchen Stoß vor die Brust, daß dieser glaubte, er geht in die Luft.

Da schrie er: »Bau!« und »Occhi strezza!« Das heißt: »Arbeit einstellen!« (Diese Ausdrücke werden bei der Riesung von den Deutschen und den Rumänen gebraucht; sie stammen noch von den Italienern.)

Die anderen kamen herunter und fragten, was geschehen sei. Da sagte er: »Ich bleib da nimmer stehen!« und erzählte ihnen, was ihm zugestoßen war.

Jetzt mußte halt ein anderer die Stelle des Postens übernehmen, und da meldete sich Josef Kamposch, ein großer, starker Kroate. In der ersten Nacht ist nichts vorgekommen. »Na«, dachte er, »zu mir kommt es nicht?«

In der zweiten Nacht aber verwickelte sich das Holz in der Riese. Er schrie: »Bau!« (Sobald der Posten »Bau« ruft, wird in der Riese oben ein Schuber eingesteckt, daß kein Holz mehr herunterkommt, solange der Mann arbeitet.) Nun stieg er in die Riese, machte das Holz los und rief: »Garda!« Es kann weitergehen!

Kaum waren fünf Minuten vergangen, stockte das Holz schon wieder. Der Mann schimpfte auf alle Heiligen und rief wieder »Bau!«, und nachdem er das Holz losgemacht hatte: »Garda!« Er hatte seine Pfeife, die ihm ausgegagnen war, noch nicht wieder anzünden können, da war schon wieder: Bau! Er schaute scharf hin, da sah er im Feuerschein ein kleines Mandl mit einem langen weißen Bart über den Holzhaufen klettern.

»Wart! Bleib du nur stehen! Du hast mir das Holz aufgehalten!« Der Kroate war groß und stark – vor dem kleinen Mandl mußte er sich doch nicht fürchten! Er sprang hin und erwischte es am Bart.

»Jetzt kommst du mit mir!« Er wollte es zu den Kameraden schleppen, aber da gab es einen Krach auf die Erde, daß ihm alle Sinne vergingen.

Inzwischen wurde oben weitergearbeitet: niemand hatte Bau gemeldet. Schließlich merkten sie, daß das Holz steckte – sie hatten gehört, wie die Scheite aneinanderklopften –, und stellten ab. War der Mann da unten eingeschlafen? Kamposch war nirgend zu erblicken. Sie schauten in die Koliba hinein – auch dort war niemand. Sie riefen: »Josef!« – es meldete sich niemand. Erst in der Früh kam er wieder zum Vorschein. Sie fragten ihn, wo er war.

»Überhaupt«, brummte er, »von da geh ich fort! Ich kann nicht mit Geistern raufen. Ich habe einen Ruck gekriegt, daß ich geglaubt hab, daß Herz reißt mir ab.«

Jetzt sagte einer: »Da bleibt nichts anderes zu tun: wir müssen neben die Riese, wo das Waldmandl sich gezeigt hat, eine Holzhacke und eine Säge legen und darauf einen Mannskopf setzen.«

»Einen Mannskopf?« fragten die anderen erstaunt. »Ja, wer wird denn seinen Kopf hergeben?«

»Na«, sagte der erste, »ein Hahnenkopf ist doch auch ein Mannskopf.«

Und so machten sie es. Sie setzten dem Waldmandl ein dreifaches Geschenk aus: eine alte Säge, eine Holzhacke und einen Hahnenkopf. Über Nacht war alles verschwunden. Das Waldmandl hatte das Geschenk angenommen, und seitdem hatten sie Ruhe vor ihm. (312)

Die Kohlenmandl und die Köhler

In Franzdorf lebte einst ein alter Kohlenbrenner, der glaubte nicht ans Kohlenmandl. Am Barbara-Tag stellen alle Kohlenbrenner die Arbeit ein und gehen ins Dorf. Er aber sagte: er bleibt bei seiner Arbeit, er hält nicht den Feiertag. Ein- oder zweihundert Schritte weiter unten hatte ein anderer Kohlenbrenner seinen Arbeitsplatz. Der machte sich schon am frühen Morgen fertig zum Nachhausgehen. Er legte auf einen Baumstumpf ein gutes Stückl Brot und Speck, stellte Schaufel und Kohlenhaken daneben – das sind die zwei wichtigsten Werkzeuge des Köhlers: mit dem Haken macht er den Haufen auf, und mit der Schaufel deckt er ihn zu –, ließ die Haufen in vollem Brand und ging nach Hause.

Der Vetter Johann, der im Wald geblieben war, stieg nach einer Weile aus Neugierde zum Arbeitsplatz des Kameraden hinunter. Er konnte nicht begreifen, daß dieser den brennenden Haufen so stehen lassen hatte und einfach fortgegangen war. Da bemerkte er das Essen auf dem Stock: es war ein guter halber Laib Brot und ein schönes Stückl Speck. Der Alte gab nie etwas auf solche Sachen. Auch jetzt dachte er sich: er geht und nimmt es, es wäre ja schade darum, wenn ein Fuchs es holte. Er nahm also das Brot und den Speck und ging zu seiner Hütte zurück. Wie er hinaufkommt, sieht er: sein ganzer Haufen steht im Feuer. Herrgott! und er hat ihn doch so gut gerichtet! Vom Ghupf war die ganze Erde abgehoben, und von allen Seiten brachen die Flammen hervor. Wer zum Teufel hat ihm das gemacht? Er griff zur Schaufel und mußte sich tummeln und schwitzte wie ein Bär, bis er den Haufen wieder zugedeckt hat. Wie er endlich fertig war, schaute er hinunter auf die Haufen seines Kameraden: die brannten schön ruhig, und alles war in bester Ordnung.

Nun hatte der Vetter Johann auch einen Ghupf in den Kohlen: der war schon ausgebrannt und nurmehr zum Auseinandernehmen – ein wenig glühte er noch im Inneren –, auf einmal stand auch dieser in Flammen; und es ging doch gar kein Wind, der ihn hätte entzünden können. Der Vetter hatte wieder alle Hände voll zu tun, bis er ihn mit feuchter Erde tuschen konnte. Wie er ein wenig verschnaufte und hinunterschaute zu den Haufen seines Nachbarn, sah er, wie jemand in der Dämmerung auf dem Ghupf herumkletterte und ihn mit der Schaufel zusammenklopfte – man hörte es im Wald, wie das so schallte. Er dachte, es ist der Kamerad, und rief: »Bist du es?«

»Ja, ich bin es!«

»Bis du wieder gekommen?«

»Ja, aber hungrig bin ich! Meinen Speck und mein Brot hast du mir weggefressen!«

Da sagte der Mann: »Den Speck habe ich gegessen, aber warte, das Brot bring ich dir hinunter!« Er ging mit dem Brot in der Hand hinunter, aber unten war niemand zu sehen; die Hütte war leer, aber der Haufen gerichtet; die Erde darauf noch ganz frisch: Das ist das Kohlenmandl. Es reute ihn, daß er den Speck gegessen hatte. Aber was sollte er jetzt machen? Er bestrich halt das Brot mit Fett und legte es so auf den Stock zurück. Dann machte er ein zweites Fettbrot und legte es neben seinen eigenen Kohlenhaufen.

Inzwischen war es Nacht geworden, aber der Kohlenbrenner konnte nicht schlafen, denn alle zwei Stunden war bei ihm helles Feuer, während bei dem Nachbar die Haufen in bester Ordnung langsam weiterbrannten.

Als es Tag wurde, schaute er nach, ob das Brot noch dort ist. Beim Nachbar war es verschwunden, aber bei ihm lag es noch immer auf dem Stock. Jetzt kam der Kamerad zurück und fragte ihn, wie es ihm gegangen sei.

»Hörst, ich weiß nicht, aber du mußt mit dem Teufel arbeiten. Meine Haufen waren fort offen, fort in Flammen, bald hat der Haufen, bald der Ghupf gebrannt, und bei dir waren sie immer gerichtet.«

»Ja, siehst du«, sagte der Kamerad, »zu Barbara tut man rasten. Weil du nicht hast rasten wollen, hast den ganzen Tag und die ganze Nacht arbeiten müssen.«

Wie der Kamerad die Geschichte mit dem Speck erfahren hatte, sagte er: »Den Speck, den du dem Kohlenmandl gestohlen hast, wirst du noch teuer bezahlen!«

Der Vetter Johann hatte gemerkt, daß mit dem Kohlenmandl nicht zu spaßen ist. Drum fragte er jetzt ganz ängstlich, was er denn machen soll.

»Also schau, ich werd es dir sagen. Du gehst und läßt von deiner Frau ein kleines Hoserl, ein Röckerl und ein Paar Pintscherl machen und hängst das alles auf ein Steckenkreuz, wie eine Geierscheuche. Ist es über Nacht weg, hat das Kohlenmandl dir verziehen; wenn nicht, mußt du von dieser Kohlung fortgehen; denn mit den Waldgeistern ist nicht zu spaßen.«

Der Mann ging nach Hause und sagte zu seiner Frau: »Hörst, ich muß in die Kohlung eine Buamahosn, ein Jankerl und ein Paar Pintscherl mitnehmen. Geh, näh mir das Zeug!«

Das Weib stellte die Sachen her, und der Mann trug sie hinauf in den Wald, setzte sie aus, und am nächsten Morgen waren sie richtig weg.

An diesem Tag grub der Kohlenbrenner einen neuen Kohlenplatz aus, brachte Holz zum Einsetzen herbei, schaffte Laub in die Nähe, richtete das Haubenholz her und dachte sich: in der Früh wird er anfangen einzusetzen. Am nächsten Tag stand er recht zeitig auf; er hatte sich eine große Arbeit vorgenommen: Bis zum Abend sollte der Haufen fertig sein! Nur zum Stupitten und Feuergeben! In einer Freude geht er zum Kameraden und erzählt es ihm.

In der Nacht um zwölf mußte er den Haufen füllen. Wie er hinkommt, laufen da vier Mandl herum:

»Ganz gut ist er!«

»Da gehört noch ein bißl Erde drauf!«

»Da ein bißl zumachen!«

»Da ist er schon ganz ausgebrannt!«

»Höchste Zeit zum Füllen!«

Seiner hatte das Rockerl und das Hoserl an, die anderen aber waren halbnackt, nur in zerrissene Lumpen gehüllt. Die Zerlumpten sagten zu dem Steirerwanderl: »Geh du am Haufen hinauf, uns brennt's, denn wir haben nichts auf dem Arsch! Wenn uns nur einer Hosen kaufte, wir möchten ihm nicht einen, aber drei Haufen machen!« Das hatte der Alte gehört. Wie er wieder zu Hause war, sagte er seiner Frau: »Hörst, das mit den Kohlenmandln hat seine Richtigkeit! Jetzt machst du für noch drei solche Monturen!«

Er legte die Kleider auf die Stauden bei seinem Arbeitsplatz, und am nächsten Morgen waren alle drei weg. Am vierten Tag war er mit dem Ausgraben der drei neuen Kohlenplätze fertig.

Wie er in der Früh hinausschaute – diesmal hatte er nicht einmal Holz vorbereitet –, sah er drei Rauchsäulen zum Himmel steigen. Die Haufen, alle drei wunderschön gemacht, standen fertig da und brannten schon! Voller Staunen erzählte er es dem Kameraden. Sagte der: »Siehst du, so sind die Kohlenmandl. Wer ihnen gut ist und ihnen kleine Geschenke macht, dem bringen sie Glück. Aber wer sie betrügt oder bestiehlt, der hat ihre Rache zu fürchten, denn sie reden mit dem Windvater, und der kommt und bläst um die Haufen und nimmt den Stupp herunter, so daß der Schuldige sich Tag und Nacht muß plagen und doch nichts schafft und verhungern kann dabei.« (313)

Das Bergmandl von Dognatschka

In früheren Zeiten arbeiteten die Bergleute nicht nach Anweisung der Vorgesetzten, sondern nach eigenem Gutdünken; sie wurden nach der Erzmenge, die sie erzeugten, bezahlt. Sie arbeiteten nicht in gerader Linie, sondern gingen dem Erze nach: hinauf und hinunter und herüber – wie man das heute noch an alten Gängen sieht. Zu der Auffindung der Ader gehörten Fachkenntnisse und Glück, und manchmal gab auch das Bergmandl einen Wink: Wo die Bergleute das Bergmandl sahen oder hörten, hatten sie Hoffnung auf reiche Erze und guten Lohn. Meist zeigte sich das Bergmandl an Sonn- und Feiertagen, wenn in der Grube die Arbeit ruhte. So war es einmal »Auf Kaiserisch« (im Kaiser-Ferdinand-Erzstollen). Den Sonntag über war niemand darin, aber am Sonntagabend wurde schon angefahren: Da war die erste Schicht.

Zwei Männer, die mit dieser Schicht gekommen waren, der Höher Ferdinand und der Moser Alois, gingen im Stollen ihrer Arbeitsstelle zu. Auf einmal hörten sie ein Klopfen und Arbeiten. Sie konnten zuerst wegen der Krümmung des Stollens nichts sehen. Wie sie aber die gerade Linie herauskamen, erblickten sie zwei Lichter und zwei Mandl, die hantierten am Orte. Die Männer blieben stehen und schauten dem eine Weile zu. Auf einmal war alles verschwunden und Finsternis wie vorher. Wie sie näher kamen, sahen sie die frischen Bohrlöcher; die Bohrer steckten noch darin, und die Handfäustel, mit denen man auf die Bohrer schlägt, lagen auf der Erde. Sie stießen auf demselben Platz auf einen reichen Stock im Silbererz.

Gewisse Arbeiten in der Grube dürfen auch an den größten Feiertagen nicht unterbrochen werden. So arbeitet einmal eine Belegschaft mit einem Hutmann am Ostersonntag in der Grube beim Göpel. Das ist eine Hebevorrichtung, mit der das Wasser aus der Grube herausgepumpt wird. Um zehn Uhr sagte der Hutmann: »Buben, wir wollen jetzt ein wenig rasten.« Sie stellten die Arbeit ein und verweilten eine Zeitlang in Schweigen. Da hörten sie auf einmal in der tiefen Stille, die in der Grube entstanden war, Tritte. Sie hörten deutlich, wie die Tritte auf den Hundssteigen, den Brettern, die den Grubenhunden als Fahrgeleise dienen, immer näher kamen.

Der Hutmann winkte den Burschen, sie sollten sich lautlos verhalten. Sie blickten einander an, sie wußten: es war das Bergmandl. Mit angehaltenem Atem lauschten sie. Jetzt vernahmen sie nacheinander die Geräusche: wie es am Ort, an der Abbaustelle ankam, wie es das Zeug, das am Ulm lehnte, aussuchte und dann zu bohren anfing. Ganz deutlich war es zu hören, wie es mit dem Löffel Wasser in das Bohrloch hineingoß und wie es das Rahmkrätzel, mit dem es das angefeuchtete Bohrmehl aus dem Bohrloch herausgehoben hatte, an dem Bohrer abklopfte.

»Jetzt, Kinder, brauchts enk nit fürchten«, sagte der Hutmann leise, »jetzt wird es gleich sprengen.«

Richtig: Sie hörten das Getöse des Sprengens; dann hörten sie noch, wie es die kleinen Bruchstücke des abgebauten Gesteins zusammenfegte, und dann herrschte wieder die tiefe Stille wie vorher.

»Buben, ös könnts jetzt sagen, ös habts das Bergmandl arbeiten gehört«, sagte der Hutmann.

Sie stiegen zum Orte hinab, fanden aber von der Arbeit des Bergmandls keine Spur: der Ort war in demselben Zustand, wie ihn die Häuer am Samstag verlassen hatten. Auch hier fand man bald danach reiche Erze. (314)

Das Bergmandl beim Steinbruchbründl

Oben im Wald zwischen Reschitz und Doman, auf dem Gorilasch, ist vor dem Steinbruch, dem ganz alten, ein Bründl, das Steinbruchbründl. Schwammerlsucher kommen dort vorbei und trinken von seinem Wasser.

Die Alten sagten: »Kinder, gehts nit zum Bründl Wasser trinken, denn das Bergmandl tunkt enk den Kopf ein!« Sie sagten: »Das Bergmandl geht niemals allein, es geht immer ein Weib mit ihm und führt es an der Hand.«

Einmal rüsteten sich die Burschen mit Schießwaffen aus und wollten auf das Bergmandl schießen. Aber das Bergmandl hob den Arm und fing mit der flachen Hand die Schüsse auf; von seiner Hand prallten alle Schüsse ab. (315)

DOBRUDSCHA

Der »Fischgrawe« bei Karamurat

In der Nähe von Karamurat gibt es einen Teich, und die Stelle hieß bei den deutschen Bauern *Am Fischgrawe*; hier beginnen auch die großen Sanddünen, die sich bis hinunter zum Meer ziehen.

Der »Fischgrawe« soll noch aus jener Zeit stammen, als in der Dobrudscha die Goten wohnten. Damals war hier ein großes Taufbecken ringsum mit Steinen eingefaßt, und in diesem Wasser wurden die gotischen Kinder getauft. Die Steine verwendeten später die Tataren für ihre Moschee.

Es heißt aber auch, daß der »Fischgrawe« ein »Tränenloch« sei. Denn an jener Stelle zwischen den Dünen war einst ein tiefer Graben, und als die Goten die Dobrudscha eroberten, töteten sie alle griechischen Kinder und warfen sie in diesen Graben. Nachher kamen die Mütter und weinten so viele Tränen, bis hier ein kleiner Teich, der spätere »Fischgrawe«, entstand. Die Fische aber brachten die jüdischen Händler, die einst zwischen Kostindsche und Mangalia umherzogen. Sie setzten sie hier aus und aßen dann, wenn sie hier rasteten, gebratene frische Fische mit »Mamaliga« und »Muschdej«, so, wie man das auch heute gern tut.

Früher fing man die Fische nicht mit der Angel, sondern sie wurden in breiten Rutenkörben »naufzoge«; man ging damals mit dem Korb »Fisch naufziehe«, wie die Bauern sagten. Vor etwa fünfzig Jahren hat hier einmal der Wächter Matz in seinem Fischkorb einen goldenen Taufbecher hinaufgezogen. Der war mit seltsamen Schriftzeichen verziert. Als der Wächter Matz ihn heimtragen wollte, erhielt er plötzlich einen kräftigen Schlag auf die Hand, und der wertvolle Becher fiel zurück in den »Grawe«. Seither haben immer wieder rumänische Bauern, die inzwischen in den Karamurater deutschen Häusern wohnen, versucht, den Becher zu finden. Doch bis jetzt ist es noch niemandem gelungen. Das war, sagt man, ein Taufbecher aus gotischer Zeit. (316)

Der Stein von Madschapunar

Zu Beginn dieses Jahrhunderts konnte man ihn noch sehen: den Stein von Madschapunar, einem deutschen Dörfchen am Schwarzen Meer, das damals auch Büffelbrunn hieß. Es war ein großer runder Mühlstein, der draußen *Am Türkenfeld* oder, wie man jene Stelle später auch nannte, *Auf der Kirpitschwiese* lag.

Jener Stein, so hieß es damals, stammte noch aus der Zeit, als hier eine Windmühle stand, die einem Gagausen gehörte. Aus der ganzen Umgebung, aus den türkischen, tatarischen, deutschen und gagausischen Dörfern kamen die Bauern her, und ließen hier ihr »Kukuruzmehl« mahlen. Doch der Müller war kein ehrlicher Mann, und jedesmal behielt er ein Säckele für sich zurück. So brachte er es bald zu großem Reichtum.

Doch wer auf unehrliche Weise etwas erwirbt, heißt es auch heute in Mandschapunar, den erreicht eines Tages die »Strafe des Himmels«; so geschah es auch mit dem Müller.

Eines Tages, im Spätherbst, als er schon über hundert Säckele beiseitegeschafft hatte, donnerte es plötzlich aus heiterem Himmel, und ein Blitz fuhr herab und setzte die Mühle in Brand. Der Müller wollte noch rasch das gestohlene Maismehl retten, und so verbrannte er in seinem Haus. Übrig blieb nur der schwere Mühlstein.

Seither konnte man einmal im Jahr – in der Nacht jenes Tages, als die Mühle abgebrannt war – ein seltsames Seufzen und Stöhnen hören: das war der Gagause, der zur Strafe für seine Habgier den Mühlstein ein Stück weiterdrehen mußte. Ein Bauer, Jakob Macks, der einmal nachts mit dem Pferdewagen aus Kostindsche, wie damals noch Konstanza hieß, nach Hause kam, sah den Gagausen, wie er den Mühlstein zu rücken versuchte.

»Ach Gott, ach Gott, kumm hilf mir!« jammerte der Gagause. Macks blieb stehen, eilte auf das Feld, um dem Mann beizustehen. Doch als er anfaßte, war der Gagause plötzlich verschwunden, und nun mußte Macks allein den schweren Stein ein Stückchen von der Stelle rücken, was ihm große Mühe bereitete.

Als 1940 das Erdbeben war, versank der Stein in die Erde, und seither kann man ihn nicht mehr sehen. An jener Stelle, *Auf der Kirpitschwiese*, wächst auch heute kein Gras. Und wenn man das

Ohr auf die trockene Erde legt, kann man manchmal auch das Klagen des Gagausen hören: »Der muß jetzt den Mühlstein noch so lange drehen, bis er die Pforte der Hölle erreicht hat«, meinen die alten Bauern. (317)

Die Eichen am Weg

Als im Frühjahr 1848 der Bauer Adam Kühn mitten in der Steppe das erste Haus aus Lehmziegeln errichtete und somit die spätere Gemeinde Atmadscha gründete, standen am Weg, der nach Tulcea führt, drei alte Eichen. Hier, sagte damals Kühn, solle einst der Dorfplatz sein. Und so bauten die schwäbischen und kaschubischen Ansiedler ihre stattlichen Häuser rund um die Eichen; sie legten breite Straßen an, und ein Gehöft reihte sich ans andere.

Die Jahre vergingen, in Tschukorowa, Tariverde, Kodschalak und in anderen umliegenden Ortschaften siedelten sich deutsche Bauern an.

Da fielen eines Tages die Tscherkessen ins friedliche Dörfchen ein, gerade als die Bauern draußen auf den Feldern waren. Sie plünderten die Häuser und steckten die Siedlung in Brand: von den Strohdächern griff das Feuer auf die alten Eichen über, zwei brannten ab, die dritte Eiche blieb stehen.

Sie stand noch, als um 1860 der Sultan Abd-ul-Medschid die Erlaubnis zum Bau einer Kirche erteilte, und war so etwas wie ein Wahrzeichen der deutschen Siedler geworden. Unter der Eiche traf sich die Dorfjugend zum Tanz.

Vor etwa hundert Jahren wurde dann auch die deutsche Schule gebaut, es war ein bescheidenes Gebäude, das aus vier Räumen bestand. Am Tag, als die Schule feierlich eröffnet wurde, ging ein schweres Gewitter nieder, und da schlug der Blitz in die alte Eiche ein und höhlte sie von innen aus, so daß sie entzweibrach.

Der Atmadschaer Pfarrer Dörschlag deutete dieses Ereignis auf seine Art: die alte Eiche ist vom Unwetter zerstört worden und damit wurde ein Stück Ortsgeschichte beendet; so wie die Deutschen eine neue Schule gebaut haben, so werden sie auch neue Bäume pflanzen...

Darüber sprach man noch lange Zeit, schließlich gerieten auch die Eichen von Atmadscha in Vergessenheit. (318)

Der »weiße Türk«

Im vorigen Jahrhundert, als 1848 von deutschen Kolonisten das Dörfchen Jakobsonsthal bei Braila gegründet worden war, konnte man in klaren stillen Sommernächten oft den »Weißen Türk« über *Die Balte* reiten sehen.

Doch wehe, wenn jemand ihm in die Nähe kam: plötzlich war er da und hieb mit seinem krummen Säbel auf Mensch und Tier, daß es ein Jammer war. Manch ein Bauer konnte tags darauf die roten Striemen am Rücken zeigen.

Das ging so einige Zeit, und niemand wußte, wie man den geisterhaften Reiter wegbekommen könnte. Schließlich sahen die Einwohner, daß er jedesmal an einer gewissen Stelle im Schilf verschwand.

Nun machten sich mehrere Männer auf, schnitten das Schilf und begannen zu graben. Bald stießen sie auf Knochen: es waren Teile eines Menschen, eines Pferdes, und schließlich zogen sie auch noch einen krummen türkischen Säbel aus dem feuchten Schlammboden. Es war, so sagte man, der »Weiße Türk«.

Nachdem man ihn in der Nähe des deutschen Friedhofs begraben hatte, ritt er auch nie wieder nachts über *Die Balte*. Es war ihm zu kühl im Schilf, sagten die Bauern, nun hat die »arme Seele« ihre Ruh. (319)

Ein fremder Mann

Kodschalia war einst ein Tartarendorf; als um 1881 die ersten deutschen Familien aus den Chersoner Gemeinden Worms, Waterloo, Neuburg, Alt-Freudenthal und Rohrbach herkamen, sah die Gegend recht trostlos aus: das Dorf war durch Kriege und Seuchen verwüstet worden.

Die deutschen Bauern bauten nun Erdhütten und deckten sie mit Rohr und Schilf, denn davon gab es im nahen Sumpf genug. Sie

legten auch Felder an, gruben Brunnen und pflanzten Akazien-
bäume, weil während des Sommers von der östlichen Steppe heiße
Winde wehten.

Zu jener Zeit erschien eines Tages ein fremder Mann, der ganz
in Schwarz gekleidet war und auf dem Kopf einen Turban trug –
so wie die Türken und Tataren. Er ging zum deutschen Orts-
vorsteher und sagte, daß hier bald viele Menschen sterben werden. Um diesem Unglück zu entgehen, müßten die Einwohner
dreizehn Kühe opfern, und er beschrieb genau, wie das zu geschehen habe.

Nun, die Bauern glaubten ihm nicht; es vergingen einige Monate, und da brach eine Typhusepidemie aus und viele Menschen
starben.

»Der Fremde war der Gevatter Tod«, sagten damals die Bauern,
»wenn er wieder kommt, wollen wir freundlich zu ihm sein und
hören, was er uns sagt.« Doch der Tod ließ sich in Kodschalia nicht
mehr blicken. (321)

Am Hügel bei Adschemler

In der Nähe der einst deutschen Großgemeinde Kobadin liegt das
türkische Dörfchen Adschemler, in der früher auch einige schwäbische und rumänische Familien lebten. Der Ort hatte seinen Namen nach den Ureinwohnern erhalten, die dem Stamme der Ad-
schemmen angehörten.

Die Felder der Kobadiner Bauern reichten oft bis nahe an Adschemler, und der einzige Hügel der Umgebung stand auf dem
Grundbesitz des Willems-Vater. Als der Willem nun eines Tages in
Richtung Adschemler zu seinem Feld fuhr, sah er auf dem Hügel
einige Tataren, die sich hier mit Schaufel und Spaten zu schaffen
machten.

Er hielt an, ließ Pferde und Wagen stehen und ging auf den
Hügel zu. Die grabenden Männer aber ließen alles liegen und
machten sich davon. Wie groß war Willems Erstaunen, als er in der
Grube unter einem Stein ein Kesselchen fand, das mit Goldstücken
gefüllt war. Rasch eilte er damit zu seinem Wagen und fuhr in

wildem Galopp zurück nach Kobadin, denn die Tataren begannen ihn zu verfolgen und wollten ihm den Schatz abnehmen.

Bald danach baute sich Willems-Vater dicht an der Straße das erste Ziegelhaus in Kobadin – alle anderen Häuser, auch die deutschen, waren aus »Kirpitsch« –, dieses Haus steht auch heute noch. (321)

Das »Totenheer«

Früher, erzählten die alten Bauern in Kobadin, wurden sie manchmal nachts aus dem Schlaf geweckt: man hörte Pferdegetrappel, Schwerter klirren und laute Stimmen, deren Sprache man nicht verstand.

Dann ritt das »Totenheer« durch die Nacht: die vielen fremden Völker und Soldaten, die in den letzten zweitausend Jahren durch die Dobrudscha gezogen sind oder sich auch einige Zeit hier aufgehalten haben – Griechen, Römer, Goten, Türken, Tataren, Tscherkessen...

Wenn das »Totenheer« vorüberritt, durfte man kein Fenster öffnen, sonst »zog es einen raus«, und man mußte sein Leben lang als Sklave den fremden Herren dienen. Einigen neugierigen Leuten soll es so ergangen sein: sie mußten mit dem »Totenheer« mit, und man hat sie nie wieder gesehen.

In der Gemeinde Neue Weingärten bei Konstanza heißt es:

Früher, in den warmen Sommernächten, wenn das Meer leise rauschte und der Wind durch die Dünen strich, flog »etwas« durch die Lüfte; damals pflegte man zu sagen: »Das is es ›Wilde Geheer‹«.

Über Bäume und Häuser hinweg zog es in die dunkle Nacht hinaus: »...und es hat Lichtcher g'hat un g'schrie un g'johlt, un Musik war dran!«

Die alten schwäbischen Bauern in den Neuen Weingärten und drüben in Andalchioj aber meinten: »Wenn es iebers Dorf fliegt, derf mir nit raus, weil die schmeiße mit Steiner runter.«

Doch schon seit etlichen Jahren hat man das »Wilde Geheer« nicht mehr gesehen. (322)

ANHANG

Nachwort

Mit dem Sammelnamen »Rumäniendeutsche« bzw. »Deutsche in Rumänien« werden heute zwölf verschiedene Siedlergruppen bezeichnet,[1] die einst in einem Gebiet lebten – oder gegenwärtig vereinzelt dort noch leben –, das nach 1918 an das damalige Königreich Rumänien angeschlossen wurde. Bis dahin hatten die Siedlungsräume dieser Deutschen zu Ungarn (Siebenbürgen, Banat, Marmatien) und zu Österreich (Bukowina) gehört, so daß die deutschen Bevölkerungsgruppen zwischen Donau und Karpaten bis zu jenem historischen Moment, als Großrumänien entstanden ist, Ungarndeutsche bzw. Österreicher waren. Nach dem zweiten Wiener Schiedsspruch, 30. August 1940, kamen dann zwischen 1940 und 1944 Nordsiebenbürgen – mit dem Nösnerland und dem Reener Ländchen –, Marmatien – mit dem Wischauer Land und dem Wassertal – sowie das Sathmarland und das Kreischgebiet wieder an Ungarn, wodurch Teile der Rumäniendeutschen zeitweilig ungarische Staatsbürger und somit Ungarndeutsche wurden.

Die Wortbestandteile Rumänien und Deutsche sind wohl zur Zeit des Nationalsozialismus, durch die Gründung des Vereins »Deutsche Volksgruppe in Rumänien«, zu einer »einenden« Bezeichnung gefügt worden; diese künstliche Prägung fand später im sozialistischen Sprachgebrauch – neben den politischen Formulierungen »deutsche nationale Minderheit«, »deutsche mitwohnende Nationalität«[2] – weiterhin häufig Verwendung, wonach in den letzten Jahren bundesdeutsche Medien, aus Unkenntnis der spezifischen politischen und soziokulturellen Lage dieser Bevölkerungsgruppen, die unzutreffenden Begriffe »deutschstämmige Rumänen« und »Deutschrumänen« lancierten.[3]

Die Vorfahren dieser Deutschen im Karpatenraum wanderten in verschiedenen zeitlichen Etappen ins damalige Königreich Ungarn, ins österreichische Kronland Bukowina oder in die unter türkischer Oberhoheit stehende Dobrudscha ein: Im 12. und 13. Jahrhundert kamen aus Flandern, den Erzbistümern Köln und Trier (mit Luxemburg, Eifel und Hunsrück) und der Rheinpfalz die späteren Siebenbürger Sachsen;[4] aus Elsaß-Lothringen und zum Teil aus dem Schwarzwald wanderten im 18. Jahrhundert die Banater Schwaben ein,[5] während die Sathmarschwaben – im Sathmarland, dem Trestenburger Ländchen, im Oascher Land und im Biharer Gebiet – aus Oberschwaben stammen;[6] im 18. Jahrhundert siedelten sich außerdem Deutschböhmen im Banater Bergland[7] und Zipser Sachsen (aus dem Gründler Land in der Unterzips/Slowakei) in Marmatien, im Wischauer Land und im Wassertal[8] sowie in der Südbukowina an;[9] und ebenfalls im 18. Jahrhundert kamen auch die Durlacher nach Mühlbach, die Landler (aus Kärnten, dem Salzkammergut, aus der Steiermark und aus Oberösterreich) in die Hermannstädter Gegend, die Schlesier in den Grenzwald,[10] es zogen Schwaben nach Südsiebenbürgen, in die Bukowina, in die Dobrudscha[11] und in die Theißau Marmatiens.

Diese Deutschen gründeten, oft in einem weithin unbesiedelten Land-

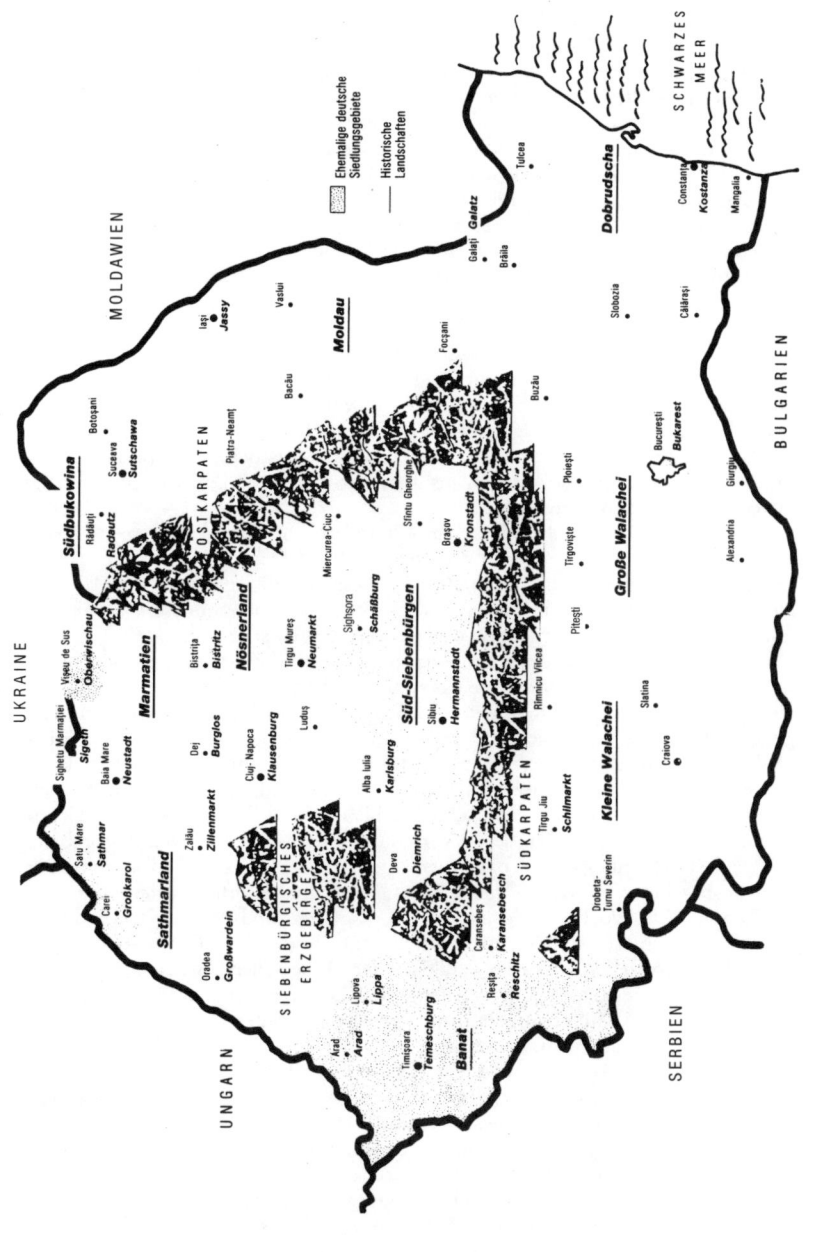

UKRAINE

MOLDAWIEN

SCHWARZES MEER

BULGARIEN

SERBIEN

UNGARN

Südbukowina

Marmatien

Nösnerland

Sathmarland

Moldau

Dobrudscha

Große Walachei

Kleine Walachei

Süd-Siebenbürgen

Banat

SIEBENBÜRGISCHES ERZGEBIRGE

OSTKARPATEN

SÜDKARPATEN

☐ Ehemalige deutsche Siedlungsgebiete
— Historische Landschaften

Sighetu Marmatiei
Siget
Viseu de Sus
Oberwischau

Rădăuți
Radautz
Botoșani
Suceava
Sutschawa

Iași
Jassy
Vaslui

Baia Mare
Neustadt
Satu Mare
Sathmar
Carei
Großkarol
Oradea
Großwardein

Dej
Burglos
Bistrița
Bistritz
Zalău
Zillenmarkt

Piatra-Neamț
Bacău
Focșani
Buzău

Cluj-Napoca
Klausenburg
Tîrgu Mureș
Neumarkt
Ludus
Sighișora
Schäßburg

Alba Iulia
Karlsburg
Miercurea-Ciuc
Sfîntu Gheorghe
Brașov
Kronstadt

Bucureşti
Bukarest

Ligova
Lippa
Arad
Arad
Timişoara
Temeschburg
Reșița
Reschtz
Caransebeș
Karansebesch
Deva
Diemrich
Sibiu
Hermannstadt

Rîmnicu Vîlcea
Pitești
Tîrgoviște
Ploiești

Drobeta-Turnu Severin
Tîrgu Jiu
Schilmarkt
Craiova
Slatina
Alexandria
Giurgiu

Slobozia
Călărași

Galați
Galatz
Brăila
Tulcea

Constanța
Kostanza
Mangalia

schaftsraum, eine Vielzahl von Ortschaften – von denen einige bis heute noch offiziell deutsche Namen haben –, und sie entwickelten, als traditionsgeprägte Volksgruppen, in der ethnischen Isolation eine eigenständige kulturelle Identität, die sie in Mundart, Tracht, Brauchtum und Erzählung manifestierten. Ihre Sagen, wie auch andere Zeugnisse mündlicher Überlieferungsformen, entstanden meist in den Siedlungsgebieten am Karpatenrand, fern vom binnendeutschen Sprachraum, in einem eigenen gewachsenen kulturhistorischen Kontext und oft als Ergebnis vielfältiger Querverbindungen zu Nachbarvölkern – Rumänen, Ungarn, Juden, Zigeunern, Ukrainern, Tataren und anderen.

Bereits um die Mitte des vorigen Jahrhunderts meinte Friedrich Müller (1828–1915) im Vorwort zu seinen 1856 in Hermannstadt erschienenen »Siebenbürgischen Sagen«, dem ersten Sagenbuch einer deutschen Bevölkerungsgruppe auf dem Gebiete des heutigen Rumänien, daß »dem Verfall der Volkssprache (. . .) das Versiegen der Sage folgen« würde;[12] doch konnte er dann, beinahe dreißig Jahre später, 1885, im Vorwort zur zweiten Ausgabe befriedigt feststellen, daß die Auswahl seiner Texte sich von 444 auf 620 vermehrt habe und es sich bei der Sammlung um »meist noch lebendige Volksüberlieferung« handelte.[13] Inzwischen waren auch die Sagensammlungen von Heinrich Wittstock (1860) und eben 1885 die erste Ausgabe mit »Volkssagen aus der Bukowina« von Ludwig Adolf Simiginowicz-Staufe erschienen.

Auch Richard Huß (1885–1941) beurteilt im Vorwort zu den »Sagen und Erzählungen aus dem Nösnergau und dem Reener Ländchen«, die er 1927 in Bistritz herausbrachte: »Nicht vor langer Zeit ist dieser Quell versiegt. Und das heute lebende Geschlecht, das im argen Kampfe der Jetztzeit ernüchtert worden ist, erinnert sich mit Wehmut daran, was Großmutter einst erzählte.«[14]

Entgegen dieser und anderer Prophezeiungen und Einschätzungen und trotz der um 1971 geführten Diskussion, ob das rumäniendeutsche Sagengut und besonders jenes aus Siebenbürgen nun »versiegt«, denn, so Heinz Stănescu, »dem Märchen gegenüber spielte und spielt die Sage immer die zweite Geige«,[15] oder ob es zeitbedingt zu Anekdoten, Schwänken und Novelletten umgestaltet werde, konnten in den siebziger und achtziger Jahren von Volkskundlern wie Alexander Tietz, Walther Konschitzky, Friedrich Schuster, Hanni Markel, Anton-Joseph Ilk und dem Herausgeber dieses Bandes in verschiedenen historischen Siedlungsgebieten zahlreiche noch unbekannte Volkssagen aufgezeichnet und zum Teil sowohl in der deutschsprachigen Presse – »Neuer Weg«, »Volk und Kultur«, »Neue Literatur« (Bukarest), »Die Woche« (Hermannstadt), »Karpatenrundschau« (Kronstadt) – als auch in eigenen Sammelbänden veröffentlicht werden.[16]   Dabei stellte Hanni Markel 1972 sogar fest, daß »die wenigsten der Müllerschen Sagen aus dem Reener Gebiet (. . .) heute noch erzählt (werden), doch konnten hier neuerdings doppelt so viele Sagen als bei Müller aufgenommen werden, darunter auch einige mit besonders alter Vorstellungswelt, und zwar vor allem in dem abgelegenen und durch die hörige Vergangenheit in seiner Entwicklung behinderten Weilau.«[17] Und Friedrich Schuster, der zwischen 1977 und 1983 rund 238 siebenbürgische Ortschaften mit sächsischer Bevölkerung besuchte und Märchen, Sagen und Schwänke von 900 Gewährspersonen auf Tonband aufgenommen hatte, meinte: »Am häufigsten wurden Sagen (dämonologische, historische und aitiologische) aufgezeichnet, wohl auch weil die Sage im allgemeinen, gemessen am Märchen, die bescheidenere Erzählform darstellt und von den Erzählern eher beherrscht wird.«[18]

Eine besondere Bereicherung des rumäniendeutschen Erzählinventars brachten auch Feldforschungen, die vom Herausgeber zwischen 1968 und 1988 in Marmatien (Wischauer Land, Wassertal), der Südbukowina, dem Grenzwald, im Oascher und Sathmarland durchgeführt wurden; in diesen historischen Landschaften mit deutscher Bevölkerung – Zipser Sachsen, Deutschböhmen, Schwaben, Pfälzer, Schlesier – hatte man bis dahin noch niemals mündliche Überlieferungen, Märchen, Sagen und sonstige Erzählungen sowie Erlebnisberichte aufgezeichnet.

Mittlerweile erschienen allein aus dem narrativen Bereich der Zipser Nordrumäniens ein Dutzend Bände mit verschiedenen Volkstexten, hauptsächlich Mära, Kaßka und Kschichtn, d. h. Märchen, sagenhafte Erzählungen und Schwänke. In einer Zeitspanne von zwanzig Jahren konnte der Herausgeber über 2000 mündliche Überlieferungen, Erzähltexte verschiedener Gattungen – außer in den bereits erwähnten Siedlungsgebieten, auch im Nösnerland, im Zekescher Land, im Burzenland und in der Südbukowina – auf Tonband aufnehmen und dann in sechzehn verschiedenen Sammlungen veröffentlichen.

Ebenso ergiebig war die von Walther Konschitzky angeregte und koordinierte Sammelaktion sprachlichen Volksguts um Banat, die 1972 eingeleitet wurde und in den nachfolgenden Jahren eine bis dahin ungeahnte Fülle von Aufzeichnungen und Einsendungen brachte – meist von Lehrern und volkskundlich interessierten Lesern der Bukarester deutschen Tageszeitung »Neuer Weg«, wo die Texte oft auch zuerst abgedruckt wurden. Dazu schrieb der Banater Sprachkundler Johann Wolf: »Die Fülle des im Alltag und in den Feierstunden Erzählten muß gesammelt, gesichtet und geordnet werden« und: »Sammler kann jeder sein, der für Volksgut und volkskundliche Fragen Interesse hat.«[19]

Es ist hier kaum möglich, auf die verschiedenen Sagentypen einzugehen, die in mündlicher Existenz zum Teil bis heute lebendig vorhanden sind – die meisten Texte aus dem rumäniendeutschen Sagenbestand wurden übrigens in den letzten 25 Jahren unmittelbar »aus dem Volksmund« aufgezeichnet –; der Leser wird aber sowohl historische, aitiologische, mythische als auch Prophezeiungs-, Teufels- und Hexensagen, wie auch Sagen und sagenhafte Erzählungen von Riesen und Hünen, von ungewöhnlichen Heiducken und historisch bedeutsamen Menschen, von Schätzen und Schatzhütern, von phantastischen Wesen und anderen seltsamen übernatürlichen Handlungsträgern erkennen; sie widerspiegeln auf vielfältige Art Überlieferungen, Glaubensvorstellungen und Erinnerungen an vergangene Ereignisse wie beispielsweise die Entstehung eines Flur- oder Ortsnamens und die Vernichtung einer Siedlung.

Doch von Landschaft zu Landschaft und je nach Bevölkerungsgruppe wird verschieden erzählt, selbst wenn manchmal gleiche Motive oder Stoffe erkennbar sind, denn jede Sage ist auch für die Gegend, in der sie immer wieder erzählt wurde, charakteristisch, und sie vermittelt oft mehr als nur subjektives historisches Wissen um sagenhafte, geglaubte oder wahrhaftige Taten und Vorgänge, die aus der Vergangenheit hervorragen und so bis heute noch in der Erzählung sichtbar sind; jede Sage stellt eine besondere Beziehung zur eigenen Geschichte und Identität her.

Ein gemeinsames Charakteristikum der rumäniendeutschen mündlichen Erzählformen, auf das hier kurz hingewiesen werden sollte, ist die Tatsache, daß im ländlichen Milieu bis zum großen »Exodus« ab 1990 häufig in der sozialen und ethnischen Gemeinschaft erzählt wurde: Außer dem Erzähler in der Familie, zum Beispiel der Großmutter, gab es, als besondere Überlieferungsträger die Gelegenheitserzähler, die an langen Winterabenden – in der siebenbürgischen Rocken-

oder Spinnstube, beim schwäbischen Federschleißen, bei der Zipser Klake oder bei anderen kollektiven Arbeitsvorgängen, und selbst beim häufigen Stromausfall abends in den letzten Jahren der kommunistischen Diktatur – aus einem reichen, auditiv gespeicherten Repertoire spontan das zum besten gaben, was die Zuhörer hören wollten: von tragischen Ereignissen und unerklärbaren Vorfällen bis zu kuriosen, amüsanten Begebenheiten, von ungewöhnlichen Spukgeschichten bis zu erheiternden Schwänken. Dabei entwickelten sich, innerhalb dieses kommunikativen Prozesses, echte Erzählerpersönlichkeiten, an die man sich auch heute noch wie an legendäre Gestalten erinnert.

Diese typische Erzählsituation war geprägt durch die spezifischen sozialen und kulturpolitischen Verhältnisse der Rumäniendeutschen nach 1945 – fragwürdiger Minderheitenstatus, Verarmung, soziale Marginalisierung, kulturelle Ghettoisierung, ethnische und sprachliche Isolation. Die Lager veränderte sich später – und ist für die Forschung nicht mehr rekonstruierbar –, als die Erzähler ihre angestammten Lebensbereiche und Siedlungsgebiete im Karpatenraum verließen und nach Westeuropa auswanderten. Die Konfrontation mit einer neuen Existenzproblematik und auch die Keule des Medienkonsums verdrängten rasch die Erinnerung an Heimat und Identität; die zur Akkulturation führende Anpassungsbereitschaft bzw. Integration ebnete in vielen Fällen das Erinnerungsvermögen so ein, daß schließlich jeder Bezug zur Tradition entschwand.

Die »Mündlichkeit« der rumäniendeutschen Sagen kann aber bei den meisten Texten auch heute noch herausgehört werden; sie wirken immer noch »wie aus dem Volksmund«. Denn seit dem Erzählvorgang ist erst wenig Zeit verstrichen; es sind kaum fünf Jahre her, da lebten noch die meisten Rumäniendeutschen in ihren historischen Siedlungsgebieten, und manche von ihnen, wie die Zipser im fernen Marmatien, hatten sich sogar geistig in einem imaginären »Reich der Sage«[20] eingerichtet. Der Umgang mit der Erinnerung aber war, unter den damaligen soziokulturellen Bedingungen, oft wichtiger, als die Auseinandersetzung mit einer Gegenwart, die man schicksalhaft als vorläufig, als vorübergehend ansah, während Vergangenheit und Tradition ethnischen Bestand und Halt symbolisierten und tatsächlich auch vermittelten.

Claus Stephani

Anmerkungen

1. Siehe Gertrud Stephani-Klein: Viele Mundarten – eine Nationalität. Zehn deutsche Siedlergruppen leben heute noch in Rumänien. In: KK 424, 5. 11. 1980, S. 3–6, Gertrud Stephani-Klein: Zehn Siedlergruppen lassen sich heute noch feststellen. Rumäniens deutscher Bevölkerungsanteil. In: A, 5/8, 2. 1. 1981, S. 15; Dietger Waldmann: Die Deutschen im Rumänien von heute. Eckart-Schriften, Heft 34, Wien, 1970.
2. Siehe Monica Barcan/Adalbert Millitz: Die deutsche Nationalität in Rumänien. Kriterion: Bukarest, 1977; dazu s. – –: Die Deutschen in Rumänien heute. Ihr Schicksal als schwindende nationale Minderheit. Saxonia-Schriftenreihe, 3: Starnberg, 1987.
3. Dazu s. – –: Die sprachliche Fehlbildung »Deutschstämmiger«. In: Sieb. Ztg., 38/12, 31. 7. 1988, S. 2.
4. Siehe Ernst Wagner: Geschichte der Siebenbürger Sachsen. Ein Überblick.

Wort und Welt: Innsbruck, 1982; Hans Bergel: Siebenbürgen. Bilder einer europäischen Landschaft. Wort und Welt: Innsbruck, 1980; Ernst Wagner: Siebenbürgen. Eckart-Schriften, Heft 111, Wien, 1989.

5. Siehe Anton Valentin: Die Banater Schwaben. Kurzgefaßte Geschichte einer südostdeutschen Volksgruppe. Kulturreferat der LM: München, 1959; Josef Volkmar Senz: Geschichte der Donauschwaben. Donauschwäbische Kulturstiftung: München, 1987–1988.

6. Siehe Claus Stephani: Die Sathmarschwaben auf der Suche nach ethnischer Identität. In: Geschichte, Gegenwart und Kultur der Donauschwaben. Texte aus der aktuellen Diskussion, Heft 2/1992: Sindelfingen, S. 57–63.

7. Siehe Julius A. Baumann: Geschichte der Banater Berglanddeutschen Volksgruppe. Eckart-Schriften, Heft 109, Wien, 1989.

8. Siehe Claus Stephani: Die Zipser in der Maramuresch. In: Carl Göllner (Hrsg.): Geschichte der Deutschen auf dem Gebiete Rumäniens. Bd. 1. Kriterion: Bukarest, 1979, S. 323–325.

9. Siehe Claus Stephani: Bukowinadeutsche. In: Carl Göllner, Geschichte, Anm. 8, S. 325–327.

10. Siehe Claus Stephani, Anm. 8, S. 325.

11. Siehe Hans Petri: Geschichte der deutschen Siedlungen in der Dobrudscha. Hundert Jahre deutschen Lebens am Schwarzen Meer. Südostdeutsches Kulturwerk: München, 1956.

12. Friedrich Müller, Siebenbürgische Sagen, s. Literatur, S. XI.

13. Müller/Orend, Siebenbürgische Sagen, s. Literatur, S. XVII-XVIII.

14. Huß, Sagen, s. Literatur, S. 4.

15. Stănescu, Versiegt, s. Literatur, S. 75.

16. Siehe Literatur.

17. Markel, Erzählgut, s. Literatur, S. 6.

18. Schuster: Sächsisches Erzählgut, s. Literatur, S. 3.

19. Wolf, Zum Sammeln, s. Literatur, S. 6.

20. Schuster, Im Reich der Sage, s. Literatur, S. 4.

Literatur

Zusammengestellt von Brigitte Stephani

Abkürzungen

A	=	Aufbau (New York)
CR	=	Cîntarea României (Bukarest, m. dt. Beilage)
DD	=	Der Donauschwabe (Aalen)
DE	=	Der Erdstall. Beiträge zur Erforschung künstlicher Höhlen im deutsch-österreichischen Raum (Roding)
DKB	=	Deutscher Kalender für die Bukowina (Czernowitz)
DOR	=	Donauschwäbische Rundschau (Karlsruhe)
DR	=	Dacoromania (Freiburg/München)
DV	=	Deutsches Volksblatt (Novisad-Neusatz)
DW	=	Die Woche (Hermannstadt)
EB	=	Eckartbote (Wien)
FVL	=	Forschungen zur Volks- und Landeskunde (Hermannstadt)
Jb.DD	=	Jahrbuch der Dobrudscha-Deutschen (Heilbronn)
Jb.DVR	=	Jahrbuch der Deutschen Volksgruppe in Rumänien (Hermannstadt)
Jb.LS	=	Jahrbuch der Luxemburgischen Sprachgesellschaft (Luxemburg)
Jb.OV	=	Jahrbuch für Ostdeutsche Volkskunde (Marburg)
Jb.SKV	=	Jahrbuch des Siebenbürgischen Karpathenvereins (Hermannstadt)
KB	=	Kirchliche Blätter (Hermannstadt)
Kbl.	=	Korrespondenzblatt des Vereins für Siebenbürgische Landeskunde (Hermannstadt)
KK	=	Kurpolitische Korrespondenz (Bonn)
KM	=	Komm mit. Reisen, Wandern, Erholung in Rumänien (Almanach, Bukarest)
KVHK	=	Katholischer Volks- und Hauskalender für die Bucovina (Czernowitz)
LB	=	Landwirtschaftliche Blätter für Siebenbürgen (Hermannstadt)
LN	=	Luceafăr Nou (dt.spr. Ausgabe, Wien)
MI	=	Magazin istoric (Bukarest)
NBZ	=	Neue Banater Zeitung (Temeschburg)
NL	=	Neue Literatur (Bukarest)
NW	=	Neuer Weg (Bukarest)
NWA	=	Neuer Weg Almanach (Bukarest)
NWK	=	Neuer Weg Kalender (Bukarest)
OKW	=	Ost-West-Kurier (Bremen)
RR	=	Rumänische Rundschau (Bukarest)
Sch.GP	=	Programm des ev. Gymnasiums A.B. (seit 1905/06: des Bischof-Teutsch-Gymnasiums) in Schäßburg (Schäßburg)
SH	=	Der sächsische Hausfreund (Kronstadt)

Sieb.Vjschr. = Siebenbürgische Vierteljahresschrift (Hermannstadt, zeitweilig:
                Jassy, dann wieder Hermannstadt)
Sieb.Ztg.   = Siebenbürgische Zeitung (München)
SODV   = Südostdeutsche Viertelsjahresblätter (München)
SRWbl.   = Sächsisch-Regener Wochenblatt (Sächsisch-Reen)
TR   = Tribuna României (m. dt. Beilage, Bukarest)
VK   = Volk und Kultur (Bukarest)
ZMO   = Zeitschrift des Zentralverbandes der Mittel- und Ostdeutschen,
                Neue Folge (München)

Allgemeine Arbeiten und Sammlungen

Camman, Alfred: Aus der Welt der Erzähler. Mit rußland- und rumäniendeutschen
Berichten und Geschichten. Elwert: Marburg, 1987.

Haltrich, Joseph: Zur deutschen Thiersage. In: Sch.GP, 1854/55, S. 1–74. Dazu s.
Kbl. 1887, S. 6–7.

Karlinger, Felix/Turczyniski, Emanuel (Hrsg.): Rumänische Sagen und Sagen aus
Rumänien. E. Schmidt: Berlin, 1982.

Schullerus, Adolf: Zur Sagenkunde. In: Kbl., 1891, S. 25–29.

Seraphin, Friedrich Wilhelm: Wie entstehen Sagen? In: Kbl, 1889, S. 97–99.

Stephani, Claus: Eichen am Weg. Volkserzählungen der Deutschen aus Rumänien.
Dacia: Klausenburg, 1982.

Vulcănescu, Romulus: Mitologie Română (Rumänische Mythologie). Editure Aca-
demiei R.S.R.: Bucureşti, 1987. Dazu s. *Claus Stephani*: Brücken zum Ursprung. (Gespräch mit dem Volkskundler und Mythenforscher Romulus Vulcănescu.) In: NL, 39/3, 1988, S. 65–71.

Wolf, Johann: Zum Sammeln sprachlichen Volksgutes. In: NW, 24/7165, 20. 5.
1972, S. 6.

Beiträge zur rumäniendeutschen Sagenforschung

Bretz, Anna: Volkserzählungen, Sagen und Märchen. Kolloquium in Bukarest. In:
VK, 36/3, 1985, S. 44.

Gegenbauer, Helene: Aus der Sagenwelt Siebenbürgens. In: Siebenbürger Sachsen.
Sonderheft d. Ztschr. »Deutsches Vaterland«, 4/Sept.-Nov.-Heft, 1922,
S. 197–198.

– –: Hat Doktor Faust in Hermannstadt geweilt? Gewagte Hypothesen eines
jungen Philologen (Gheorghe Raţiu) aus Sibiu. In: DW, 18/420, 30. 12. 1975,
S. 6.

Huß, Richard: Die siebenbürgische Landschaft und ihre Sagen. In: Jb.LS, III, 1928,
S. 17–77.

Huß, Richard: Volkskundliches aus dem Sagengut der Siebenbürger Deutschen. In:
Sieb. Vjschr., 1938, S. 218–226.

Ilk, Anton-Joseph: Vun Waldweibln und Trikulitschn. Die Zipser im Wassertal –
Bildnis einer Landschaft und ihrer Menschen/Überliefertes Erzählgut (III). In:
NBZ, 8058, 13. 11. 1988, S. 2–3.

Ilk, Anton-Joseph: Die Zipser im Wassertal – Bildnis einer Landschaft und ihrer
Menschen. In: FVL, 32/2, 1989, S. 99–106.

Markel, Hanni: Sage, Märchen und Schwank heute. Zur Erforschung siebenbür-
gisch-sächsischer Volksdichtung (II). In: KR, 4/4, 28. 1. 1972, S. 8.

Markel, Hanni: Interethnische Beziehungen im Erzählgut der Siebenbürger Sachsen. In: Interferenzen. Rumänisch-ungarisch-deutsche Kulturbeziehungen in Siebenbürgen. Hrsg. Michael Kroner. Dacia: Cluj-Napoca, 1973, S. 96 ff.

Markel, Hanni: Siebenbürgisch-sächsische Erzählforschung. In: DR, 6 (1981–1982), S. 19–26.

Markel, Hanni: Erzählgut und Erzähler bei den Siebenbürger Sachsen. In: KR, 21/40, 7. 10. 1988, S. 6.

Meschendörfer, Hans: Die Sammlungen siebenbürgischer Sagen und Volkserzählungen von Claus Stephani. In: SODV, 34/4, 1985, S. 266–270.

Müller, Heinrich: Der historische Kern der Hameler Rattenfängersage. In: Kbl., 1883, S. 109–111.

Prut, Constantin: Die Welt der Fabelwesen. In: RR, 37/2–3, 1983, S. 185–193.

Rasimus, Hans: »Schaurig ist's übers Moor zu gehen . . .« Einiges vom Banater Sagen- und Märchengut. In: DD, 12/1, 7. 1. 1962, S. 4.

Roth, Walter: 130 Jahre seit Erstveröffentlichung der »Siebenbürgischen Sagen« von Friedrich Müller. Doktor Faust in Hermannstadt und Klingsor beim Sängerwettstreit in Thüringen. In: Sieb. Ztg., 37/14, 15. 9. 1987, S. 3.

Roth, Walter: 75 Jahre seit dem Tod von Friedrich Müller (1828–1915). Von der Sagenforschung zur siebenbürgischen Geschichte und Kulturgeschichte. In: Sieb. Ztg., 40/7, 15. 5. 1990, S. 3.

Schullerus, Adolf: Zur Literatur der Hameler Rattenfängersage. In: Kbl. 1896, S. 81–84, 89–93.

Schullerus, Adolf: Der historische Kern der Hameler Rattenfängersage. In: Kbl. 1896, S. 74–76.

Schuster, Friedrich: Sächsisches Erzählgut. Einführung (. . .) Geschichten aus 238 Ortschaften. In: NW, 35/10613, 9. 7. 1983, S. 3.

Schuster, Friedrich: Im Reich der Sage. Zu Besuch bei den Zipsern in Oberwischau. In: DW, 1026, 14. 8. 1987, S. 4.

Sommer, Inge: »Krechintza zwischen den Zähnen«. Aspekte der siebenbürgisch-sächsischen Prikulitschsage. In: NL, 39/3, 1988, S. 51–55.

St(ănescu), H(einz): Iancu de Hunedoara und Mateiaş Corvinul in siebenbürgisch-sächsischen Sagen. In: NL, 22/8, 1971, S. 47–52.

Stănescu, Heinz: Versiegt das deutschsprachige Sagengut Siebenbürgens? In: NL, 22/8, 1971, S. 74–76.

Stephani, Brigitte: Arbeiterfolklore aus dem Bergland. Alexander Tietz erforschte wenig bekanntes Volksgut. In: VK, 33/12, 1981, S. 52.

Stephani, Brigitte: Zipser Kinderwelt in Nordrumänien. Elwert: Marburg, 1989 (Schriftenreihe der Kommission für Ostdeutsche Volkskunde, Bd. 46), S. 67–93: Volkserzähler; Schreckgestalten; Kinder in der Volkserzählung.

Stephani, Claus: Vielfalt und Eigenheit. Versuch über Zipser Volkssagen aus der Maramureş, der Nordmoldau und dem Nösnerland. In: NW, 27/8233, 1. 11. 1975, S. 3.

Stephani, Claus: Sonne und Baum. Zwei Symbole und ihre Bedeutung (im Osten Marmatiens). In: ZMO, NF, 3/4, 1980, S. 25–26.

Stephani, Claus: Phantastische Gestalten in Mythen und Sagen. Versuch einer vergleichenden Deutung in der Volkserzählung der Zipser und Ukrainer Nordrumäniens. In: Jb. OV, 27/1984, S. 234–255.

Stephani, Claus: Dokia – Königstochter oder Stiefmutter. Bemerkungen zu einer phantastischen Gestalt in den Volkserzählungen Nordrumäniens. In: Jb. OV, 28/1985, S. 283–288.

Stephani, Claus: Von Menschenhand angelegte Höhlen und Erdlöcher in der Ostmaramuresch und im südlichen Buchenland (Rumänien). Ihre Deutung in der Zipser Volkserzählung: In: DE, 12/1986, S. 85–90, 107.

Stephani, Claus: Am Anfang war der Baum. Anmerkungen zu Mythen und Sagen der Zipser in Nordrumänien. In: Jb. OV, 33/1990, S. 343–356.

Stephani, Claus: Die Berge Adam und Eva. Anmerkungen zum Weltbild der Zipser Volkserzähler in der Maramuresch. In: SODV, 40/4, 1991, S. 286–290.

Stephani, Claus: Die Zipser Nordrumäniens und ihre Beziehungen zu anderen Bevölkerungsgruppen, dargestellt anhand der Volkserzählung. In: Jb. OV, 35/1992, S. 276–287.

<h2 style="text-align:center">SIEBENBÜRGEN</h2>

Müller, Friedrich: Siebenbürgische Sagen, gesammelt und mitgeteilt (2. Aufl.: ges. u. hrsg.). Gött: Kronstadt, 1857; Gräser: Wien, 1885.

– –: Siebenbürgisch-sächsische Sagen (Nach Friedrich Müller). In: NWA, 1957, S. 146–147.

Müller, Friedrich/Orend, Misch: Siebenbürgische Sagen. Neue erw. Aufl. Schwartz: Göttingen, 1972 (Denkmäler deutscher Volksdichtung, 9).

Schuster, Friedrich: Der weiße Büffelstier. Sächsische Sagen aus Siebenbürgen. Creangă: Bukarest, 1989.

– –: Volkserzählungen, Anekdoten, Schnurren und Späße aus dem Banat, Bergland und Siebenbürgen. In: Jb. DVR, 1943, S. 224–231.

<h3 style="text-align:center">Burzenland</h3>

– –: Burzenländer Geschichten und Sagen. In: SH, 1871, S. 106–110.

Lander, Gustav: Rosenau. Ein Heimatbuch. Hrsg. von d. Burzenländer Bürger- und Bauernbank AG Rosenau. Markus: Schäßburg, 1930.

Lang, Elfriede: Wie Rotbach zu seinem Namen kam (Sage). In: NW, 19/5524, 4. 2. 1967, S. 4.

Reimesch, Friedrich: Die Weidenbächerin. Der Sage nacherzählt. In: LB, 1913, S. 409–410.

Reimesch, Friedrich: Heimatkundlicher Lesestoff für Honigberg. Schneider u. Feminger: Kronstadt, 1916.

Reimesch, Friedrich: Burzenländer Sagen und Ortsgeschichten zur Förderung der Heimatliebe und der Leselust. 3. verm. Aufl. Zeidner: Kronstadt, 1927.

– –: Sächsische Sitten und Sagen: Aus Kronstadt. In: SH, 1855, S. 89.

Seraphin, Friedrich Wilhelm: Alte Volksbräuche und Sagen aus dem Burzenland. In: Kbl., 1897, S. 43–46.

Stephani, Claus: Wolkendorfer Sagen. In: NW, 28/8452, 17. 7. 1979, S. 4.

S(tephani), C(laus): Brücken über Zeiten und Räume. Volkssagen und Erzählungen aus Rosenau. In: VK: 28/12, 1976, S. 49.

S(tephani), C(laus): Brücken über Zeiten und Räume. Volkssagen und Erzählungen aus Prejmer im Burzenland. In: VK: 28/10, 1976, S. 52.

Stephani, Claus: Tal der wilden Rosen. Rosenauer Sagen und Erzählungen. In: NW, 29/8611, 22. 1. 1977, S. 4.

Stephani, Claus: Die steinernen Blumen. Burzenländer sächsische Sagen und Ortsgeschichten. Creangă: Bukarest, 1977.

Stephani, Claus: Eichen am Weg. Volkserzählungen der Deutschen aus Rumänien. Dacia: Cluj-Napoca, 1982, S. 22–50.
Wittstock, Heinrich: Burzenländer Geschichten und Sagen. In: SH, 1871, S. 106–110; 1879, S. 87.

Repser Ländchen

Binder, Lotte: Volkssagen aus Katzendorf. In: Kbl., 1898, S. 65–68.
Huß, Richard: Ugele Fi (Sage aus Stein). In: Sieb. Vjschr., 1938, S. 223–226.
Huß, Richard: Gantermani (Sage aus Keisd). In: Sieb. Vjschr., 1938, S. 218–221.
Stephani, Claus: Eichen am Weg. Volkserzählungen der Deutschen aus Rumänien. Dacia: Cluj-Napoca, 1982, S. 41–50.

Weinland

Henning, Johann: De bois Bräck (Sage aus Großschenk). In: KR, 7/25, 21. 6. 1974, S. 7.
Schuller, Michael: Klein-Blasendorfer Volkssagen. In: KR, 13, 31. 3. 1989, S. 6.
S(tephani), C(laus): Brücken über Zeiten und Räume. Volkserzählungen aus dem Weinland. In: VK, 33/11, 1981, S. 59.
Stephani, Claus: Eichen am Weg. Volkserzählungen der Deutschen aus Rumänien. Dacia: Cluj-Napoca, 1982, S. 82-96.

Altland

Binder, Frida: Das Brauthemd. Sagen und Volkserzählungen aus dem Kaltbachtal. Hrsg. und mit einem Vorwort vers. v. Horst Schuller Anger. Creangă: Bukarest, 1983.
Holzträger, Fritz: Stolzenburger Sage. In: Sieb. Vjschr., 1939, S. 287. Dazu, s. Sieb. Vjschr., 1939, S. 378.
Pissel, Carl: Vom Maulwurf (Eine Sage aus Stolzenburg). In: Kbl., 1908, S. 26–27.
Plattner, Johann: Die Bet-Glocke von Stolzenburg (Nach einer alten Sage). In: KB, 1907/1908, S. 626–628.
Plattner, Johann: Schatzgräber- und andere Geschichten aus Stolzenburg. In: LB, 1909, S. 190–191, 205–206, 221–223, 235–237, 249–251, 277–279, 291–293.
Rastel, J.: Drei Sagen aus Urwegen. In: Kbl., 1896, S. 67–69.
Schuster, Friedrich: Stattlich wie die Eichen. Sagen und Erzählungen aus dem Alttal (Kleinschenk, Kerz, Freck, Girelsau). In: NW, 30/8969, 18. 3. 1978, S. 3.
Stephani, Claus: Eichen am Weg. Volkserzählungen der Deutschen aus Rumänien, Dacia: Cluj-Napoca, 1982, S. 51–60.

Zekescher Land

Ganesch, Martin: Geschichten aus dem Heimatsdorf. Aufzeichnungen aus dem Zekescher Land. In: VK, 31/1, 1979, S. 45.
S(tephani), C(laus): Brücken über Zeiten und Räume. Geschichtliche Sagen. In: VK, 29/7, 1977. S. 50; (...) Volkserzählungen aus dem Zekescher Land. In: VK, 29/12, 1977. S. 51; (...) Geschichtliche Sagen aus dem Zekescher Land. In: VK, 30/1, 1978, S. 50; (...) Familiensagen aus dem Zekescher Land. In: VK,

30/2, 1978, S. 48; (...) Sagen aus dem Zekescher Land. In: VK, 33/2, 1981,
S. 56; (...) Volkssagen aus dem Zekescher Land. In: VK, 33/3, 1981, S. 52; (...)
Volkserzählungen aus dem Zekescher Land. In: VK, 33/9, 1981, S. 56; (...)
Hünensagen aus dem Zekescher Land. In: VK, 33/12, S. 53; (...) Volkserzäh-
lungen aus dem Zekescher Land. In: VK, 34/1, 1982, S. 56; (...) Sagen aus dem
Zekescher Land. In: VK 34/2, 1982, S. 58; (...) Volkserzählungen aus dem
Zekescher Land. In: VK, 34/4, 1982, S. 43.
Stephani, Claus: Eichen am Weg. Volkserzählungen der Deutschen aus Rumänien.
Dacia: Cluj-Napoca, 1982, S. 62–81.
Stephani, Claus: Die Sonnenpferde. Sächsische Sagen und Ortsgeschichten aus
dem Zekescher Land. Creangă: Bukarest, 1983.

Reener Ländchen

Hermann, Wilhelm: Wo Sächsisch-Reen begraben liegt. In: SRWbk., 1900, 43, S. 3.
Markel, Hanni: Sächsische Sagen aus dem Reener Gebiet. In: NL, 22/8, 1971,
S. 77–81.
Römer, Julius: Die Sattelburg und die Spitzburg bei Sächsisch-Regen. In: Jb. SKV,
4/1884, S. 119–121.
Stephani, Claus: Eichen am Weg. Volkserzählung der Deutschen aus Rumänien.
Dacia: Cluj-Napoca, 1982, S. 144–154.
Zikeli, Gustav Adolf: Eine siebenbürgisch-sächsische Sage über die Gründung von
Folticeni in der Moldau. In: Sieb. Vjschr., 1934, S. 304–307.

Nösnerland

Csallner, Emil: Denkwürdigkeiten aus dem Nösnergau. Zikeli: Bistritz, 1941.
Csallner, Kurt: Nösner Heimatbuch. Eigenverlag: Bad Kissingen, o. J.
Huß, Richard: Sagen und Erzählungen aus dem Nösnergau und dem Regener
Ländchen. Zikeli: Bistritz, 1927.
Nußbächer, Gernot: Aus der Vergangenheit von Tekendorf. VK, 22/1, 1970, S. 49.
Prokopercz-Gantner, Helga: Hypothesen um Rodnaer Katakomben. In: KR 11/38,
22. 9. 1978, S. 6.
Stephani, Claus: Das Goldene Horn. Volkserzählungen aus dem Nösnerland. In:
NL, 30/7, 1979, S. 43–54.
Stephani, Claus: Zipser Volkserzählungen aus der Maramuresch, der Südbuko-
wina und dem Nösnerland. Kriterion: Bukarest, 1981.
S(tephani), C(laus): Brücken über Zeiten und Räume. Volkserzählungen aus dem
Nösner Land. VK, 30/4, 1978, S. 50; (...) Erzählungen aus dem Nösner Land.
VK, 30/5, 1978, S. 48; 31/4, 1979, S. 54; 31/7, 1979, S. 53; (...) 31/8, 1979,
S. 54; (...) Volkserzählungen aus dem Nösner Land, In: VK, 31/9, 1979, S. 52;
(...) Erzählungen aus dem Nösner Land. In: VK, 31/10, 1979, S. 51; 31/11,
1979, S. 53; 31/12, 1979, S. 52; 32/1, 1980, S. 57; (...) Sagen aus dem Nösner
Land. In: VK, 32/2, 1980, S. 50; (...) Volkssagen aus dem Nösner Land. In:
VK, 32/3, 1980, S. 56,
Stephani, Claus: Das Goldene Horn. Sächsische Sagen und Ortsgeschichten aus
dem Nösnerland. Creangă: Bukarest. 1982.
Stephani, Claus: Eichen am Weg. Volkserzählungen der Deutschen aus Rumänien.
Dacia: Cluj-Napoca, 1982, S. 97–143.

Wittstock, Heinrich: Sagen und Lieder aus dem Nösner Gelände. Filtsch: Bistritz, 1860.

MARMATIEN

Stephani, Claus: Zipser Volkserzählungen aus der Maramuresch, der Südbukowina und dem Nösnerland. Kriterion: Bukarest, 1981.
Stephani, Claus: Eichen am Weg. Volkserzählungen der Deutschen aus Rumänien. Dacia: Cluj-Napoca, 1982, S. 252–285.
Stephani, Claus: Volkserzählungen der Zipser in Nordrumänien. Elwert: Marburg, 1983 (Schriftenreihe der Kommission für Ostdeutsche Volkskunde, Bd. 29).
Stephani, Claus: Zipser Mära und Kaßka. Elwert: Marburg, 1989 (Schriftenreihe der Kommission für Ostdeutsche Volkskunde, Bd. 43).

Wischauer Land

S(tephani), C(laus): Brücken über Zeiten und Räume. Sagen aus dem Wischauer Land. In: VK, 30/8, 1978, S. 50; (...) Erzählungen aus dem Wischauer Land. In: VK, 32/7, 1980, S. 56: 32/8, 1980, S. 56; 32/9, 1980, S. 62; (...) Hirtengeschichten aus dem Wischauer Land. In: VK, 32/10, 1980, S. 56; 32/11, 1980, S. 57; (...) Volkserzählungen aus dem Wischauer Land. In: VK, 33/5, 1981, S. 54; (...) Erzählungen aus dem Weiler Arschitz. In: VK, 36/7, 1985, S. 40.
Traxler, Julius: Damals im Wischauer Land (Aufzeichnungen aus alter Zeit, 3 Folgen). In: VK, 31/10, 1979, S. 50; 31/12, 1979, S. 51, 32/1, 1980, S. 56.

Wassertal

Hagel, Robert. Das Mädchen und der Tatarenbursche (Sage aus Oberwischau). In: LN, 11/2, 1982, S. 14.
Hagel, Maria: Ti Fuchtlmandln (Kaßka). In: CR, 3/1987, S. 64.
Ilk, Anton-Joseph: Mära und Kaßka aus dem Wassertal. In: NL, 39/3, 1988, S. 29–35.
Ilk, Anton-Joseph: Zipser Volksgut aus dem Wassertal. Elwert: Marburg, 1990 (Schriftenreihe der Kommission für Ostdeutsche Volkskunde, Bd. 48).
Ilk, Anton-Joseph: Der singende Tisch. Zipser Volkserzählungen. Dacia: Cluj-Napoca (Klausenburg), 1990.
Ilk, Anton-Joseph: Überall auf und nirgends an. Zipser Volkskundeerzählungen. Dacia: Klausenburg, 1992.
Ilk, Anton-Joseph: Erzählgut aus dem Wassertal. In: NBZ, 1992, 28. 8. 1988, S. 2–3.
Stephani, Claus: Oben im Wassertal. Eine Zipser Chronik. Kriterion: Bukarest, 1970.
S(tephani), C(laus): Brücken über Zeiten und Räume. Erzählungen aus dem Weiler Kwaßnitz. In: VK, 36/8, 1985, S. 41; (...) Erzählungen aus dem Weiler Kuselwies. In: VK, 36/9, 1985, S. 44: (...) Volkserzählungen aus Fischthal. In: VK, 36/10, 1985, S. 41; (...) Sagen aus Neuwetz im Wassertal. In: CR, 6/1986, S. 62; (...) Volkserzählungen aus Feinen im Wassertal. In: CR, 4/1987, S. 64.
Stephani, Claus: Zipser Volkserzählungen aus der Maramuresch, der Südbukowina und dem Nösnerland. Kriterion: Bukarest, 1981.

Stephani, Claus: Volkserzählungen der Zipser in Nordrumänien. Elwert: Marburg, 1983 (Schriftenreihe der Kommission für Ostdeutsche Volkskunde, Bd. 29).

Stephani, Claus: Zipser Mära und Kaßka. Elwert: Marburg, 1989 (Schriftenreihe der Kommission für Ostdeutsche Volkskunde, Bd. 43).

BUKOWINA

– –: Die Dochia-Legende. In: KM, 1970, S. 151.

K(onschitzky), W(alther): Sagenumwobener Felsen (Dokia-Sage). In: KM, 1981, S. 70.

K(onschitzky), W(alther): Sagenumwobener Stein (Dokia-Sage). In: TR, 12/258, 15. 12. 1983, S. 11.

Nibio, August: Sagen und Schwänke aus der Bukowina. In: DKB, 1921, S. 59–63.

Simiginowicz-Staufe, Ludwig Adolf: Volkssagen aus der Bukowina. Pardini: Czernowitz, 1885.

S(tephani), C(laus): Geschichten aus dem Buchenland. Zipser Volkstexte. In: NWK, 1974, S. 45–47.

Stephani, Claus: Erfragte Wege. Zipser Texte aus der Südbukowina, Kreis Suceava. Kriterion: Bukarest, 1975.

Werner, Peter: Wer hämmert Erz und Stein? Rumäniendeutsche Bergmannfolklore (aus der Bukowina). In: VK, 26/5, 1974, S. 52–53.

Moldautal und Tal der Goldenen Bistritz

Loy, Adolf: Aus alter Zeit. Vier Erzählungen. In: TR, 11/234, 15. 12. 1982, S. 15.

Stephani, Claus: An der Quelle der Goldenen Bistritz. In: NL, 27/10, 1976, S. 12–48.

Stephani, Claus: Eichen am Weg. Volkserzählungen der Deutschen aus Rumänien. Dacia: Cluj-Napoca, 1982, S. 288–299, 316–329.

Radautzer Ländchen

Baumgartner, Theresia: Von Räubern und Goldgräbern. Deutsch-böhmische Volkssagen. In: KVHK, 6/1939, S. 127–128.

S(tephani), C(laus): Brücken über Zeiten und Räume. Erzählungen aus dem Radautzer Ländchen. In: VK, 32/5, 1980, S. 61; (. . .) Volkserzählungen aus dem Radautzer Ländchen. In: VK, 32/6, 1980, S. 61; (. . .) Zwei Volkserzählungen aus dem Radautzer Ländchen. In: VK, 33/10, 1981, S. 57; (. . .) Deutsch-böhmische Volkserzählungen. In: VK, 34/11, 1982, S. 43; (. . .) Erzählungen aus dem Radautzer Ländchen. In: VK, 34/12, 1982, S. 45; (. . .) Heiduckengeschichten aus dem Radautzer Ländchen. In: VK, 35/4, 1983, S. 43; 35/5, 1983, S. 41; 35/7, 1983, S. 43.

S(tephani), C(laus): Das Mädchen aus dem Wald. Märchen, Sagen und Ortsgeschichten (aus dem Radautzer Ländchen). Creangă: Bukarest, 1985.

Stephani, Claus: Eichen am Weg. Volkserzählungen der Deutschen aus Rumänien. Dacia: Cluj-Napoca, 1982, S. 300–314.

GRENZWALD

S(tephani), C(laus): Brücken über Grenzen und Räume. Erzählungen aus Franzenthal. In: VK, 29/11, 1977, S. 54.

Stephani, Claus: Tal der stummen Geigen. Volkserzählungen aus dem Oascher und Sathmarer Land. Creangă: Bukarest, 1979, S. 58–90.

Stephani, Claus: Eichen am Weg. Volkserzählungen der Deutschen aus Rumänien. Dacia: Cluj-Napoca, 1982, S. 238–249.

OASCHER LAND

S(tephani), C(laus): Brücken über Zeiten und Räume. Sagen aus dem Laposcher und Oascher Land. In: VK, 30/11, 1978, S. 53.

Stephani, Claus: Tal der stummen Geigen. Volkserzählungen aus dem Oascher und Sathmarer Land. Creangă: Bukarest, 1979, S. 10–57.

Stephani, Claus: Eichen am Weg. Volkserzählungen der Deutschen aus Rumänien. Dacia: Cluj-Napoca, 1982, S. 227–237.

SATHMARLAND

Bappert, Johann: Sathmarschwäbische Volksdichtung aus Hodod (Kriegsdorf). In: VK, 29/9, 1977, S. 44–45.

Berner, Helmut / Stephani, Claus: Volksgut der Sathmarschwaben. Elwert: Marburg, 1985 (Schriftenreihe der Kommission für Ostdeutsche Volkskunde, Bd. 32).

Friedrich, Joseph: Sathmarschwäbische Volksdichtung. In: VK, 29/7, 1977, S. 49.

Kotz, Stefan: Sathmarschwäbische Volksdichtung (aus Sukunden). In: VK, 29/2, 1977, S. 53; (aus Petrifeld) in: VK, 29/5, 1977, S. 44.

Popowitsch, Therese: Wia drei Kalmander uf Karol Gg'gange send, gi a guet's Weatter kaafe (Sage aus Kalmandi). In: VK, 29/7, 1977, S. 29.

Stephani, Claus: Brücken über Zeiten und Räume. In: VK, 30/7, 1978, S. 51; (...) Erzählungen aus dem Sathmarer Land. In: VK: 30/9, 1978, S. 49; (...) Historische Sagen aus dem Sathmarer Land. In: VK, 30/10, 1978, S. 55; (...) Erzählungen aus dem Sathmarer Land. In: VK, 31/2, 1979, S. 49; (...) Volkserzählungen aus dem Sathmarer Land. In: VK, 31/3, 1979, S. 52.

S(tephani), C(laus): Tal der stummen Geigen. Volkserzählungen aus dem Oascher und Sathmarer Land. Creangă: Bukarest, 1979, S. 91–196.

Stephani, Claus: Eichen am Weg. Volkserzählungen der Deutschen aus Rumänien. Dacia: Cluj-Napoca, 1982, S. 202–226.

S(tephani), C(laus): Brücken über Zeiten und Räume. Volkserzählungen aus dem Sathmarer und Laposcher Land. In: VK, 36/2, 1985, 42.

Trestenburger Ländchen

Stephani, Claus: Brücken über Zeiten und Räume. Geschichtliche Erzählungen aus dem Taschnader und Sathmarer Land. In: VK, 30/12, 1978, S. 51; (...) Erzählungen aus dem Taschnader und Sathmarer Land. In: VK, 31/1, 1979, S. 49.

Stephani, Claus: Eichen am Weg. Volkserzählungen der Deutschen aus Rumänien. Dacia: Cluj-Napoca, 1982, S. 198–201.

BANAT

Diplich, Hans: Am Prinzen Eugen Brunnen. Auswahl donauschwäbischer Sagen und Legenden. Südostdeutsches Kulturwerk: München, 1964.

Diplich, Hans / Karasek, Alfred: Donauschwäbische Sagen, Märchen und Legenden. Christ Unterwegs: München, 1952.

Gehl, Hans: Feuermänner und Grobacher. Eine Sammlung Glogowatzer Ortssagen. In: NBZ, 2425, 6. 9. 1970, S. 5.

Konschitzky, Walther / Hausl, Hugo: Banater Volksgut. Märchen, Sagen und Schwänke. Mit einem Vorwort von Johann Wolf. Kriterion: Bukarest, 1979.

Stephani, Claus: Eichen am Weg. Volkserzählungen der Deutschen aus Rumänien. Dacia: Cluj-Napoca, 1982, S. 156–195.

– – Volkserzählungen, Anekdoten, Schnurren und Späße aus dem Banat, Bergland und Siebenbürgen. In: Jb. DVR, 1943, S. 224–231.

Bergland

Mokka, Hans: Die letzte Wette des Riesen von Weidenthal. In: NW, 18/5296, 13. 5. 1966, 4.

Tietz, Alexander: Sagen und Märchen aus den Banater Bergen. Jugendverlag: Bukarest, 1956.

Tietz, Alexander: Wo in den Tälern die Schlote rauchen. Ein Lesebuch. Anordnung Lucia Mureşan. Literaturverlag: Bukarest, 1967.

Tietz, Alexander: Arbeiterheimat in Sagen. In: NL, 22/8, 1971, S. 66–73.

Tietz, Alexander: Märchen und Sagen aus dem Banater Bergland (Ausgewählt von Hedi Hauser). Kriterion: Bukarest, 1974.

– –: Volkserzählungen, Anekdoten, Schnurren und Späße aus dem Banat, Bergland und Siebenbürgen. In: Jb. DVR, 1943, S. 224–231.

DOBRUDSCHA

Erker, Therese: Heiteres aus Karamurat (Sagenhafte Erzählungen). In: Jb. DD, 1964, S. 188.

Schielke-Brenner. Der Jäger und der Wolf (Sagenhafte Erzählungen aus Fachria). In: Jb. DD, 1966, S. 179–180.

Stephani, Claus: Brücken über Zeiten und Räume. Volkserzählungen aus der Dobrudscha. In: VK, 34/3, 1982, S. 58.

Stephani, Claus: Eichen am Weg. Volkserzählungen der Deutschen aus Rumänien. Dacia: Cluj-Napoca, 1982, S. 331–340.

Quellennachweis

Abkürzungen

Am Anfang	= Claus Stephani: Am Anfang war der Baum, s. Literatur.
Bistritz	= Claus Stephani: An der Quelle der Goldenen Bistritz, s. Literatur.
Blumen	= Claus Stephani: Die steinernen Blumen, s. Literatur.
Brücken, 6/86	= C(laus) S(tephani): Brücken über Zeiten und Räume. Der Wetterriese. Eine Volkserzählung aus dem Weiler Feinen (mitgeteilt von Alexander Nawodarsky). In: CR, 6/1986, S. 62.
Brücken, 7/86	= C(laus) S(tephani): Brücken über Zeiten und Räume. Der Mann im Mond. Eine Kaßka aus Redjassa an der Wischau (mitgeteilt von Anna Kohut). In: CR, 7/1986, S. 63.
Cammann, Welt	= Alfred Cammann: Aus der Welt der Erzähler, s. Literatur.
Csallner	= Kurt Csallner: Nösner Heimatbuch, s. Literatur.
Die Berge	= Claus Stephani: Die Berge Adam und Eva, s. Literatur.
Dokia	= Claus Stephani: Königstochter, s. Literatur.
Eichen	= Claus Stephani: Eichen am Weg, s. Literatur.
Erz. Nl	= C(laus) S(tephani): Brücken über Zeiten und Räume. Volkserzählungen aus dem Nösner Land, I–XIV, s. Literatur.
Erz. ZL	= C(laus) S(tephani): Brücken über Zeiten und Räume. Volkserzählungen aus dem Zekescher Land, I–XIV, s. Literatur.
Gestalten	= Claus Stephani: Phantastische Gestalten, s. Literatur.
Goldene Horn	= Claus Stephani: Das Goldene Horn, Volkserzählungen, s. Literatur.
Horn	= Claus Stephani: Das Goldene Horn. Sächsische Sagen, s. Literatur.
Huß	= Richard Huß: Sagen und Erzählungen, s. Literatur.
Kaßka	= Claus Stephani: Zipser Mära und Kaßka, s. Literatur.
Kinderwelt	= Brigitte Stephani, Zipser Kinderwelt, s. Literatur.
Mitol.	= Romulus Vulcănescu: Mitologie română, s. Literatur.
Müller/Orend	= Friedrich Müller: Siebenbürgische Sagen, s. Literatur.
Prejmer, I	= Claus Stephani: Brücken über Zeiten und Räume. Volkssagen aus Prejmer im Burzenland. In: VK, 28/9, 1976, S. 41, 52.
Reimesch	= Friedrich Reimesch: Burzenländer Sagen, s. Literatur.
Rosenau, IV	= C(laus) S(tephani): Brücken über Zeiten und Räume. Volkssagen und Erzählungen aus Rosenau. In: VK, 28/12, 1976, S. 76.
Sommer	= Inge Sommer, Prikulitschsage, s. Literatur.
Sonnenpferde	= Claus Stephani: Die Sonnenpferde, s. Literatur.
Tal	= Claus Stephani: Tal der stummen Geigen, s. Literatur.
Volkserz.	= Claus Stephani: Volkserzählungen der Zipser, s. Literatur.

| *Walachey* | = Claus Stephani: »In die Walachey entwichen«. Über die Entstehung eines Dörfchens bei Ploieşti. In: NW, 28/8366, 8. 4. 1976, S. 6. |
| *Wald* | = Claus Stephani: Das Mädchen aus dem Wald, s. Literatur. |

Nach dem Sagentitel sind in Klammern der Aufzeichnungsort bzw. die Verbreitungsorte angegeben.

SIEBENBÜRGEN

Burzenland

1 *Rosenau* (Rosenau): Blumen, 37; vgl. Rosenau IV.
2 *Vorsicht und Gastfreundschaft* (Tartlau/Kreuzburg): Blumen, 105-106; vgl. Reimesch, Nr. 22.
3 *Schlangendorf* (Schirkanyen): Blumen, 55-58; vgl. Reimesch, Nr. 19.
4 *Das Schloß auf dem Buchenberg* (Kreuzburg): Eichen, 26; vgl. Blumen, 104 (»Kreuzburg«).
5 *Hiltwin* (Heldsdorf): Blumen, 90.
6 *Das Kronstädter Wappen* (Kronstadt): Blumen, 146; vgl. Reimesch, Nr. 184.
7 *Der Drachen auf der Zinne* (Kronstadt): Blumen, 144-145; vgl. Reimesch, Nr. 6.
8 *Orlenburg* (Rosenau): Blumen, 38.
9 *Bei den Tischen* (Wolkendorf): Blumen, 20-21.
10 *Die Weidenbächerin* (Weidenbach): Blumen, 73-74; vgl. Reimesch, Nr. 70.
11 *Die Bockelnadel* (Petersberg): Blumen, 132; vgl. Reimesch, Nr. 71.
12 *Ein kluger Zeidner* (Zeiden): Blumen, 76-78.
13 *Die Honigberger Kolatschen* (Honigberg): Blumen, 133.
14 *Der Studentenhügel* (Marienburg): Blumen, 121-122; vgl. Reimesch, Nr. 67.
15 *Der »Ochsenrücken«* (Rosenau/Neustadt): Blumen, 141; vgl. Rosenau IV.
16 *Der Stein am Lempesch* (Brenndorf): Blumen, 83.
17 *Furth beim Birnbaum* (Schirkanyen): Blumen, 64; vgl. Walachey.
18 *Das sächsische Mütterchen* (Schirkanyen): Blumen, 65-66 (»Das Schirkanyer Mütterchen«); vgl. Reimesch, Nr. 90.
19 *Das gefährliche Flötenspiel* (Törzburg): Blumen, 140-141.
20 *Eine eindeutige Geste* (Tartlau): Blumen, 114; vgl. Prejmer I.
21 *Die steinernen Blumen* (Rothbach/Nußbach): Blumen, 98.

Repser Ländchen

22 *Hünen und Menschen* (Schweischer): Eichen, 43-44.
23 *Das Hünenhemd* (Keisd): Eichen, 43.
24 *Die Rauhe Kuppe* (Schweischer/Deutsch-Weißkirch): Eichen, 44.
25 *Die Wasserfrau und ihre Söhne* (Mehburg): Eichen, 41-42.
26 *Das Draaser Schwert* (Draas/Dersch): Eichen, 42-43.
27 *Die alte Glocke* (Draas): Eichen, 48.
28 *Das Dorf, das ohne Männer blieb* (Sommerburg): Eichen, 46.
29 *Eine mutige Sächsin* (Stein): Eichen, 46-47.

30 *In dem Ziperin* (Schweischer): Eichen, 48-49.
31 *Im Hüllenberg* (Kreisd): Eichen, 49.
32 *Der »Rote Königsrichter«* (Reps): Eichen, 45.
33 *Die »Andere Welt«* (Katzendorf): Eichen, 49-50.

Weinland

34 *Die Hünen an der Kokel* (Bendendorf/Intschdorf/Treukirch): Eichen, 82.
35 *Die Hünenburg* (Tutendorf/Klosdorf): Eichen, 83.
36 *Die Hilfe des Riesen* (Krotschendorf): Eichen, 83-84.
37 *Die Glocke vom Hünenberg* (Maldorf): Eichen, 84-85.
38 *Wie Seiden entstanden ist* (Seiden): Eichen, 85.
39 *Zinken und Morgen* (Rode/Maldorf): Eichen, 96.
40 *Von den Tränen* (Feigendorf/Langenthal): Eichen, 96.
41 *An den Dornen* (Klosdorf/Bleschdorf): Eichen, 86-87.
42 *Die rettenden Bienen* (Schönau): Eichen, 88.
43 *Der Pfeilschuß* (Großprobstdorf): Eichen, 88-89.
44 *Die Fâteskirche* (Hetzeldorf): Eichen, 94-95.
45 *Das scheintote Mädchen* (Schäßburg): Eichen, 89-90.
46 *Der Kaiser auf dem Strohbett* (Rode): Eichen, 90.
47 *Das Türmchen auf der Steinlei* (Schäßburg): Eichen, 91.
48 *Der rettende Schlag* (Halvelagen): Eichen, 91-92.
49 *Die alte Eiche* (Bulkesch): Eichen, 92-93.
50 *Die beiden Brüder* (Frauendorf): Eichen, 93-94.
51 *Ein mutiges Mädchen* (Abstdorf): Eichen, 95.

Altland

52 *Die Hünen von Stolzenburg* (Stolzenburg): Eichen, 51.
53 *Die ersten Deutschen am Rande der Karpaten* (Hermannstadt): Eichen, 51-53 (»Von den ersten Deutschen in unserem Land«).
54 *Die Gründung von Hermannstadt* (Hermannstadt): Eichen, 54.
55 *Eine nicht einfache Kraftprobe* (Michelsberg): Eichen, 56-57.
56 *Agnetha, Rosalia und Maria* (Agnetheln): Eichen, 57.
57 *Die Holzmandl* (Holzmengen): Eichen, 58.
58 *Die Fleppesburg* (Hochfeld/Sachsenhausen): Eichen, 58-59.
59 *Die Schatzhöhle* (Alzen/Bägendorf): Eichen, 59.
60 *Der Tabak* (Schellenberg): Eichen, 60.
61 *Der Apfelbaum* (Großscheuern/Hahnbach): Eichen, 60-61 (»Der wilde Apfelbaum«).
62 *Der Prikulitsch* (Petersdorf): Sommer, 54-55; s. a. Volkserz. 73, Kaßka, 165-168, 233-234, Mitol. 294, 303-304.

Zekescher Land

63 *Von den Hünen* (Gergeschdorf): Sonnenpferde, 10; vgl. Erz. ZL I.
64 *Der Hüne vom Bratt* (Henningsdorf/Mettersbach): Sonnenpferde, 129; vgl. Erz. ZL VIII.
65 *Eisenhand* (Neudorf/Heidendorf am Zekesch): Sonnenpferde, 136-138.

66 *Die Eisennasen* (Henningsdorf/Mettersbach): Sonnenpferde, 128; vgl. Erz. ZL VIII.

67 *Der Hünenbiß* (Bußd): Sonnenpferde, 50; vgl. Erz. ZL IV.

68 *Die Sonnenpferde* (Rothkirch/Weiherdorf): Sonnenpferde, 58-60; vgl. Erz. ZL XIV.

69 *Die Drachenpfoten* (Thorstadt/Kerschdorf): Sonnenpferde, 102.

70 *Die Wetterdrachen* (Spring/Weingartskirchen/Hohenwarte): Sonnenpferde, 97, 81, 123.

71 *Die Winddrachen* (Blutroth): Sonnenpferde, 124.

72 *Gemsenstein* (Rothkirch/Weihersdorf): Sonnenpferde, 62-63.

73 *Rothkirch* (Rothkirch): Sonnenpferde, 65.

74 *Vier goldene Ochsen* (Gergeschdorf/Rothkirch): Sonnenpferde, 61.

75 *Der Riesenvogel* (Bußd): Sonnenpferde, 51; vgl. Erz. ZL X, Erz. ZL III.

76 *Der Opfertisch* (Troschen): Sonnenpferde, 85; vgl. Erz. ZL I.

77 *Das Dorf bei dem Quell* (Spring): Sonnenpferde, 94.

78 *Die ersten Hütten* (Spring): Sonnenpferde, 95.

79 *Flurnamen* (Blutroth/Hohenwarte/Thörnen/Kradendorf/Kleinpold/Troschen/Reußmarkt/Thorstadt/Gergeschdorf): Sonnenpferde, 37 (»Die Siedlung am Jakobsbach«), 65 (»Auf der Au am Bach«), 86 (»Weißkirch«), 103 (»Valea Ringhili«), 104 (»Ringelskirchen«), 105 (»Christiansdorf«), 113 (»Beim Tränengrund«), 117 (»Unterwardein«), 116 (»Sankt Martin«), 145 (»Flurnamen«), 148 (»Firstendorf«), 14 (»An der Mauld«), 15 (»Dierf ›Am Wießken‹«), 11 (»Die älteste Siedlung«), 13 (»Noajdierf«); vgl. Erz. ZL I, Erz. ZL IV, Erz. ZL VIII, Erz. ZL XIV.

80 *»Am Schirfejld«* (Blutroth): Sonnenpferde, 115; vgl. Erz. ZL XIV.

81 *Ein Berg bei Troschen* (Troschen): Sonnenpferde, 88, 89, 84; vgl. Erz. ZL I, Erz. ZL X.

82 *»Blautrijd«* (Blutroth): Sonnenpferde, 114; vgl. Erz. ZL XIV.

83 *Die Glocke von Thörnen* (Thörnen): Sonnenpferde, 40; vgl. Erz. ZL VIII.

84 *Der Gäßübel* (Henningsdorf): Sonnenpferde, 130; vgl. Erz. ZL VIII.

85 *Versunkene Glocken* (Weingartskirchen): Sonnenpferde, 75.

86 *Die Weingartskirchener Burg* (Weingartskirchen): Sonnenpferde, 76.

87 *An der Erkescher Quelle* (Troschen/Zekeschdorf/Kockt): Sonnenpferde, 87.

88 *Das Pesthemd* (Gergeschdorf): Sonnenpferde, 9; vgl. Erz. ZL I.

89 *Der schwarze Reiter* (Reußmarkt/Kleinpold): Sonnenpferde, 149.

90 *Der Student in der »anderen Welt«* (Bußd/Mühlbach): Sonnenpferde, 52-53; vgl. Erz. ZL X, Erz. ZL III, Fritz Keintzel-Schön: Lucian Blaga und »Der Student in der Zinne«. In: KR, 2/19, 9. 5. 1969, S. 13.

91 *Das Vöglein und der Student* (Blutroth): Sonnenpferde, 118-120; vgl. die Anm. zu Nr. 90.

92 *Die Sonnenmutter* (Spring): Sonnenpferde, 100.

93 *Die Kornmutter im Maisfeld* (Spring): Sonnenpferde, 99.

94 *Die Warnung der Kornmutter* (Weingartenskirchen/Birnbaum): Sonnenpferde, 77.

95 *Die Musik der Feen* (Thorstadt/Kerschdorf/Gießhübel): Sonnenpferde, 110.

96 *Die Regenfee* (Henningsdorf/Mettersbach): Sonnenpferde, 131.

97 *Der »Jahresbericht«* (Troschen/Zekeschdorf/Kockt): Sonnenpferde, 92; vgl. Erz. ZL I.

98 *»Toter Boden«* (Rothkirch/Weiherdorf): Sonnenpferde, 68.

99 *Steine am Zekesch* (Thörnen/Kradendorf): Sonnenpferde, 42.
100 *Der schwarze Ziegenbock* (Neudorf/Heidendorf a.Z.): Sonnenpferde, 142-143.
101 *Lele Mărie-Chiva* (Kerschdorf): Sonnenpferde, 106.
102 *Kiwutza* (Kerschdorf/Thorstadt): Sonnenpferde, 107.

Reener Ländchen

103 *Wie Blitz und Donner* (Reen): Eichen, 144.
104 *Die geraubten Kinder* (Birk): Eichen, 144-145.
105 *Trajans Stuhl* (Deutsch-Zepling): Eichen, 147.
106 *Radesch und Reußendorf* (Weilau): Eichen, 145-146.
107 *Dörfer am Mieresch* (Bistritz/Reen): Eichen, 146.
108 *Die Glocke von Binkert* (Reen): Eichen, 147-148.
109 *Niemand kam davon* (Reen): Eichen, 150.
110 *Die Frau aus Weilau* (Weilau): Eichen, 151.
111 *Die Zipser aus Fantschel* (Fantschel/Lybendorf/Kaschau/Meisterhausen): Eichen, 153 (»Die Zipser von Fantschel«).
112 *Der schwarze Mann* (Botsch): Eichen, 153-154.
113 *Der Trudenreigen* (Tatsch): Eichen, 152.

Nösnerland

114 *Riesen und Drachen* (Deutsch-Budak): Horn, 173; vgl. Erz. Nl VII.
115 *Der »Hâintrapp«* (Baierdorf): Horn, 100-101; vgl. Huß, 101, 103.
116 *Baumgarten* (Baumgarten): Horn, 101-102.
117 *Burg Tepling* (Ungersdorf): Horn, 109-113 (»Burg Tepling, I«; »Burg Tepling, II«); vgl. Goldene Horn, 45-46, Huß, 102.
118 *Der Hüne und sein Knecht* (Großdorf): Horn, 272-274; vgl. Erz. Nl XI.
119 *Die Riesen vom Schetterberg* (Kuhbächel): Horn, 223-224; Eichen, 105-106; vgl. Erz. Nl I.
120 *Der Scheuerbühel* (Schönbirk): Horn, 98.
121 *Der Hünengraf* (Sanktgeorgen): Horn, 162-163; Eichen, 106-107.
122 *Die Hünenfürstin* (Kindeln): Horn, 115; Eichen, 107-108.
123 *Der Riesenvogel* (Wallendorf): Horn, 49; Eichen, 108; vgl. Erz. Nl III.
124 *Der Drache vom Dornberg* (Bodesdorf): Horn, 176 (»Der Drache von Bodesdorf«), Eichen, 109 (»Der Drache«); vgl. Erz. Nl VII.
125 *Die Petschenegen* (Heidendorf): Horn, 54 (»Heidendorf, I«); Eichen, 112; vgl. Horn, 55 (»Heidendorf, II«); vgl. Erz. Nl II.
126 *»Marienkäferchen, flieg . . .«* (Dürrbach): Horn, 153; Eichen, 109-110.
127 *Als der Mond vom Himmel fiel* (Scherling): Horn, 269-270, Eichen, 110-111; s.a. Mitol., 391-399.
128 *Räpendorf* (Altrodenau): Horn, 218; Eichen, 111-112; vgl. Erz. Nl IV.
129 *Gooth* (Jaad): Horn, 40; vgl. Erz. Nl III.
130 *Unter der Kirch* (Eisch): Horn, 139; Eichen, 114-115.
131 *Kyrieleis* (Kyrieleis): Horn, 122.
132 *Fattendorf* (Treppen/Mettersdorf): Horn, 262; Eichen, 115-116.
133 *Die »spitzen Löcher«* (Weißkirch): Horn, 233.
134 *»Des Kahlen sein Dorf«* (Kallesdorf): Horn, 121; Eichen, 116-117; vgl. Müller/ Orend, CCLXXXVII, CCCI.

135 *Warum Attelsdorf auch Zelt heißt* (Attelsdorf): Horn, 239; vgl. Müller/Orend, Nr. 530.
136 *Der Schmied von Nösen* (Bistritz): Horn, 25-27; Eichen, 117-121.
137 *Der Moorgrund* (Burghalle): Horn, 197 (»Der Moorgrund bei Burghalle«); vgl. Erz. Nl VI.
138 *Das »Grändelsmôr«* (Senndorf/Windau): Horn, 180; Eichen, 126.
139 *Die Trommlerin von Nösen* (Kleinbistritz): Horn, 183 (»Ein Trommelheldenstück«); vgl. Müller/Orend, CCLX.
140 *Beim Türk* (Weißhorn): Horn, 267; Eichen, 133; vgl. Erz. Nl VI, Huß, 95.
141 *Beim Räuberbrunnen* (Pintak): Horn, 94; vgl. Erz. Nl VI, Huß, 95.
142 *Im Hinterbusch* (Mettersdorf): Horn, 73; Eichen, 141-142; vgl. Csallner, 129.
143 *Die »Wassermenschen«* (Salz/Köllendorf): Horn, 63, 104; Eichen, 131-133; vgl. Erz. Nl X.
144 *Die Heckelfrau* (Lechnitz/Wermesch/Matthesdorf): Horn, 133; vgl. Erz. Nl VI.
145 *Die »Kleinen« aus dem Wald* (Auen-Kuschma/Petersdorf): Horn, 204.
146 *Die Feuermänner* (Großschogen/Berldorf): Horn, 194; Eichen, 122-123.
147 *Der kleine schwarze Mann* (Jakobsdorf/Falk): Horn, 128.
148 *An der Höhe am Graben* (Zagendorf): Horn, 127.
149 *Der Zipser Schmied und der Teufel* (Unterblasendorf): Horn, 105 (»Zipser und Teufel«).
150 *Die beiden Waldfrauen* (Oberneudorf): Horn, 208; vgl. Erz. Nl VIII.

MARMATIEN (MARAMURESCH)

Wischauer Land

151 *Der Felsen im Weinthal* (Weinthal/Oberwischau/Fischthal): Volkserz., 36, 254.
152 *Bei der Quelle des Weinthaler Baches* (Reußenau/Weinthal/Oberwischau): Eichen, 256-257.
153 *Das Mädchen und der Tatarenbursche* (Borscha/Pfefferfeld): Eichen, 252-253.
154 *Die Nebelfrauen* (Pfefferfeld/Schwarzbrunn/Mittelwischau): Volkserz., 117-119; Eichen, 265-267; s.a. Gestalten, 242.
155 *Stara-Mara* (Wischauthal): Eichen, 254; s.a. Gestalten, 239, Die Berge, 288.
156 *Die Hexenwiese* (Tschunkaberg/Oberwischau) Volkserz., 111-112; s.a. Gestalten, 239-240.
157 *Die Hexensalbe* (Fischthal/Kwastnitz): Volkserz., 112-113; s.a. Gestalten, 239-240.
158 *Die »Trud« von Rußkowa* (Rußkowa): Volkserz., 111; Eichen, 255-256; s.a. Gestalten, 241.
159 *Der Bergalf* (Joodt): Volkserz., 87; vgl. Volkserz. 88 (»Der Bergalf«, Schessu, Fischthal/Oberwischau, Poschoritta); s.a. Kaßka, 223, Die Berge, 288.

Wassertal

160 *Der Riese Emu* (Neuwetz): Kaßka, 85; vgl. Kaßka, 86-87; s.a. Gestalten, 246-247, Die Berge, 287, Kaßka, 235-236.
161 *Der Riese Kubusch* (Neuwetz): Kaßka, 87-88; s.a. Gestalten, 246-247, Die Berge, 286, Kaßka, 235-236.

162 *Kubusch und das Makerl* (Oberwischau): Kaßka, 88-89, s.a. Kaßka, 235-236.
163 *Der Riese Franzku* (Neuwetz/Balmenthal/Schradenthal): Kaßka, 89-90; s.a. Gestalten, 246-247, Die Berge, 286, Kaßka, 235-236.
164 *Der Riese Joku* (Oberwischau): Kaßka, 90; s.a. Gestalten, 246-247, Die Berge, 287, Kaßka, 235-236.
165 *Das Risenmarl Olga* (Kuselwies): Kaßka, 93; s.a. Am Anfang, 350, Kaßka, 235-236.
166 *Die Wetterriesen* (Mierasch): Kaßka, 93; s.a. Kaßka, 235-236.
167 *Die Sturmriesen* (Oberwischau): Kaßka, 96; vgl. Brücken, 6/86; s.a. Kaßka, 235-236.
168 *Der Huhuretz und der Riese* (Barthau/Beim Kilometer sieben): Kaßka, 188. s.a. Die Berge, 288.
169 *Der Karlyk von Neuwetz* (Balmenthal): Kaßka, 96-97; s.a. Gestalten, 242, 246. Kaßka, 235-236.
170 *Der Hohe Baum* (Großschulligulli): Kaßka, 97-98; s.a. Am Anfang, 343-356, Die Berge, 287, Kaßka, 229, Mitol., 482-487.
171 *Der Mann im Mond* (Balmenthal/Beim Kilometer sieben/Arschitzberg): Kaßka, 171-175 (»209. Der Mann im Mond«, »211. Wie der Mann in den Mond gelangt ist«, »212. Der Mann im Mond«); vgl. Brücken, 7/86; s.a. Mitol., 391-399.
172 *Die Wolkenflöte* (Sachsenthal/Oberwischau): Eichen, 276-277; s.a. Kinderwelt, 89.
173 *Sachsenthal* (Sachsenthal/Oberwischau/Birkenau): Volkserz., 51; Eichen, 296-270.
174 *»Ter schiechi Stein«* (Neuwetz): Kaßka, 107-108.
175 *»Pen ter Baba am Perg«* (Oberwischau): Eichen, 279; s.a. Kinderwelt, 90, s.a. Gestalten, 237-240.
176 *Die »Pest-Mutter«* (Makerlau/Feinen): Eichen, 272-273; s.a. Kaßka, 131-133 (»144. Die Pestmutter«, »145. Die Pestmutter in Mittelwischau«, »146. Džuma oder ›tie Schwarzi‹«, »147. Die Džuma«), s.a. Gestalten, 239-240 (»Tschuma«), Kaßka, 233, Die Berge, 288, Mitol., 320.
177 *Die Weiße Frau in Neuwetz* (Neuwetz/Barthau): Eichen, 283-284 (»Die ›Weiße Frau‹ in Barthau«, »Die ›Weiße Frau‹ in Neuwetz«); s.a. Kaßka, 58-64 (»Von der Weißen Frau und anderen Feen«), Gestalten, 242, Die Berge, 288.
178 *Die Rote Frau* (Oberwischau/Unterwischau): Eichen, 265; s.a. Kaßka, 131, Gestalten, 242, Die Berge, 288.
179 *Das Waldweiblkind* (Oberwischau): Eichen, 272; s.a. Kaßka, 124-136 (»Von Waldweibln und anderen Hexen«), Gestalten, 237-240.
180 *Die Mandl* (Oberwischau): Kaßka, 105-106; s.a. Kaßka, 105-123 (»Vom Waldmandl und von anderen Mandln«), Volkserz., 90-100 (»Bergmandl, Waldmandl und andere Zwerge«), Volkserz., 237-242 (»›Kschichtn aus dem Wassertal‹ – Aufzeichnungen des Flößers Alexander Zeppelzauer, Oberwischau, I-XXIII«), Volkserz., 243-245 (»Begebenheiten aus Luisenthal – Aufzeichnungen des Bergmanns Leon Kulhanek, Luisenthal, I-VII«), Kinderwelt, 77-78. Gestalten, 242, 246, Die Berge, 288, Mitol., 453-454.
181 *Das Grubenmandl von Neuwetz* (Neuwetz): Eichen, 278; Volkserz., 97; s.a. Volkserz., 97-98 (»Das Grubenmandl von Luisenthal«, »Das Grubenmandl in Ulm«), Kaßka, 227, Die Berge, 288, Mitol. 453-454.

BUKOWINA (BUCHENLAND)

Moldautal und Tal der Goldenen Bistritz

182 *Adam und Eva* (Poschoritta): Volkserz., 41; Eichen, 316; s.a. Die Berge, 287, Am Anfang, 343-345, Mitol., 348-349, Kaßka, 97-98, 229.

183 *Der Drachenstein* (Poschoritta/Lutschina): Volkserz., 29; Eichen, 316-317.

184 *Die Quelle des Kirlibaba* (Ludwigsdorf): Eichen, 291.

185 *Die Quelle der Moldau* (Lutschina/Poschoritta): Eichen, 319, 327.

186 *Der Alte Heerweg* (Braaß-Ferndinandsthal/Luisenthal): Volkserz., 44; Eichen, 318; s.a. Bistritz, 12-48, Die Berge, 288.

187 *Stephan der Große und der Wiesengeist* (Poschoritta/Sereth): Eichen, 317.

188 *Dobrosch* (Mariensee/Poschoritta): Volkserz., 166; Eichen, 318-319; s.a. Volkserz., 159-173 (»Von Heiducken und ›gerechten Räubern‹«), Wald, 53-59, 76, 94-98.

189 *Der Schatz von Quellenthal* (Quellenthal/Poschoritta): Eichen, 220-221.

190 *Die Brücke bei Lutschina* (Mariensee/Lutschina): Volkserz., 68; Eichen, 321-322; s.a. Gestalten, 243, Kaßka, 239-240.

191 *Das Gartenmandl* (Luisenthal): Eichen, 322-323; s.a. Volkserz., 100-101, Kaßka, 105-124 (»Vom Waldmandl und anderen Mandln«).

192 *Das Grubenmandl* (Ulm/Luisenthal): Eichen, 323; s.a. Volkserz., 97-98, Kaßka, 113-114.

193 *Die Nebelfrauen* (Ochsenthal): Eichen, 328; s.a. Volkserz., 117-119, Gestalten, 242.

194 *Der Zipser und das Feiermandl* (Eisenau): Eichen, 326; s.a. Volkserz., 98-99, Gestalten, 242.

195 *Der Huzule und das Feiermandl* (Lutschina/Luisenthal): Eichen, 326; s.a. Volkserz., 99, Gestalten, 242.

196 *Hexentanz* (Schessu/Ludwigsdorf): Eichen, 292; s.a. Volkserz., 101-122, Gestalten, 237-240.

197 *Die Schlangen von Djaka* (Djaka): Eichen, 291; s.a. Volkserz., 77, Kaßka, 153, Gestalten, 241.

Radautzer Ländchen

198 *Bukowena* (Althütte/Neuhütte): Wald, 89.

199 *Die drei Kreuze* (Althütte/Neuhütte): Wald, 89.

200 *Der Steinberg* (Katschika/Solka/Schwarzthal): Wald, 100.

201 *Die Riesenmurmel* (Fürstenthal): Wald, 44.

202 *Die Frauensteine bei Solka* (Solka): Wald, 101.

203 *Saßkaburg* (Sereth): Wald, 101.

204 *Die Kaschgarier* (Katschika): Wald, 102, 101 (»99. Die Kaschgarier«, »100. Katschika«).

205 *Wie die fünf Gemeinden entstanden sind* (Altfratautz, Neufratautz/Oberwikow/ Unterwikow): Wald, 28.

206 *Auf der Mönchau* (Karlsberg): Wald, 81.

207 *Karlsberg* (Karlsberg): Wald, 82-83.

208 *Der Mond im Sutschewitzbach* (Radautz): Wald, 17-19.

209 *Der Teich bei Kruhl* (Bilka/Strascha): Volkserz., 62; Wald, 53.
210 *In der »Balte«* (Fürstenthal): Wald, 51.
211 *Baumgestalten* (Fürstenthal): Wald, 50-51.
212 *Auf der Möhrer Almwiese* (Fürstenthal): Wald, 50.
213 *Auf der Almsul* (Fürstenthal): Wald, 49-50.
214 *Beim Kaiser-Ahorn* (Fürstenthal): Wald, 48-49.
215 *Die Schkorbura* (Karlsberg): Wald, 84-85 (»75.-77. Die Schkorbura«, »78. Die Hand am Felsen«).
216 *Der Teufelsbach* (Buchenhain): Wald, 65-66; vgl. Volkserz., 66-67 (»Der Teufelsbach«, Altkimpolung); s.a. Gestalten, 243-244.
217 *Der Graf mit der Trischka* (Bilka/Strascha/Boderlau): Wald, 57-58; dazu s. Gestalten, 243-244, Alfred Cammann: Ein »Rattenfänger« bei den Huzulen? Nachtrag zum Hamelner Gedenkjahr (1284-1984). In: NL, 36/7, 1985, 56-57; Cammann, Welt, 325-326 (»Ein ›Rattenfänger‹ bei den Huzulen«).
218 *Doubusch* (Bilka/Strascha): Wald, 53-57.
219 *Dari* (Althütte/Neuhütte): Wald, 94-97.
220 *Kaluschnik* (Altfratautz/Neufratautz/Oberwikow/Unterwikow): Wald, 29-34.
221 *Heiduck Goldmaul* (Lichtenberg): Wald, 76-77.
222 *Die Eiche am Rochlerbach* (Buchenhain): Wald, 64-65.
223 *Böhm und die Wölfe* (Bilka/Strascha): Wald, 59.
224 *Die guten und die bösen Feen* (Buchenhain): Wald, 66-67; s.a. Gestalten, 242.
225 *Die Windfee* (Altfratautz): Wald, 38-39.
226 *Dokia* (Oberwikow/Unterwikow): Wald, 36-38; s.a. Dokia, 283-288, – – : Sagenumwobener Stein. In: TR, 12/258, 15. 12. 1983, S. 11.
227 *Der Schwarze Riese* (Fürstenthal): Wald, 36-38.

GRENZWALD

228 *Als es noch Riesen gab* (Großenstein): Tal, 76.
229 *Die Quelle Pajm Grußen Stajn* (Großenstein): Tal, 77-78.
230 *Wohin die Riesen gezogen sind* (Großenstein): Tal, 79-81.
231 *Der Ostwind* (Franzenthal): Tal, 60.
232 *Hadwiga* (Franzenthal): Tal, 59-60.
233 *Wiesengrund* (Ludwigsthal-Hütte): Tal, 18.
234 *Wie Ludwigsthal-Hütte entstanden ist* (Ludwigsthal-Hütte): Tal, 10-12.
235 *Beim Ziegenhorn* (Ludwigsthal-Hütte): Tal, 17-18.
236 *Tschenuscha* (Franzenthal): Tal, 61-65.
237 *Tschenuschas Thron* (Franzenthal): Tal, 67.
238 *Tschenuschas Flöte* (Ludwigsthal-Hütte): Tal, 20.
239 *Die Waldmaid* (Ludwigsthal-Hütte): Tal, 20.
240 *Beim Großen Stein* (Großenstein): Tal, 84-85 (»Am Grußen Stajn«).
241 *Das Geschenk der Pergmandl* (Großenstein): Tal, 85.

OASCHER LAND

242 *Die Riesenmurmel* (Kamarsendorf): Tal, 39.
243 *Bahrbach und Burgdorf* (Sienerburg): Tal, 53.
244 *Josefhausen* (Josefhausen): Tal, 49.

245 *Wie Neudorf entstanden ist* (Neudorf): Tal, 29.
246 *Der verwunschene Bursche aus Terschholz* (Terschholz): Tal, 39-42.
247 *Das Rote Göckele* (Sienerburg): Tal, 51-52.
248 *Der Thurtzer Schnaps* (Thurtz): Tal, 43-44.
249 *Der wundersame Mehlsack* (Neudorf): Tal, 35-36.
250 *»Wettermacher«* (Ludwigsthal-Hütte/Josefhausen): Tal, 21 (»Die beiden ›Wettermacher‹«), 50 (»Der ›Wettermacher‹«).

SATHMARLAND

251 *Das große Pulverhorn* (Großhorn): Tal, 140.
252 *Hünengräber* (Halmen): Tal, 150.
253 *Die Lindwürmer* (Schandern/Sagas): Tal, 128.
254 *Woher die Mücken gekommen sind* (Gilwatsch): Tal, 171.
255 *Die Wetterdrachen* (Eberfeld/Großhorn): Tal, 144.
256 *Die Eisenburg und andere verschwundene Siedlungen* (Sathmar / Großkarol / Großwardein / Neupalota / Großmaitingen / Gilwatsch / Darotz / Großhorn / Großtharna / Halmen / Batartsch / Petrifeld / Terem / Beschened / Pirr): Tal, 192 (»Die Eisenburg«), 193 (»Ragald«), 190 (»Neuegg an der Weißen Theiß«), 172 (»Kuttersdorf«), 185 (»Weißkirch«), 141 (»Banndorf, Balkendorf und Barthdorf«), 143 (»Berkessenbach«), 151 (»Paasth«), 186 (»Regen«), 106 (»Etheldorf«).
257 *Der versunkene Grafenhof* (Unterhamroth): Tal, 92-93.
258 *Sachsen und Schwaben* (Großtharna/Batartsch): Tal, 148.
259 *Als die Tataren kamen* (Großtharna): Tal, 149-150.
260 *Wie Kriegsdorf entstanden ist* (Kriegdorf): Tal, 111.
261 *Frei* (Thurterbesch/Kleingertz): Tal, 154.
262 *Kailer* (Glashütte/Schwarzwald): Tal, 163.
263 *Glashütte* (Glashütte): Tal, 157-158.
264 *Stanislau* (Stanislau): Tal, 174 (»Stanislaus«).
265 *Kapelau* (Kapelau): Tal, 165.
266 *Schamagosch* (Schamagosch): Tal, 178 (»Ciumeşti-Schamagosch«).
267 *Schönthal* (Schönthal): Tal, 177.
268 *Rákoczis Tochter* (Erdeed/Scheindorf/Madratz/Terbescht): Tal, 132-133.
269 *Der »wilde Henker«* (Großhorn/Frinkdorf): Tal, 142.
270 *Pintje* (Sukunden/Sagas/Schandern/Bildegg): Tal, 121.
271 *Pintjes Keller* (Sagas): Tal, 122.
272 *Pillack* (Unterhamroth/Scheindorf/Burlescht): Tal, 96-99.
273 *Der Totenvogel* (Großwardein/Johannisdorf): Tal, 188-189.
274 *Die Füchse aus Wadasch* (Madratz/Terbescht): Tal, 135-136.
275 *Die Katzen vom Thurter Busch* (Thurterbesch): Tal, 153.
276 *Die weißen Schlangen im Kreuzwald* (Neupalota): Tal, 187.
277 *Die Wassermaid* (Pirr): Tal, 107-108.
278 *Die Feuermännchen* (Glashütte/Bergsau): Tal, 160-162.

279 *Der Weiße Reiter* (Trestenburg/Wiesenhaid): Tal, 54.
280 *Wie Wiesenhaid entstanden ist* (Wiesenhaid): Tal, 55.
281 *Der Türkenkopf* (Trestenburg): Tal, 182.
282 *Weiße Schlangen* (Nanten/Santen): Tal, 180.
283 *Auf dem Weg nach Terem* (Trestenburg): Tal, 181.

BANAT

Heide

284 *Die Römer in Herkulesbad* (Herkulesbad): Eichen, 184.
285 *Türkenhügel* (Neubeschenowa): Eichen, 184-185.
286 *Der kleine Falkenstein* (Marienfeld): Eichen, 185.
287 *Der Prinz-Eugen-Brunen* (Jahrmarkt): Eichen, 186; s.a. − −: Der wundersame Brunnen des Prinzen Eugen (Sage). In: DV, 4/5, 12. 5. 1943, S. 5; − −: Prinz Eugen findet eine Quelle. Die Sage von dem Brunnen in Jahrmarkt. In: OWK, 4/1951, S. 4; Wilhelm Reiter: Der Prinz-Eugen-Brunnen in Jahrmarkt. In: DOR, 3/21, Pfingsten 1953, S. 3.
288 *Die Brüder Schütz* (Lenauheim): Eichen, 186-187.
289 *Guttenbrunn und Engelsbrunn* (Guttenbrunn/Engelsbrunn): Eichen, 188.
290 *Triebswetter, Gottlob, Ostern* (Ostern): Eichen, 187-188; s.a. Peter Pink: Triebswetter-Gottlob-Ostern (Sage). In: Die Heidegemeinde Ostern. Temeswar: o. Vlg., 1935, S. 8-10.
291 *Das Mittagsweib* (Marienfeld): Eichen, 188-189 (»Das Weib«).
292 *Kaiser Josef und die Heiducken* (Großkomlosch): Eichen, 190-191.
293 *Liebling* (Liebling): Eichen, 191; s.a. Konrad Blum: Liebling (Sage). In: Liebling 1786-1936. Hermannstadt: o. Vlg., 1936, S. 20, 104.
294 *Wildwieblin dient einer Bäuerin* (Albrechtsflor): Eichen, 192.
295 *Die Feuermänner* (Neuarad): Eichen, 193.
296 *Irrlichter* (Traunau): Eichen, 194.
297 *Den Teufel soll man nicht nennen* (Temeschwar): Eichen, 195 (»Der Teufel«).

Bergland

298 *Die Felsen von Bosniak* (Kraschowa): Eichen, 157-158.
299 *Die Riesen auf der Bogschaner Burg* (Eisenstein): Eichen, 156-157.
300 *Gornikrai* (Öfenau): Eichen, 158-159.
301 *»Dorf oder Wald?«* (Wolfsberg): Eichen, 159-160.
302 *Der Lindwurm und der Schwarzkünstler* (Franzdorf): Eichen, 168-169.
303 *Der Zipser und der Lindwurm* (Franzdorf): Eichen, 160-163.
304 *Die Schlangenkrone* (Dognatschka): Eichen, 164-165.
305 *Zwei Häuser und ihre Sagen* (Reschitz): Eichen, 165-167.
306 *Wie die Aninaer Kohle gefunden wurde* (Steierdorf): Eichen, 163-164.
307 *Die letzte Wette des Riesen* (Wolfsberg/Weidenthal): Eichen, 169-170.
308 *Der Hirtenrock* (Saska): Eichen, 171-172.
309 *Der Obersteiger und das Irrlichtl* (Steierdorf): Eichen, 174.

310 »*Dir einen Kreuzer – mir einen Kreuzer...*« (Steierdorf): Eichen, 172-173.
311 *Schlocherl und He-Männer* (Franzdorf): Eichen, 175.
312 *Das Waldmandl bei der Riese* (Franzdorf): Eichen, 177-179 (»Das Waldmandl«).
313 *Die Kohlenmandl und die Köhler* (Franzdorf): Eichen, 179-183 (»Die Kohlenmandl«).
314 *Das Bergmandl von Dognatschka* (Dognatschka): Eichen, 175; vgl. »Das Bergmandl von Dognatschka (Banater Bergland)«. In: EB, 40/9, 1992, S. 11.
315 *Das Bergmandl beim Steinbruchbründl* (Reschitz): Eichen, 176.

DOBRUDSCHA

316 *Der »Fischgrawe« bei Karamurat* (Karamurat): Eichen, 340.
317 *Der Stein von Mandschapunar* (Mandschapunar): Nach Lydia Hirschmann (Neue Weingärten b. Konstanza), 1973 mündl. mitg.
318 *Die Eichen am Weg* (Atmadscha): Eichen, 332-333.
319 *Der »Weiße Türk«* (Jakobsonsthal): Eichen, 333.
320 *Ein fremder Mann* (Kodschalia): Eichen, 331-332.
321 *Am Hügel bei Adschemler* (Kobadin/Adschemler): Nach Irmgard Gerlinde Stiller (Sofular), in: Cammann, Welt, 367-368.
322 *Das »Totenheer«* (Neue Weingärten): Eichen, 333.

Worterklärungen

Abkürzungen: altzips. = die aus dem Gründler Land (Unterzips/Slowakei) mitgebrachte altertümliche Mundart; dobr. = dobrudschadeutsch, dobrudschaschwäbisch; dtböhm. = deutschböhmisch; jidd. = jiddisch; madj. = madjarisch, ungarisch; österr. = österreichisch; resch. = reschitzarerisch (österr. Mundart, die in Reschitz und Umgebung gesprochen wird); rum. = rumänisch; rumdt. = rumäniendeutsch; sathm. = sathmarschwäbisch; sieb. = siebenbürgisch-sächsisch; slow. = slowakisch; slaw. = slawisch; ukr. = ukrainisch; ukr./huz. = ukrainisch, Mundart der Huzulen in der Bukowina; zig. = zigeunerisch; zips. = zipserisch.

Almerei, sieb. – Wandschrank
a richtiger Sunntågspursch, zips. – ein sonntäglich gekleideter junger Mann

Backnubn, Båcknubn, altzips. – Backofen
Baba, slow. > jidd. > zips. – alte Frau
Balaur, rum. > sieb. – Drache, hier: Wetterdrache
Balte, rum. > rumdt. – Teich
Betz, rum. > rumdt. – Stock, Knüttel
Borilka, ukr. > zips. – Schnapsflasche
Botschkor, slow. > zips. – Holzpantinen

Chremseln, jidd. > zips. – Gebäck aus geriebenen Kartoffeln und Mehl

Deresch, sathm. – Prügelbank
De Schläng kit, sieb. – Der Drache kommt
Dobroje utro, ukr. – Guten Morgen
Dittio, ukr. > zips. – Teufel
Dseigl, dtböhm. – Mauerziegel

Emu, zips. – Kurzform von Emmerich

Ferdl, dtböhm. – Kurzform von Ferdinand
Fisolenstange, rumdt. – Bohnenstange
Franzku, zips. – Diminutivform von Franz

Ghupf, resch. – Spitze des Meilers bei der Holzverkohlung
Göckele, sathm. – Hähnchen
Graben, zips. – Tal

Häw(e)le, sathm. – Krug, Kanne
Hej, Baba, jala benga, zig. – Hallo, Alte, geh zum Teufel!
Hemmedn, zips. – Hemden

Henna, sathm. – Henne
Hill, sieb. – Hügel, Berg
Hornknepp, zips. – Hornknöpfe

Ieber Hecken, ieber Streicher, zips. – Über Hecken, über Sträucher
Ischpan, madj. > sathm. – gräflicher Vogt
it, sathm. – nicht

Jankel, zips. – Jacke, Weste
Jankelsack, sathm. – Umhängetasche
Joku, zips. – Kurzform von Johann(es)
Jon, rum. – Johann(es)

Kirpitsch, rum. > dobr./rumdt. – eine Mischung von Häcksel und Lehm zum
    Herstellen von Kotziegeln, die im Freien an der Luft getrocknet wurden
Kitu, zips. – Kleid, Kittel
Klacka, Klaka, slaw. > zips. – Frondienst; später/heute auch für freiwillige nach-
    barschaftliche/freundschaftliche Hilfeleistungen
klärte und klärte, jidd. – dachte und dachte nach, überlegte es sich gut
Kokosch, madj./rum. > zips. – Hahn
Kolatschen, rum./madj. > rumdt. – kleiner, runder, manchmal mit Marmelade
    gefüllter Hefekuchen
Koptjor, rum. > zips. – gemauerter Ofen
Korbatsch, madj. > zips. – Knute, Peitsche
Kortorar, rum. – wandernde Zeltzigeuner
Krechintza, rum. > sieb. – Frauenrock
Krumpirn, zips. – Kartoffeln
Kubusch, zips. – Jakob
Kuchl, zips. – Küche
Kukuruz, sieb./zips./rumdt. – Mais

Maierle, sathm. – überdachter, sonst offener Gang am sathm. Bauernhaus
Makerl, zips. – großer Stielhammer
Mamaliga, rum. – Maisbrei
Marl, zips. – Mädchen
Marljågr, zips. – Schürzenjäger
Marot, marot, seru tobi na rot, ukr./huz. – März, März, ich mach dir ins Gesicht
Mitzn, zips. – Mütze, Kopfbedeckung
Mol, dtböhm. – Mund, Maul
Mundl, dtböhm. – Kurzform von Siegmund
Muschdej, rum. – Knoblauchtunke

Någlschuch, zips. – Bergschuhe
Njekaß, rum. – Ärger, Kummer
Nubn, zips. – Ofen

Oh jai, ihr Leit! Ech loss'n eich net, er terft net, sieb. – O weh, ihr Leute! Ich lasse
    euch nicht (das tun), ihr dürft (das) nicht (tun)
Opanken, rum. – Bundschuhe

Osprächa, dtböhm. – besprechen (von Krankheiten)

Petura, zips. – Gericht aus Maisbrei, Schafkäse, geröstetem Speck und Zwiebel
Pinkl, zips. – Säckchen
Pintscherl, rum. > resch./österr. – Fußbekleidung; Ledersohlen, am Rande hoch-
gebogen, mit Riemen am Fuß befestigt
Pipa, madj./rum. > zips. – Tabakpfeife
prack(e)n, zips./rumdt. – klopfen, die Wäsche wird am Fluß, im fließenden Wasser
naß geklopft, bis sie sauber ist
Prinsntokane, zips. – Mischgericht aus Maisbrei, Schafkäse, Rahm und gebrate-
nem Speck

Rahmteppa, dtböhm./zips. – Rahmtöpfchen
Rußnak, Rußnakin, zips. – Ruthene, Ruthenin, d. h. Ukrainer, Ukrainerin
rußnakisch, zips. – ruthenisch, d. h. ukrainisch
Rußnatschka, zips. – Ruthenin, Ukrainerin

Saet, doirt kunn de Júmezen en wall'n es äus âser Hîmet verdreiwen! sieb. – Seht,
dort kommen die Ameisen und wollen uns aus unserer Heimat vertreiben!
Schatter, rumdt. – Sippe
Schbrux, dtböhm. – Spruch; Beschwörungsformel
Schepperl, zips. – Holzschaff
Schmett(e)n, zips. – Milchrahm
Schwammerl, zips./österr. – Pilz(e)
Sefi, dtböhm. – Diminutivform von Josef
Stungd, dat dich det Wädder huet, sieb. – Steh (still), daß dich das Wetter (der
Teufel) hat (holen soll)
stuppiten, resch. – den Kohlenmeiler mit Stupp (feuchter Erde) bedecken

Tepfl, zips. – Töpfchen
Teppa, zips. – Topf; seltener: Töpfchen
Tont Knorre und Stui i dr Tanischter, sathm. – Tut Erdklumpen und Steine in die
Ranzen (Umhängetaschen)
Trajßta, rum. – Zwerchsack
Trischka, ukr. > rum. > zips. – Hirtenflöte
Trud, zips. – Trude
Tscheterasch, Mz. -en, rum. – Musikant(en)
Tschomag, Mz. -en, rum. – schwere(r) Knüttel
tulaj, zig. – wehe mir

vine balauru, rum. – der Drache kommt

Waxdeixl, dtböhm. – Wachstuch
Woldwaib, Woldweib, Woldweibl, zips. – Waldweib, Hexe

Zehent, sathm. – Zehntteil; Abgabe

Geographisches Verzeichnis

Abkürzungen: Al/S = Altland/Siebenbürgen; *Bel/BN* = Bergland/Banat; *BK* = Bukowina; *BN* = Banat; *Bul/S* = Burzenland/Siebenbürgen; *Cherson* = Chersoner Gebiet (Ukraine); *D* = Dobrudscha; *Geb.* = Berg, Gebirge; *Gew.* = Bach, Fluß; *GW* = Grenzwald (Nordwestrumänien); *Karp.ukr.* = Karpatenukraine; *Landsch.* = historische Landschaft; *MG/SB* = Moldautal/Tal der Goldenen Bistritz/Südbukowina; *MM* = Marmatien; *Nl/S* = Nösnerland/Siebenbürgen; *OL* = Oascher Land (Nordwestrumänien); *ON* = Ortsname; *RaL/SB* = Radautzer Landchen/Südbukowina; *ReeL/S* = Reener Ländchen/Siebenbürgen; *RL/S* = Repser Ländchen/Siebenbürgen; *TL/SM* = Trestenburger Ländchen/Sathmarland; *Wel/S* = Weinland/Siebenbürgen; *WL/MM* = Wischauer Land/Marmatien; *Wt/MM* = Wassertal/Marmatien; *ZL/S* = Zekescher Land/Siebenbürgen.

Bei den mit † gekennzeichneten Ortsnamen handelt es sich um Wüstungen.

Die jetzigen geographischen Bezeichnungen werden nur bei Namen aus den heutigen Gebieten Rumäniens bzw. Ungarns angeführt. Wo es neben der deutschen keine rumänische bzw. neben der rumänischen keine deutsche Bezeichnung gibt – besonders in Siebenbürgen –, kann diese auch nicht vermerkt werden.

Abstdorf (ON), S = Apoşu 51
Adam s. Adam und Eva
Adam und Eva (Geb.), MG/SB = Muntele Adam şi Eva 182, 189
Adschemler (ON), D = Agemler 321
Agnetheln (ON), S = Agnita 56
Albrechtsflor (ON), BN = Teremia Mică 294, 295
Alexanderdorf (ON), BK = Alexandreni 198
Alt (Gew.), S = Olt 3, 52
Altenburg (ON), S = Abrud 53
Altfratautz s. Deutsch-Altfratautz
Alt-Freudenthal (ON), Cherson 320
Althütte (ON), BK = Glăjăria Veche 199
Altmierescher Land s. Marmatien
Altrodenau (ON), Nl/S = Rodna Veche 53, 119, 128
Altrodna s. Altrodenau
Alzen (ON), S = Alţina 59
Ampoitza-Tal (T), S = Valea Ampoiţei 53

Andalchioj (ON), D = Andalchioi 322
Anina s. Steierdorf-Anina
Aninaer Tal, Tal b. Steierdorf-Anina 306, 310
Arad (ON), BN = Arad 53
Arschitzberg (Geb.) WL/MM = Dealu Arşiţei 180
Arschitzberg (ON) WL/MM = Arşiţa 171
Asien 86
Atmadscha (ON), D = Atmagea 318
Atteldorf, Billak (ON), Nl/S = Domneşti 135
Auen (ON), Nl/S = Cuşma 145
Augustendorf (ON), BK = Augusteni 219

Bachnen (ON), S = Bahnea 37
Badeutz (ON), SB = Bădăuţi 205
Bad Reußmarkt (ON), S = Băile Miercurei Sibiului 79
Bägendorf (ON), S = Beneşti 59

Bahrbach (Gew.), OL = Pîrîul Bar 243
Bahrbach † (ON), SM, 243
Baiersdorf (ON), Nl/S = Crainimăt 115, 136
Balkendorf † (ON), SM 256
Ballendorf (ON), S = Balomiru de Cîmp 80
Balmenthal (ON), Wt/MM = Lunca Balmoş 163, 169
Banitz (ON), S = Baniţa 53
Banndorf † (ON), SM 256
Bartdorf, Mausdorf (ON), ReeL/S = Săcalu de Pădure 108
Barthau (ON), Wt/MM = Bardău 168, 177
Barthdorf (b. Maniersch) † (ON), SM 256
Basaltberg, Berg b. Reps 32
Batartsch (ON), SM = Bătarci 258
Batschendorf (ON), Bul/S = Baciu-Săcele 2
Baumgarten (ON), Nl/S = Bungard 116
Baydorf (ON), Nl/S = Mintiu 117, 132
Bayern 115, 256, 260
Beedt (ON), Ml/S = Beudiu 117
Beim Kilometer sieben (ON), Wt/MM = La kilometru şapte 171
Bell (ON), SM = Beliu 256
Bendendorf (ON), S = 34
Berben (ON), SM = Berveni 244
Berbi s. Berben
Berchometh (ON), BK = Berhomet 198, 199
Bergreichenstein (ON), Böhmen 207
Bergsau (ON), SM = Beregsău 278
Berkessenbach † (ON), SM 256
Berkeßtal (Tal), RaL/SB = Valea Berchiesului 220
Berladen s. Berlsdorf
Berlsdorf (ON), Nl/S = Bîrla 114, 146
Bersautal (Tal), BN, 299
Bethlen (ON), Nl/S = Beclean pe Someş 128
Betzi-Rücken, Anhöhe im Semenikgebirge 302
Bihar (ON), SM = Biharea 256
Biharer Gebiet, SM = Zona Bihorului 256

Bildegg (ON), SM = Beltiug 268, 270
Bilka (ON), SB = Bilca 217, 223
Billak s. Attelsdorf
Binkert † (ON), RL/S 108
Birk (ON), RL/S = Petelea 104
Birkenau, Feldern (ON), Nl/S = Feldru 173
Birkendorf (ON), Karp.ukr. 230
Birnbaum (ON), RL/S = Periş 104
Birnbaum (ON), ZL/S = Ghirbom 80, 94
Bistritz (Gew.), Nl/S = Bistriţa 143
Bistritz (ON), Nl/S = Bistriţa 105, 109, 114, 121, 123, 136, 139, 142, 149, 173
Bistritztal s. Tal der Goldenen Bistritz
Bladenmarkt (ON), S = Bălăuşeri 37
Blasendorf (ON), S = Blaj 73
Bleschdorf (ON), S = Lunca Tîrnavei 41
Blumenberg (ON), Nl/S = Floreşti 132
Blumenstein (Geb.), SM = Vîrful Florii 255
Blutroth (ON), S = Berghin 71, 79, 80, 82, 91
Boderlau (ON), RL/SB = Bădărlău 188, 217, 222
Bodesdorf s. Kleinbudak
Bogarosch (ON), BN = Blugăruş 288
Bogschan (ON), Bel/BN = Bocşani 299, 305
Böhmen 206, 207, 234, 258
Boralth (ON), RL/S = Baraolt 26
Borscha (Gew.), WL/MM = Rîul Borşa 153
Borscha (ON), Wl/MM = Borşa 171
Borsendorf (ON), MM = Strîmtura 173
Bosniak (ON), Bel/BN = Bosniac 298
Botsch (ON), ReeL/S = Batoş 112
Braaß, Ferdinandsthal (ON), MG/SB = Brazi 186
Braila (ON), D = Brăila 319
Breit, Bretzdorf, Pränzdorf (ON), ReeL/S = Suseni 108
Brenndorf (ON), Bul/S = Bod 16
Brettenbach (Gew.), SM = Pîrîul Bereteu 256
Bretzdorf s. Breit
Brodina (ON), RaL/SB = Brodina 192, 219, 220

Broos (ON), S = Orăştie 26
Buchenau † (ON), SB 216
Buchenberg, Berg b. Kreuzburg 4
Buchengebirge, Bückgebirge, Bükk
(Geb.), SM = Guţîi 236, 252, 270,
271
Buchenhain (ON), RaL/SB = Poiana
Micului 216, 222
Buchenland s. Bukowina
Bückgebirge s. Buchengebirge
Büffelbrunn s. Mandschpunar
Bukowena, Landsch. in d. Bukowina
198
Bukowenawald, Wald b. Radautz 198,
199
Bukowina (Landsch.) = Bucovina
182 ff.
Bulkesch (ON), S = Bălcaciu 35, 38, 49
Burgaupaß, Nl/S = Pasul Bîrgăului 53
Burgberg, Geb. b. Großteutschenau
231
Burgberger Bach, b. Stolzenburg 52
Burgdorf † (ON), OL 243
Burghalle (ON), Nl/S = Orheiu Bistri-
ţei 137
Burlescht (ON), SM = Borleşti 263
Burzen (Gew.), Bul/S = Bîrsa 14
Burzenland (Landsch.) = Ţara Bîrsei
1-19, 53
Bußd (b. Reußmarkt) (ON), ZL/S =
Boz 67, 75, 78, 90
Bußder Tal (Tal), ZL/S = Valea Bozu-
lui 68, 81
Busiasch (ON), BN = Busiaş 296

Caşa s. Kaschau
Caşva s. Kaschau
Cherson (Landsch.), Ukraine 320
Chiatra Leşului (Geb.), GW 235
Christiansdorf † (ON) b. Kerschdorf
od. Thorstadt 79
Cumidava s. Rosenau
Czernowitz (ON), BK = Cernăuţi,
Tschernowzy 219, 221

Dallendorf (ON), ZL/S = Daia Ro-
mână 81
Darotz (ON), SM = Craidarolţi 256
Dersch (ON), RL/S = Dîrju 26

Deutsch-Altfratautz (ON), RaL/SB =
Frătăuţii Vechi 205, 220, 225
Deutsch-Budak (ON), Nl/S = Budacu
de Jos 114
Deutschenbach (ON), S = Valea Sasu-
lui 34
Deutschendorf s. Deutschenmarkt
Deutschenmarkt, Németi = Stadtteil v.
Sathmar 53, 256
Deutsch-Satulmare (ON), RaL/SB =
Satulmare 208
Deutsch-Tekes (ON), RL/S = Ticuşu
Vechi 29
Deutsch-Zepling (ON), ReeL/S = De-
drad 105, 109
»Dierf Am Wießken« † (ON) b. Ger-
geschdorf 79
Diesendorf (ON), RL/S = Orăşeni 26
Dittersdorf (ON), RL/S = Ditrău 103
Djaka (ON), MG/SB = Deaca 197
Dobrudscha (Landsch.) = Dobrogea
216 ff.
Dognatschka (ON), Bel/BN = Dogne-
cea 304, 305, 314
Dokia-Felsen (Geb.), SB = Stînca Do-
chici 226
Doman (ON), Bel/BN = Doman 315
Donau (Gew.) = Dunărea 53
Dornberg, Hügel b. Bodesdorf 124
Draas (ON), RL/S = Drăuşeni 26, 27
Dreikirchen (ON), S = Teiuş 72
Dreßman (ON), S = Cioara 87
Drimbard (ON), S = Drîmbar 91
Dürrbach (Gew.), Nl/S = Pîrîul Dipşa
133
Dürrbach (ON), Nl/S – Dipşa 126

Eberfeld (ON), SM = Tîrgu Lăpuş 255
Ehrgang (ON), S = Ernea Săsească 37
Eibesdorf (ON), S = Ighişul Nou 43
Eisch, Sächsisch-Altendorf (ON), Nl/
S = Fîntînele 116, 130
Eisdorf (ON), RL/S = Ioneşti 26
Eisenau (ON), SB = Prisaca Dornei
194, 219
Eisenburg † (ON), SM 256
Eisenmarkt (ON), S = Rimetea 53
Eisenstein (ON), Bel/BN = Ocna de
Fier 299

Elisabethstadt (ON), S = Dumbrăveni 37
Emrichsdorf (ON), S = Sîntimbru 72
Engelsbrunn (ON), BN = Fîntînele 289
Erdburg † b. Gergeschdorf 74
Erdeed (ON), SM = Ardud 263, 268
Erdenburg, Burgwall b. Kronstadt 8
Erkesch † (ON) b. Săliştea 87
Ermenscher Bach (Gew.), SM = Urmeniş 256
Erzgebirge (Geb.), S = Muntu Apuseni 72
Estrau (ON), SM = Istrău 254
Etheldorf † (ON), SM 256
Etschdorf (ON), S = Iernuţeni 103
Eva s. Adam und Eva

Falk (ON), S = Feleac 147
Falkenstein, Schoimosch, Burgruine b. Maria Radna 286
Fantschel (ON), ReeL/S = Făncelu de Jos 111
Fattendorf † (ON), Nl/S 132
Feigendorf (ON), S = Micăsasa 51
Feinen (ON), Wt/MM = Făina 176
Feuenzorm † (ON), SM 256
Fienen (ON), SM = Foieni 267
Firstendorf † (ON) b. Kleinpold 79
Fischthal (ON), Wt/MM = Valea Peştii 157
Fleppesburg, Burg b. Marpod 58
Fogarasch (ON), S = Făgăraş 12, 29
Franzdorf (ON), Bel/BN = Văliug 303, 311, 312, 313
Franzenthal (ON), GW = Valea lui Francisc 228, 230, 236, 237, 240, 241
Frata † (ON) b. Karlsburg 53
Fratautz s. Deutsch-Altfratautz
Frauendorf (ON), S = Axente Sever 43, 50, 51
Frauensteine (Geb.), SB = Pietrele Doamnelor 202
Fressinascher Spitze (Geb.), OL = Fresinaşul 250
Frinkdorf (ON), SM = Frîncenii Boului 269
Fuchsberg, Berg an der Kokel, S 34
Fülesch (ON), S = Feneş 80

Fürstenthal (ON), SB = Voivodeasa 211, 212, 213, 214, 216, 227
Fürstenthaler Bach (Gew.), SB = Pîrîu Voivodesei 211, 214
Furt beim Birnbaum (ON), Walachei = Vadu Părului, comuna Albeşti 17
Füssen, Füßen (ON), Wel/S = Feisa 34

Gärb (ON), ZL/S = Gîrb 79
Garba (ON), SM = Gurba 256
Gassen (ON), ReeL/S = Voivodeni 107
Geister Wald (Landsch.) = Pădurea Perşanilor 12
Gemsenstein, Burg b. Zellen 72
Gergeschdorf (ON), ZL/S = Ungurei 63, 65, 72, 74, 78, 79, 88
Gibelsberg, Berg b. Jaad 129
Gießhübel (ON), S = Gusu 95
Gilwatsch (ON), SM = Ghilvaci 254
Gindusdorf (ON), ReeL/S = Băiţa 105
Glashütte (ON), SM = Poiana Codrului 263, 278
Glogowatz (ON), BN = Glogovăţ 285
Goldene Bistritz (Gew.), SB = Bistriţa Aurie 196
Gooth † (ON), Nl/S 129
Gottlob (ON), BN = Gotlob 288, 290
Götzenberg, Berg b. Reußen 115
Gräben (Geb.), Wt/MM = Grebenul 151, 160, 166, 171, 180
Grenzwald (Landsch.) = Pădurea Hutei 228 ff.
Großarn (ON), ReeL/S = Ernei 104
Großdorf (ON), Nl/S = Mărişelu 118, 127
Großeidau (ON), Nl/S = Viile Tecii 109
Großhorn (ON), SM =Şomcuţa Mare 251, 256
Große Kokel (Gew.), S = Tîrnava Mare 36, 40, 43
Großenstein (ON), GW = Piatra 228, 229, 236
Großfilpes (ON), ReeL/S = Filipişu Mare 105
Großkarol (ON), SM = Carei 262, 268, 283
Großneulaß (ON), Nl/S = Milaş 121
Großpereg (ON), BN = Peregu Mare 296

Großer Schander (Geb.), SB = Şandrul Mare 188, 217
Großkomlosch (ON), BN = Comloşu Mare 292
Großprobstdorf (ON), S = Proştea Mare 43
Großschenk (ON), S = Cincu 54
Großscheuern (ON), S = Şura Mare 61
Großschogen (ON), Nl/S = Şieu 141
Großschulligulli (ON), Wt/MM = Şuligul Mare 170
Großteutschenau (ON), GW = Teceu Mare 173, 228, 231, 232
Großtharna (ON), SM = Tarna Mare 258, 259
Großwardein (ON), Kreischgebiet = Oradea 53, 262
Gurahumora (ON), RaL/SB = Gura Humorului 200, 222
Guttenbrunn (ON), BN = Zăbrani 289

Hahnbach (ON), S = Hamba 61
Halmen (ON), SM = Halmeu 252, 256
Halmi s. Halmeu
Halvelagen (ON), S = Hoghilag 37, 48
Hamruden (ON), RL/S = Homorod 26
Hamrudener Tal (Tal), RL/S = Valea Homorodului 26
Hamrother Bach (Gew.), SM = Pîrîul Homorod 272
Harbach (Gew.), Al/S = Hîrtibaciu 52, 56, 57
Harbachtal (Tal), Al/S = Valea Hîrtibaciului 52
Hardeggtal (Tal), RaL/SB 201
Härpen (ON), S = Hăpria 79, 91
Härwesdorf (ON), S = Cornăţel 57
Haschagen (ON), S = Haşag 79
Hatschunka, Berg b. Fürstenthal 212
Hatzeger Land (Landsch.), S. = Ţara Haţegului 79
Heidendorf (ON), Nl/S = Viişoara 115
Heidendorf (am Zekesch) (ON), ZL/S = Secăşel 65, 125
Heiligkreuz (ON), Nl/S = Cristeştii Ciceului 106
Heltau (ON), S = Cisnădie 55
Heldenburg, Hiltwinsburg, Burg b. Kronstadt 5

Heldsdorf (ON), Bul/S = Hălchin 5
Henkersberg (Geb.), SM = Dealu Călăului 269
Henningsdorf (ON), ZL/S = Henig 64, 84, 86, 91, 96
Herbrodsdorf s. Blasendorf
Herkulesbad (ON), BN = Băile Herculane 284, 298
Hermannstadt (ON), S = Sibiu 14, 53, 54, 55, 57
Herzwunsch (ON), SM = Asuaju de Sus 278
Hetzeldorf (ON), S = Aţel 44
Heurimusdorf (ON), S = Totoiu 80
Hiltwinsburg s. Heldenburg
Hochfeld (ON), S = Fofeldea 58
Hofstätten (ON), ReeL/S = Curteni 107
Hohe Koppe, Berg im Burzenland 9
Hohenwarte (ON), S = Straja 70, 79
Holzmengen (ON), S = Hozman 57
Honigberg (ON), Bul/S = Hărman 13
Hopfenseifen † (ON), Bul/S 8
Horodnik s. Oberhorodnik, Unterhorodnik
Hüllenberg, Berg b. Keisd 31
Humorbach, Humorabach (Gew.), RaL/SB = Pîrîul Humora 224
Hünenburg, Berg b. Keisd 23
Hurgischwiese (b. Eisenau) (ON), SB = Hurghiş-Prisaca Dornei 194
Hußt (ON), Karp.ukr. 228, 231, 232
Hüttenthal (Tal), GW = Valea Hutei 231, 242
Hüttenthaler Höh (Geb.), GW = Dealu Hutei 234

Intschdorf (ON), S = Enciu 34
Irmesch (ON), S = Ormeniş 37
Isatal (Tal), MM = Valealzei 164
Iwatschko (ON), SM = Necopoi 244

Jaad (ON), Nl/S = Livezile 129, 141
Jahrmarkt (ON), BN = Ghiarmata 287
Jakobeny (ON), MG/SB = Iacobeni 180, 196
Jakobsbach † (ON) b. Gergeschdorf 79
Jakobsonsthal (ON), D = Pisc 319
Jam (ON), BN 308

Jedt (ON), SB = Edu 184, 191
Jesersee (Gew.), WL/MM = Lacu Iezeru 154
Johannisdorf (ON), Nl/S = Sîntioana 121
Johannisdorf (ON), SM = Sîntion 273
Joodt (ON), WL/MM = Ieud 159
Josefhausen (ON), OL = Iojip 244, 250
Juren (ON), SM = Irina 283

Kaal, Kaaldorf (ON), RL/S = Căluşeri 104
Kaaldorf (b. Reen) s. Kaal
Kaaldorf (ON), SM = Cehăluţ 264
Käbelbrunn (ON), Nl/S = Fîntîniţa 121
Kallesdorf (ON), Nl/S = Arcalia 134
Kamarsendorf (ON), OL = Cămărzana 236, 242, 245
Kapelau, Kapellenau (ON), SM = Căpleni 265
Kapellenbach (Gew.), SM = Copalnic 251
Kapellenberg s. Zinne
Kapellendorf (ON), S =Căpîlna 34
Kapnik, Kapnik-Oberstadt (ON), MM = Cavnic 246
Käppelsbach (ON), ZL/S = Cărpiniş 79
Karamurat (ON), D = Caramurat 316
Karansebesch (ON), BN = Caransebeş 305
Kardo (ON), SM = Cordău 256
Karlsberg (ON), SB = Gura Putnei 206, 207, 215, 220
Karlsburg (ON), S = Alba Iulia 51, 53, 79, 80, 91
Karpaten (Geb.) = Carpaţi 53
Karpatenukraine 230, 232, 275
Kaschau (b. Klausenburg) (ON), S = Caşa, Caşva 111
Katharinendorf (ON), BK = Catrineni 198
Katschika (ON), BK = Cacica 200, 204, 219
Katzendorf (ON), RL/S = Caţa 33
Keisd (ON), RL/S = Saschiz 23, 31
Kelling (ON), S = Cîlnic 79
Kerschdorf (ON), ZL/S = Presaca 79, 95, 101
Kertzing (ON), ReeL/S = Gorneşti 103

Ketscharaberg (Geb.), BK = Muntele Checiara 217
Kindeln (ON), Nl/S = Chintelnic 117, 122
Kirchdorf † (ON) b. Blutroth 82
Kirlibaba (Gew.) MG/SB = Cîrlibaba 184
Klausenburg (ON), S = Cluj-Napoca 53, 128, 147
Kleinalisch (ON), S = Seleuş 37
Kleindörfchen (ON), Nl/S = Mititei 121
Kleinbistritz (ON), Nl/S = Dorolea 139
Kleinbudak, Bodesdorf (ON), Nl/S = Buduş 114, 124
Kleindörfel (ON), S = Miceşti 79, 121
Kleine Kokel (Gew.), S = Tîrnava Mică 34, 37, 38, 40, 41
Kleinenyetten (ON), S = Sîngatin 79
Kleinkopisch (ON), S = Copşa Mică 43, 51
Kleinmühlenbach (ON), S = Sebeşel 87
Kleinpold (ON), S = Apoldu de Jos 79, 89
Kleinschlatten (b. Mühlbach) (ON), S = Zlatna 80
Kleinserether Tal (Tal), BK = Valea Siretului Mic 219
Kleinteutschenau (ON), GW = Teceul Mic 232
Klosdorf (ON), S = Sînmiclăuş 34, 35, 41
Kobadin (ON), D = Cobadin 321, 322
Kockt (ON), ZL/S = Cut 81, 86, 87, 97
Kodschalak (ON), D = Cogealac 318
Kodschalia (ON), D = Cogealia 320
Kohldorf (ON), Bel/BN = 298
Kokel s. Große Kokel
Kokelburg (ON), S = Cetatea de Baltă 34, 36
Koliben (ON), ZL/S = Colibi 100
Köllendorf (ON), Nl/S = Caila 143
Köln (am Alt) (ON), S = Colun 58
Koman (ON), Wt/MM = Corman 169
Komloden (ON), Nl/S = Comolod 121
Komlodener Bach (Gew.), Nl/S = Comolodu 121
Königsbach (b. Klausenburg) (ON), S = Craiva 91

Königsdorf, Karp.ukr. 275
Königsdorf (ON), RL/S = Paloş 30
Königsfeld (an der Theiß), Karp.ukr.
173, 230, 232
Königstein (Geb.), Bul/S = Piatra
Craiului 9
Konradsdorf (ON), S = Găinari 58
Konstantinopel, Türkei 32
Konstanza (ON), D = Constanţa 316,
317
Konz (ON), ZL/S = Cunţa 77, 79, 81
Kosmatsch (ON), RaL/SB = Cosmaci
218
Kossautal (Tal), WL/MM = Valea Co-
săului 117, 164
Kostindsche s. Konstanza
Kotnersberg (ON), Moldau = Cotnari
53, 80
Kotzdorf (ON), Nl/S = Cociu 132
Kradendorf (ON), ZL/S = Broşteni 79,
99
Krakau (b. Karlsburg) (ON), S = Cri-
căU 53, 72, 79, 80
Krapundorf (ON), S = Ighiu 53, 72, 79,
104
Kraschowa (ON), Bel/BN = Caraşova
300
Kraßna-Ilsky-Schönthal (ON), BK =
Crasna-Ilschi 219
Krefeld, Oberwallendorf (ON), Nl/S
= Stadtteil von Bistritz 117, 123
Kreuzburg (ON), Bul/S = Teliu 4
Kreuzdorf s. Schirkanyen
Kriegsdorf (ON), SM = Hodod 260
Kronstadt (ON), Bul/S = Braşov 7, 12,
13, 14, 53
Krotschendorf (ON), S = Crăciunelu
de Sus 36
Kruhl (ON), SB = Cruhla 209
Kuhbächel (ON), Nl/S = Cobăcel 119
Kuptoare s. Öfenau
Kuselwies (ON), Wt/MM = Cozia 165
Kutschowa, Kutscherau (ON), Karp.
ukr. 230
Kuttersdorf † (ON), SM 256
Kwastnitz (ON) WL/MM = Cvastniţa
157
Kyrieleis (ON), Nl/S = Chiraleş 131

Lalla, Lallathal (ON), MG/SB = Lala,
Valea Lalei 163, 196
Langenau (ON), Muntenien = Cîmpu-
lung-Muscel 53
Langendorf (b. Kronstadt) (ON), Bul/
S = Satulung-Săcele 2
Langendorf (b. Mühlbach) (ON), S =
Lancrăm 80
Langendorf † (ON) b. Thorstadt 79
Langenfeld an der Theiß (ON), MM =
Cîmpulung la Tisa 173, 237, 241
Langenthal (ON), S = Valea Lungă 35
Laposcher Bach (Gew.) SM = Lăpuşul
256
Laposcher Land (Landsch.), SM = Ţara
Lăpuşului 251
Laura (Gew.), RaL/SB = Laura 223
Läusebächlein, Bach b. Stolzenburg 52
Lechnitz (ON), Nl/S = Lechinţa 117
Lehr (ON), ReeL/S = Lueriu 108
Lekintzabach (Gew.), OL = Lechinţa
245
Lempesch, Berg b. Petersberg 16
Lenauheim (ON), BN = Lenauheim
288
Leschkirch (ON), S = Nocrih 54, 57
Lichtenberg (ON), RaL/SB = Dealu
Ederii 221, 224
Lichtenwald (ON), SM = Ghirişu de
Criş 276
Liebfrauen (ON), S = Sîntămărie-Or-
lea 79
Liebling (ON), BN = Liebling 293
Lombdorf s. Warthe
Lowrin (ON), BN = Lovrin 285
Lubatschow (ON), Schlesien 207
Ludwigsdorf (an der Goldenen Bi-
stritz) (ON), MG/SB = Cîrlibaba
Nouă 184, 196
Ludwigsbach (Gew.), GW = Pîrîul Lu-
dovic, Pîrîul Hutei 234
Ludwigstal (Tal), GW = Valea Hutei
234
Ludwigsthal s. Ludwigsthal-Hütte
Ludwigsthal-Hütte (ON), GW =
Huta-Certeze 233, 236, 239
Luisenthal (ON), MG/SB = Fundu
Moldovei 191, 192, 195
Luprechthausen (ON), Karp.ukr. 230

Lutschina (ON), SB = Lucina 183, 185, 190, 195
Lybendorf (ON), Reel/S = Ibăneşti 111

Mädchendorf (ON), Karp.ukr. 230
Madratz (ON), SM = Mădăraş 274
Magasmorth (ON), Nl/S = Mogoşeni 132
Makerlau (ON), Wt/MM = Măcărlău 162, 164, 169
Maldorf (ON), S = Domald 37, 39
Mandschapunar (ON), D = Costineşti 317
Mangalia (ON), D = Mangalia 316
Maniersch (ON), SM = Tăuţii Măgheruş 256
Maramuresch s. Marmatien
Mardschina (ON), BK = Marginea 219, 227
Maria-Radna (ON), BN = Radna 286
Maria-Schnee (b. Peterwardein) (ON), Jugoslawien 298
Marienburg (ON), Bul/S = Feldioara 14
Marienfeld (ON), BN = Teremia Mare 291
Mariensee (ON), MG/SB = Cîrlibaba Veche 163, 180
Marmatien, Maramuresch (Landsch.) = Maramureş 53, 115, 117, 203, 242
Marpod (ON), S = Marpod 58
Martinsdorf, Salzhau (b. Desch) (ON), ReeL/S = Sînmartin-Jabeniţa 103
Matthesdorf (ON), Nl/S = Mateiu 121
Mausdorf s. Bartdorf
Mediasch (ON), S = Mediaş 51
Medwesch (b. Sathmar) (ON), SM = Medieşu Aurit 53
Mehburg (ON), RL/S = Beia 25
Meierhöf (ON), Nl/S = Maicru 119, 128
Meisterhausen (ON), ReeL/S = Meştera 111
Mergeln (ON), S = Merghindeal 56
Merk (ON), Ungarn = Mérk 267
Mesteceni (ON), RaL/SB 222
Mettersbach (ON), ZL/S = Dumitra 64
Mettersdorf (ON), Nl/S = Dumitra 132, 141, 142

Michelsberg (ON), S = Cisnădioara 55
Michelsdorf (an der Kokel) (ON), S = Mihalţ 68
Mieresch (Gew.), S = Mureşu 38, 53, 79, 105, 107
Mikluden (ON), S = Iclod 34
Mildenburg (ON), S = Alămor 79
Milkow (ON), Moldau = Obobeşti 53
Millischoutz (ON), SB = Milişăuţi 205
Mittelberg s. Mittelstadt
Mittelstadt (ON), MM = Baia Sprei 236, 269, 270
Mittelwischau (ON), WL/MM = Vişeu de Mijloc 154
Moisei, früher auch: Mosesdorf (ON), WL/MM = Moisei 166
Moldau (Gew.), SB = Moldova 185, 186
Moldau (Landsch.) = Moldova 53, 200
Moldautal (Tal), SB = Valea Moldovei 182 ff.
Moldawatal s. Moldautal
Moldenmarkt (ON), Moldau = Baia 53, 104
Moldowitz (Gew.), SB = Moldoviţa 193
Morgental † (ON), b. Rode 39
Mühlbach (ON), S = Sebeş Alba 53, 80, 81, 84, 90, 91
Mühlbächer Gebirge (Geb.) = Munţii Sebeşului 70, 75, 96
Muntele Ţigăneşti (Geb.), OL 245
Muntenien (Landsch.) = Muntenia 17

Nanten (ON), TL/SM = Nantău 282
Naßod, Nußdorf (ON), Nl/S = Năsăud 128
Neressenberg (Geb.), GW = Muntele Nereseu 228, 236, 237
Neuarad (ON), BN = Aradu Nou 295
Neubeschenowa (ON), BN = Dudeştii Noi 285
Neuburg (ON), Cherson 320
Neudeutschendorf (ON), TL/SM = Unimăt 279
Neudorf (ON), Nl/S = Satu Nou 132, 137
Neudorf (b. Großhorn) (ON), SM = Berchezoaia 256

Neudorf (b. Ludwigsthal-Hütte) (ON),
OL = Certeze 233, 236, 245, 249
Neudorf (b. Gergeschdorf) (ON), ZL/
S = Ohaba 65, 79
Neudorf † (ON), b Gergeschdorf 79
Neuegg (an der Kreisch) (ON), SM =
Tămăşeni 256
Neue Weingärten (ON), D = cartier
Mihail Kogălniceanu, Constanţa 322
Neumarkt (am Mieresch) (ON), S =
Tîrgu Mureş 46, 105, 107
Neupalota (ON), SM = Palota Nouă
273, 276
Neurodenau (ON), Nl/S = Rodna
Nouă 128
Neusalzdorf (ON), Ungarn = Sóújfalu
261
Neuschlag (ON), SM = Lazuri 256
Neustadt (ON), MM = Baia Mare 236,
270
Neustadt (ON), Bul/S = Cristian 15
Neutrestenburg (ON), TL/SM = Tăş-
nadu Nou 280
Neuwasser (ON), Nl/S = Visuia 121
Neuwetz (ON), Wt/MM = Novăţ 160,
169, 177, 181
Niederräpendorf, Unterrübendorf (b.
Toplitz) (ON), S = Rîpa de Jos 128
Niederrependorf s. Niederräpendorf
Niederwallendorf s. Wallendorf
Nikolausdorf (ON), SM = Sînmiclăuş
254
Nitzkydorf (ON), BN = Niţchidorf 296
Nordafrika 86
Nösen s. Bistritz
Nösnergau s. Nösnerland
Nösnerland (Landsch.) = Ţara Năsău-
dului 53
Novicior (ON), Wt/MM, 180
Nürnberg (ON), Deutschland 54, 55
Nußbach (ON), Bul/S = Măieruş 21
Nußdorf s. Naßod

Oascher Land (Landsch.) = Ţara Oaşu-
lui 242 ff.
Oberbudak (ON), Nl/S = Budacu de
Sus 114
Oberhorodnik (ON), SB = Horodnicu
de Sus 205

Obermetzenseifen (ON), Zips 111
Oberneudorf (ON), Nl/S = Satu Nou
150
Oberösterreich 258, 260, 263
Oberpaulsdorf (ON), SM = Paleu 256
Oberschlesien 230, 234
Oberschönborn (ON), Karp.ukr. 230
Oberwallendorf s. Krefeld
Oberwikow (ON), SB = Vicovu de Sus
205, 220
Oberwischau (ON), Wt/MM = Vişeu
de Sus 170, 175, 179, 222
Ochsenthal (ON), BK = Paltin-Boul
193
Oderhell (ON), Nl/S = Şieu-Odorhei
106
Öfenau (ON), Bel/BN = Cuptoare 300
Offenburg (ON), S = Baia de Arieş 53
Ojtus-Paß = Pasul Oituz 53
Ollersdorf (ON), Nl/S = Brăteni 116
Orawitz (ON), BN = Oraviţa 306
Orlenburg † (ON) b. Kronstadt 8
Ostern (ON), BN = Comloşu Mic 290

Paastendorf, Paast † (ON), SM 256
Palamaniaberg (Geb.), SB = Muntele
Pălămănia 191
Palanok, Burg, Karpatenukraine 230
Pannonien (Landsch.), Ungarn 53
Paulsdorf s. Thorstadt
Pausching (ON), Karp.ukr. 230
Pereg s. Großpereg
Perjamosch (ON), BN = Periam 295
Perlbarthdorf (ON), SM = Parhida 256
Petermannsdorf (ON), MM = Şieu 228
Petersberg (ON), Bul/S = Sînpetru 11
Petersdorf (b. Reen) (ON), ReeL/S =
Petrilaca de Mureş 104, 134
Petersdorf (an der Kokel) (ON), S =
Petriş 34
Petersdorf (b. Mühlbach) (ON), S =
Petreşti 62, 80
Pethe (ON), SM = Petea 256
Petribach (Gew.), RaL/SB = Pîrîul Petri
225
Pfefferfeld (ON), WL/MM = Baia
Borşa 153
Phlepsberg, Berg b. Tatsch 113
Pintak (ON), Nl/S = Pinticu 141

Pirr (ON), SM = Pir 256, 277
Pjetroß (Geb.), MM = Pietrosu 154, 166, 167, 180
Pokendorf (ON), ReeL/S = Păingeni 107
Ponorberg (Geb.), Bel/BN = Ponorul 300
Poschoritta (ON), MG/SB = Pojorîta 182, 189
Pränzdorf s. Breit
Prißlop (Geb.), MM = Prislopu 153, 232
Prißloppaß, MM = Pasul Prislop 153, 232
Probsdorf s. Großprobstdorf
Puschendorf (ON), S = Păucea 34
Putilla (ON), SB = Putila 218
Putna s. Karlsberg
Putnatal (Tal), SB = Valea Putnei 215

Quellenthal (ON), BK = Izvoru 189

Rabenberg, Berg b. Stolzenburg 52
Radautz (ON), RaL/BK = Rădăuţi 198, 207, 219, 220
Radautzer Ländchen (Landsch.) = Ţara Rădăuţilor 198 ff.
Radautzer Senke (Landsch.), RaL/SB = Depresiunea Rădăuţi 205
Radesch † (ON), ReeL/S 106
Ragald, Rágáldvár † (ON), SM 256
Rauhe Koppe, Berg b. Schweischer 24
Redjassa (an der Wischau) (ON), WL/MM = Rediasa pe Vişeu 171
Reen s. Sächsisch-Reen
Reener Ländchen (Landsch.), S = Ţara Reghinului 53, 103 ff.
Regen † (ON), SM 256
Regen s. Sächsisch-Reen
Regener Ländchen s. Reener Ländchen
Regenreue † (ON), ReeL/S 108
Regensburg, Bayern 256
Reichenau (ON), S = Rahău 8
Remetz (ON), GW = Remeţ 240
Reps (ON), RL/S = Rupea 25, 27, 28, 29, 32
Reschitz (ON), Bel/BN = Reşita 305, 315
Reußberg, Berg b. Oberneudorf 150

Reußdorf † (ON), ReeL/S 106
Reußdorf (ON), Wel/S = Cund 37
Reußen (ON), Nl/S = Sărăţel 115, 143
Reußen (b. Reen) (ON), ReeL/S = Deleni 108
Reußen (b. Hermannstadt) (ON), S = Ruşi 52
Reußenau (ON), WL/MM = Poienile de sub Munte 152, 160
Reußischdorf (ON), S = Solovăstru 103
Reußmarkt (ON), S = Miercurea Sibiului 78, 79
Riesenbühel, Berg b. Eisch 116
Riesenschritt, Berg b. Heidendorf, Nl/S 115
Ringelskirchen † (ON) b. Gergeschdorf 78, 79
Rochlerbach (Gew.), RaL/SB = Rohleru 222
Rode (ON), S = Zagăr 39
Rodenau s. Altrodenau
Rohrbach (ON), Cherson 320
Rommeln (ON), MM = Romuli 117, 119
Rommelsdorf s. Rommeln
Rommesmarkt (ON), Moldau = Roman 53, 104
Rosaliental, Tal b. Dognatschka 304
Roseln (ON), S = Ruja 56
Rosenau (ON), Bul/S = Rîşnov 1, 8, 15, 19
Rosendorf (ON), Schlesien 207
Rothbach (ON), Bul/S = Rotbav 21
Rothkirch (ON), ZL/S = Roşia de Secaş 63, 72, 73, 74, 79
Rothkirch (b. Gherla) (ON), S = Strugureni 121
Rotunda (ON), MG/SB = Runden 196
Rumes (ON), S = Romos 53
Rußkowa (ON), WL/MM = Ruscova 158

Sachsen, Land 173
Sachsenberg (Geb.), Wt/MM = Dealu Saşilor 172
Sachsendorf (an der Theiß) (ON), Ungarn = Szászfalu 258
Sachsenhausen (ON), S = Săsăuş 58, 79

Sachsenthal (ON), Wt/MM = Valea Sasului, Valea Saşilor 117, 172, 173
Sächsisch-Altendorf s. Eisch
Sächsisch-Felk s. Falk
Sächsisch-Filpes (ON), ReeL/S = Filipişu 105
Sächsisch-Lona (ON), S = Luna de Jos 128, 147
Sächsisch-Nemege (ON), S = Nimigea de Jos 132
Sächsisch-Neudorf, Niederneudorf (ON), Nl/S = Corvineşti 117
Sächsisch-Reen (ON), Reel/S = Reghin 103, 107, 108, 109, 141
Sagas (ON), SM = Răteşti 253
Salz (ON), Nl/S = Sărata 143
Salzbach (ON), ZL/S = Seuşa 91
Salzhau s. Martinsdorf
Sandau (ON), RaL/ = Sandău 220
Sanktandreas (ON), Nl/S » Sfîntu 105, 106
Sankt Emrich (ON), ReeL/S = Gurghiu 103
Sanktgeorgen (ON), Nl/S = Sîngeorgiu Nou 121
Sankt Georgen a.d. Bega, Georgshausen (ON), Serbien 295
Sankt Martin (ON), RL/S = Mărtinuş 26
Sankt Martin † (ON) b. Schaard 79
Sankt Peter (ON), RL/S = Petreni 26
Santen (ON), SM = Santău 283
Saska (ON), Bel/BN = Sasca 308
Saßkaberg (Geb.), SB = Muntele Sasca 203
Saßkaburg, Fliehburg b. Sereth 203
Sathmar (ON), SM = Satu Mare 53, 233, 236, 240, 245, 249, 256, 263, 268
Sathmarland (Landsch.) = Ţara Sătmarului 53
Sattelburg, Berg b. Reen 103
Scărişoara-Berg, Wt/MM 151
Schaard (ON), s = Şard 79, 80
Schajofluß (Gew.), Nl/S = Şieu 106, 135, 143
Schamagosch (ON), SM = Ciumeşti 266
Schandern (ON), SM = Şandra 253
Scharburg (ON), Nl/S = Şirioara 117

Schardörfel (ON), ZL/S = Mag 85
Scharpendorf (b. Neumarkt) (ON), S = Glodeni 107
Schäßburg (ON), S = Sighişoara 45, 46, 47
Scheindorf (ON), SM = Sîi 263, 272
Schelker Bach (Gew.), Nl/S = Pîrîul Jeica 133
Schellenberg (ON), S = Şelimbăr 60
Schenk s. Großschenk
Scherling (ON), Nl/S = Măgurele 127
Schessu (an der Goldenen Bistritz) (ON), MG/SB = Şesuri 196
Schetterberg (Geb.), MM = Dealu Ştefăniţei 119
Schetterberg (ON), MM = satul Dealu Ştefăniţei 119
Schettereck (b. Schetterberg) (ON), MM = cătun Dealu Ştefăniţei 119
Schickbach (Gew.), Nl/S 116
Schinal s. Schönthal
Schink (ON), TL/SM = Ciungi 279
Schirkanyen (ON), Bul/S = Şercaia 3, 17, 18
Schlangenberg, Berg b. Oberwischau 151
Schlangendorf s. Schirkanyen
Schlatten, Großschlatten (ON), S = Abrud 53
Schloßberg (ON), ReeL/S = Chinari 107
Schoimosch s. Falkenstein
Schönau (ON), S = Şona 41, 42
Schönberg (ON), S = Dealu Frumos 56
Schönbirk (ON), Nl/S = Sigmir 120
Schönthal (ON), SM = Urziceni 267
Schorsten (ON), S = Şoroştin 79
Schradenthal (ON), Wt/MM = Valea Scradei 177
Schüttenhofen (ON), Böhmen 207
Schwaben, Deutschland 260, 261
Schwarzbrunn (ON), WL/MM = Izvoru Negru 154
Schwarzer Berg s. Tschorna Hora
Schwarzwald (ON), SM = Pădurea Neagră 262
Schwarzwald (Landsch.), Deutschland 262, 288
Schwarzwasser s. Weißwasser

317

Schweden, Land 142
Schweischer (ON), RL/S = Fişer 22, 24, 30
Schweiz 260
Sedinken (b. Schorsten) (ON), S = Sedinca 79
Seiden (ON), S = Jidvei 38, 49
Seklerland (Landsch.), S = Ţăra Secuilor, Secuimea 30, 104
Seletin (ON), Ukraine 186
Semenikgebirge (Geb.), BN = Muntele Semenic 302
Senndorf (ON), S = Jelna 138
Septern (ON), Nl/S = Şopteriu 121
Sereth (Gew.), SB =Siretul 199
Sereth (am Sereth) (ON), SB = Siret 53, 187, 198, 221
Seutsch s. Sutschawa
Siebendörfer (ON), Bul/S = Săcele (Stadt) 2
Siebenkrugen (ON), Nl/S = Şintereag 132
Sienerburg (ON), TL/SM = Seini 53, 243, 247, 279
Sienerln s. Sienerburg
Sigeth (ON), MM = Sighetul Marmaţiei 236, 237, 245
Snagow, Kloster u. ON, Walachei = Snagov 17
Sokolar (ON), Bel/BN = Socolar 308
Solka (ON), RaL/SB = Solca 202, 216
Somesch (Gew.), SM = Someşul 53, 128, 243, 251
Somesch-Tal (Tal), SM = Valea Someşului 53
Sommerburg (ON), RL/S = Jimbor 28
Spini s. Bleschdorf
Spitzburg, Berg b. Reen 103
Spitzer Hügel, Berg b. Kindeln 122
Spring (ON), ZL/S = Şpring 77, 78, 79, 81, 86, 92, 93
Stanislau (ON), SM = Sanislău 264
Steierdorf s. Steierdorf-Anina
Steierdorf-Anina (ON), Bel/BN = Şteierdorf-Anina 306, 309, 310
Stein (b. Reps) (ON), ReL/S = Dacia 29
Steinberg (Geb.), SB = Dealu Concioia 200
Steiner Höhe, Berg b. Stein 32

Steinseiffen (ON), S = Zlatna 53
Stephansdorf s. Tschippendorf
Stolzenburg (ON), S = Slimnic 52, 61
Storoshinetz (ON), BK = Storojineţ 198, 219
Strascha (ON), SB = Straja 223
Straubing (ON), Bayern 290
Stuhl des Heiducken (Geb. b. Franzenthal), GW = Scaunu Haiducului 237
Stummbach (ON), S = Blandiana 91
Stuttgart, Deutschland 260
Sultze † (ON), SM 264
Sutschawa (ON), SB = Suceava 53, 187
Sutschawatal (Tal), SB = Valea Sucevei 219
Sutschewitz (ON), RaL/SB = Suceviţa 221, 222, 224
Sutschewitzbach (Gew.) RaL/SB = Pîrîul Suceviţa 208

Tal der Goldenen Bistritz (Tal), SB = Valea Bistriţei Aurii 196
Talmesch (ON), S = Tălmaciu 54
Tămăşeni s. Neuegg
Tartlau (ON), Bul/S = Prejmer 20
Tariverde (ON), D 318
Taschnader Land s. Trestenburger Ländchen
Tatarenberg (Geb.), SB = Tatarca 186
Tatsch (ON), ReeL = Tonciu 113
Tekendorf (ON), Nl/S = Teaca 109, 141
Tekenhausen (ON), Ungarn = Tekeháza 258
Teltsch (ON), Nl/S = Telciu 119
Temeschburg (ON), BN = Timişoara 287, 297, 300
Temeschwar s. Temeschburg
Teplinghöhe (Geb.), Nl/S 117
Terbescht (ON), SM = Terebeşti 274
Terem (ON), SM = Tiream 283
Terschholz (ON), SM = Tîrşolţ 246
Tereschwatal (Landsch.), Karp.ukr. 230
Terwescht (ON), Walachei = Tîrgovişte 53
Tetscheln (ON), ZL/S = Aştileu 85
Teutschenau (ON), GW = Teceuţi 232, 233, 240

Theiß (Gew.), MM = Tisa 53, 228, 230, 232, 252, 270, 275
Theißebene (Landsch.), S = Lunca Tisei 258
Thörnen (ON), ZL/S = Păuca 63, 78, 79, 83, 99
Thorstadt (ON), ZL/S = Doştat 69, 79, 95, 102
Thoti (ON), SM = Tăuteu 256
Thurterbesch (ON), SM = Turulung 261, 275
Thurtz (ON), OL = Turţ 248
Toplitz (ON), S = Topliţa 128
Torojaga (Geb.), MM = Toroivaga 167
Törzburg (ON), Bul/S = Bran 19
Traßten (ON), ReeL/S = Lunca 105
Traunau (ON), BN = Aluniş 296
Treppen (ON), Nl/S = Tărpiu 105, 132
Trestenburg (ON), TL/SM = Tăşnad 53, 279, 281
Trestenburger Ländchen (Landsch.), SM = Ţara Tăşnadului 279 ff.
Treukirch (ON), S = Sîntamărie 34
Triebswetter (ON), BN = Tomnatic 290
Troschen (ON), ZL/S = Draşov 76, 78, 79, 81, 86
Tschenuschas Flöte (Geb.), OL = Trişca Haiducului 238
Tscheremousch (Gew.), SB = Ceremuşul 183
Tscheremouscher Wald (Landsch.), SB = Pădurea Ceremuşului 183, 188
Tscherna (Gew.), BN = Cerna 284
Tschieker Gegend, Csik (Landsch.), S = Ţara Ciucului 28
Tschippendorf (ON), Nl/S = Cepari 118
Tschorna Hora (Geb.), SB = Ciorna Gora 218
Tschortenstein (Geb.) = Chiatra Dracului 161, 164, 165
Tschukurowa (ON), D = Ciucurova 318
Tschunkaberg (Geb.), WL/MM = Dealu Ciungilor 156
Tschunkaberg (ON), WL/MM = Ciunca 156
Tulcea (ON), D 318

Tutendorf (ON), S = Glogovăţ 35, 41

Ulm (ON), SB = Ulmu 192, 221
Ungarn 53, 54
Ungerntal (Tal b. Neudorf, Nl), Nl/S = Valea Unguraşului 117
Ungersdorf (ON), Nl/S = Şieu Măgheruş 106, 115
Unterblasendorf (ON), Nl/S = Blăjenii de Jos 105, 119, 132, 143, 149
Unterbrodsdorf (ON), S = Şibot 80
Untergald (ON), S = Intregalde 72
Unterhamroth (ON), SM = Homorodu de Jos 257, 263, 272
Unterhorodnik (ON), SB = Horodnicu de Jos 205
Unterkichern (ON), S. = Chiheru de Jos 104
Untermetzenseifen (ON), Zips 111
Unterreußen (ON), Nl/S = Rusu de Jos 117
Unterrübendorf s. Niederräpendorf
Unterschönborn (ON), Karp.ukr. 230
Unterwardein (ON), S = Oarda de Jos 79, 91
Unterwikow (ON), SB = Vicovu du Jos 205, 220, 223, 225
Unterwischau (ON), Wt/MM = Vişeu de Jos 178

Valea Chioarului (Tal, Laposcher Land), SM 251

Wadasch (ON), SM = Gelu 274
Wadaschau † (ON), SM 256
Walachei (Landsch.) = Valahia, Muntenia şi Oltenia 17
Wallei (ON), Ungarn = Válaj 267
Wallendorf (ON), Nl/S = Unirea 117, 123
Waltersdorf (ON), Nl/S = Dumitriţa 114
Wama (ON), OL = Vama-Oaş 249, 261
Wama (ON), SB = Vama 193, 219
Warmbach (ON), S = Dumbrava 3
Warthe (ON), S = Dumbrava 87
Wartheland (Landsch.), Polen 227
Wasserfluß (Gew.), Wt/MM = Vasărul 173

Wassertal (Landsch.), MM = Valea Va-
sărului 117, 168, 169, 170, 222
Waterloo (ON), Cherson 320
Weidenbach (Gew.), Bul/S = Ghimbă-
şel 1
Weidenbach (ON), Bul/S = Ghimbav
10, 12
Weidenthal (ON), Bel/BN = Brebu
Nou 307
Weiherdorf (b. Gergeschdorf), ZL/S =
Tău 41, 68, 79, 98
Weilau (ON), Nl/S = Uila 106, 110
Weingartskirchen (ON), ZL/S = Vin-
gard 70, 85, 86
Weinland (Landsch.), S = Ţara Vinului
34 ff.
Weintal (b. Bistritz) (ON), Nl/S = Valea
Vinului 128
Weintal (Landsch.), MM = Valea Vinu-
lui 151, 154
Weinthal (b. Oberwischau) (ON), WL/
MM = Valea Vinului 151
Weinthaler Bach (Gew.), WL/MM =
Pîrîul Văii Vinului 152
Weiße Kreisch (Gew.), = Crişul Alb 256
Weißenburg s. Karlsburg
Weißhorn (ON), Nl/S = Săsarm 140
Weißkirch † (ON), SM 256
Weißkirch † (ON) b. Reußmarkt 78, 79
Weißkirch (ON), Nl/S = Albeşti 133
Weißwasser (ON), ZL/S = Săcel 85
Wermesch (ON), Nl/S = Vermeş 134,
144
Wetsch (ON), ReeL/S = Brîncoveneşti
108
Wiesengrund † (ON), OL 233
Wiesenhaid (ON), TL/SM = Livada
247, 279, 280
Wikow s. Oberwikow, Unterwikow
Windau (ON), Nl/S = Ghinda 138
Winzendorf (b. Mühlbach) (ON), s. =
Vinţul de Jos 80
Wischau s. Oberwischau

Wischauer Land (Landsch.), MM =
Ţara Vişeului 117, 156
Wischaufluß (Gew.), WL/MM = Vişeul
155, 171
Wischautal (Tal), WL/MM = Valea Vi-
şeului 151
Wischauthal (ON), WL/MM = Valea
Vişeului 155
Wischnitz (ON), SB = Vijniţa 198, 218,
219
Wißk (ON), Karp.ukr. 228, 232
Witzautal (Tal), RaL/SB 220
Wolfsberg (ON), Bel/BN = Gărîna 308
Wolkendorf (ON), Bul/S = Vulcan 8, 9
Worms (ON), Cherson 320
Wurmloch (ON), S = Valea Viilor 43

Zagendorf (ON), Nl/S = Ţigău 148
Zakeln (ON), ReeL/S = Socolu de Cîm-
pie 105
Zegendorf (ON), Nl/S = Ţagu 121
Zeiden (ON), Bul/S = Codlea 12
Zekeldorf (ON), ReeL/S = Remetea 103
Zekesch (Gew.), ZL/S = Secaşul 64, 65,
66, 68, 69, 70, 72, 79, 89, 97, 99
Zekeschdorf s. Konz
Zekescher Land (Landsch.), S = Ţara
Secaşului 63 ff.
Zellen (ON), S = Ţelna 72, 79
Zelt s. Attelsdorf
Zenkenberg, Berg b. Irmesch 37
Zibin (Gew.), S = Cibin 55
Ziblescher Berge (Geb.), OL = Munţii
Ţibleşului 242
Ziegendorf † (ON), Nl/S 119
Ziegenhorn (Geb.), GW 235
Zillenmarkt (ON), S = Zalău 262, 283
Zinkental † (ON) b. Rode 39
Zinne (Geb.), Bul/S = Tîmpa 7
Zippendorf s. Tschippendorf
Zips (Landsch.), Slowakei 83, 107, 111,
125, 129, 131, 149, 170, 234, 236
Zuderau (ON), SM = Sudărău 283